SOUVENIRS D'UN VOYAGE

DANS

LA TARTARIE
LE THIBET ET LA CHINE

PENDANT LES ANNEES 1844,1845 ET 1846

SOUVENIRS D'UN VOYAGE

DANS

LA TARTARIE
LE THIBET ET LA CHINE

PENDANT LES ANNEES 1844,1845 ET 1846

M. HUC

TOME PREMIER

ISBN : 978-93-5324-341-8 (Set)

ISBN : 978-93-5324-342-5 Vol. 1 (HB)

First Published, Paris, 1850

Published, 2020

Published by

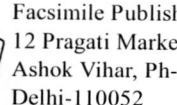

Facsimile Publisher
12 Pragati Market
Ashok Vihar, Ph-2
Delhi-110052
E-mail: books@facsimilepublisher.com

Printed at: G. Print Process, Delhi.

SOUVENIRS D'UN VOYAGE
DANS
LA TARTARIE LE THIBET ET LA CHINE

Author: M. HUC

SOUVENIRS D'UN VOYAGE

DANS

LA TARTARIE, LE THIBET ET LA CHINE

PENDANT LES ANNÉES 1844, 1845 ET 1846.

PAR M. HUC,

PRÊTRE-MISSIONNAIRE DE LA CONGRÉGATION DE SAINT-LAZARE.

Dilatet Deus Japheth, et habitet in
tabernaculis Sem. GENES. IX, 27.

TOME PREMIER.

PARIS.

LIBRAIRIE D'ADRIEN LE CLERE ET Cie,

IMPRIMEURS DE NOTRE SAINT PÈRE LE PAPE ET DE L'ARCHEVÊCHÉ,

RUE CASSETTE, 29, PRÈS SAINT-SULPICE.

1850.

SOUVENIRS D'UN VOYAGE

DANS LA

TARTARIE, LE THIBET ET LA CHINE.

TARTARIE.

CHAPITRE PREMIER.

Mission française de Pékin. — Coup-d'œil sur le royaume de *Ouniot*. — Préparatifs du départ. — Hôtellerie tartaro-chinoise. — Changement de costume. — Portrait et caractère de Samdadchiemba. — *Sain-Oula* (la bonne montagne). — Frimas et brigands de *Sain-Oula*. — Premier campement dans le désert. — Grande forêt impériale. — Monuments bouddhiques sur le sommet des montagnes. — Topographie du royaume de *Gechekten*. — Caractère de ses habitants. — Tragique exploitation d'une mine d'or. — Deux Mongols demandent qu'on leur tire l'horoscope. — Aventure de Samdadchiemba. — Environs de la ville de *Tolon-Noor*.

La Mission française de Pékin, jadis si florissante sous les premiers empereurs de la dynastie tartare-mandchoue, avait été désolée et presque détruite par les nombreuses persécutions de *Kia-King* (1). Les Missionnaires avaient été chassés ou mis à mort ; et en ce temps l'Europe était

(1) Cinquième empereur de la dynastie tartare-mandchoue. Il monta sur le trône en 1799.

dans de trop grandes agitations, pour qu'on pût aller au secours de ces chrétientés lointaines. Long-temps elles furent presque abandonnées ; aussi, quand les Lazaristes français reparurent à Pékin, ils ne trouvèrent plus que débris et
ruines. Grand nombre de chrétiens, pour se soustraire aux
poursuites de l'autorité chinoise, avaient passé la grande
muraille, et étaient allés demander aux déserts de la Tartarie un peu de paix et de liberté, vivant çà et là de quelques coins de terre que les Mongols leur permettaient de
cultiver. A force de persévérance, les Missionnaires finirent par réunir ces chrétiens dispersés, se fixèrent au milieu d'eux, et dirigèrent de là l'ancienne Mission de Pékin,
confiée immédiatement aux soins de quelques Lazaristes
chinois. Les Missionnaires français n'auraient pu, sans imprudence, s'établir comme autrefois au sein de la capitale
de l'Empire. Leur présence eût compromis l'avenir de cette
Mission à peine renaissante.

En visitant les chrétiens chinois de la Mongolie, plus
d'une fois nous eûmes occasion de faire des excursions
dans la *Terre-des-herbes* (1), et d'aller nous asseoir sous
la tente des Mongols. Aussitôt que nous eûmes connu ce
peuple nomade, nous l'aimâmes, et nous nous sentîmes
au cœur un grand désir de lui annoncer la loi évangélique.
Nous consacrâmes dès lors tous nos loisirs à l'étude des
langues tartares. Dans le courant de l'année 1842, le saint-
siége vint mettre enfin le comble à nos vœux, en érigeant
la Mongolie en vicariat apostolique.

Vers le commencement de l'année 1844, arrivèrent les

(1) Nom par lequel on désigne les pays incultes de la Tartarie. —
Tsao-Ti.

courriers de *Si-Wang* (1), petite chrétienté chinoise, où le Vicaire apostolique de Mongolie a fixé sa résidence épiscopale. Le Prélat nous envoyait ses instructions pour le grand voyage que nous étions sur le point d'entreprendre, dans le dessein d'étudier le caractère et les mœurs des Tartares, et de reconnaître, s'il était possible, l'étendue et les limites du vicariat. Ce voyage, que nous méditions depuis long-temps, fut enfin arrêté; et nous envoyâmes un jeune Lama, nouvellement converti, à la recherche de quelques chameaux que nous avions mis au pâturage dans le royaume de *Naiman*. En attendant son retour, nous nous hatâmes de terminer les ouvrages mongols, dont la rédaction nous occupait depuis quelque temps.

Nos petits livres de prières et de doctrine étaient prêts; mais notre jeune Lama n'avait pas encore paru. Nous pensions pourtant qu'il ne pouvait guère tarder. Nous quittâmes donc la vallée des *Eaux-Noires* (2), pour aller l'attendre aux *Gorges-contiguës* (3). Ce dernier poste nous paraissait plus favorable pour faire les préparatifs de notre voyage. Cependant les jours s'écoulaient dans une vaine attente; les fraîcheurs de l'automne commençaient à se faire piquantes, et nous redoutions beaucoup de commencer nos courses à travers les déserts de la Tartarie, pendant les froidures de l'hiver. Nous résolûmes donc d'envoyer à la découverte de nos chameaux et de notre Lama. Un Catéchiste de bonne volonté, homme d'expédition et bon marcheur, se mit en route. Au jour fixé il fut de retour. Mais

(1) Petit village chinois, situé au nord de la grande muraille, et éloigné de *Suen-Hoa-Fou* d'une journée de chemin.

(2) Hé-Chuy. — (3) Pié-lié-Kcou.

ses recherches avaient été à peu près infructueuses. Seulement il avait appris d'un Tartare, que notre Lama était parti depuis quelques jours pour nous reconduire nos chameaux. Aussi, grande fut la surprise du courrier, quand il sut que personne n'avait encore paru.... Comment, disait-il, est-ce donc que j'ai le jarret meilleur qu'un chameau? Ils sont partis de *Naiman* avant moi..., et me voici arrivé avant eux! Mes Pères spirituels, encore un jour de patience; je réponds que chameaux et Lama tout sera ici demain... Plusieurs jours se passèrent, et nous étions toujours dans la même position. Nous renvoyâmes le courrier encore une fois à la découverte, en lui recommandant d'aller jusque sur les lieux mêmes où les chameaux avaient été mis au pâturage, de voir les choses de ses propres yeux, sans se fier aux rapports de qui que ce fût.

Pendant ces jours de pénible attente, nous continuâmes d'habiter les *Gorges-contiguës*, pays tartare dépendant du royaume *Ouniot* (1). Ces contrées paraissent avoir été bouleversées par de grandes révolutions. Les habitants actuels prétendent que, dans les temps anciens, le pays était occupé par des tribus coréennes. Elles en auraient été chassées par les guerres, et se seraient réfugiées dans la presqu'île qu'elles possèdent encore aujourd'hui, entre la mer Jaune et la mer du Japon. On rencontre assez souvent, dans cette partie de la Tartarie, des restes de grandes villes, et des débris de châteaux-forts assez semblables à ceux du moyen-âge de l'Europe. Quand on fouille parmi ces décombres, il n'est

(1) Malgré le peu d'importance des tribus tartares, on leur donnera le nom de royaume, parce que le chef de ces tribus est appelé *Wang* (Roi).

pas rare de trouver des lances, des flèches, des débris d'instruments aratoires, et des urnes remplies de monnaies coréennes.

Vers le milieu du dix-septième siècle, les Chinois commencèrent à pénétrer dans ce pays. A cette époque il était encore magnifique; les montagnes étaient couronnées de belles forêts, les tentes mongoles étaient disséminées çà et là dans le fond des vallées parmi de gras pâturages. Pour un prix très-modique, les Chinois obtinrent la permission de défricher le désert. Peu à peu la culture fit des progrès; les Tartares furent obligés d'émigrer, et de pousser ailleurs leurs troupeaux. Dès lors le pays changea bientôt de face. Tous les arbres furent arrachés, les forêts disparurent du sommet des montagnes, les prairies furent incendiées, et les nouveaux cultivateurs se hâtèrent d'épuiser la fécondité de cette terre.

Maintenant ces contrées ont été presque entièrement envahies par les Chinois; et c'est peut-être à leur système de dévastation, qu'on doit attribuer cette grande irrégularité des saisons qui désole ce malheureux pays. Les sécheresses y sont fréquentes, presque chaque année les vents du printemps dessèchent les terres. Le ciel prend un aspect sinistre, et les peuples effrayés sont dans l'attente de grandes calamités. Les vents redoublent de violence, et durent quelquefois jusque bien avant dans la saison de l'été. On voit alors la poussière s'élever par tourbillons au haut des airs; l'atmosphère devient obscure et ténébreuse; et souvent en plein midi on est environné des horreurs de la nuit, ou plutôt d'une obscurité épaisse, palpable, en quelque sorte, et mille fois plus affreuse que la nuit la plus sombre. Après

ces ouragans la pluie ne se fait pas long-temps attendre.
Mais alors on la redoute plus qu'on ne la désire; car d'ordinaire elle tombe avec fureur. Quelquefois le ciel se brise
et s'ouvre brusquement, en laissant échapper tout à coup,
comme une immense cascade, toute l'eau dont il était
chargé; bientôt les champs et les moissons disparaissent
sous une mer boueuse, dont les énormes vagues suivent la
pente des vallées, et entraînent tout sur leur passage. Le
torrent s'écoule avec vitesse, et quelques heures suffisent
pour que le sol reparaisse. Mais plus de moissons, presque
plus même de terres végétales. Il ne reste que des ravins
profonds, encombrés de gravier, et où il n'y a plus d'espérance de pouvoir désormais faire passer la charrue.

La grêle tombe fréquemment dans ce malheureux pays,
et souvent elle est d'une grosseur extraordinaire. Nous
y avons vu des grêlons de la pesanteur de douze livres. Il
suffit quelquefois d'un instant pour exterminer des troupeaux entiers. En 1843, pendant le temps d'un grand orage,
on entendit dans les airs comme le bruit d'un vent terrible;
et bientôt après il tomba dans un champ, non loin de notre
maison, un morceau de glace plus gros qu'une meule de
moulin. On le cassa avec des haches, et quoiqu'on fût au
temps des plus fortes chaleurs, il fut trois jours à se fondre
entièrement.

Les sécheresses et les inondations occasionnent quelquefois des famines qui exterminent les habitants. Celle
de 1832, douzième année du règne de *Tao-Kouang* (1), est
la plus terrible dont on ait entendu parler. Les Chinois di-

(1) Sixième empereur de la dynastie tartare-mandchoue. Il occupe
aujourd'hui le trône impérial.

sent qu'elle fut partout annoncée par un pressentiment général dont on n'a jamais pu se rendre compte. Pendant l'hiver de 1831, il se répandit une sinistre rumeur. L'année prochaine, disait-on, il n'y aura *ni pauvre ni riche ; le sang couvrira les montagnes ; les ossements rempliront les vallées : ou fou, ou kioung ; hue man chan, kou man tchouan.* Ces paroles étaient dans toutes les bouches, et les enfants les répétaient dans leurs jeux. On était dominé par ces sinistres appréhensions, quand commença l'année 1832. Le printemps et l'été se passèrent sans pluies ; en automne les gelées arrivèrent, que les moissons étaient encore en herbe ; tout périt, la récolte fut entièrement nulle. La population se trouva bientôt réduite au plus grand dénûment. Maisons, champs, animaux, tout fut échangé contre du grain, qui se vendait alors au poids de l'or. Quand on eut achevé de dévorer l'herbe des montagnes, on fouilla dans la terre pour en extraire jusqu'aux racines. L'effrayant pronostic, qui avait été répété si souvent, eut tout son accomplissement. Plusieurs trouvèrent la mort sur les montagnes, où ils s'étaient traînés pour ramasser quelques brins d'herbe. Les cadavres jonchaient les chemins, les maisons en étaient encombrées, des villages entiers furent éteints jusqu'au dernier habitant. Il n'y avait ni pauvre ni riche ; la famine avait passé sur tout le monde son impitoyable niveau.

C'était dans ce triste pays que nous attendions avec quelque impatience le courrier que nous avions envoyé dans le royaume de *Naiman.* Le jour que nous avions fixé pour son retour arriva ; beaucoup d'autres s'écoulèrent encore ; mais toujours point de chameaux, point de Lama, et

ce qui nous paraissait le plus étonnant, point de courrier
non plus. Nous étions poussés à bout; nous ne [pouvions
vivre plus long-temps dans cette douloureuse et inutile attente. Nous imaginâmes d'autres moyens, puisque ceux
que nous pensions avoir entre les mains s'étaient évanouis.
Le jour du départ fut irrévocablement fixé; il fut en outre
réglé, qu'un chrétien nous conduirait avec son charriot jusqu'à *Tolon-Noor*, éloigné des *Gorges-contiguës* de près de
cinquante lieues. A *Tolon-Noor*, nous renverrions ce conducteur temporaire, pour nous enfoncer seuls dans le désert, et poursuivre ainsi notre pélerinage. Ce projet faisait
peur aux chrétiens; ils ne comprenaient pas comment deux
Européens pouvaient seuls entreprendre un long voyage
dans un pays inconnu et ennemi; mais nous avions des
raisons pour tenir à notre résolution. Nous ne voulions pas
de Chinois pour nous accompagner. Il nous paraissait absolument nécessaire de briser enfin les entraves dont on a
su envelopper les Missionnaires de Chine. Les soins précautionneux, ou plutôt la pusillanimité d'un Catéchiste ne
nous valait rien dans les pays Tartares; un Chinois eût été
pour nous un embarras.

Le dimanche, veille de notre départ, tout était prêt; nos
deux petites malles étaient cadenassées, et les chrétiens
étaient déjà venus nous faire leurs adieux. Cependant, à la
grande surprise de tout le monde, ce dimanche même, au soleil couchant, le courrier arriva. A peine eut-il paru, que,
sur sa figure triste et déconcertée, il nous fut aisé de lire les
fâcheuses nouvelles qu'il apportait. — Mes Pères spirituels,
dit-il, les choses sont mauvaises; tout est perdu, il n'y a
plus rien à attendre; dans le royaume de *Naiman*, il

n'existe plus de chameaux de la sainte Église. Le Lama, sans doute, a été tué; à mon avis, le diable est pour beaucoup dans cette affaire.

Les doutes et les craintes font souvent plus souffrir que la certitude du mal. Ces nouvelles, quoique accablantes, nous tirèrent de notre perplexité, sans changer en rien le plan que nous avions arrêté. Après avoir subi les longues condoléances de nos chrétiens, nous allâmes nous coucher, bien persuadés que cette nuit serait enfin celle qui précèderait notre vie nomade.

. La nuit était déjà bien avancée, lorsque, tout à coup, des voix nombreuses se firent entendre au dehors; des coups bruyants et multipliés ébranlaient la porte de notre habitation. Tout le monde se lève à la hâte; notre jeune Lama, les chameaux, tout était arrivé! ce fut comme une petite révolution. L'ordre du jour fut spontanément changé. Ce ne serait plus le lundi qu'on partirait, mais bien le mardi; ce ne serait pas en charrette, mais bien avec des chameaux, et tout-à-fait à la manière tartare. On alla donc se recoucher avec enthousiasme, mais on se garda bien de dormir; chacun de son côté dépensa les rapides heures de la nuit à former des plans sur le plus prompt équipement possible de la caravane.

Le lendemain, tout en faisant les préparatifs pour le départ, notre Lama nous donna les raisons de son inexplicable retard. D'abord il avait éprouvé une longue maladie; ensuite il avait été long-temps à la poursuite d'un chameau qui s'était échappé dans le désert; enfin il avait été obligé de se rendre au tribunal pour se faire restituer un mulet qu'on lui avait volé. Un procès, une maladie, des

animaux perdus, étaient des raisons plus que suffisantes
pour le faire absoudre de son retard. Notre courrier était
le seul qui ne participât point à la joie générale; car il était
clair pour tout le monde, qu'il s'était malhabilement tiré de
la mission qui lui avait été confiée.

La journée du lundi fut entièrement employée à l'équipement de la caravane. Tout le monde fut mis à contribution. Les uns travaillaient à la réparation de notre maison
de voyage, ou pour parler plus clairement, les uns rapié-
çaient une tente de grosse toile bleue, pendant que d'autres nous taillaient une bonne provision de clous de bois.
Ici on récurait un chaudron de cuivre jaune, on consolidait
un trépied disloqué; ailleurs on nous fabriquait des cordes,
on rajustait les mille et une pièces des bâts de chameaux.
Tailleurs, charpentiers, chaudronniers, cordiers, bourre-
liers, gens de tout art et de tout métier abondaient dans la
petite cour de notre habitation. Car enfin, grands et petits,
tous nos chrétiens voulaient et entendaient que leurs Pères
spirituels ne se missent en route que munis de tout le
confortable possible.

Le mardi matin, il ne restait plus qu'à perforer les naseaux des chameaux, et faire passer dans le trou une cheville de bois qui devait en quelque façon, servir de mors.
Ce soin fut laissé à notre jeune Lama. Les cris sauvages et
perçants que poussaient nos pauvres dromadaires, pendant
cette douloureuse opération, eurent bientôt rassemblé tous
les chrétiens du village. En ce moment notre Lama devint exclusivement le héros de l'expédition. La foule était
rangée en cercle autour de lui. Chacun voulait voir comment, en tirant par petits coups la corde qui était attachée

à la cheville enclavée dans le nez des chameaux, il savait les faire obéir et les faire accroupir à volonté. C'était chose nouvelle et curieuse pour les Chinois, que de voir notre Lama arranger et ficeler sur le dos des chameaux les bagages des deux Missionnaires voyageurs. Quand tout fut prêt, nous bûmes une tasse de thé, et nous nous rendîmes à la chapelle. Les chrétiens chantèrent les prières du départ; nous reçûmes leurs adieux mêlés de larmes, et nous nous mîmes en route. Samdadchiemba (1), gravement placé sur un mulet noir de taille rabougrie, ouvrait la marche en traînant après lui deux chameaux chargés de nos bagages; puis suivaient les deux Missionnaires, MM. Gabet et Huc : le premier, monté sur une grande chamelle; l'autre sur un cheval blanc.

Nous partîmes, bien décidés à abdiquer nos anciens usages, et à nous faire Tartares. Cependant nous ne fûmes pas tout d'un coup, et dès notre premier pas, entièrement débarrassés du système chinois. Outre que nous nous étions mis en marche, escortés de chrétiens chinois, qui les uns à pied, les autres à cheval, nous accompagnaient un instant par honneur, nous devions prendre pour étape de notre première journée une auberge tenue par le grand Catéchiste des *Gorges-contiguës.*

La marche de notre petite caravane ne s'exécuta pas tout d'abord avec un plein succès. Nous étions encore novices, et tout-à-fait inexpérimentés dans l'art de seller et de conduire des chameaux; aussi presque à chaque instant nous étions obligés de faire halte, tantôt pour arranger

_____

(1) Nom thibétain de notre chamelier.

quelque bout de corde ou de bois qui blessait les animaux,
tantôt pour consolider nos bagages mal assurés, et qui
sans cesse menaçaient de chavirer. Malgré ces retards continuels nous avancions pourtant; mais c'était toujours avec
une inexprimable lenteur. Après avoir parcouru trente-
cinq lis (1), nous sortîmes des champs cultivés, pour entrer
dans la Terre-des-herbes. La marche fut alors plus régu-
lière; les chameaux se trouvaient plus à leur aise au milieu du désert, et leurs pas semblaient devenir plus rapides.

Nous gravîmes une haute montagne; mais les dromadaires savaient se dédommager de la peine qu'ils prenaient,
en broutant à droite et à gauche de tendres tiges de su-
reau, ou quelques feuilles de rosier sauvage. Les cris que
nous étions obligés de pousser, pour aiguillonner ces animaux nonchalants, allaient donner l'épouvante à des renards, qui sortaient de leurs tanières et s'enfuyaient à notre
approche. A peine fûmes-nous arrivés sur le sommet de
cette montagne escarpée, que nous aperçûmes dans l'enfoncement l'auberge chrétienne de *Yan-Pa-Eul*. Nous nous
y acheminâmes, et la route nous fut continuellement tracée par de fraîches et limpides eaux, qui, sortant des flancs
de la montagne, vont se réunir à ses pieds et forment un
magnifique ruisseau qui entoure l'auberge. Nous fûmes reçus par l'aubergiste en chef, ou en style chinois, par *l'intendant de la caisse.*

On rencontre quelquefois dans la Tartarie, non loin des
frontières de Chine, quelques auberges isolées au milieu

---

(1) Le li chinois est le dixième de la lieue de France.

du désert; elles se composent ordinairement d'une immense enceinte carrée, formée par de longues perches entrelacées de broussailles. Au milieu de ce carré est une maison de terre, haute tout au plus de dix pieds. A part quelques misérables petites chambres à droite et à gauche, le tout consiste en un vaste appartement, qui sert à la fois de cuisine, de réfectoire et de dortoir. Quand les voyageurs arrivent, ils se rendent tous dans cette grande salle, essentiellement sale, puante et enfumée. Un long et large *kang* est la place qui leur est destinée. On appelle *kang* une façon de fourneau qui occupe plus des trois quarts de la salle. Il s'élève à la hauteur de quatre pieds, et la voûte en est plate et unie : sur ce *kang* est une natte en roseaux; les personnes riches étendent de plus sur cette natte des tapis de feutre ou des pelleteries. Sur le devant, trois immenses chaudières incrustées dans de la terre glaise servent à préparer le brouet des voyageurs. Les ouvertures par où l'on chauffe ces marmites monstrueuses, communiquent avec l'intérieur du *kang*, et y transmettent la chaleur : de sorte que continuellement, même pendant les terribles froids de l'hiver, la température y est très-élevée. Aussitôt que les voyageurs arrivent, l'intendant de la caisse les invite à monter sur le *kang;* on va s'y asseoir, les jambes croisées à la manière des tailleurs, autour d'une grande table dont les pieds ont tout au plus cinq ou six pouces de hauteur. La partie basse de la salle est réservée pour les gens de l'auberge, qui vont et viennent, entretiennent le feu sous les chaudières, font bouillir le thé, ou pétrissent la farine d'avoine et de sarrasin pour le repas des voyageurs. Le *kang* de ces auberges tartaro-chinoises est le théâtre le

plus animé et le plus pittoresque qu'on puisse imaginer :
c'est là qu'on mange, qu'on boit, qu'on fume, qu'on joue,
qu'on crie et qu'on se bat. Quand le soir arrive, ce *kang*,
qui a servi tour à tour, pendant la journée, de restaurant,
d'estaminet et de tripot, se transforme tout à coup en dortoir. Les voyageurs déroulent leurs couvertures s'ils en
ont, ou bien ils s'arrangent sous leurs habits les uns à côté
des autres. Quand les hôtes sont nombreux, on se place
sur deux lignes, mais toujours de manière à ce que les
pieds soient opposés. Quoique tout le monde se couche, il
ne s'ensuit pas que tout le monde s'endort ; pendant que
quelques-uns ronflent consciencieusement, les autres fument, boivent du thé, ou s'abandonnent à de bruyantes
causeries. Ce fantastique tableau, à demi-éclairé par la
lueur terne et blafarde de la lampe, pénètre l'âme d'un vif
sentiment d'horreur et de crainte. La lampe de ces hôtel-
leries est peu remarquable par son élégance. ; ordinairement c'est une tasse cassée, contenant une longue mêche
qui serpente dans une huile épaisse et nauséabonde. Ce
fragment de porcelaine est niché dans un trou pratiqué
dans le mur, ou bien placé entre deux chevilles de bois qui
lui servent de piédestal.

L'intendant de la caisse nous avait préparé pour logement son petit cabinet particulier. Nous y soupâmes, mais
nous ne voulûmes pas y coucher ; puisque nous étions voyageurs tartares, et en possession d'une bonne et belle tente,
nous entendions la dresser pour faire notre apprentissage.
Cette résolution ne fâcha personne ; on comprit que nous
agissions ainsi, non pas par mépris de l'auberge, mais par
amour de la vie patriarcale. Quand donc la tente fut ten-

due, quand nous eûmes déroulé par terre nos peaux de bouc, nous allumâmes un grand feu de broussailles pour nous réchauffer un peu, car les nuits commençaient déjà à être froides. Aussitôt que nous fûmes couchés, *l'inspecteur des ténèbres* se mit à frapper à coups redoublés sur un tamtam. Le bruit vibrant et sonore de cet instrument d'airain, allait se répercuter dans les vallons, et donner l'épouvante aux tigres et aux loups qui fréquentent ces déserts.

Le jour n'avait pas encore paru, que nous étions sur pied. Avant de nous mettre en route, nous avions à faire une opération de grande importance; nous devions changer de costume, et en quelque sorte nous métamorphoser. Les Missionnaires qui résident en Chine, portent tous, sans exception, les habits des Chinois; rien ne les distingue des séculiers, des marchands; rien ne leur donne extérieurement le moindre caractère religieux. Il est fâcheux qu'on soit obligé de s'en tenir à ces habits séculiers; car ils sont un grand obstacle à la prédication de l'Evangile. Parmi les Tartares, *un homme noir* (1) qui se mêle de parler de religion, n'excite que le rire ou le mépris. Un homme noir est censé s'occuper des choses du monde; les affaires religieuses ne le regardent pas; elles appartiennent exclusivement aux Lamas. Les raisons qui semblent avoir établi et conservé l'usage de l'habit mondain parmi les Missionnaires de Chine n'existant plus pour nous, nous crûmes pouvoir nous en dépouiller. Nous pensâmes que le temps était venu de nous donner enfin un extérieur ecclésiastique, et con-

(1) Les Tartares appellent *hara houmou* (homme noir) les séculiers, peut-être à cause des cheveux qu'ils laissent croître. C'est par opposition à la tête blanche des Lamas, qui sont obligés de se raser la tête.

forme à la sainteté de notre ministère. Les intentions que nous manifesta à ce sujet notre Vicaire apostolique dans ses instructions écrites, étant conformes à notre désir, nous ne balançâmes point. Nous résolûmes d'adopter le costume séculier des Lamas thibétains; nous disons costume séculier, parce qu'ils en ont un spécialement religieux, dont ils se revêtent quand ils prient dans les pagodes ou assistent à leurs cérémonies idolâtriques. Le costume des Lamas thibétains fixa par préférence notre attention, parce qu'il était conforme aux habits que portait le jeune néophyte Samdadchiemba.

Nous annonçâmes aux chrétiens de l'hôtellerie, que nous étions décidés à ne plus ressembler à des marchands chinois; que nous voulions retrancher la queue, et raser entièrement la tête. Cette nouvelle mit en mouvement leur sensiblerie; il y en eut qui parurent verser des larmes; quelques-uns même cherchèrent par leurs discours à nous faire changer de résolution : mais leurs pathétiques paroles ne firent que glisser sur nos cœurs; un rasoir, que nous prîmes dans un petit paquet, fut la réponse que nous donnâmes à leur argumentation. Nous le mîmes entre les mains de Samdadchiemba, et il suffit d'un instant pour faire tomber la longue tresse de cheveux que nous laissions croître depuis notre départ de France. Nous revêtîmes une grande robe jaune, qui s'ajustait sur le côté droit par cinq boutons dorés ; elle était serrée aux reins par une longue ceinture rouge; par-dessus cette robe nous passâmes un gilet rouge, terminé à sa partie supérieure par un petit collet de velours violet; un bonnet jaune surmonté d'une pommette rouge complétait notre nouveau costume.

Le déjeûner suivit cette opération décisive ; mais il fut morne et silencieux. Quand l'intendant de la caisse apporta les petits verres et l'urne où fumait le vin chaud des Chinois, nous lui déclarâmes qu'ayant changé d'habit, nous devions aussi modifier nos habitudes de vivre. — Emporte, lui dîmes-nous, ce vin et ce réchaud ; dès aujourd'hui nous renonçons au vin et à la pipe. Tu sais, ajoutâmes-nous en riant, que les bons Lamas s'abstiennent de fumer et de boire du vin. Les chrétiens chinois dont nous étions entourés ne riaient pas, eux ; ils nous regardaient sans rien dire, et d'un œil de commisération : car ils étaient persuadés au fond du cœur, que nous mourrions de privations et de misère dans les déserts de la Tartarie. Quand le déjeûner fut fini, pendant que les gens de l'auberge pliaient la tente, sellaient les chameaux et organisaient le départ, nous prîmes quelques petits pains cuits à la vapeur d'eau, et nous allâmes cueillir le dessert sur des groseillers sauvages, le long du ruisseau voisin. Bientôt on vint nous avertir que tout était prêt ; nous enfourchâmes nos montures, et nous prîmes la route de *Tolon-Noor*, accompagnés de notre seul Samdadchiemba.

Voilà donc que nous étions lancés seuls et sans guide au milieu d'un monde nouveau ! Désormais nous ne devions plus trouver devant nous des sentiers battus par des Missionnaires anciens ; car nous marchions à travers un pays où nul n'avait encore prêché la vérité évangélique. C'en était fait ; nous n'aurions plus à nos côtés ces chrétiens si empressés à nous servir, et cherchant toujours par leurs soins à former autour du Missionnaire comme une atmosphère de la patrie. Nous étions abandonnés à nous-mêmes sur une

terre ennemie, condamnés désormais à traiter nous-mêmes
nos affaires, sans espoir d'entendre jamais sur notre route
une voix de frère et d'ami… Mais qu'importe ? nous nous
sentions au cœur courage et énergie ; nous marchions en
la force de celui qui a dit : *Allez, et instruisez toutes les
nations; voilà que je suis avec vous jusqu'à la consommation des siècles!*

Comme nous l'avons dit plus haut, Samdadchiemba
était notre seul compagnon de voyage. Ce jeune homme
n'était ni Chinois, ni Tartare, ni Thibétain. Cependant, au
premier coup-d'œil, il était facile de saisir en lui les traits
qui distinguent ce qu'on est convenu d'appeler la race mon-
golique. Un nez large et insolemment retroussé, une
grande bouche fendue en ligne droite, des lèvres épaisses
et saillantes, un teint fortement bronzé, tout contribuait à
donner à sa physionomie un aspect sauvage et dédaigneux.
Quand ses petits yeux sortaient de dessous de longues paupières entièrement dépouillées de cils, et qu'il vous regardait en plissant la peau de son front, il inspirait tout à la
fois des sentiments de confiance et de peur. Rien de tran-
ché sur cette étrange figure : ce n'était ni la malicieuse ruse
du Chinois, ni la franche bonhomie du Tartare, ni la courageuse énergie du Thibétain; mais il y avait un peu de
tout cela. Samdadchiemba était un *Dchiahour*. Dans la
suite nous aurons occasion de parler avec quelques détails
de la patrie de notre jeune chamelier.

A l'âge de onze ans, Samdadchiemba s'était échappé de
sa lamaserie, pour se soustraire aux coups d'un maître
dont il trouvait, disait-il, les corrections trop sévères. Il
avait ensuite passé la plus grande partie de sa jeunesse cr—

rant et vagabond, tantôt dans les villes chinoises, tantôt
dans les déserts de la Tartarie. Il est aisé de comprendre
que cette vie d'indépendance avait peu poli l'aspérité naturelle de son caractère; son intelligence était entièrement
inculte; mais en retour sa puissance musculaire était exorbitante, et il n'était pas peu fier de cette qualité, dont il aimait à faire parade. Après avoir été instruit et baptisé par
M. Gabet, il voulut s'attacher au service des Missionnaires.
Le voyage que nous venions d'entreprendre était tout-à-fait
en harmonie avec son humeur errante et aventureuse. Ce
jeune homme ne nous était d'aucun secours pour nous diriger à travers les déserts de la Tartarie ; le pays ne lui
était pas plus connu qu'à nous. Nous avions donc pour
seuls guides une boussole et l'excellente carte de l'empire
chinois par Andriveau-Goujon.

Dès notre sortie de l'auberge *Yan-Pa-Eul*, nous cheminâmes sans encombre et avec assez de succès, si on en
excepte quelques malédictions que nous eûmes à essuyer
de divers marchands chinois, en traversant une montagne. Les nombreux mulets, attelés aux lourds chariots
qu'ils conduisaient, prenaient le mors aux dents, aussitôt
qu'ils apercevaient venir à eux notre petite file de chameaux. Saisis d'épouvante, ils cherchaient à fuir à droite
ou à gauche, mettaient le désordre dans l'attelage, et quelquefois renversaient la voiture. Les conducteurs se ven-
geaient alors de ce contretemps, par mille imprécations
contre la grosseur des chameaux et la couleur jaune de nos
habits.

La montagne que nous gravissions est appelée *Sain-Oula*
c'est-à-dire Bonne montagne. Il est probable que c'est par

opposition qu'on lui donne ce nom; car elle est fameuse et
renommée dans le pays, par les accidents funestes et les
aventures tragiques dont elle est le théâtre. Nous en fîmes
l'ascension par un chemin rude, escarpé, et en grande
partie encombré de débris de rochers. Vers le milieu de
la montée, est un petit temple idolâtrique dédié à la déesse
de la montagne, appelée *Sain-Naï* (la bonne vieille). Dans
ce temple réside un religieux dont l'occupation est de jeter
de temps en temps quelques pelletées de terre aux endroits
du chemin que les eaux ont rendus tout-à-fait impraticables.
Cette bonne action lui donne le droit d'exiger des voituriers qui passent devant sa cellule, une légère rétribution
qui suffit à son entretien.

Après avoir grimpé pendant près de trois heures, nous
nous trouvâmes enfin au haut de la montagne, sur un immense
plateau, qui de l'est à l'ouest compte une grande
journée de chemin. Du nord au midi, le prolongement est
incommensurable. Du haut de ce plateau on découvre au
loin, dans les plaines de la Tartarie, les tentes des Mongols, rangées en amphithéâtre sur le penchant des collines,
et ressemblant dans le lointain à de nombreuses ruches
d'abeilles. Plusieurs fleuves prennent leur source aux
flancs de cette montagne. On distingue entre tous les autres le *Chara-Mouren* (fleuve Jaune), que la vue peut suivre au loin dans son cours capricieux à travers le royaume
de *Gechekten*. (Le *Chara-Mouren* ne doit pas être con-
fondu avec le *Hoang-Ho*, fameux fleuve Jaune de la Chine.)
Après avoir arrosé les royaumes de *Gechekten* et de
Naiman, il traverse la barrière de pieux pour entrer
en Mantchourie, et coule du nord au midi jusqu'à la

mer. A son embouchure il prend le nom de *Léao-Ho*. La *Bonne montagne* est fameuse par ses frimas. Il n'y a pas d'hiver que le froid n'y tue un nombre considérable de voyageurs. Souvent des convois entiers n'arrivant pas aux jours marqués, sont retrouvés sur la montagne ; mais hommes et animaux tout est mort de froid. Aux dangers de la température se joignent ceux des voleurs et des bêtes féroces. Les brigands y sont, pour ainsi parler, à demeure fixe, attendant les voyageurs qui se rendent à *To-lon-Noor*, ou qui en reviennent. Malheur à l'homme qui tombe entre les mains de ces brigands! Ils ne se contentent pas d'enlever l'argent et les animaux ; ils arrachent même les habits, et abandonnent le malheureux détroussé, à la merci du froid et de la faim.

Les voleurs de ces contrées savent assaisonner leur brigandage de politesse et de courtoisie. Ils n'ont pas la malhonnêteté de vous braquer un pistolet sur la gorge, et de vous crier brutalement : La bourse ou la vie! Ils se présentent modestement, et puis : Mon vieux frère aîné, je suis las d'aller à pied; veuille me prêter ton cheval.... Je suis sans argent, veuille me prêter ta bourse.... Il fait aujourd'hui bien froid, veuille me prêter ton habit. Si le vieux frère aîné a assez de charité pour prêter tout cela, on lui dit : Merci, mon frère ; sinon, l'humble requête est spontanément appuyée de quelques coups de trique. Si cela ne suffit pas, on a recours au sabre.

Le soleil commençait à baisser, que nous n'étions pas encore descendus du plateau. Nous songeâmes néanmoins à camper. Notre premier soin fut de chercher dans ces lieux sauvages un poste convenable. c'est-à-dire un endroit où il y eût du combustible, de l'eau et du pâturage, trois choses essentielles dans un campement. De plus, vu le mauvais renom de la *Bonne montagne,* nous désirions trouver un site solitaire et isolé. Peu aguerris encore, et tout-à-fait novices dans la vie nomade, la pensée des voleurs nous préoccupait sans cesse. Nous avions toujours peur de camper en vue des passants qui auraient bien pu venir nuitamment nous dévaliser et enlever nos animaux; Un enfoncement entouré de grands arbres fut le lieu que nous adoptâmes. Après avoir fait accroupir nos chameaux et avoir mis bas les charges, nous allâmes essayer de dresser notre tente sur une place bien unie que nous avions remarquée au bord de la forêt impériale, et à côté d'une petite fontaine qui sortait de dessous le tronc d'un pin séculaire. La construction de notre petit palais de toile nous donna du tracas et de la fatigue.

> D'abord on s'y prit mal, puis un peu mieux, puis bien,
> Puis enfin il n'y manqua rien.

Après ce premier travail, nous installâmes notre portier. Car nous avons oublié de dire qu'un portier faisait partie de notre caravane. Un gros clou de fer fut enfoncé en terre jusqu'à la tête. La tête du clou était traversée d'un anneau suivi d'une longue chaîne, et au bout de la chaîne était retenu par un collier notre fidèle *Arsalan* (1), dont l'office était d'aboyer à l'approche des étrangers. Ayant ainsi assuré l'inviolabilité du territoire dont nous venions de prendre possession, nous allâmes recueillir des *argols* (2), et

---

(1) Mot tartare-mongol qui signifie lion.
(2) Les Tartares appellent *argol* la fiente des animaux, lorsqu'elle est desséchée et propre au chauffage.

faire quelques fagots de branches sèches. Bientôt la cuisine fut en train. Dès que nous vîmes l'eau de notre chaudière entrer en ébullition, nous y précipitâmes quelques paquets de *Kouamien*, ou pâte préparée d'avance, et tirée en fil à peu près à la façon du vermicelle. En guise d'assaisonnement, nous y ajoutâmes quelques rognures d'une assez belle tranche de lard, dont nous avaient fait hommage les chrétiens de *Yan-Pa-Eul*. A peine le ragoût fut-il soupçonné cuit à point, que chacun exhiba de son sein son écuelle de bois, et la remplit de *Kouamien*. Notre souper était détestable, immangeable! Nous nous regardâmes en riant, mais au fond du cœur un peu contrariés, car nous sentions que nos entrailles se tordaient de faim. Les fabricants de *Kouamien* le salent ordinairement, pour le rendre incorruptible, et pouvoir le conserver long-temps en magasin. Celui que nous avions acheté était horriblement salé. Il fallut donc se résigner à recommencer l'opération. Nous donnâmes le premier bouillon à *Arsalan* qui n'en voulut pas, et après avoir fait le lavage à grande eau de cette misérable soupe, nous la fîmes bouillir une seconde fois. Cette seconde expérience ne fut guère plus heureuse que la première. Le potage demeurant toujours excessivement salé, nous fûmes contraints d'y renoncer. Mais Samdadchiemba dont l'estomac était accoutumé et aguerri à toute sorte de cuisine, se précipita avec héroïsme sur la chaudière. Pour nous, dans ce contre temps, nous eûmes recours au sec et au froid, comme disent les Chinois. Nous prîmes quelques petits pains dans le sac des provisions, et nous dirigeant vers la forêt de l'empereur, nous cherchâmes à assaisonner au moins notre repas d'une agréable promenade.

Notre premier souper de la vie nomade fut moins triste que nous l'avions craint tout d'abord. La providence nous fit rencontrer dans la forêt des fruits délicieux, des *Ngao-la-Eul* et des *Chan-ly-Houng*. Le premier de ces fruits est une espèce de cerise sauvage, mais dont le goût est très-agréable. Il croît sur une petite tige qui n'a guère que quatre ou cinq pouces de hauteur. Le *Chan-ly-Houng* est une toute petite pomme, rouge ponceau, et d'une saveur aigrelette; on en fait une compote vraiment succulente. L'arbre qui produit le *Chan-ly-Houng* est petit, mais très-rameux.

La forêt impériale comprend plus de cent lieues du nord au midi, et près de quatre-vingts de l'est à l'ouest. L'empereur *Khan-Hi,* dans une de ses expéditions en Mongolie, la détermina pour le lieu de ses chasses. Il s'y rendait tous les ans; et les empereurs qui lui ont succédé ont toujours suivi son exemple jusqu'à *Kia-King*, qui, durant une partie de chasse, fut frappé de la foudre à *Ge-ho-Eul*. Il y a maintenant vingt-sept ans que ces grandes chasses sont interrompues. *Tao-Kouang,* fils et successeur de *Kia-King,* s'est persuadé qu'une fatalité de mort était désormais attachée aux exercices de la chasse. Depuis qu'il est monté sur le trône, il n'a jamais mis le pied à *Ge-ho-Eul,* qu'on pourrait regarder comme le Versailles des potentats chinois. Cependant la forêt et les animaux qui l'habitent n'y ont pas gagné. Malgré la peine d'exil perpétuel portée contre quiconque sera surpris les armes à la main dans la forêt, elle est continuellement encombrée de braconniers et de bûcherons. Des gardiens sont partout distribués de distance en distance; mais ils semblent n'être là que pour avoir le

monopole de la vente du bois et du gibier. Ils favorisent le
vol de tout leur pouvoir, à condition qu'on leur en laissera
la plus grosse part. Les braconniers sont surtout innombrables depuis la quatrième lune jusqu'à la septième. A cette
époque, le bois des cerfs pousse de nouveaux rameaux qui
contiennent une espèce de sang à moitié coagulé. C'est ce
qu'on appelle *Lou-joung* dans le pays. Ces nouvelles
pousses de bois de cerf jouent un grand rôle dans la médecine chinoise, et sont à cause de cela d'une cherté exorbitante. Un *Lou-joung* se vend jusqu'à cent cinquante
onces d'argent.

Les cerfs et les chevreuils se promènent dans cet immense parc, par troupeaux innombrables. Les tigres, les
sangliers, les ours, les panthères et les loups n'y sont
guère moins nombreux. Malheur aux bûcherons et aux
chasseurs qui s'aventurent seuls ou en petit nombre dans
les labyrinthes de la forêt ; ils disparaissent, sans que jamais
on en puisse découvrir les moindres vestiges.

La crainte de rencontrer quelqu'une de ces bêtes féroces
nous empêcha de prolonger trop long-temps notre promenade. La nuit d'ailleurs commençant déjà à se faire, nous
nous hâtâmes de regagner notre tente.

Notre premier sommeil dans le désert fut assez paisible.
A peine le jour commençait à blanchir, que nous nous
levâmes. Une poignée de farine d'avoine détrempée dans
du thé bouillant nous servit de déjeûner, et après avoir
chargé nos chameaux, nous nous remîmes en marche.
Nous étions toujours sur le plateau de la *Bonne montagne*.
Bientôt nous nous trouvâmes en présence du grand *obo*,
au pied duquel les Tartares viennent adorer l'esprit de la

montagne. Ce monument n'est autre chose qu'un énorme
tas de pierres amoncelées sans ordre. A la base est une
grande urne de granit dans laquelle on brûle de l'encens.
Le sommet est couronné d'un grand nombre de branches
desséchées, fixées au hasard parmi les pierres. Au dessus
de ces branches sont suspendus des ossements et des
banderolles, chamarrés de sentences thibétaines ou mongoles. Les dévots qui passent devant l'*obo* ne se contentent
pas de faire des prostrations et de brûler des parfums, ils
jettent encore de l'argent en assez grande quantité sur ce
tas de pierres. Les Chinois qui passent par cette route, ne
manquent pas non plus de s'arrêter devant l'*obo;* mais
après avoir fait quelques génuflexions, ils ont soin de recueillir les offrandes que les Mongols ont eu la bonhomie
d'y déposer.

Dans toutes les contrées de la Tartarie on rencontre
fréquemment de ces monuments informes; toutes les
montagnes en sont couronnées, et les Mongols en font l'objet de fréquents pélerinages. Ces *obo* nous rappelaient in-
volontairement ces lieux élevés, *loca excelsa,* dont parle la
Bible, et où les Juifs portaient souvent leurs adorations,
contre la défense des prophètes.

Il était près de midi quand le terrain, commençant à s'in-
cliner, nous avertit que nous touchions à la fin du plateau.
Nous descendîmes par une pente rapide dans une vallée
profonde, où nous trouvâmes une petite station mongole.
Nous passâmes sans nous y arrêter, et nous allâmes dresser
notre tente sur les bords d'un petit étang. Nous étions
dans le royaume de *Gechekten,* pays coupé de collines, et
arrosé par de nombreux ruisseaux. Les pâturages et le bois

de chauffage s'y rencontrent partout en abondance. Mais les
voleurs désolent incessamment ces malheureuses contrées.
Les Chinois les ont envahies depuis long-temps, et en ont
fait comme l'asile de tous les malfaiteurs. Habitant de *Gechekten* est devenu maintenant synonyme d'homme sans
foi ni loi, qui n'a horreur d'aucun meurtre, et ne recule devant aucun crime. On dirait que, dans ce pays, la nature a
vu avec regret les hommes empiéter sur ses droits. Partout où la charrue a passé, le terrain est devenu triste,
aride et sablonneux. On n'y récolte que de l'avoine, dont
les habitants se nourrissent habituellement. Dans le pays,
il n'y a qu'un seul endroit de commerce, appelé en mongol *Altan-Somé* (temple d'or). C'était d'abord une grande
lamaserie qui contenait près de deux mille Lamas. Peu à
peu les Chinois s'y sont transportés, pour trafiquer avec les
Tartares. En 1843 nous eûmes occasion de visiter ce
poste; il avait déjà acquis l'importance d'une ville. Une
grande route part de *Altan-Somé*, et se dirige vers le nord.
Elle traverse le pays des *Khalkha*, le fleuve *Keroulan*, les
monts *Kinggan*, et va jusqu'à *Nertechink*, ville de la Sibérie.

Le soleil venait de se coucher, et nous étions occupés
dans l'intérieur de la tente à faire bouillir notre thé, lorsque Arsalan nous avertit par ses aboiements de la venue
d'un étranger. Bientôt nous entendîmes le trot d'un cheval, et un cavalier parut à la porte.— *Mendou!* nous cria
le Tartare, en portant ses deux mains jointes au front.
L'ayant invité à boire une tasse de thé, il attacha son cheval à un clou de la tente, et vint prendre place autour du
foyer. Seigneurs Lamas, nous dit-il aussitôt qu'il fut as-

sis, sous quelle partie du ciel êtes-vous nés? — Nous sommes du ciel d'occident. Et toi, quelle est ta patrie?— Ma pauvre iourte est vers le nord, au fond de cette grande vallée qui est à notre droite.—Ton pays de *Gechekten* est un beau pays. Le Mongol secoua la tête avec tristesse, et ne répondit pas.—Frère, ajoutâmes-nous, après un moment de silence, la terre des herbes est encore très-étendue dans le royaume de *Gechekten*. Ne vaudrait-il pas mieux ensemencer vos prairies? Que faites-vous de ces pays incultes? de belles moissons ne sont-elles pas préférables à ces herbes? Il nous répondit avec un ton de conviction profonde : Les Mongols sont faits pour vivre sous la tente et faire paître les troupeaux. Tant que cet usage s'est conservé dans notre royaume de *Gechekten,* nous avons été riches et heureux. Maintenant, depuis que les Mongols se sont mis à cultiver la terre et à bâtir des maisons, ils sont devenus pauvres. Les *Kitat* (Chinois) ont envahi le pays. Troupeaux, terres, maisons, tout a passé entre leurs mains. Il nous reste encore quelques prairies ; c'est là que vivent encore sous la tente ceux des Mongols qui n'ont pas été forcés par la misère à émigrer dans d'autres contrées.—Puisque les Chinois vous sont si funestes, pourquoi les avez-vous laissés pénétrer dans votre pays?—Cette parole est une vérité ; mais vous ne l'ignorez pas, Seigneurs Lamas, les Mongols sont simples; ils ont le cœur faible. Nous avons eu pitié de ces méchants *Kitat,* qui sont venus en pleurant nous demander l'aumône. On leur a laissé cultiver, par compassion, quelque peu de terre. Les Mongols ont insensiblement suivi leur exemple, et abandonné la vie nomade. Ils ont bu leur vin et fumé leur tabac à crédit ;

ils ont acheté leur toile. Mais, quand le temps est venu de
faire les comptes, tout a été fixé au quarante, au cinquante
pour cent. Ils ont alors usé de violence, et les Mongols ont
été forcés de leur abandonner tout, maisons, terres et
troupeaux.—Vous ne pouvez donc pas demander justice
aux tribunaux?—Justice aux tribunaux! oh, c'est impossible; les *Kitat* savent parler et mentir. Il est impossible
qu'un Mongol gagne un procès contre un *Kitat*..... Seigneurs Lamas, tout est perdu pour le royaume de *Gechekten*... A ces mots, le Mongol se leva, nous fit une génu-
flexion, monta à cheval, et disparut promptement dans le
désert.

Nous fîmes encore route pendant deux jours à travers
le pays de *Gechekten*, et partout nous eûmes à remarquer
le malaise et la souffrance de ses pauvres habitants. Cependant cette contrée est naturellement d'une richesse
étonnante, surtout en mines d'or et d'argent; mais ces
trésors eux-mêmes ont été souvent la cause des plus
grandes calamités. Malgré la sévère défense d'exploiter les
mines, il arrive quelquefois que les bandits Chinois se réunissent par grandes troupes, et s'en vont les armes à la
main fouiller les montagnes. Il existe des hommes qui ont
une capacité remarquable pour découvrir des mines d'or;
ils se guident, dit-on, d'après la conformation des montagnes et l'espèce des plantes qu'elles produisent. Il suffit
d'un homme doué de ce funeste talent, pour porter la désolation dans de vastes contrées; il se voit bientôt suivi de
gens sans aveu qui arrivent par milliers, et alors le pays
qui est assigné devient le théâtre des plus grands crimes.
Pendant que quelques-uns s'occupent de l'exploitation de

la mine, les autres vont exercer leur brigandage dans les alentours ; ils ne respectent ni les propriétés, ni les personnes , et se portent à des excès qui surpassent tout ce qu'on peut imaginer ; le désordre dure jusqu'à ce que leur audace se soit adressée à quelque mandarin assez courageux et assez puissant pour les écraser.

Des calamités de ce genre ont souvent désolé le pays de *Gechekten* ; mais rien n'est comparable à ce qui eut lieu dans le royaume de *Ouniot* en 1841. A cette époque, un Chinois, *regardeur de mines d'or*, se transporta sur une montagne, et après avoir constaté la présence du métal qu'il cherchait, il fit appel à ses compatriotes. Aussitôt les bandits et les vagabonds accoururent de toute part jusqu'au nombre de douze mille ; cette hideuse armée subjugua en quelque sorte le pays, et y exerça en toute liberté, son brigandage pendant deux ans. La montagne presque tout entière passa au creuset ; l'or en fut extrait en si grande quantité, qu'en Chine sa valeur diminua tout à coup de moitié. Les habitants de ces contrées portèrent en vain leur plainte aux mandarins Chinois; ceux-ci, ne voyant aucun profit à se mêler de cette affaire, refusèrent d'y porter remède. Le roi de *Ouniot* n'osa pas non plus se mesurer avec ces brigands dont le nombre augmentait toujours davantage.

Un jour la reine, se rendant à la sépulture de ses ancêtres, fut obligée de traverser le vallon où se trouvait réunie l'armée des mineurs ; son char fut bientôt environné; on la contraignit brutalement d'en descendre, et ce ne fut que par le sacrifice de ses joyaux, qu'elle put obtenir de continuer sa route. De retour dans sa demeure, la reine

manifesta hautement son indignation; elle reprocha amè-
rement au roi sa lâcheté : Quelle honte! disait-elle, dans
votre royaume, votre épouse même ne peut maintenant
voyager en sûreté! Le roi de *Ouniot*, piqué de ces reproches,
convoqua les hommes de ses deux bannières et marcha
incontinent contre les mineurs; ceux-ci ayant l'avantage
du terrain et du nombre se défendirent long-temps; mais
enfin ils furent enfoncés par la cavalerie Tartare qui en
fit une horrible boucherie. Un grand nombre alla chercher
une retraite dans l'intérieur de la mine; les Mongols s'en
aperçurent, et en bouchèrent l'entrée avec de grosses
pierres. Pendant plusieurs jours on entendit les hurlements de ces malheureux; mais on n'en eut pas pitié, et
on les laissa mourir dans cet affreux réduit. Ceux qu'on
prit vivants furent conduits au roi, qui leur fit crever les
yeux et les laissa ensuite aller.

Nous venions de quitter le royaume de *Gechekten* pour
entrer dans le *Thakar*, lorsque nous rencontrâmes un camp
militaire, où stationnnent quelques soldats Chinois chargés
de veiller à la sûreté publique. L'heure de camper était venue; mais ces soldats, au lieu de nous rassurer par leur présence, ne faisaient, au contraire, qu'accroître nos craintes,
car nous savions qu'ils étaient eux-mêmes les plus hardis voleurs de la contrée. Nous allâmes donc nous blottir entre
deux rochers, où nous trouvâmes juste ce qu'il fallait de
place pour dresser notre tente. A peine eûmes-nous achevé
d'organiser notre petite habitation, que nous aperçûmes
dans le lointain, sur le flanc des montagnes environnantes,
courir, au grand galop, de nombreux cavaliers. Dans leurs
evolutions brusques et rapides, ils semblaient poursuivre

une proie qui leur échappait sans cesse. Deux de ces cavaliers, qui sans doute nous avaient remarqués, coururent
vers nous avec rapidité ; ils mirent pied à terre, et se pro-
sternèrent à l'entrée de notre tente ; ces deux cavaliers
étaient Tartares-Mongols. Hommes de prière, nous dirent-
ils pleins d'émotion, nous venons vous inviter à tirer un horoscope. Aujourd'hui on nous a volé deux chevaux ; il y a
long-temps que nous cherchons en vain les traces des
voleurs ; hommes dont le pouvoir et la science sont sans
bornes, enseignez-nous dans quel endroit nous retrouve-
rons nos chevaux. — Frères, leur répondîmes-nous, nous
ne sommes pas Lamas de Bouddha ; nous ne croyons
pas aux horoscopes. Dire qu'on a le pouvoir de faire trouver
les choses perdues, c'est proférer une parole mensongère
et trompeuse... Ces pauvres Tartares redoublèrent de sol-
licitations ; mais quand ils virent que nous étions inébranlables dans notre résolution, ils remontèrent à cheval pour
regagner les montagnes.

Samdadchiemba avait gardé le silence, et n'avait paru
faire aucunement attention à cet incident. Il était toujours
resté accroupi auprès du foyer, sans détacher de ses lèvres une tasse de thé qu'il tenait embrassée de ses deux
mains. Il fronça enfin les sourcils, se leva brusquement,
et alla à la porte de la tente. Les cavaliers étaient déjà loin,
mais le Dchiahour poussa de grands cris, et fit signe de la
main pour les engager à revenir. Les Mongols, s'imaginant
qu'on s'était décidé à leur tirer l'horoscope, ne balancè-
rent pas à rebrousser chemin. Aussitôt qu'ils furent à
portée de la voix : « Mes frères Mongols, leur cria Samdadchiemba, à l'avenir soyez plus prudents ; veillez exac-

tement auprès de vos troupeaux, et on ne vous volera pas.
Retenez bien ces paroles, car elles valent mieux que tous
les horoscopes du monde... » Après cette petite allocution,
il rentra gravement dans la tente, et alla auprès du foyer
continuer de boire son thé.

Nous fûmes tout d'abord contrariés de ce singulier procédé; mais, comme les deux cavaliers n'en parurent pas
choqués, nous finîmes par en rire. « Voilà qui est singulier, grommelait Samdadchiemba; ces Mongols ne se donnent pas la peine de veiller sur leurs animaux; et puis,
quand on les leur a volés, ils courent partout se faire tirer
des horoscopes. Personne ne leur parle franchement comme
nous; les Lamas les entretiennent dans cette crédulité,
qui est pour eux une source d'un bon revenu. Au reste,
ajouta Samdadchiemba, en faisant un geste d'impatience,
il n'y a pas moyen de faire autrement. Si vous leur dites
que vous ne savez pas tirer l'horoscope, ils ne vous croient
pas; ils demeurent convaincus qu'on est peu disposé à les
obliger. Pour se débarrasser d'eux, le plus court parti
c'est de leur donner une réponse à l'aventure.... » A ces
mots, Samdadchiemba se prit à rire, mais d'un rire si
expansif, que ses petits yeux en furent totalement mas-
qués. « Est-ce que, par hasard, lui dîmes-nous, tu aurais
quelquefois tiré l'horoscope? — J'étais encore bien jeune;
j'avais tout au plus quinze ans; je traversais alors la *bannière rouge* du *Thakar*. Je fus appelé par quelques Mongols, qui me conduisirent dans leur tente. Là, ils me
prièrent de leur deviner où s'était sauvé un bœuf qu'ils
avaient perdu depuis trois jours. J'avais beau leur protester que je ne savais pas deviner, que je n'avais pas même

appris à lire. « Tu nous trompes, me disaient-ils; tu es
un *Dchiahour*, et nous savons que les Lamas qui viennent
de l'occident savent toujours deviner un peu. » Comme je
n'avais pas moyen de me tirer de cet embarras, je m'a-
visai de singer ce que j'avais vu quelquefois pratiquer par
des Lamas, en pareille circonstance. Je chargeai quelqu'un
d'aller chercher onze crottins de mouton, les plus secs
qu'il pourrait rencontrer. Je fus servi à l'instant. Je m'assis
alors gravement; je comptai les crottins, je les divisai par
catégories; je les comptai de nouveau; je les fis rouler sur
ma robe; enfin je dis aux Mongols, qui attendaient avec
impatience le résultat de l'horoscope : Si vous voulez
trouver votre bœuf, allez le chercher du côté du nord.
Aussitôt que j'eus prononcé ces paroles, quatre chevaux
furent sellés, quatre hommes montèrent dessus, et s'en
allèrent au grand galop à travers le désert, se dirigeant
toujours vers le nord. Par le plus grand des hasards, le
bœuf fut retrouvé; on me fêta pendant huit jours, et je ne
partis qu'avec une bonne provision de beurre et de feuilles
de thé. Maintenant que j'appartiens à la sainte Eglise, je
sais que ces choses sont mauvaises et défendues. Sans
cela, j'aurais bien dit un mot d'horoscope à ces deux cavaliers, et cela nous aurait peut-être valu de boire ce soir
un bon thé au beurre.

Ces chevaux volés ne justifiaient que trop le mauvais
renom du pays où nous avions campé. Nous crûmes donc
devoir prendre plus de précautions que les jours précé-
dents. Avant que la nuit se fît, nous ramenâmes le cheval
et le mulet, et nous les attachâmes à deux clous fixés à
l'entrée de la tente. Nous fîmes accroupir nos chameaux

à l'entour, de manière à intercepter tout passage. D'après ces dispositions, personne ne pouvait venir jusqu'à nous sans que nous en fussions avertis par les chameaux qui, au moindre bruit, poussent des cris capables d'éveiller l'homme le plus profondément endormi. Enfin, après avoir suspendu à une des colonnes de la tente notre lanterne de voyage, que nous laissâmes allumée durant la nuit entière, nous essayâmes de prendre un peu de repos. Cette nuit fut pour nous une longue insomnie; quant au *Dchiahour*, que rien ne troublait jamais, nous l'entendîmes ronfler de toute la force de ses poumons jusqu'à l'aube du jour.

Nous fîmes de grand matin nos préparatifs de départ; car nous avions hâte de quitter cet endroit mal famé, et d'arriver à *Tolon-Noor*, dont nous n'étions plus éloignés que de quelques lieues.

Sur la route, un cavalier, qui venait avec impétuosité, s'arrêta brusquement devant nous. Après nous avoir fixés un instant : «Vous êtes les chefs des chrétiens des *Gorges-contiguës?* nous dit-il.» Sur notre réponse affirmative, il continua sa route au galop, en tournant quelquefois la tête pour nous considérer encore. C'était un Mongol, qui avait l'intendance des troupeaux des *Gorges-contiguës*. Il nous avait souvent vus dans cette chrétienté ; mais l'étrangeté de notre nouveau costume l'avait empêché de nous reconnaître. Nous fîmes encore la rencontre des Tartares, qui, la veille, étaient venus nous prier de leur tirer l'horoscope. Ils s'étaient rendus avant le jour sur la foire aux chevaux de *Tolon-Noor*, dans l'espérance d'y découvrir leurs animaux volés. Leurs recherches avaient été infructueuses

Les nombreux voyageurs tartares et chinois que nous rencontrions sur notre route, étaient un indice que nous étions peu éloignés de la grande ville de *Tolon-Noor*. Déjà nous apercevions, loin devant nous, reluire aux rayons du soleil la toiture dorée de deux magnifiques lamaseries, qui sont bâties au nord de la ville. Nous cheminâmes longtemps à travers des tombeaux ; car partout les hommes se trouvent environnés des débris des générations éteintes. En voyant cette population nombreuse comme enveloppée dans une vaste enceinte d'ossements et de pierres tumulaires, on eût dit la mort travaillant sans cesse au blocus des vivants. Dans cet immense cimetière, qui semble étreindre la ville, nous remarquâmes çà et là quelques petits jardins, où, à force de soins et de peines, on parvient à cultiver quelques méchants légumes : des porreaux, des épinards, des laitues dures et amères, et des choux pommés, qui, depuis quelques années venus de Russie, se sont merveilleusement acclimatés dans le nord de la Chine.

Si on excepte ces quelques plantes potagères, les environs de *Tolon-Noor* ne produisent absolument rien. Le sol est aride et sablonneux. Les eaux y sont extrêmement rares. Sur certains points seulement, on aperçoit quelques sources peu abondantes, et qui se dessèchent à la saison des chaleurs.

CHAPITRE II.

Restaurant de *Tolon-Noor*. — Aspect de la ville. — Grandes fonderies de cloches et d'idoles. — Entretiens avec les Lamas de *Tolon-Noor*. — Campement. — Thé en brique. — Rencontre de la reine *Mourguevan*. — Goût des Mongols pour les pélerinages. — Violent orage. — Guerre des Anglais contre la Chine, racontée par un chef mongol. — Topographie des huit bannières du *Tchakar*. — Troupeaux de l'Empereur. — Forme et ameublement des tentes. — Mœurs et coutumes tartares. — Campement aux trois lacs. — Apparitions nocturnes. — Samdadchiemba raconte les aventures de sa jeunesse. — Écureuils gris de la Tartarie. — Arrivée à *Chaborté*.

⸺ ❧ ⸺

Notre entrée dans la ville de *Tolon-Noor* fut fatigante et pleine de perplexités ; car nous ne savions nullement où aller mettre pied à terre. Nous errâmes long-temps comme dans un labyrinthe, en suivant des rues étroites, tortueuses, et où nos chameaux avaient peine à se faire jour au milieu d'un perpétuel encombrement d'hommes et de choses. Enfin nous entrâmes dans une auberge. Décharger nos chameaux, entasser notre bagage dans la petite chambre qu'on nous avait donnée, aller au marché acheter de l'herbe, la distribuer aux animaux, tout cela se fit sans prendre haleine. Le chef d'hôtellerie vint, selon l'usage, nous remettre un cadenas ; après avoir cadenassé la porte de notre chambre, nous allâmes, sans perdre de temps, dîner en ville ; car nous étions affamés. Nous ne fûmes pas long-temps à découvrir un drapeau triangulaire, flottant devant une maison : c'était un restaurant. Nous y

entrâmes, et un long corridor nous conduisit dans une
salle spacieuse, où étaient distribuées avec ordre et symé-
trie de nombreuses petites tables. Nous nous assîmes, et
aussitôt on vint placer une théière devant chacun de nous ;
c'est le prélude obligé de tous les repas. Il faut boire beaucoup, et boire toujours bouillant, avant de prendre la
moindre chose. Pendant qu'on est ainsi occupé à se gon-
fler de thé, on reçoit la visite de l'*intendant de la table*.
C'est ordinairement un personnage aux manières élégantes,
et doué d'une prodigieuse volubilité de langue ; il connaît
du reste tous les pays et les affaires de tout le monde. Il
finit cependant par vous demander l'ordre du service ; à
mesure qu'on énonce les plats qu'on désire, il en répète
les noms en chantant, afin de l'annoncer au *gouverneur
de la marmite*. On est servi avec une admirable promptitude ; mais, avant de commencer le repas, l'étiquette exige
qu'on se lève et qu'on aille inviter à la ronde tous les convives qui se trouvent dans la salle. Venez, venez tous ensemble, leur crie-t-on en les conviant du geste, venez
boire un petit verre de vin et manger un peu de riz. —
Merci, merci, répond l'assemblée, venez plutôt vous asseoir à notre table, c'est nous qui vous invitons. — Après
cette formule cérémonieuse, on a manifesté son honneur,
comme on dit dans le pays, et on peut prendre son repas
en homme de qualité.

Aussitôt qu'on se lève pour partir, l'*intendant de la
table* paraît ; pendant qu'on traverse la salle, il chante de
nouveau la nomenclature des mets qu'on a demandés, et
termine en proclamant la dépense totale, d'une voix haute
et intelligible. On passe ensuite au bureau, et on verse à

la caisse la somme désignée. En général, les restaurateurs chinois sont aussi habiles que ceux d'Europe pour exciter la vanité des convives, et pousser à la consommation des vivres.

Deux motifs nous avaient engagés à diriger d'abord notre marche vers *Tolon-Noor*. En premier lieu, nous avions à y faire quelques achats pour compléter nos ustensiles de voyage. De plus, il nous paraissait nécessaire de nous mettre en rapport avec les Lamas du pays, et de prendre des renseignements sur les points les plus importants de la Tartarie.

Les petites provisions que nous avions à faire nous fournirent l'occasion de parcourir les divers quartiers de la ville. *Tolon-Noor* (Sept-Lacs) est appelé par les Chinois *Lama-Miao*, c'est-à-dire, Couvent-de-Lamas. Les Mantchoux la nomment *Nadan-Omo*, et les Thibétains, *Tsot-Dun*. Ces noms ne sont que la traduction de *Tolon-Noor*, et veulent dire également Sept-Lacs. Sur la carte publiée par M. Andriveau-Goujon (1), cette ville est appelée *Djo-Naiman-Soumé* en mongol, *Cent-Huit-Couvents*. Nous avons inutilement cherché d'où pouvait lui venir ce nom, que personne ne lui donne dans le pays.

Tolon-Noor n'est pas une ville murée, c'est une vaste agglomération de maisons laides et mal distribuées. Au milieu de ses rues étroites et tortueuses, on ne voit que bourbiers et cloaques. Pendant que les piétons marchent des deux côtés, à la file les uns des autres, sur un périlleux

---

(1) A-part quelques rares inexactitudes, la carte de l'empire chinois publiée par M. Andriveau-Goujon est excellente. Nous devons déclarer ici, qu'elle nous a été d'un grand secours durant notre long voyage.

trottoir, les charrettes, les caravanes de chameaux et de
mulets se traînent péniblement dans une boue noire,
puante et profonde. Il arrive assez souvent que les voitures
versent ; et alors il serait difficile d'exprimer le désordre et
l'encombrement de ces misérables rues. Les animaux
meurent étouffés dans la boue ; les marchandises périssent,
ou tombent entre les mains des filous qui accourent en
foule augmenter la confusion.

Malgré le peu d'agréments que présente *Tolon-Noor*,
malgré la stérilité de ses environs, l'extrême froidure de
l'hiver et les chaleurs étouffantes de l'été, la population de
cette ville est immense, et le commerce y est prodigieux.
Les marchandises russes y descendent par la route de
Kiakta; les Tartares y conduisent incessamment de nombreux troupeaux de bœufs, de chameaux et de chevaux ; à
leur retour, ils emportent du tabac, des toiles et du thé en
briques. Ce perpétuel va-et-vient d'étrangers, donne à la
population de *Tolon-Noor* un aspect vivant et animé. Les
colporteurs courent dans les rues offrir aux passants les
objets de leur petit commerce ; les marchands, du fond de
leurs boutiques, appellent et agacent les acheteurs par des
paroles flatteuses et courtoises ; les Lamas, aux habits
éclatants de rouge et de jaune, cherchent à se faire admirer par leur adresse à conduire au galop, dans des passages difficiles, des chevaux fougueux et indomptés.

Les commerçants de la province du *Chan-Si* sont ceux
qui sont en plus grand nombre dans la ville de *Tolon-
Noor;* mais il en est peu qui s'y établissent d'une manière
définitive. Après quelques années, quand leur coffre-fort
est suffisamment rempli, ils s'en retournent dans leur pays.

Sur cette vaste place de commerce, les Chinois finissent toujours par faire fortune, et les Tartares par se ruiner. *Tolon-Noor* est comme une monstrueuse pompe pneumatique, qui réussit merveilleusement à faire le vide dans les bourses mongoles.

Les magnifiques statues en fer et en airain qui sortent des grandes fonderies de *Tolon-Noor* sont renommées, non-seulement dans toute la Tartarie, mais encore dans les contrées les plus reculées du Thibet. Ses immenses ateliers envoient dans tous les pays soumis au culte de Bouddha des idoles, des cloches, et divers vases usités dans les cérémonies idolâtriques. Les petites statues sont d'une seule pièce, mais les grandes sont coulées par parties, qui sont ensuite soudées ensemble. Pendant que nous étions à *Tolon-Noor*, nous vîmes partir pour le Thibet un convoi vraiment monstrueux : c'était une seule statue de Bouddha, chargée par pièces sur quatre-vingt-quatre chameaux. Un prince du royaume de *Oudchou-Mourdchin*, allant en pèlerinage à Lha-Ssa, devait en faire hommage au Talè-Lama.

Nous profitâmes de notre passage à *Tolon-Noor* pour faire exécuter un Christ sur un magnifique modèle en bronze, venu de France. On l'avait si bien réussi, qu'il était assez difficile de pouvoir distinguer la copie du modèle. Ces ouvriers chinois travaillent promptement, à bon marché, mais surtout avec une étonnante complaisance ; ils sont bien loin d'avoir l'amour-propre et l'entêtement de certains artistes d'Europe. Toujours ils se conforment au goût de leurs pratiques, et font aisément le sacrifice de leurs propres idées. Ils font d'abord leur ouvrage en pâte ;

si on ne le trouve pas à sa fantaisie, ils recommencent jusqu'à ce qu'on leur permette de travailler au moule.

Durant notre séjour à *Tolon-Noor*, nous eûmes souvent
occasion de visiter les lamaseries, et de nous mettre en
rapport avec les prêtres idolâtres du bouddhisme. Les Lamas nous parurent peu instruits. En général, leur symbolisme n'est guère plus épuré que les croyances du vulgaire.
Leur doctrine est toujours indécise et flottante au milieu
d'un vaste panthéisme dont ils ne peuvent se rendre compte.
Quand nous leur demandions quelque chose de net et de
positif, ils étaient toujours dans un embarras extrême, et
se rejetaient les uns sur les autres. Les disciples nous disaient que leurs maîtres savaient tout; les maîtres invo-
quaient la toute-science des grands Lamas; les grands
Lamas eux-mêmes se regardaient comme des ignorants à
côté des *saints* de certaines fameuses lamaseries. Toutefois, disciples et maîtres, grands et petits Lamas, tous s'accordaient à dire que la doctrine venait de l'Occident; ils
étaient unanimes sur ce point. Plus vous avancerez vers
l'Occident, nous disaient-ils, plus la doctrine se manifes-
tera pure et lumineuse. Quand nous leur avions fait l'exposé des vérités chrétiennes, ils ne discutaient jamais; ils
se contentaient de dire avec calme : Nous autres, nous
n'avons pas là toutes les prières. Les Lamas de l'Occident
vous expliqueront tout, vous rendront compte de tout;
nous avons foi aux traditions venues de l'Occident.

Au reste, ces paroles ne sont que la confirmation d'un
fait qu'il est aisé de remarquer sur tous les points de la
Tartarie. Il n'est pas une seule lamaserie de quelque importance, dont le grand Lama ou supérieur ne soit un

homme venu du Thibet. Un Lama quelconque, qui a fait un voyage à Lha-Ssa, est assuré d'obtenir à son retour la confiance de tous les Tartares. Il est regardé comme un homme supérieur, comme un voyant aux yeux duquel ont été dévoilés tous les mystères des vies passées et futures, au sein même de l'*éternel sanctuaire*, et dans la *terre des esprits* (1).

Après avoir mûrement réfléchi sur tous les renseignements que nous avions obtenus des Lamas, il fut décidé que nous dirigerions notre marche vers l'occident. Le 1er octobre, nous partîmes de *Tolon-Noor;* et ce ne fut pas sans peine que nous parvînmes à traverser cette misérable ville. Nos chameaux ne pouvaient avancer à travers ces bourbiers, que par trébuchements et soubresauts. Les charges chancelaient, branlaient sans cesse ; à chaque pas, nous tremblions de voir nos pauvres bêtes de somme perdre l'équilibre, et aller rouler dans la boue. Nous étions heureux, quand nous pouvions rencontrer quelque part une place un peu sèche pour faire accroupir les chameaux, et sangler de nouveau notre bagage. Samdadchiemba enrageait ; il allait et venait sans proférer une seule parole, il se contentait de manifester son dépit en mordant ses lèvres.

Quand nous fûmes arrivés à l'extrémité de la ville, vers la partie occidentale, nous n'avions plus de cloaques à traverser ; mais nous tombions dans un autre embarras. Devant nous, point de route tracée, pas le moindre sentier ; c'était une longue et interminable chaîne de petites collines, d'un sable fin et mouvant, sur lequel nous ne

(1) H'Lassa (terre des esprits) est appelé en langue mongole *Monhé-Dhot* (sanctuaire éternel).

pouvions avancer qu'avec beaucoup de peine et de fatigue. Au milieu de ces sablières, nous étions écrasés par une chaleur étouffante. Nos bêtes de charge étaient fumantes de sueur, et nous-mêmes nous étions dévorés par une soif ardente; mais c'était en vain que nous cherchions autour de nous quelques gouttes d'eau pour nous rafraîchir.

Il était déjà tard; et nous commencions à craindre de ne pouvoir rencontrer un endroit propice pour dresser notre tente. Le terrain se raffermit pourtant peu à peu, et nous pûmes découvrir enfin quelques traces de végétation. Bientôt les sables diminuèrent, et le sol devint de plus en plus beau et verdoyant. Nous aperçûmes sur notre gauche, et non loin de nous, l'ouverture d'une gorge. M. Gabet pressa sa chamelle, et courut au galop examiner ce poste. Il reparut bientôt sur le sommet d'une colline, il poussa un grand cri, et nous fit signe de la main. Nous nous dirigeâmes vers lui; car la Providence lui avait fait rencontrer un assez bon gîte. Un petit étang dont les eaux étaient à moitié cachées par des joncs épais et des plantes marécageuses, quelques broussailles disséminées çà et là sur les coteaux, c'était tout ce qu'il nous fallait. Altérés, affamés, fatigués comme nous l'étions, nous ne pouvions ambitionner rien de mieux.

A peine les chameaux furent-ils accroupis, que chacun de nous, spontanément et sans délibérer, n'eut rien de plus pressé que de prendre sa petite écuelle de bois, et d'aller puiser quelques gorgées d'eau entre les joncs du marais; l'eau était assez fraîche, mais elle saisissait violemment le nez par une forte odeur hydrochlorique. Je me ressouvins d'en avoir bu de semblable aux Pyrénées, dans la bonne ville d'Ax, et d'en avoir vu vendre dans les pharmacies de France : cette eau se vendait au moins quinze sous la bouteille, tant elle était puante et nauséabonde.

Après nous être suffisamment désaltérés, les forces revinrent petit à petit. Nous pûmes alors dresser la tente, et nous mettre avec énergie chacun à notre ouvrage. M. Gabet alla faire quelques petits fagots parmi les charmilles ; Samdadchiemba ramassait des argols dans le pan de sa robe, et M. Huc, assis à l'entrée de la tente, essayait de s'initier à l'art culinaire, en vidant une poule dont Arsalan convoitait les entrailles d'un œil avide et attentif. Nous voulions au moins une fois, à travers les déserts, nous donner le luxe d'un petit festin ; nous voulions, par patriotisme, régaler notre *Dchiahour* d'un mets conditionné d'après les règles du *Cuisinier français*. La volaille fut donc artistement dépecée et plongée au fond de notre grande chaudière. Quelques racines de synapia confites dans de l'eau salée, des oignons, une gousse d'ail et un piment rouge complétèrent l'assaisonnement. Bientôt le tout fut mis sans peine en ébullition ; car ce jour-là nous étions riches en combustible. Samdadchiemba, après avoir plongé sa main dans la marmite, en retira un fragment de volaille dont il fit l'inspection ; il annonça aux convives que l'heure était venue : alors la marmite fut aussitôt retirée de dessus le trépied, et placée sur le gazon. Nous nous assîmes tout auprès, de manière à pouvoir la toucher de nos genoux, et chacun des convives, armé de deux bâtonnets, s'efforça de saisir les morceaux qui flottaient à la surface d'un abondant liquide.

Quand le repas fut achevé, et après avoir remercié le bon Dieu du festin qu'il nous avait servi dans le désert,

Samdadchiemba alla rincer le chaudron sur les bords de l'étang. Bientôt, pour compléter la fête, nous fîmes bouillir le thé mongol. Le thé dont usent les Tartares mongols n'est pas préparé de la même manière que celui qui est consommé par les Chinois. Ces derniers, comme on sait, se servent, en général, des feuilles les plus petites et les plus tendres, qu'ils font simplement infuser dans l'eau bouillante, de manière à lui donner une teinte dorée. Les feuilles grossières, auxquelles se trouvent mêlées les branches les plus déliées, sont pressées et coagulées ensemble dans un moule, où elles prennent la forme et l'épaisseur des briques qui sont en usage dans la maçonnerie. Ainsi préparé, on le livre au commerce sous le nom de thé tartare, parce qu'il est presque exclusivement employé par ce peuple, si on en excepte toutefois les Russes, qui en font une grande consommation. Quand les Tartares veulent faire le thé, ils cassent un morceau de leur brique, le pulvérisent, et le font bouillir dans leur marmite, jusqu'à ce que l'eau devienne rougeâtre. Ils y jettent alors une poignée de sel, et l'ébullition recommence. Dès que le liquide est presque noir, on ajoute plein une écuelle de lait, puis on décante dans une grande urne cette boisson qui fait les délices des Tartares. Samdadchiemba en était enthousiaste; pour nous, nous en buvions par nécessité, et faute de mieux.

Le lendemain, après avoir roulé notre tente, nous nous éloignâmes de cet asile où nous avions demeuré quelques heures. Nous le quittâmes sans regret, parce que nous l'avions choisi et occupé sans affection. Cependant, avant d'abandonner cette terre hospitalière, sur laquelle nous

avions dormi une nuit de notre vie, nous voulûmes y
laisser un souvenir, un ex-voto de reconnaissance : nous
plantâmes une petite croix de bois à l'endroit où avait été
notre foyer de la veille, et cette règle fut dans la suite
suivie dans tous nos autres campements. Des Missionnaires
pouvaient-ils laisser une autre trace de leur rapide passage
à travers le désert ?

Nous avions fait tout au plus une heure de chemin,
lorsque nous entendîmes derrière nous comme le piéti-
nement de nombreux chevaux, et le bruit confus et indéterminé de plusieurs voix. Nous tournâmes la tête, et nous
aperçûmes dans le lointain une nombreuse caravane, qui
s'avançait vers nous, à pas rapides. Bientôt nous fûmes
atteints par trois cavaliers, et l'un d'eux, qu'à son costume
nous reconnûmes pour un Mandarin tartare, s'écria d'une
voix étourdissante : « Seigneurs Lamas, votre patrie où
est-elle? — Nous sommes du ciel d'occident. — Sur quelle
contrée avez-vous fait passer votre ombre bienfaitrice ? —
Nous venons de la ville de *Tolon-Noor*.— La paix a-t-elle
accompagné votre route ?— Jusqu'ici nous avons chevau-
ché avec bonheur.... Et vous autres, êtes-vous en paix;
quelle est votre patrie ? — Nous sommes *Khalkhas*, du
royaume de *Mourguevan*. — Les pluies ont-elles été abondantes; vos troupeaux sont-ils en prospérité? — Tout est
en paix dans nos pâturages.— Où se dirige votre caravane ?
—Nous allons courber nos fronts devant les *Cinq-Tours...*»
Pendant cette conversation brusque et rapide, le reste de
la troupe arriva. Nous étions tout près d'un ruisseau dont
le rivage était bordé de broussailles. Le chef de la caravane donna ordre de faire halte; et aussitôt les chameaux,

arrivant à la file, décrivirent une grande circonférence, au centre de laquelle vint se placer un char à quatre roues. *Sok, sok*, s'écrièrent les chameliers! et les chameaux, obéissant à cet ordre, s'accroupirent spontanément, comme frappés d'un même coup. Pendant que des tentes nombreuses s'élevaient comme par enchantement sur les bords du ruisseau, deux Mandarins décorés du globule bleu s'approchèrent de la voiture, en ouvrirent la portière, et aussitôt nous vîmes descendre une femme tartare, revêtue d'une longue robe de soie verte. C'était une reine du pays des Khalkhas, qui se rendait en pélerinage à la fameuse lamaserie des Cinq-Tours, dans la province du *Chan-Si*. Aussitôt qu'elle nous aperçut, elle nous salua, en élevant ses deux mains. « Seigneurs Lamas, nous dit-elle, nous allons camper ici, cet endroit est-il heureux? — Royale pélerine de Mourguevan, lui répondîmes-nous, tu peux allumer en paix ton foyer en ce lieu. Pour nous, nous allons continuer notre route; car le soleil était déjà haut quand nous avons plié la tente. » A ces mots, nous prîmes congé de la nombreuse caravane des Tartares de Mourguevan.

Cependant mille pensées préoccupaient notre esprit, en voyant cette reine et sa nombreuse suite, poursuivant ainsi dans le désert leur lointain pélerinage. Les dépenses ne les arrêtaient pas plus que les dangers, les fatigues et les privations du voyage. C'est que ces bons Mongols ont l'âme essentiellement religieuse ; la vie future les occupe sans cesse, les choses d'ici-bas ne sont rien à leurs yeux ; aussi vivent-ils dans ce monde comme n'y vivant pas. Ils ne cultivent pas la terre, ils ne bâtissent pas de maisons ;

ils se regardent partout comme des étrangers qui ne font que passer; et ce vif sentiment, dont ils sont profondément pénétrés, se traduit toujours par de longs voyages.

C'est une chose bien digne d'attention, que ce goût des pélerinages, qui, dans tous les temps, s'est emparé des peuples religieux. Le culte du vrai Dieu conduisait les Juifs, plusieurs fois par an, au temple de Jérusalem. Dans l'antiquité, les hommes qui se donnaient quelque souci des croyances religieuses, s'en allaient en Egypte se faire initier aux mystères, et demander des leçons de sagesse aux prêtres d'Osiris. C'est aux voyageurs que le Sphinx mystérieux du mont Phicéus proposait la profonde énigme dont OEdipe trouva la solution. Au moyen-âge, l'esprit de pélerinage était dominant en Europe, et les chrétiens de cette époque étaient pleins de ferveur pour ce genre de dévotion. Les Turcs, quand ils étaient encore croyants, se rendaient à la Mecque par grandes caravanes; et de nos jours enfin, dans l'Asie centrale, on rencontre sans cesse de nombreux pélerins qui vont et viennent, toujours poussés, toujours mus par un sentiment profond et sincère de religion. Il est à remarquer que les pélerinages ont diminué en Europe, à mesure que la foi s'est faite rationaliste, et qu'on s'est mis à discuter la vérité religieuse. Au contraire, plus la foi a été vive et simple parmi les peuples, plus aussi les pélerinages ont été en vigueur. C'est que la vivacité et la simplicité de la foi donnent un sentiment plus profond et plus énergique de la condition de l'homme voyageur sur la terre; et alors il est naturel que ce sentiment se manifeste par de saints voyages. Au reste, l'Eglise catholique, qui conserve dans son sein toutes les

T. I.

vérités, a introduit dans la liturgie les processions, comme un souvenir des pélerinages, et pour rappeler aux hommes que cette terre est comme un désert, où nous commençons tous en naissant le sérieux voyage de l'éternité.

Nous avions laissé, loin derrière nous, les pélerins de *Mourguevan;* et déjà nous commencions à regretter de n'avoir pas campé avec eux, sur les bords du joli ruisseau et parmi les gras pâturages où ils avaient dressé leur tente. Des sentiments de crainte s'élevaient insensiblement dans nos cœurs, à mesure que nous apercevions de gros nuages noirs monter de l'horizon, s'étendre et obscurcir le ciel. Nous cherchions avec anxiété, de tout côté, un endroit où nous pussions faire halte; mais nulle part nous ne rencontrions de l'eau. Pendant que nous étions dans cette perplexité, quelques grosses gouttes vinrent nous avertir que nous n'avions pas de temps à perdre. Campons vite, campons vite, s'écria Samdadchiemba avec impétuosité.... A quoi bon nous amuser à chercher de l'eau? campons avant que le ciel ne tombe. — Tu parles à merveille; mais où abreuver les animaux? A toi seul tu bois chaque soir un chaudron de thé; où iras-tu prendre de l'eau?—De l'eau? Mes Pères, tout à l'heure il va en tomber plus qu'il ne nous en faut. Campons vite, n'ayez pas peur. Certaine-ment aujourd'hui personne ne mourra de soif; nous ferons promptement des creux, et nous boirons l'eau de pluie. Non, non, reprit Samdadchiemba, pas besoin de faire des creux. Voyez-vous là-bas ce berger? voyez-vous ce troupeau? à coup sûr il y a de l'eau là-bas. Nous aperçûmes, en effet, dans un vallon, un homme qui poussait devant lui un grand troupeau de moutons. Nous quittâmes aussitôt notre route, et nous nous dirigeâmes de ce côté à pas précipités. La pluie, qui commença à tomber par torrents, vint encore redoubler la célérité de notre marche. Pour surcroît d'infortune, la charge d'un de nos chameaux chavira, et passa d'entre ses bosses au dessous du ventre ; nous fûmes obligés de faire accroupir le chameau, et de rajuster les bagages sur son dos. Nos habits étaient ruisselants, lorsque nous arrivâmes à un petit lac dont l'eau était troublée et grossie par la pluie. Il n'y eut pas besoin de délibérer ce soir là sur l'endroit où nous devions dresser la tente, car nous n'avions pas à choisir : la terre était partout imbibée à une grande profondeur.

La violence de la pluie avait beaucoup diminué ; mais la force du vent était devenue plus intense. Nous eûmes une peine horrible pour dérouler notre misérable tente, devenue semblable à un paquet de linge qu'on retirerait d'un cuvier de lessive. Les difficultés augmentèrent encore, quand nous voulûmes essayer de la tendre ; et sans le secours de la force extraordinaire dont était doué Samdadchiemba, nous n'y serions jamais parvenus. Enfin nous eûmes un abri contre le vent et une petite pluie glaciale qui ne cessait de tomber. Aussitôt que le logement fut disposé, Samdadchiemba nous adressa ces consolantes paroles : Mes Pères spirituels, je vous ai prédit qu'aujourd'hui nous ne mourrions pas de soif...; mais mourir de faim, je n'en réponds pas. — C'est qu'en effet nous étions dans l'impossibilité de pouvoir faire du feu. Dans cet endroit on n'apercevait pas une branche, pas une racine. Aller à la recherche des argols, c'était peine perdue ; la pluie avait réduit en bouillie cet unique chauffage du désert.

Nous avions pris notre parti, et nous étions sur le point de faire notre souper avec un peu de farine délayée dans de l'eau froide, lorsque nous vîmes venir vers nous deux Tartares, qui conduisaient un petit chameau. Après les saluts d'usage, l'un d'eux nous dit : Seigneurs Lamas, aujourd'hui le ciel est tombé ; vous ne pouvez pas sans doute dresser votre foyer. — Hélas ! comment pourrions-nous dresser un foyer puisque nous n'avons pas d'argols? — Les hommes sont tous frères et s'appartiennent entr'eux. Mais les hommes noirs doivent honorer et servir les saints ; voilà pourquoi nous sommes venus pour allumer votre feu.... Ces bons Tartares nous avaient aperçus pendant que nous cherchions un campement ; et présumant notre embarras, ils s'étaient hâtés de venir nous offrir deux hottes d'argols. Nous remerciâmes la Providence de ce secours inespéré, et le Dchiahour se mit aussitôt à préparer la farine pour le souper. La dose fut un peu augmentée, en faveur des deux convives qui nous étaient survenus.

Pendant notre modeste repas, nous remarquâmes que l'un de ces Tartares était l'objet de beaucoup de prévenances de la part de son compagnon. Nous lui demandâmes quel grade militaire il occupait dans la bannière bleue. — Quand les bannières du *Tchakar* ont marché, il y a deux ans, contre les rebelles du midi (1), j'avais le grade de *Tchouanda* — Comment tu étais de cette fameuse guerre du midi ! Mais comment vous autres bergers, pouvez-vous avoir le courage des soldats? Accoutumés à une vie paisible, vous devriez être étrangers à ce terrible métier, qui consiste à tuer

(1) Les Anglais, qui à cette époque faisaient la guerre à la Chine, étaient généralement appelés par les Tartares : *Rebelles du midi*.

les autres, ou à se faire tuer. — Oui, oui, nous sommes
bergers, c'est vrai : mais nous n'oublions pas non plus
que nous sommes soldats, et que les huit bannières composent l'armée de réserve du Grand-Maître (l'Empereur).
Vous savez la règle de l'empire : quand l'ennemi paraît,
on envoie d'abord les milices des *Kitat*. En second lieu, les
bannières du pays des *Solon* se mettent en mouvement.
Si la guerre ne finit pas, alors on n'a qu'à donner un signal
aux bannières du *Tchakar*, le bruit de leur marche suffit
toujours pour faire rentrer les rebelles dans l'ordre. — Est-
ce que, pour cette guerre du midi, toutes les bannières du
Tchakar ont été convoquées? — Oui, toutes. Au commencement, on pensait que c'était peu de chose ; chacun disait
qu'on ne toucherait pas au *Tchakar*. Les milices des *Kitat*
sont parties les premières, mais elle n'ont rien fait; les
bannières des *Solon* ont aussi marché, mais elles n'ont pu
résister aux chaleurs du midi : alors l'Empereur nous envoya sa sainte ordonnance. Chacun courut aussitôt dans
les troupeaux saisir son meilleur cheval; on secoua la
poussière dont les arcs et les carquois étaient recouverts;
on gratta la rouille des lances. Dans chaque tente on tua
promptement des moutons, pour faire le repas des adieux.
Nos femmes et nos enfants pleuraient; mais nous autres
nous leur adressions des paroles de raison. Voilà six générations, leur disions-nous, que nous recevons les bienfaits
du *Saint-Maître*, sans qu'il nous ait jamais rien demandé.
Aujourd'hui qu'il a besoin de nous, comment pourrions-
nous reculer? Il nous a donné le beau pays du *Tchakar*
pour faire paître nos troupeaux, et lui servir en même temps
de barrière contre les *Khalkhas*. Maintenant, puisque c'est

du midi que viennent les rebelles, nous devons marcher
au midi. N'est-ce pas, Seigneurs Lamas, que la raison se
trouve dans ces paroles? Oui, nous devions marcher... La
sainte ordonnance parut au soleil levant, et déjà à midi les
Bochehous, à la tête de leurs hommes, se grouppèrent autour des *Tchouanda;* les *Tchouanda* se réunirent au *Nourou-
Tchayn;* là, nous attendait le *Ougourda,* et le jour même nous
marchâmes sur *Péking:* de Péking on nous conduisit à *Tien-
Tsin-Veï* où nous sommes restés trois mois. — Vous êtes-vous
battus? avez-vous vu l'ennemi, demanda Samdadchiemba?
— Non, il n'a pas osé paraître. Les *Kitat* nous répétaient
partout, que nous marchions à une mort certaine et inutile.
Que ferez-vous, nous disaient-ils, contre des monstres
marins? Ils vivent dans l'eau, comme des poissons; quand
on s'y attend le moins, ils paraissent à la surface, et lancent
des *Si-Koua* (1) enflammés. Aussitôt qu'on bande l'arc
pour leur envoyer des flèches, ils se replongent dans l'eau
comme des grenouilles.   Ils cherchaient ainsi à nous effrayer; mais nous autres soldats des huit bannières, nous
n'avons pas peur. Avant notre départ, les grands Lamas
avaient ouvert le livre des secrets célestes, et nous avaient
assuré que l'affaire aurait une heureuse issue. L'Empereur
avait donné à chaque *Tchouanda* un Lama instruit dans
la médecine et initié à tous les prestiges sacrés; ils devaient
nous guérir des maladies du climat, et nous protéger contre
la magie des monstres marins. Qu'avions-nous donc à
craindre? Les rebelles, ayant appris que les invincibles mi-

---

(1) *Si-koua* veut dire citrouille d'occident; c'est le nom qu'on donne
au melon d'eau. Les Chinois ont nommé *Si-koua-pao,* les bombes
européennes.

lices du *Tchakar* approchaient, ont été effrayés et ont demandé la paix. Le *Saint-Maître,* dans son immense miséricorde, la leur a accordée, et alors nous sommes revenus dans nos prairies veiller à la garde de nos troupeaux.

Le récit de cette *illustre épée* était pour nous palpitant d'intérêt. Nous oubliâmes pendant quelque temps la misère de notre position au milieu du désert. Nous eussions vivement désiré recueillir encore quelques détails sur l'expédition des Anglais contre la Chine ; mais la nuit commençant à tomber, les deux Tartares reprirent la route de leurs iourtes.

Quand nous fûmes seuls, nos pensées devinrent tristes et sombres. Ce n'était qu'en frémissant que nous songions à cette longue nuit qui commençait à peine. Comment prendre un peu de repos ? L'intérieur de la tente était comme un bourbier. Le grand feu que nous avions fait pendant long-temps, n'avait pu sécher les habits que nous portions. Il avait seulement suffi pour vaporiser une partie de l'eau dont ils étaient imbibés. La fourrure que nous déroulions la nuit sur la terre, afin de nous préserver de l'humidité pendant le sommeil, était dans un état affreux ; elle ressemblait à la peau d'un animal noyé. Dans cette triste situation, une pensée pleine d'une douce mélancolie venait pourtant nous consoler. Nous nous disions au fond du cœur, que nous étions les disciples de celui qui a dit : *Les renards ont des tanières, les oiseaux du ciel ont des nids; mais le Fils de l'Homme n'a pas où reposer sa tête...*

Nous étions tellement fatigués, qu'après avoir veillé pendant la plus grande partie de la nuit, nos forces nous abandonnèrent. Vaincus enfin par le sommeil, nous nous assoupîmes quelques instants, accroupis sur les cendres, les bras serrés contre la poitrine, et la tête appuyée sur les genoux.

Ce fut avec un inexprimable plaisir, que nous vîmes arriver la fin de cette longue et triste nuit. A l'aube du jour, le ciel tout bleu et sans nuages nous présageait une heureuse compensation des misères de la veille. Bientôt un soleil pur et brillant vint nous donner l'espérance que nos habits encore mouillés se sècheraient facilement en route. Nous fîmes avec diligence les préparatifs du départ, et la caravane se mit en mouvement. Le temps était magnifique. Petit à petit les grandes herbes des prairies relevaient leur tête courbée par les eaux de la pluie ; le chemin commençait à se raffermir, et nous sentions déjà avec délices la douce chaleur des rayons du soleil. Enfin, pour achever d'épanouir nos cœurs, nous entrions dans les belles plaines de la bannière rouge, la plus pittoresque du *Tchakar*.

Tchakar signifie en mongol *pays limitrophe*. Cette contrée est bornée, à l'est, par le royaume de *Gechekten ;* à l'ouest, par le *Toumet occidental ;* au nord, par le *Souniout,* et au midi par la grande muraille. Son étendue est de cent-cinquante lieues en longueur, sur cent en largeur. Les habitants du *Tchakar* sont tous soldats de l'Empereur, et reçoivent annuellement une somme réglée d'après leurs titres. Les soldats à pied touchent douze onces d'argent par an, et les soldats à cheval, vingt-quatre.

Le *Tchakar* est divisé en huit bannières—en chinois *pa-ki*—qu'on distingue par le nom de huit couleurs, savoir : bannière blanche, bleue, rouge, jaune, blanchâtre, bleuâtre, rougeâtre, jaunâtre. Chaque bannière a son territoire séparé, et possède une espèce de tribunal, nommé *Nou-rou-Tchayn*, préposé à la connaissance des affaires qui peuvent survenir dans la bannière. Outre ce tribunal, dans chacune des huit bannières, il y a un chef appelé *Ou-Gourdha*. Enfin, parmi ces huit *Ou-Gourdha*, on en choisit un, qui est en même temps gouverneur-général des huit bannières. Tous ces dignitaires sont établis et soldés par l'empereur de Chine. Au fond, le *Tchakar* n'est qu'un vaste camp, où stationne une armée de réserve. Afin sans doute que cette armée soit toujours prête à marcher au premier signal, il est sévèrement défendu à ces Tartares de cultiver la terre. Ils doivent vivre de leur solde et du revenu de leurs troupeaux. Tout le terrain des huit bannières est inaliénable. Quelquefois il arrive qu'on en vend aux Chinois ; mais toujours la vente est déclarée nulle et invalide par les tribunaux.

C'est dans les pâturages du *Tchakar*, que se trouvent les nombreux et magnifiques troupeaux de l'Empereur. Ces troupeaux se composent de chameaux, de chevaux, de bœufs et de moutons. Il y a trois cent soixante troupeaux, qui contiennent chacun douze cents chevaux. D'après ce nombre, il est facile d'évaluer l'innombrable multitude d'animaux que possède l'Empereur. Un Tartare, décoré du globule blanc, est préposé à la garde de chaque troupeau. A de certaines époques, les inspecteurs généraux viennent en faire la visite; et, s'ils trouvent un déficit dans le nombre, le berger en chef est tenu de compléter le troupeau à ses frais. Malgré cette mesure, les Tartares ne se font pas faute d'exploiter, à leur profit, les richesses du *saint Maître*; ils ont recours à un échange frauduleux. Quand les Chinois ont un mauvais cheval ou un bœuf décrépit, ils le conduisent aux bergers de l'Empereur qui, pour une somme très-modique, leur permettent de choisir à volonté dans les troupeaux. Par ce moyen, ayant toujours le même nombre d'animaux, ils peuvent jouir de leur fraude avec paix et assurance.

Jamais par un plus beau temps nous n'avions parcouru de plus belles contrées. Le désert est quelquefois hideux et horrible; quelquefois aussi il a ses charmes, charmes d'autant mieux sentis qu'ils sont plus rares, et qu'on les chercherait vainement dans les contrées habitées. La Tartarie a un aspect tout particulier; rien au monde ne ressemble à un pays Tartare. Chez les nations civilisées, on rencontre partout sur ses pas des villes populeuses, une culture riche et variée, les mille produits des arts et de l'industrie, et les agitations incessantes du commerce. On s'y sent toujours entraîné et emporté comme dans un immense tourbillon. Dans les pays au contraire où la civilisation n'a pu encore se faire jour, ce ne sont que des forêts séculaires, avec toute la pompe de leur exubérante et gigantesque végétation; l'âme est comme écrasée par cette puissante et majestueuse nature. La Tartarie ne ressemble en rien à tout cela. Point de villes, point d'édifices, point d'arts, point d'industrie, point de culture, point de forêts ; toujours et partout c'est une prairie, quelquefois entrecoupée de lacs immenses, de fleuves majestueux, de hardies et imposantes montagnes; quelquefois se déroulant en vastes et incommensurables plaines. Alors, quand on se trouve dans ces vertes solitudes, dont les bords vont se perdre bien loin dans l'horizon, on croirait être, par un temps calme, au milieu de l'océan. L'aspect des prairies de la Mongolie n'excite ni la joie ni la tristesse, mais plutôt un mélange de l'une et de l'autre, un sentiment mélancolique et religieux, qui peu à peu élève l'âme, sans lui faire perdre entièrement de vue les choses d'ici-bas : sentiment qui tient plus du ciel que de la terre, et qui paraît bien conforme à la nature d'une intelligence servie par des organes.

On rencontre quelquefois dans la Tartarie des plaines plus vivantes et plus animées qu'à l'ordinaire ; c'est lorsque la beauté des eaux et des pâturages y ont attiré de nombreuses familles. On voit alors s'élever, de toute part, des tentes de diverses grosseurs, semblables à des ballons gonflés par le gaz, et déjà prêts à s'élancer dans les airs. Les enfants, le dos surmonté d'une hotte, courent çà et là dans les environs, à la recherche des argols, qu'ils vont amonceler tout à l'entour de la tente. Les matrones donnent la chasse aux jeunes veaux, font bouillir le thé au grand air, ou préparent le laitage ; tandis que les hommes montés sur des chevaux fougueux, et armés d'une longue perche, galoppent dans tous les sens, pour diriger dans les bons pâturages les grands troupeaux qu'on voit se mouvoir et ondoyer dans le lointain, comme les flots de la mer.

Toutefois, ces tableaux si animés disparaissent souvent tout à coup, et on ne rencontre plus rien de ce qui naguère était si plein de vie. Hommes, tentes, troupeaux, tout semble s'être brusquement évanoui. On aperçoit seulement dans le désert des cendres amoncelées, des foyers mal éteints, quelques ossements que se disputent les oiseaux de proie, seuls vestiges qui annoncent que le no-

made Mongol a la veille passé par-là. Et, si on demande
la raison de ces migrations subites, il n'y en a pas d'autre
que celle-ci : les animaux avaient dévoré l'herbe qui recouvrait le sol; le chef a donc donné le signal du départ,
et tous ces pasteurs ont plié leur tente ; ils ont poussé devant eux leurs troupeaux, et sont allés chercher ailleurs,
n'importe où, de nouveaux et plus frais pâturages.

Après avoir cheminé pendant la journée entière, à travers les délicieuses prairies de la bannière rouge, nous allâmes camper dans un vallon qui paraissait assez habité. A
peine eûmes-nous mis pied à terre, que de nombreux Tartares s'empressèrent de venir à nous, et de nous offrir leurs
services. Après nous avoir aidés à décharger nos chameaux, et à construire notre maison de toile bleue, ils
nous prièrent d'aller prendre le thé sous leurs tentes.
Comme il était déjà tard, nous demeurâmes chez nous. Les
visites furent remises au lendemain ; car les hospitalières
invitations de nos voisins nous déterminèrent à stationner
un jour parmi eux. Nous étions d'ailleurs bien aises de
profiter de la beauté du temps et du site, pour réparer
complètement les avaries que nous avions essuyées la
veille.

Le lendemain, le temps qui ne fut pas employé à notre
petit ménage et à la récitation du Bréviaire, nous le consacrâmes à visiter les tentes mongoles. Pendant que Samdadchiemba gardait le logis, nous nous mîmes en tournée.
Nous dûmes d'abord veiller avec le plus grand soin à la
sûreté de nos jambes, contre lesquelles s'élançaient avec
rage des troupes de chiens énormes. Un petit bâton suffisait pour notre défense ; mais, aussitôt que nous étions arri-

vés à l'entrée d'une tente, nous devions déposer nos armes
en dehors du seuil de la porte ; ainsi i'exige le cérémonial
tartare. Entrer dans l'intérieur de la tente la main armée
d'un fouet ou d'un bâton, c'est l'injure la plus sanglante
qu'on puisse faire à la famille ; c'est leur dire, en style fi-
guré : Vous êtes tous des chiens.

La manière de se présenter chez les Tartares est franche, simple, et débarrassée des innombrables formalités de
l'urbanité chinoise. En entrant, on souhaite la paix à tout
le monde en général, en disant : *Amor* ou *Mendou;* puis on
va s'asseoir rondement à droite du chef de famille, qui est
accroupi à l'opposite de la porte. Chacun alors prend, dans
une bourse suspendue à la ceinture, la petite fiole de tabac
à priser; on se la présente mutuellement, en accompagnant
l'offre de quelques paroles de politesse.—Les pâturages
sont-ils gras et abondants? vos troupeaux sont-ils en bon
état? les cavales sont-elles fécondes?—Avez-vous che-
vauché en paix? la tranquillité règne-t-elle en route, etc.
Après ces paroles d'usage, prononcées de part et d'autre
avec une excessive gravité, la ménagère tend la main aux
étrangers, sans rien dire. Ceux-ci retirent promptement
de leur sein leur écuelle de bois, indispensable vade-me-
cum des Tartares, la présentent à la ménagère, qui la leur
rend bientôt après remplie de thé au lait. Dans les familles
un peu aisées, on sert ordinairement devant les visiteurs
une tablette chargée d'une modeste collation : du beurre,
de la farine d'avoine, du petit millet grillé et des tranches
de fromage ; le tout distribué séparément dans quatre petits coffres en bois vernissé. On choisit à volonté quelques-
unes de ces friandises tartares, qu'on mélange avec le thé.

Ceux qui veulent traiter leurs hôtes magnifiquement, et de la manière la plus splendide, enfoncent à côté du foyer, dans les cendres chaudes, une petite bouteille en terre cuite, remplie de vin mongol. Ce vin n'est autre chose que du petit lait, qui après avoir été soumis pendant quelque temps à une fermentation vineuse, est enfin grossièrement traité par la distillation, dans un appareil qui fait office d'alambic. Il faut vraiment être né Tartare pour s'accoutumer à une pareille boisson ; la saveur en est fade, et l'odeur empyreumatique.

La tente mongole affecte la forme cylindrique, depuis le sol jusqu'à demi-hauteur d'homme. Sur ce cylindre de huit à dix pieds de diamètre, est ajusté un cône tronqué, qui représente assez bien le chapeau d'un quinquet. La charpente de la tente se compose, pour la partie inférieure, d'un treillis fait avec des barreaux croisés les uns sur les autres, de manière à pouvoir se resserrer et s'étendre comme un filet. Des barres de bois partent de la circonférence conique, et vont se réunir au sommet, à peu près comme les baguettes d'un parapluie. Cette charpente est ensuite enveloppée d'un ou de plusieurs épais tapis de laine grossièrement foulée. La porte est basse, étroite, mais pourtant elle a deux battants ; une traverse de bois assez élevée en forme le seuil, de sorte que, pour entrer dans la tente, il faut en même temps lever le pied et baisser la tête. Outre la porte, il y a une autre ouverture pratiquée au dessus du cône. C'est par là que s'échappe la fumée du foyer. Un morceau de feutre peut la fermer à volonté, par le moyen d'une corde, dont l'extrémité est attachée sur le devant de la porte.

L'intérieur de la tente est comme divisé en deux parties :
le côté gauche, en entrant, est réservé aux hommes ; c'est
là que doivent se rendre les étrangers. Un homme qui pas-
serait par le côté droit, commettrait plus qu'une grossière
inconvenance. La droite est occupée par les femmes ; et
c'est là que se trouvent réunis tous les ustensiles du
ménage : une grande urne en terre cuite pour conserver la
provision d'eau ; des troncs d'arbres de diverses grosseurs
creusés en forme de seau, et destinés à renfermer le laitage, suivant les diverses transformations qu'on lui fait subir. Au centre de la tente est un large trépied planté dans
la terre, et toujours prêt à recevoir une grande marmite
mobile, que l'on peut placer et retirer à volonté. Cette
marmite est en fer, et de la forme d'une cloche. Derrière
le foyer, et faisant face à la porte, est une espèce de canapé, meuble le plus bizarre que nous ayons rencontré
chez les Tartares. Aux deux extrémités sont deux oreil-
lers terminés à leur bout par des plaques de cuivre doré et
habilement ciselé. Il n'existe peut-être pas une seule tente
où on ne trouve ce petit lit, qui paraît être un meuble de
nécessité absolue ; mais, chose étrange et inexplicable! durant notre long voyage nous n'en avons jamais vu un seul
qui parût fabriqué de fraîche date. Nous avons eu occasion
de visiter des familles mongoles où tout portait l'empreinte
de l'aisance, de l'opulence même; mais toujours ce singulier canapé nous a paru une chose guenilleuse et d'une vétusté inexprimable. Quoique ce meuble s'en aille toujours
en lambeaux, il dure pourtant toujours, et ne cesse de se
transmettre de générations en générations. Dans les villes
où se fait le commerce tartare, on a beau parcourir les ma-

gasins, les friperies et les dépôts de Mont-de-Piété, on ne
rencontre jamais de ces meubles ni vieux ni neufs.

A côté du canapé, vers le quartier des hommes, on place
ordinairement une petite armoire carrée, où sont renfermées les mille et une bagatelles qui servent à enjoliver le
costume de ce peuple simple et enfant. Cette armoire
tient aussi lieu d'autel à une petite idole de Bouddha :
cette divinité, en bois ou en cuivre doré, est ordinairement
accroupie, les jambes croisées, et emmaillottée jusqu'au cou
d'une écharpe de vieux taffetas jaune. Neuf vases en cuivre,
de la grosseur et de la forme de nos petits verres à liqueur,
sont symétriquement alignés devant Bouddha : c'est dans
ces petits calices, que les Tartares font journellement à
leur idole des offrandes d'eau, de lait, de beurre et de
farine ; enfin quelques livres thibétains enveloppés de soie
jaune, complètent l'ornement de la petite pagode. Ceux
dont la tête est rasée, et qui gardent le célibat, ont seuls le
privilége de toucher ces prières ; un homme noir commettrait un sacrilége, s'il s'avisait d'y porter ses mains impures
et profanes.

De nombreuses cornes de bouc, fixées à la charpente de
la tente, complètent l'ameublement des habitations mongoles : c'est là que sont suspendus des quartiers de viande
de bœuf ou de mouton, des vessies remplies de beurre,
des flèches, des arcs et un fusil à mèche ; car il n'est presque pas de famille tartare qui ne possède au moins une arme
à feu. Aussi nous avons été bien surpris, que M. Timkouski
ait pu écrire, dans la relation de son voyage à Péking (1),

(1) Voyage à Péking, à travers la Mongolie, par M. G. Timkouski,
chap. II, pag. 57.

ces mots étranges : *Le bruit de nos armes à feu attira
les Mongols; ils ne connaissent que leurs arcs et leurs
flèches...* L'écrivain russe aurait pu savoir, que les armes à
feu ne sont pas si étrangères aux Tartares qu'il se l'imagine ; puisqu'il est actuellement prouvé, que déjà vers le
commencement du treizième siècle, *Tcheng-Kis-Khan*
avait de l'artillerie dans ses armées.

L'odeur qu'on respire dans l'intérieur des tentes mongoles est rebutante et presque insupportable, quand on n'y
est pas accoutumé. Cette odeur forte, et capable quelquefois de faire bondir le cœur, provient de la graisse et du
beurre dont sont imprégnés les habits et les objets qui sont
à l'usage des Tartares. A cause de cette saleté habituelle,
ils ont été nommés *Tsao-Ta-Dze* (Tartares puants) par les
Chinois, qui eux-mêmes ne sont pas inodores, ni très-scru-
puleux en fait de propreté.

Parmi les Tartares, les soins de la famille et du ménage
reposent entièrement sur la femme ; c'est elle qui doit traire
les vaches et préparer le laitage, aller puiser l'eau quelquefois à une distance éloignée, ramasser les argols, les
faire sécher, et puis les entasser autour de la tente. La
confection des habits, le tannage des pelleteries, le foulage
des laines, tout lui est abandonné; elle est seulement ai-
dée, dans ces travaux divers, par ses enfants, quand ils sont
encore jeunes.

Les occupations des hommes sont très-bornées ; elles
consistent uniquement à diriger les troupeaux dans les
bons pâturages ; et ce soin est plutôt un plaisir qu'une
peine, pour des hommes accoutumés dès leur enfance à
monter à cheval. Ils ne se donnent de la fatigue, que lors-

qu'ils sont obligés de poursuivre des animaux échappés.
Alors ils se mettent au grand galop sur la piste ; ils volent
plutôt qu'ils ne courent, tantôt sur le sommet des montagnes, tantôt dans de profonds ravins, jusqu'à ce qu'ils aient
ramené au troupeau la bête qui s'était enfuie. Les Tartares vont quelquefois à la chasse ; mais dans cet exercice
ils ont toujours plutôt en vue l'intérêt que le plaisir ; ils ne
s'arment du fusil ou de l'arc, que pour tuer des chevreuils,
des cerfs et des faisans, dont ils font ordinairement cadeau
à leurs rois. Pour les renards, ils les prennent toujours à la
course ; ils craindraient autrement de gâter la peau, qui est
très-estimée parmi eux. Les Tartares se moquent beaucoup des Chinois, quand ils les voient prendre des renards
par ruse, et en faisant des chausse-trapes, où ces animaux
vont se précipiter pendant la nuit. Pour nous, disait en
notre présence un chasseur renommé de la bannière rouge,
nous y allons franchement : quand nous apercevons le renard, nous sautons à cheval, et nous lui courons sus, jusqu'à ce que nous l'ayons atteint.

A part les courses à cheval, les Tartares mongols vivent
habituellement dans une profonde oisiveté ; ils passent une
grande partie de la journée accroupis dans leur tente, dormant, buvant du thé au lait, ou fumant la pipe. Pourtant
le Tartare, lui aussi, est parfois flaneur, et peut-être autant qu'un Parisien ; mais il flane d'une autre manière ; il
n'a besoin ni de canne, ni de lorgnon. Quand il lui vient
en tête d'aller voir un peu ce qui se passe par le monde,
il décroche son fouet, suspendu au-dessus de la porte ; il
monte sur un cheval toujours sellé à cet effet, et attaché
à un poteau planté à l'entrée de la tente. Alors il s'élance

dans le désert, n'importe de quel côté; s'il aperçoit un cavalier dans le lointain, il se dirige vers lui ; s'il voit s'élever la fumée de quelque tente, il y court, et toujours sans autre but que de pouvoir causer un instant avec quelque étranger.

Les deux jours que nous passâmes dans ces belles plaines du *Tchakar*, ne furent pas pour nous sans utilité. Nous pûmes à loisir sécher et remettre en bon état nos habits et notre bagage ; mais surtout nous eûmes occasion d'étudier de près les Tartares, et de nous initier aux habitudes des peuples nomades. Quand nous fîmes les préparatifs du départ, nos voisins Tartares vinrent nous aider à plier la tente et à charger nos chameaux. Seigneurs Lamas, nous dirent-ils, vous camperez aujourd'hui aux *Trois lacs;* les pâturages y sont bons et abondants. Si vous marchez bien, vous y arriverez avant que le soleil disparaisse. En deçà et au delà des *Trois lacs*, on ne trouve de l'eau que fort loin. Seigneurs Lamas, bonne route.—Vous autres, soyez assis en paix, leur répondîmes-nous... Et Samdadchiemba ouvrit de nouveau la marche, monté sur son petit mulet noir. Nous nous éloignâmes de ce campement sans regret, et comme nous avions quitté tous les autres; à la seule différence que nous laissâmes sur l'endroit où nous avions dressé la tente, une plus grande quantité de cendres, et que les herbes d'alentour étaient plus foulées aux pieds que de coutume.

Pendant la matinée le temps fut magnifique, quoique un peu frais. Mais après midi le vent du nord se leva, et se mit à souffler avec violence. Bientôt il devint si piquant, que nous avions à regretter de n'être pas munis de nos

grands bonnets à poil, pour mettre un peu la figure à couvert. Nous pressâmes la marche, afin d'arriver tôt aux *Trois
lacs*, et de nous faire un abri de notre chère tente. Dans
l'espérance d'apercevoir ces lacs qu'on nous avait indiqués,
nous tournions sans cesse nos regards à droite et à gauche;
mais c'était toujours en vain. Il était déjà tard; et d'après ce
que nous avaient dit les Tartares, nous avions à craindre
d'avoir dépassé l'unique campement que nous pouvions
rencontrer ce jour là. Cependant à force de regarder, nous
aperçûmes un cavalier qui s'en allait lentement dans le
fond d'un ravin. Il était très-éloigné de nous; mais nous ne
pouvions nous dispenser d'aller lui demander quelques
renseignements. M. Gabet s'élança de ce côté, de toute la
vitesse des longues jambes de sa monture. Le cavalier entendit les cris de la chamelle, il tourna la tête ; et voyant
qu'on allait vers lui, il fit volte face, et courut ventre à terre
à l'encontre de M. Gabet. Aussitôt qu'il fut à portée de se
faire entendre : Saint personnage, s'écria-t-il, ton œil a-t-il
aperçu les chèvres jaunes ; j'ai perdu leurs traces.—Je n'ai
pas vu les chèvres jaunes ; je cherche l'eau et je ne la
trouve pas; est-elle loin d'ici ? — Mais d'où es-tu ? où
vas-tu?—Je suis de cette petite caravane que tu vois là-bas.
On nous a dit qu'aujourd'hui nous trouverions des lacs sur
notre route, que nous pourrions camper auprès. Jusqu'ici
nous n'avons rien vu.—Comment peut-il en être ainsi ? Il y
a à peine un instant que vous êtes passés non loin de l'eau.
Seigneur Lama, permets que je marche à côté de ton ombre; je vais t'indiquer les Trois lacs. Et aussitôt il excite
son cheval de trois rudes coups de fouet, pour le mettre en
état de suivre les grandes enjambées de la chamelle. Dans

un instant ils eurent atteint la petite caravane, qui les attendait. Hommes de prière, nous dit le chasseur, vous êtes venus un peu trop loin ; il vous faut rebrousser chemin. Voyez-vous là-bas, et il nous montrait la route du bout de son arc ; voyez-vous ces cigognes qui planent au-dessus des herbes ; c'est là que sont les Trois lacs... Merci, frère, lui répondîmes-nous, nous sommes attristés de ne pouvoir t'indiquer les chèvres jaunes, aussi bien que tu nous as montré les Trois lacs. Le chasseur mongol nous salua, en portant au front ses deux mains jointes, et nous nous dirigeâmes avec confiance vers l'endroit qu'il nous avait indiqué. A peine avions-nous fait quelques pas vers cette direction, que nous pûmes remarquer les indices de la présence des lacs. Les herbes étaient plus rares et moins vertes ; elles craquaient comme des branches sèches sous les pas des animaux ; les blanches efflorescences du salpêtre devenaient de plus en plus épaisses. Enfin nous nous trouvâmes auprès d'un lac, et à quelque distance nous en aperçûmes deux autres. Nous mîmes promptement pied à terre, et nous essayâmes de dresser notre tente. Comme le vent était d'une violence extrême, ce ne fut qu'à force de peine et de patience, que nous vînmes à bout de la consolider.

Pendant que Samdadchiemba nous faisait bouillir le thé, nous nous délassions des fatigues de la journée, en examinant nos chameaux lécher voluptueusement le salpêtre dont le terrain était comme saupoudré. Nous aimions surtout à les regarder se pencher sur les bords du lac, et boire à longs traits et insatiablement cette eau saumâtre, qui montait dans leur long cou comme dans un corps de pompe. Il y avait déjà assez long-temps que nous nous donnions ce pittoresque délassement, lorsque tout à coup, nous entendîmes derrière nous un bruit confus, tumultueux, et semblable au retentissement désordonné des voiles d'un navire qui sont agitées par des vents contraires et violents. Bientôt nous pûmes distinguer, au milieu de cette tempête, les grands cris que poussait Samdadchiemba. Nous courûmes en toute hâte, et nous arrivâmes fort heureusement avant que le typhon eût décloué et emporté notre *louvre*. Depuis notre arrivée, le vent, en augmentant de force, avait aussi changé de direction. Il s'était mis à souffler précisément du côté où nous avions tourné l'ouverture de la tente. Un incendie était surtout à craindre, à cause des argols enflammés que le vent poussait de toute part. Il fallut donc aussitôt faire la manœuvre, et chercher à virer de bord. Enfin nous parvînmes à mettre notre tente en sûreté, et nous n'eûmes que la peur et un peu de fatigue pour tout mal. Ce contre-temps avait pourtant rembruni le caractère de notre Samdadchiemba. Il fut d'une humeur détestable pendant toute la soirée; car le vent avait éteint le feu, et retardé par conséquent la préparation de son thé.

Le vent se calma à mesure que la nuit se faisait, et le temps finit par devenir magnifique. Le ciel était pur, la lune belle, et les étoiles scintillantes. Seuls dans cette vaste solitude, nous n'apercevions dans le lointain que les formes bizarres et indéterminées des montagnes qui se dessinaient à l'horizon comme de gigantesques fantômes. Nous n'entendions que les mille voix des oiseaux aquatiques, qui se disputaient, sur la surface des lacs, l'extrémité des joncs et les larges feuilles de nénuphar. Samdadchiemba n'était pas homme à goûter les charmes de cette paix du désert. Il était parvenu à rallumer son feu, et la préparation du thé l'absorbait entièrement. Nous le laissâmes donc accroupi auprès de la marmite; et nous allâmes réciter le chapelet, en nous promenant autour du grand lac qui avait à peu près une demi-lieue de circuit. Déjà nous avions parcouru la moitié de la circonférence du lac, priant alternativement, lorsque peu à peu nos voix s'altérèrent et notre marche se ralentit. Nous nous arrêtâmes sans rien dire, et nous prêtâmes un instant l'oreille, sans oser proférer une seule parole, faisant même des efforts pour empêcher le bruit de notre respiration. Enfin nous nous exprimâmes l'un à l'autre le sujet de notre mutuelle terreur. Mais cela se fit d'une voix basse, et pleine d'émotion...—N'avez-vous pas entendu tout à l'heure, et tout près de nous, comme des voix humaines?—Oui, comme des voix nombreuses qui parleraient en secret.—Cependant nous sommes seuls ici; la chose est bien surprenante... : ne parlons pas; prêtons encore l'oreille. —On n'entend plus rien; sans doute nous nous sommes fait illusion... ·Nous nous remîmes en marche, et nous continuâmes la récitation de notre prière. Mais à peine avions-nous fait quelques pas, que nous nous arrêtâmes de nouveau. Nous entendîmes fort distinctement le même bruit. C'était comme le murmure confus et vague de plusieurs personnes qui discuteraient à voix médiocre. Cependant nous n'apercevions rien. Nous montâmes alors sur un tertre, et à la faveur de la lune, nous vîmes, à peu de distance de nous, se mouvoir dans les grandes herbes, comme des formes humaines. Nous entendîmes clairement leur voix, mais non pas d'une manière assez distincte pour savoir si c'était du chinois ou du tartare. Nous prîmes en toute hâte le chemin de notre tente, avançant sur la pointe des pieds et sans faire le moindre bruit. Nous pensâmes que c'était une bande de voleurs, qui, ayant aperçu notre tente, délibéraient sur les moyens de nous piller.

Nous ne sommes pas ici en sûreté, dîmes-nous à Samdadchiemba. Nous avons découvert ici tout près une troupe d'hommes; nous avons entendu leur voix. Cours vite à la recherche des animaux, et ramène-les auprès de la tente.—Mais, dit Samdadchiemba en fronçant les sourcils, si les voleurs viennent, que ferons-nous? faudra-t-il se battre? pourrons-nous les tuer? la sainte Eglise permet-elle cela?—Va d'abord chercher les animaux; nous te dirons plus tard ce qu'il faudra faire... Quand les animaux furent tous de retour, et attachés auprès de la tente, nous dîmes à notre intrépide Dchiahour de boire tranquillement son thé, et nous retournâmes vers l'endroit où nous avions entendu et aperçu nos mystérieux personnages. Nous dirigeâmes nos perquisitions dans tous les sens, sans rien entendre, sans rien apercevoir. On remarquait seulement à quelques pas du grand lac un sentier assez fréquenté; nous conjecturâmes alors que ceux qui nous avaient donné l'alarme étaient tout simplement des passants inoffensifs, qui avaient suivi cette petite route cachée parmi les herbes. Nous retournâmes donc en paix vers la tente, où nous trouvâmes notre valeureux Samdadchiemba aiguisant avec activité sur le retroussis de ses bottes en cuir, le grand coutelas russe qu'il avait acheté à *Tolon-Noor*. Hé bien! nous dit-il avec l'accent de la colère; où sont les brigands; et en même

temps il tâtait avec son pouce le tranchant de son couteau.
—Il n'y a pas de voleurs, déroule les peaux de bouc, que
nous prenions un peu de repos.—C'est dommage; car ceci
me paraît bien pointu et bien taillant.— C'est bien, c'est
bien, Samdadchiemba; voilà que tu fais le brave, parce que
tu sais qu'il n'y a pas de voleur. — O mes Pères spirituels,
ce n'est pas cela; il faut toujours dire des paroles de franchise. Je ne disconviens pas que j'ai la mémoire très-mauvaise et que je n'ai jamais pu apprendre beaucoup de
prières; mais en fait de courage, je puis me vanter d'en
avoir autant qu'un autre... Nous nous mîmes à rire, en entendant ce singulier et imprévu rapprochement... Vous
riez, mes Pères, reprit Samdadchiemba, oh, c'est que vous
ne connaissez pas les Dchiahours. Dans l'occident, le pays
des *Trois-Vallons* (1) a un grand renom. Mes compatriotes
tiennent la vie pour peu de chose; ils ne marchent jamais
qu'armés d'un grand sabre et d'un fusil à mèche. Pour un
mot, pour un regard, les voilà à se battre, à se massacrer.
Un homme qui dans sa vie n'a tué personne, n'a pas le
droit de marcher le front haut. On ne peut pas dire que
c'est un brave.—Voilà qui est admirable! Toi, tu es un
brave, nous as-tu dit; combien donc as-tu tué d'hommes
quand tu étais dans le pays des *Trois-Vallons*?... Samdadchiemba parut déconcerté par cette question; il tournait la
tête de côté et d'autre, il riait d'un rire forcé. Enfin, pour
faire diversion, il plongea son écuelle dans la marmite, et
la retira pleine de thé... Voyons, voyons, lui dîmes-nous,
avale vite ton thé, et puis raconte-nous quelque chose de
tes bravoures.

(1) San-Tchouan.

Samdadchiemba essuya l'écuelle du pan de sa robe, et
après l'avoir replacée dans son sein, il nous parla de la
sorte : Mes Pères spirituels, puisque vous voulez que je
vous parle de moi, je vais vous dire une histoire ; c'est un
gros péché que j'ai commis : mais je pense que Jéhovah me
l'a pardonné, quand je suis entré dans la sainte Église.

J'étais un tout jeune enfant ; j'avais alors tout au plus
sept ans. J'étais dans les champs qui avoisinent la maison
de mon père, occupé à faire paître une vieille ânesse, la
seule bête que nous eussions chez nous. Un de mes camarades, enfant du voisinage et à peu près de mon âge, vint
jouer avec moi. Bientôt nous nous prîmes de querelle ;
des malédictions nous en vînmes aux coups. En le frappant d'une grosse racine d'arbre que je tenais à la main,
je lui donnai un si rude coup sur la tête, qu'il tomba sans
mouvement à mes pieds. Quand je vis mon camarade
étendu par terre, je demeurai un instant immobile et sans
savoir ce que je devais faire. La peur s'empara de moi ;
car je pensais qu'on allait me prendre et me tuer. J'exa-
minai d'abord quelque temps autour de moi, si je ne trou-
verais pas quelque trou pour cacher mon camarade ; mais
ce fut en vain. Je songeai alors à me cacher moi-même ;
à quelques pas de notre maison il y avait un grand tas de
broussailles qu'on réservait pour le chauffage. Je me diri-
geai vers ces broussailles, et je travaillai à faire un trou
qui pût aller à peu près jusqu'au centre. Enfin, après m'ê-
tre bien ensanglanté la figure et les mains à cette pénible
besogne, je m'enfonçai dans ma cachette, bien décidé à ne
plus en sortir.

Quand la nuit fut venue, je compris qu'on me cherchait,

j'entendais ma mère m'appeler à grands cris; mais je me gardais bien de répondre. J'étais même attentif à ne pas faire remuer les broussailles, de peur qu'on ne reconnût ma retraite, et qu'on ne vînt me tuer. Ce qui m'effrayait le plus, c'est que j'entendais beaucoup de monde crier et se disputer. Quand la nuit fut passée, je sentis dès le matin une faim dévorante; je me mis alors à pleurer; encore même je n'osais pas pleurer tout à mon aise, j'avais toujours peur d'être entendu par les personnes qui passaient sans cesse à mes côtés. J'étais bien déterminé à ne pas sortir de dessous ces broussailles.—Mais est-ce que tu n'avais pas peur de mourir de faim?—Cette pensée ne m'est jamais venue; j'avais faim, et voilà tout. Je m'étais caché pour ne pas mourir; car je pensais que si on ne me trouvait pas, on ne pourrait pas me tuer.—Voyons, achève vite ton histoire; combien de temps restas-tu dans tes broussailles?—Tenez, j'ai entendu souvent dire au monde qu'on ne pouvait pas rester long-temps sans manger; mais on dit ça sans avoir essayé. Pour moi, je suis sûr qu'un enfant de sept ans peut vivre au moins trois jours et quatre nuits sans manger absolument rien.

Après la quatrième nuit, dès le grand matin, on me trouva dans les broussailles. Quand je sentis qu'on venait me prendre, alors je commençai à me remuer; je mis tout en désordre; je cherchais à m'échapper. Aussitôt que mon père m'eut saisi par le bras, je me mis à pleurer et à sanglotter. « Ne me tuez pas, ne me tuez pas, criais-je à mon père; ce n'est pas moi qui ai tué *Nasamboyan*.... » On m'emporta à la maison, car je ne voulais pas marcher. Pendant que je pleurais, que je me désolais, tout le monde riait. Enfin, on me dit de n'avoir pas peur, que *Nasam-boyan* n'était pas mort. Un instant après Nasamboyan parut; il était en effet plein de vie. Il avait pourtant à la figure une large meurtrissure. Le coup que je lui avais donné l'avait seulement étourdi et renversé....

Quand le Dchiahour eut terminé sa narration, il nous regardait, tantôt l'un, tantôt l'autre, riant et répétant sans cesse, qu'un homme pouvait vivre trois jours sans manger. «Samdadchiemba, lui dîmes-nous, voilà, sans contredit, qui est un beau commencement. Mais tu n'as pas encore dit combien tu avais tué d'hommes. — Je n'ai tué personne; et c'est, je crois, parce que je suis resté peu long-temps dans mon pays des *Trois-Vallons*. A l'âge de dix ans, on me fit entrer dans une grande lamaserie. J'eus pour maître un vieux Lama très-rude; tous les jours, il me donnait des coups de barre, parce que je ne savais pas répéter les prières qu'il m'enseignait. Mais il avait beau me battre, c'était inutilement; je n'apprenais jamais rien. Alors il cessa de me faire étudier, et je fus chargé d'aller chercher de l'eau et de ramasser des argols. Cependant je n'étais pas pour cela à l'abri des coups. Cette vie finit par me devenir insupportable. Un jour je m'échappai, et je courus du côté de la Tartarie. Après avoir marché quelques jours à l'aventure, et sans savoir où j'allais, je fis la rencontre d'un grand Lama qui se rendait à Péking. Je me mis à la suite de cette nombreuse caravane, et je fus employé à chasser un troupeau de moutons qui servait à la nourriture de la troupe. Il n'y avait pas de place pour moi sous les tentes, et j'étais obligé de dormir en plein air. Un jour, j'avais été me coucher, à

l'abri du vent, derrière un groupe de rochers; le lendemain je me réveillai fort tard, et je ne trouvai plus personne au campement; la caravane était partie; j'étais abandonné seul dans le désert. A cette époque, je ne savais
pas distinguer les quatre points du ciel. Je fus donc obligé
d'errer long-temps au hasard, jusqu'à ce que j'eusse rencontré une station tartare. J'ai vécu ainsi pendant trois
ans, tantôt d'un côté, tantôt d'un autre, payant de quelques légers services ceux qui me donnaient l'hospitalité.
Enfin j'arrivai à Péking. Je me présentai aussitôt à la
grande lamaserie de *Hoang-Sse*, uniquement composée
de Lamas Dchiahours et Thibétains. J'y fus facilement
reçu; et mes compatriotes s'étant cotisés pour m'acheter
une écharpe rouge et un grand bonnet jaune, je pus assister au chœur à la récitation des prières, et avoir ainsi
part aux distributions des aumônes.—A ce mot de récitation de prières, nous demandâmes à Samdadchiemba
comment il pouvait assister au chœur, puisqu'il n'avait
appris ni à lire ni à prier.—La chose était fort aisée,
reprit-il; un de mes amis m'avait prêté son livre. Je le
tenais sur mes genoux, et en bourdonnant entre mes lèvres, j'essayais d'imiter le ton de mes voisins; quand les
autres tournaient un feuillet, j'en faisais autant. Ainsi il
était difficile que le président du chœur s'aperçût de ma
tricherie.

« A ce sujet, il m'arriva une affaire assez grave, qui
faillit me faire chasser de la lamaserie. Un méchant Lama,
qui avait remarqué la manière dont je récitais les prières,
aimait beaucoup à s'en moquer et à faire rire les autres à
mes dépens. Quand la mère de l'Empereur mourut, nous

fûmes tous invités au *Palais jaune* pour réciter les prières.
Avant que la cérémonie commençât, j'étais fort tranquille
à ma place, tenant mon livre sur mes genoux, lorsque ce
méchant Lama s'avança tout doucement derrière moi. Il
approcha sa tête par dessus mon épaule, comme pour lire
dans le livre, ou plutôt pour me contrefaire; car il essayait
d'imiter ma manière de bourdonner au chœur. Alors, la
vapeur me montant à la tête, je lui donnai avec le poing
un si rude coup sur la figure, qu'il alla tomber à la ren-
verse, à quelques pas de moi. Cette aventure fit un
grand éclat dans le *Palais jaune*. Les supérieurs en furent
instruits, et d'après les règlements sévères de la discipline
thibétaine, je devais être flagellé pendant trois jours avec
le fouet noir; puis, les fers aux pieds et aux mains, enfermé dans la tour de la lamaserie pendant un an. Un
des chefs, qui me connaissait et s'intéressait un peu à moi,
se fit entremetteur. Il alla trouver les Lamas du tribunal
de discipline, et leur dit, — ce qui était très-conforme à la
vérité, — que le disciple que j'avais frappé aimait à vexer
tout le monde, qu'il m'avait poussé à bout. Il parla si bien
en ma faveur, qu'il finit enfin par obtenir ma grâce. J'en
fus quitte pour faire une réparation. Je fis en sorte de
rencontrer sur mes pas le Lama que j'avais offensé. «Frère
aîné, lui dis-je, est-ce qu'aujourd'hui nous ne boirons
pas ensemble une tasse de thé?... — Sortons boire du thé,
me répondit-il; quelle raison aurais-je pour n'aller pas
boire du thé?... » Nous nous rendîmes donc dans la rue
voisine, et nous entrâmes dans la première maison à thé
que nous rencontrâmes. Après nous être assis à une des
tables qui se trouvaient dans la salle, je présentai à mon

compagnon ma petite fiole à tabac, en lui disant . « Frère
aîné, l'autre jour nous eûmes ensemble un peu d'affaire ;
cela n'est pas bien. Il faut avouer d'abord que tu avais eu
tort ; pour moi, j'en conviens, j'eus la main un peu trop
pesante. Au reste, cette affaire est déjà vieille, il ne faut
plus y penser... » Après ces quelques mots, nous nous
mîmes à boire le thé, en disant de part et d'autre des paroles oiseuses. »

Les anecdotes de notre Dchiahour nous avaient conduits
bien avant dans la nuit. Déjà les chameaux s'étaient rele-
vés pour aller brouter leur déjeûner sur les bords du lac.
Il nous restait peu de temps à donner au repos. «Je ne me
couche pas, dit Samdadchiemba ; je veillerai sur les chameaux. Le jour d'ailleurs paraîtra bientôt. En attendant,
je vais faire bon feu et préparer le *pan-tan*. »

Samdadchiemba ne tarda pas à crier que le ciel blan-
chissait, et que le *pan-tan* était préparé. Nous nous levâmes
promptement ; et après avoir mangé une écuellée de *pan-
tan*, ou, en d'autres termes, de farine d'avoine délayée
dans de l'eau bouillante, nous plantâmes notre petite croix
sur un tertre, et nous continuâmes notre pélerinage.

Il était déjà plus de midi, lorsque nous fîmes la rencontre de trois puits qui avaient été creusés à peu de
distance l'un de l'autre. Quoiqu'il fût encore de bonne
heure, nous songeâmes néanmoins à camper. Une vaste
plaine, où l'on n'apercevait aucune habitation, s'étendait
devant nous jusqu'à l'horizon ; et on pouvait conjecturer
qu'elle était dépourvue d'eau, puisque les Tartares y
avaient creusé des puits. Nous dressâmes donc notre tente.
Mais nous vîmes bientôt que nous avions choisi un campe-

ment détestable. A la *mauvaiseté* d'une eau salée et fétide,
vint se joindre la rareté du chauffage. Nous cherchâmes
long-temps des argols, mais inutilement. Enfin Samdadchiemba, qui avait l'œil bon, crut découvrir au loin comme
un vaste enclos, où, disait-il, avaient dû parquer des troupeaux de bœufs. Il y conduisit un chameau dans l'espoir
de faire une bonne provision de chauffage. Quand il fut
dé retour, il avait en effet ses sacs remplis de magnifiques
argols. Par malheur, ils n'étaient pas assez secs ; il était
impossible de les faire brûler. Notre Dchiahour essaya d'un
expédient. Il s'empara de la pelle en fer, et creusa une
espèce de fourneau, surmonté d'une cheminée bâtie avec
du gazon. Cette petite cuisine était en vérité fort champê-
tre, fort jolie à voir ; mais elle avait l'énorme inconvénient
d'être d'une complète inutilité. Samdadchiemba avait beau
arranger, et arranger encore son combustible, il avait beau
l'exciter sans relâche, de toute la puissance de son souffle,
c'était peine et temps perdus. Nous avions de la fumée, une
fumée abondante, dont nous étions enveloppés, mais point
de feu. L'eau de la marmite conservait toujours son immobilité désespérante. Nous dûmes renoncer à faire bouillir
le thé et à préparer notre farine. Pourtant nous désirions
dégourdir au moins notre eau, ne fût-ce que pour masquer
un peu, par la chaleur, son goût saumâtre et son odeur insupportable. Or voici le moyen que nous mîmes en usage.

On rencontre, dans les plaines de la Mongolie une espèce
d'écureuil à poil gris, et vivant dans des trous, à la façon
des rats. Ces animaux pratiquent au-dessus de l'ouverture
de leur petite tanière, comme un dôme en miniature, composé d'herbes entrelacées avec art. Ils se mettent ainsi à

l'abri de la pluie et du mauvais temps. Ces petites élévations d'herbes sèches et brûlées par le soleil, ont la forme
et la grosseur des monticules de terre mobile soulevés
par les taupes. L'endroit où nous avions dressé la tente
était fréquenté par un grand nombre d'écureuils gris. La
soif nous rendit cruels, et nous nous mîmes à dégrader la
demeure de ces pauvres petites bêtes, qui couraient se
sauver dans leur trou, à mesure que nous approchions
pour nous emparer de leur toit. A force de vandalisme,
nous fîmes un fagot assez gros pour pouvoir chauffer l'eau
du puits, qui fut notre seul aliment pendant cette journée.

Quoique l'impossibilité de faire du feu nous forçât parfois à des économies, nos provisions diminuaient pourtant.
Il nous restait fort peu de farine et de petit millet grillé.
Un cavalier Tartare, dont nous fîmes la rencontre, nous
avertit que nous étions à peu de distance d'une station de
commerce, nommée *Chaborté* (Bourbier). Cet endroit
nous détournait de la route que nous suivions : mais nous
ne pouvions nous approvisionner ailleurs, avant d'arriver
à la *Ville-Bleue,* dont nous étions encore éloignés d'une
centaine de lieues. Nous marchâmes donc un peu oblique-
ment sur la gauche, et nous arrivâmes à *Chaborté.*

CHAPITRE III.

Fête des Pains-de-la-Lune. — Festin dans une tente mongole. —
Toolholos ou rapsodes de la Tartarie. — Invocation à Timour. —
Éducation ͏tartare. — Industrie des femmes. — Mongols à la recherche de nos chevaux égarés. — Vieille ville abandonnée. —
Route de Péking à *Kiaktha*. — Commerce entre la Chine et la
Russie. — Couvent russe à Péking. — Un Tartare nous prie de guérir sa mère dangereusement malade. — Médecins tartares —
Diable des fièvres intermittentes. — Divers genres de sépulture
usités chez les Mongols. — Lamaserie des Cinq-Tours. — Funérailles
des rois tartares. — Origine du royaume de Éfe. — Exercices
gymnastiques des Tartares. — Rencontre de trois loups. — Système
de roulage chez les Mongols.

Nous arrivâmes à *Chaborté* le quinzième jour de la huitième lune, époque de grandes réjouissances pour les Chinois. Cette fête, connue sous le nom de *Yué-Ping* (Pains-
de-la-Lune), remonte à la plus haute antiquité. Elle a été
établie pour honorer la lune d'un culte superstitieux. En
ce jour de solennité, les travaux sont suspendus ; les ouvriers reçoivent de leurs maîtres une gratification pécu-
niaire ; chacun se revêt de ses beaux habits, et bientôt la
joie éclate dans toutes les familles, au milieu des jeux et
des festins. Les parents et les amis s'envoient mutuellement des gâteaux de diverses grosseurs, où est gravée l'i-
mage de la lune, c'est-à-dire, un petit bosquet au milieu
duquel est un lièvre accroupi.

Depuis le quatorzième siècle, cette fête a pris un caractère politique peu connu des Mongols, mais que la tradition

a fidèlement conservé parmi les Chinois. Vers l'an 1368, les Chinois songèrent à secouer le joug de la dynastie tartare fondée par *Tchiag-Kis-Khan*, et qui gouvernait l'empire depuis près de cent ans. Une vaste conjuration fut ourdie dans toutes les provinces; elle devait éclater sur tous les points, le quinzième jour de la huitième lune, par le massacre des soldats mongols, établis dans chaque famille chinoise pour maintenir la conquête. Le signal fut donné de toutes parts, par un billet caché dans les gâteaux de la lune, qu'on avait coutume de s'envoyer mutuellement à pareille époque. Aussitôt les massacres commencèrent, et l'armée tartare, qui était disseminee dans toutes les maisons de l'empire, fut complètement aneantie. Cette catastrophe mit fin à la domination mongole; et maintenant les Chinois, en célébrant la fête du *Yué-Ping*, se preoccupent moins des superstitions de la lune, que de l'evenement tragique auquel ils durent le recouvrement de leur indépendance nationale.

Les Mongols semblent avoir entièrement perdu le souvenir de cette sanglante revolution; car tous les ans ils font, comme les Chinois, la fête des Pains-de-la-Lune, et célèbrent ainsi, sans le savoir, le triomphe que leurs ennemis remportèrent autrefois sur leurs ancêtres.

A une portée de fusil de l'endroit où nous avions campé, on voyait s'elever plusieurs tentes mongoles, dont la grandeur et la propreté témoignaient de l'aisance de ses habitants. Cette opinion etait d'ailleurs confirmée par des troupeaux immenses de bœufs, de moutons et de chevaux, qui paissaient aux environs. Pendant que nous recitions le Breviaire dans l'intérieur de notre tente, Samdadchiemba alla rendre visite à ces Mongols. Bientôt après, nous vîmes venir vers nous un vieillard à grande barbe blanche, et dont les traits de la figure annonçaient un personnage distingué. Il était accompagné d'un jeune Lama et d'un enfant qu'il tenait par la main.—Seigneurs Lamas, nous dit le vieillard, tous les hommes sont frères ; mais ceux qui habitent sous la tente sont unis entre eux comme la chair et les os. Seigneurs Lamas, venez vous asseoir dans ma pauvre demeure. Le quinze de la lune est une époque solennelle ; vous êtes voyageurs et étrangers, vous ne pourrez pas ce soir occuper votre place au foyer de votre noble famille. Venez vous reposer quelques jours parmi nous ; votre présence nous amènera la paix et le bonheur... Nous dîmes à ce bon vieillard, que nous ne pouvions accepter entièrement son offre, mais que dans la soirée, après avoir récité nos prières, nous irions prendre le thé chez lui, et causer un instant de la nation mongole. Ce vénérable Tartare s'en retourna ; mais bientôt après le jeune Lama qui l'avait accompagné reparut, en nous disant que nous étions attendus. Nous pensâmes que nous ne pouvions pas nous dispenser de répondre à une invitation si pleine de cordialité et de franchise. Après avoir donc recommandé au Dchiahour de veiller avec soin sur notre demeure, nous suivîmes le jeune Lama qui était venu nous chercher.

En entrant dans la tente mongole, nous fûmes étonnés d'y trouver une propreté à laquelle on est peu accoutumé en Tartarie. Au centre il n'y avait pas de foyer ; l'œil n'apercevait nulle part ces grossiers instruments de cuisine, qui encombrent ordinairement les habitations tartares. Il était aisé de voir que tout avait été arrangé et disposé pour

une fête. Nous nous assîmes sur un grand tapis rouge, et
bientôt on apporta, de la tente voisine qui servait de cuisine, du thé au lait, avec des petits pains frits dans du
beurre, des fromages, des raisins secs et des jujubes.

Après avoir fait connaissance avec la nombreuse société
mongole, au milieu de laquelle nous nous trouvions, la
conversation s'engagea insensiblement sur la fête des Pains-
de-la-Lune. Dans notre pays d'occident, leur dîmes-nous,
on ne connaît pas cette fête des Pains-de-la-Lune ; on n'a-
dore que Jéhovah, créateur du ciel, de la terre, du soleil,
de la lune et de tout ce qui existe. — O la sainte doctrine ! s'écria le vieillard, en portant au front ses deux
mains jointes. Les Tartares, non plus, n'adorent pas la
lune ; ils ont vu les Chinois célébrer cette fête, et ils en
suivent l'usage, sans trop savoir pourquoi. — Oui, répondîmes-nous, vous suivez cet usage, et vous ne savez pas
pourquoi ! Cette parole est pleine de sens. Voici ce que
nous avons entendu dire dans le pays des *Kitat*. Et alors
nous racontâmes, dans cette tente mongole, ce que nous
savions de l'épouvantable journée des *Yue-Ping*. A notre
récit, ces figures tartares étaient remplies d'étonnement et
de stupéfaction. Les jeunes gens parlaient entre eux à voix
basse ; mais le vieillard gardait un morne silence ; il avait
baissé la tête, pour cacher de grosses larmes qui coulaient
de ses yeux. Frère enrichi d'années, lui dîmes-nous, ce récit ne paraît pas te surprendre ; mais il a rempli ton cœur
d'émotion. — Saints personnages, dit le vieillard après
avoir relevé sa tête, et essuyé ses yeux du revers de sa
main, cet événement terrible, qui cause un si grand étonnement à cette jeunesse, ne m'est pas inconnu ; mais je

voudrais ne l'avoir jamais appris, et je repousse toujours
son souvenir; car il fait monter la rougeur au front de tout
Tartare, dont le cœur n'a pas encore été vendu à la nation
des *Kitat.* Un jour, que nos grands Lamas connaissent,
doit venir, et le sang de nos pères si indignement assassi-
nés, sera enfin vengé. Quand l'homme saint qui doit nous
commander sera apparu, chacun de nous se lèvera, et
nous marcherons tous à sa suite. Alors nous irons, à la
face du soleil, demander aux Kitat compte du sang tartare qu'ils ont répandu dans les ténèbres de leurs maisons. Les Mongols célèbrent chaque année cette fête ; le
plus grand nombre n'y voit qu'une cérémonie indifférente;
mais les Pains-de-la-Lune réveillent toujours dans le cœur
de quelques-uns le souvenir de la perfidie dont nous
avons été la victime, et l'espérance d'une juste vengeance.

Après un instant de silence, le vieillard ajouta : Saints
personnages, quoi qu'il en soit, ce jour est véritablement un
jour de fête, puisque vous avez daigné descendre dans
notre pauvre habitation. Il n'est pas bien d'occuper nos
cœurs de tristes pensées... Enfant, dit-il à un jeune homme
qui était assis sur le seuil de la porte, si le mouton a suffisamment bouilli, emporte les laitages. Pendant que celui-ci
déblayait l'intérieur de la tente, le fils aîné de la famille entra, portant de ses deux mains une petite table oblongue sur
laquelle s'élevait un mouton coupé en quatre quartiers, entassés les uns sur les autres. Aussitôt que la table fut placée au milieu des convives, le chef de famille, s'armant du
couteau qui était suspendu à sa ceinture, coupa la queue
du mouton, la partagea en deux, et nous en offrit à chacun une moitié.

Parmi les Tartares, la queue est regardée comme la partie la plus exquise du mouton, et par conséquent la plus honorable. Les queues des moutons tartares sont d'une forme et d'une grosseur remarquables ; elles sont larges, ovales et épaisses ; le poids de la graisse qui les entoure, varie de six à huit livres, suivant la grosseur du mouton.

Après que le chef de famille nous eut donc fait hommage de cette grasse et succulente queue de mouton, voilà que tous les convives, armés de leur couteau, se mettent à dépecer, à l'envi, ces formidables quartiers de bouilli ; bien entendu que dans ce festin tartare on ne trouvait ni assiettes ni fourchettes ; chacun était obligé de placer sur ses genoux sa tranche de mouton et de la déchirer sans façon de ses deux mains, sauf à essuyer de temps en temps, sur le devant du gilet, la graisse qui ruisselait de toute part. Pour nous, bien grand fut d'abord notre embarras. En nous offrant cette blanche queue de mouton, on avait été animé, sans contredit, des meilleures intentions du monde ; mais nous n'étions pas encore assez sevrés de nos préjugés européens, pour oser attaquer, sans pain et sans sel, ces morceaux de graisse qui tremblaient et pantelaient en quelque sorte entre nos doigts. Nous délibérâmes donc entre nous deux, et dans notre langue maternelle, sur le parti que nous avions à prendre en cette fâcheuse circonstance. Remettre furtivement nos larges tranches de lard sur la table nous paraissait une grave imprudence ; parler franchement à notre amphitryon, et lui faire part de notre répugnance pour leur mets favori, était chose impossible et contraire à l'étiquette tartare. Nous nous arrêtâmes donc au parti suivant. Nous coupâmes cette malencontreuse queue de mouton par petites tranches que nous offrîmes à chacun des convives, en les priant de vouloir bien partager, en ce jour de fête, notre rare et précieux régal. D'abord nous eûmes à lutter contre des refus pleins de dévouement ; mais enfin on nous débarrassa à la ronde de ce mets immangeable, et il nous fut permis d'attaquer un gigot, dont la saveur était plus conforme aux souvenirs de notre première éducation.

Après que ce repas homérique fut achevé, et qu'il ne restait plus au milieu de la tente qu'un monstrueux entassement d'os de mouton bien blancs et bien polis, un enfant alla détacher un violon à trois cordes, suspendu à une corne de bouc, et le présenta au chef de famille. Celui-ci le fit passer à un jeune homme qui baissait modestement la tête, mais dont les yeux s'animèrent tout à coup aussitôt qu'il eut entre les mains le violon mongol. Nobles et saints voyageurs, nous dit le chef de famille, j'ai invité un *Toolholos* pour embellir cette soirée de quelques récits. Pendant que le vieillard nous adressait ces mots, le chanteur préludait déjà en promenant ses doigts sur les cordes de son instrument. Bientôt il se mit à chanter d'une voix forte et accentuée ; quelquefois il s'arrêtait, et entremêlait son chant de récits animés et pleins de feu. On voyait toutes ces figures tartares se pencher vers le chanteur, et accompagner des mouvements de leur physionomie le sens des paroles. Le *Toolholos* chantait des sujets nationaux et dramatiques, qui excitaient vivement l'intérêt de ceux qui l'écoutaient. Pour nous, peu initiés que nous étions à l'histoire de la Tartarie, nous prenions un assez mince intérêt à tous ces personnages inconnus que le rap-

sode mongol faisait passer tour à tour sur la scène.
Il avait déjà chanté quelque temps, lorsque le vieillard
lui présenta une grande tasse de vin de lait. Le chanteur
posa aussitôt le violon sur ses genoux, et se hâta d'humecter avec cette liqueur mongole son gosier desséché par tant
de merveilles qu'il venait de raconter. Quand il eut achevé
de boire, et pendant qu'il nétoyait de sa langue les bords
encore humides de sa coupe. — *Toolholos*, lui dîmes-nous,
dans les chants que tu viens de faire entendre tout était
beau et admirable. Cependant tu n'as encore rien dit de
l'immortel Tamerlan : l'invocation à Timour est un chant
fameux, et chéri des Mongols. — Oui, oui, s'écrièrent plusieurs voix à la fois, chante-nous l'invocation à Timour.
Il se fit un instant de silence, et le *Toolholos* ayant recueilli ses souvenirs, chanta sur un ton vigoureux et guerrier les strophes suivantes :

> Quand le divin Timour habitait sous nos tentes, la
> nation mongole était redoutable et guerrière; ses
> mouvements faisaient pencher la terre; d'un regard
> elle glaçait d'effroi les dix mille peuples que le soleil
> éclaire.

> O divin Timour, ta grande âme renaîtra-t-elle bientôt ?
> Reviens, reviens, nous t'attendons, ô Timour !

> Nous vivons dans nos vastes prairies, tranquilles et
> doux comme des agneaux ; cependant notre cœur
> bouillonne, il est encore plein de feu. Le souvenir des
> glorieux temps de Timour nous poursuit sans cesse.
> Où est le chef qui doit se mettre à notre tête, et nous
> rendre guerriers ?

O divin Timour, ta grande âme renaîtra-t-elle bientôt?
Reviens, reviens, nous t'attendons, ô Timour!

Le jeune Mongol a le bras assez vigoureux pour
dompter, l'étalon sauvage; il sait découvrir au loin,
sur les herbes, les vestiges du chameau errant....
Hélas! il n'a plus de force pour bander l'arc des
ancêtres; ses yeux ne peuvent apercevoir les ruses de
l'ennemi.

O divin Timour, ta grande âme renaîtra-t-elle bientôt?
Reviens, reviens, nous t'attendons, ô Timour.

Nous avons aperçu, sur la colline sainte, flotter la
rouge écharpe du Lama, et l'espérance a fleuri dans
nos tentes... Dis-le nous, ô Lama! Quand la prière
est sur tes lèvres, *Hormoustha* te dévoile-t-il quelque
chose des vies futures?

O divin Timour, ta grande âme renaîtra-t-elle bientôt?
Reviens, reviens, nous t'attendons, ô Timour.

Nous avons brûlé le bois odorant aux pieds du divin Timour; le front courbé vers la terre, nous lui
avons offert la verte feuille du thé et les laitages de
nos troupeaux... Nous sommes prêts; les Mongols sont
debout, ô Timour!... Et toi, Lama, fais descendre le
bonheur sur nos flèches et sur nos lances.

O divin Timour, ta grande âme renaîtra-t-elle bientôt?
Reviens, reviens, nous t'attendons, ô Timour.

Quand le troubadour tartare eut achevé ce chant na-
tional, il se leva, nous fit une profonde inclination, et, après
avoir suspendu son instrument de musique à une cheville
de bois fixée aux parois de la tente, il sortit. Les familles

voisines, nous dit le vieillard, sont aussi en fête ; elles attendent le chanteur ; cependant, puisque vous paraissez
écouter avec intérêt les chants tartares, nous continuerons encore un instant. Nous avons dans notre propre
famille un de nos frères, qui possède assez bien, dans sa
mémoire, un grand nombre d'airs chéris des Móngols...;
mais il ne sait pas faire parler les cordes de l'instrument,
ce n'est pas un *Toolholos*.... N'importe , dit en riant le
vieillard, *Nymbo* approche-toi; tu n'auras pas toujours des
Lamas du ciel d'occident pour t'écouter.

Aussitôt un Mongol, qui se tenait accroupi dans un coin, et
que nous n'avions pas encore remarqué, se leva promptement et vint occuper la place que le *Toolholos* avait laissée
vide. La physionomie de ce personnage était vraiment remarquable ; son cou était enfoncé totalement entre ses larges
épaules ; ses grands yeux blaves et sans mouvement, con-
trastaient avec la noirceur de sa figure calcinée par le soleil ; enfin une chevelure, ou plutôt des poils mal peignés,
et s'en allant par longues mêches de côté et d'autre, ache-
vaient de lui donner un air tout-à-fait sauvage. Il se mit
à chanter ; mais c'était une contrefaçon, une parodie du véritable chant. Son grand mérite etait de retenir long-temps
son haleine, et de faire des fugues interminables et capables
de faire tomber ses auditeurs en pamoison. Nous fûmes bientôt fatigués de ses criailleries, et nous attendions avec impatience un moment de repos pour lever la séance. Mais ce
n'était pas chose aisée : on eût dit que ce terrible virtuose avait
deviné notre pensée; quand il avait achevé un air, il avait le
détestable talent de le joindre à un autre, sans jamais s'arrêter. Nous fûmes donc obligés de subir long-temps et

bien avant dans la nuit, tout l'ennui de ses longues chan-
sons. Il s'arrêta enfin, un instant, pour prendre une tasse
de thé; il l'avala tout d'un trait, et il toussait déjà pour se
préparer à recommencer.... Mais nous nous levâmes aussitôt, nous offrîmes au chef de famille notre petite fiole de
tabac à priser, et après avoir salué la compagnie nous allâmes retrouver notre tente.

On rencontre souvent dans la Tartarie de ces *Toolholos,*
ou chanteurs ambulants, qui s'en vont, de tente en tente,
célébrant partout les personnages et les événements de
leur patrie. Ils sont ordinairement pauvres ; un violon et
une flûte, suspendus à leur ceinture, sont tout leur avoir :
mais ils sont toujours reçus dans les familles mongoles avec
affabilité et distinction ; souvent ils y demeurent plusieurs jours, et à leur départ on ne manque jamais de
leur donner leur provision de voyage, des fromages, des
vessies pleines de vin et des feuilles de thé. Ces poètes
chanteurs, qui rappellent nos ménestrels et les rapsodes
de la Grèce, sont aussi très-nombreux en Chine; mais
nulle part, peut-être, ils ne sont aussi populaires que dans
le Thibet.

Le lendemain de la fête, le soleil venait à peine de se
lever, qu'un jeune enfant parut à l'entrée de notre tente ;
il portait à la main un petit vase en bois rempli de lait,
et à son bras était suspendu un petit panier de joncs grossièrement tressés ; dans ce panier il y avait quelques fromages frais et une tranche de beurre. Bientôt après parut
aussi un vieux Lama, suivi d'un Tartare qui avait un sac
d'argols chargé sur ses épaules. Nous les invitâmes tous à
s'asseoir un instant dans notre tente. Frères de l'occident,

nous dit le Lama, veuillez accepter ces modiques offrandes
que vous envoie notre maître. Nous lui fîmes une inclination, en signe de remerciement, et Samdadchiemba se
hâta de faire bouillir le thé. Comme nous pressions le
Lama d'attendre qu'il fût prêt : Je reviendrai ce soir,
nous dit-il ; pour le moment je ne puis accepter votre
offre ; car je n'ai pas encore marqué à mon disciple la
prière qu'il doit étudier pendant la journée. Et en disant
cela, il nous montrait le jeune enfant qui nous avait apporté le laitage. Il prit alors son disciple par la main, et
ils s'en retournèrent vers leur habitation.

Ce vieux Lama était le précepteur de la famille, et sa
fonction consistait à diriger ce jeune enfant dans l'étude
des prières thibétaines. L'éducation des Tartares est très-
bornée. Ceux qui se rasent la tête sont en général les seuls
qui apprennent à lire et à prier. On ne rencontre dans le
pays aucune école publique. A l'exception de quelques
riches Mongols, qui font quelquefois étudier leurs enfants
dans leurs familles, tous les jeunes Lamas sont obligés de
se rendre dans les lamaseries. C'est là, en effet, que se
trouvent concentrés les arts, les sciences et l'industrie ;
ailleurs on n'en rencontre pas les moindres vestiges. Le
Lama est non-seulement prêtre ; mais il est de plus peintre,
sculpteur, architecte et médecin ; il est le cœur et la tête,
l'oracle des hommes du monde.

L'éducation des jeunes Mongols, qui n'entrent pas dans
les lamaseries, consiste à s'exercer dès l'enfance au maniement de l'arc et du fusil à mèche ; l'équitation surtout les
absorbe presque entièrement. Aussitôt qu'un enfant est
sevré, et que ses forces se sont suffisamment développées,

on l'exerce à aller à cheval : on le fait monter en croupe,
puis on commence une course au galop, pendant laquelle
le jeune cavalier se cramponne de ses deux mains à la
robe de son maître. Les Tartares s'accoutument ainsi de
bonne heure au mouvement du cheval; et bientôt, à force
d'habitude, ils finissent par s'identifier, en quelque sorte,
avec leur monture.

Il n'est peut-être pas de spectacle plus attrayant, que de
voir les cavaliers mongols courir après un cheval indompté.
Ils sont armés d'une longue et lourde perche, au bout de
laquelle est une corde disposée en nœud coulant; ils se précipitent, ils volent sur les traces du cheval qu'ils poursuivent, tantôt dans des ravins scabreux et pleins d'anfrac-
tuosités, tantôt sur le penchant des montagnes; ils le suivent
dans les détours les plus capricieux, jusqu'à ce qu'ils soient
parvenus à le talonner. Alors ils prennent la bride avec
leurs dents, saisissent à deux mains leur lourde perche, et
se penchent en avant pour faire passer le nœud coulant
autour du cou du cheval. Dans cet exercice, ils doivent
joindre une grande vigueur à beaucoup d'adresse, pour arrêter tout net le cheval le plus fougueux. Il arrive quelquefois que la perche, les cordes, tout est brisé; mais que
le cavalier soit désarçonné, c'est ce que nous n'avons jamais vu.

Le Mongol est tellement accoutumé a aller à cheval,
qu'il se trouve tout-à-fait désorienté et comme jeté hors de
sa sphère, aussitôt qu'il a mis pied à terre. Sa démarche
est pesante et lourde; la forme arquée de ses jambes, son
buste toujours penché en avant, ses regards qu'il promène
incessamment autour de lui, tout annonce un cavalier, un

homme qui passe la plus grande partie de ses jours sur un cheval ou sur un chameau.

Quand les Tartares se trouvent en route pendant la nuit, il arrive souvent qu'ils ne se donnent pas même la peine de descendre de leurs animaux pour prendre leur sommeil. Si on demande aux voyageurs qu'on rencontre où ils ont passé la nuit... *Temen dero* (sur le chameau), répondent-ils, d'une voix mélancolique. C'est un singulier spectacle, que de voir les caravanes faire halte en plein midi, lorsqu'elles ont trouvé un gras pâturage. Les chameaux se dispersent de côté et d'autre, broutant les grandes herbes de la prairie, tandis que les Tartares à califourchon entre les deux bosses de l'animal, dorment d'un sommeil aussi profond que s'ils étaient étendus dans un bon lit.

Cette activité incessante, ces voyages continuels contribuent beaucoup à rendre les Tartares très-vigoureux, et capables de supporter les froids les plus terribles, sans qu'ils en paraissent le moins du monde incommodés. Dans les déserts de la Tartarie, et surtout dans le pays des *Khalkhas*, la froidure est si affreuse, que, pendant la plus grande partie de l'hiver, le thermomètre ne peut plus marquer, à cause de la congélation du mercure. Souvent toute la terre est couverte de neige; et si le vent du nord-ouest vient souffler, la plaine ressemble aussitôt à une mer bouleversée jusque dans ses fondements. Le vent soulève la neige par vagues immenses, et pousse devant lui ces gigantesques avalanches. Alors les Tartares volent courageusement au secours de leurs troupeaux. On les voit bondir de côté et d'autre, exciter les animaux par leurs cris, et les conduire au loin à l'abri de quelque montagne. Quelquefois ces intrépides pasteurs s'arrêtent immobiles au milieu de la tempête, comme pour défier la fureur des éléments, et braver la froidure.

L'éducation des femmes tartares n'est pas plus raffinée que celle des hommes ; elles ne s'exercent pas au maniement de l'arc et du fusil, mais l'équitation ne leur est pas étrangère, et elles y montrent autant d'habileté et de courage que les hommes. Cependant ce n'est que dans des cas exceptionnels qu'elles montent à cheval ; en voyage, par exemple, et lorsqu'il n'y a personne pour aller à la recherche des animaux qui se sont égarés. Ordinairement la garde des troupeaux ne les regarde pas ; elles doivent s'occuper, dans l'intérieur de leur tente, des détails du ménage et de la couture. Les femmes tartares sont renommées pour leur adresse à manier l'aiguille. Ce sont elles qui font les bottes, les chapeaux, et les divers habits qui constituent le costume mongol. Les bottes en cuir qu'elles confectionnent sont, il est vrai, peu élégantes de forme, mais en revanche, elles sont d'une solidité étonnante. On ne comprend pas comment, avec les outils si grossiers et si imparfaits qui sont à leur usage, elles peuvent parvenir à faire des ouvrages presque indestructibles. Il faut dire qu'elles prennent bien leur temps, et qu'elles n'avancent que lentement dans leur travail. Les femmes tartares excellent dans les broderies, qui sont ordinairement d'un goût, d'une finesse et d'une variété capables d'exciter l'admiration. Nous croyons pouvoir avancer, qu'on ne trouverait peut-être nulle part, en France des broderies aussi belles et aussi parfaites, que celles que nous avons eu occasion de voir chez les Tartares.

En Tartarie on ne manie pas l'aiguille de là même manière qu'en Chine. Quand les Chinois cousent, ils poussent l'aiguille de bas en haut ; les Tartares au contraire la font descendre de haut en bas. En France ce n'est peut-être ni l'un ni l'autre ; si notre mémoire nous sert bien, il nous semble que les Français font courir l'aiguille horizontalement de droite à gauche. Il ne nous appartient pas de prononcer sur le mérite respectif de ces trois méthodes ; nous abandonnons cette question au corps respectable des tailleurs.

Le dix-sept de la lune, nous nous rendîmes de grand matin à la station chinoise de *Chaborté*, pour y faire nos provisions de farine. *Chaborté*, comme l'annonce son nom mongol, est un pays humide et marécageux. Les maisons sont toutes bâties en terre, et enfermées dans une enceinte de murs très-élevés. Les rues sont irrégulières, tortueuses et étroites. Cette petite ville présente un aspect sombre et sinistre, et les Chinois qui l'habitent ont l'air plus fripons que partout ailleurs. On y trouve à acheter toutes les choses dont les Mongols font ordinairement usage : de la farine d'avoine et du petit millet grillé, des toiles de coton, et du thé en brique. Les Tartares y portent les produits du désert, c'est-à-dire du sel, des champignons et des pelleteries.

Dès que nous fûmes de retour, nous nous hâtâmes de faire nos préparatifs de départ. Pendant que nous mettions en ordre, dans l'intérieur de la tente, nos ustensiles et nos bagages, Samdadchiemba alla chercher les animaux qui paissaient aux environs. Un instant après, il revient traînant après lui les trois chameaux.—Voilà les chameaux, nous

cria-t-il d'une voix sombre; mais le cheval et le mulet...
où sont-ils? Tout à l'heure ils étaient encore en vue, car je
leur avais lié les pieds pour les empêcher de s'egarer... Il
faut conclure qu'ils ont été volés... Il n'est jamais bon de
camper trop près des Chinois; est-ce qu'on ne sait pas
que les Chinois qui habitent la Tartarie sont des voleurs
de chevaux? — Ces paroles furent pour nous comme un
coup de foudre. Cependant ce n'était pas le moment de
nous abandonner à de stériles lamentations; il importait
de courir promptement sur les traces des voleurs. Nous
nous élançâmes donc chacun sur un chameau, et nous
nous précipitâmes, dans une direction opposée, à la recherche de nos animaux, laissant notre tente sous la protection
d'Arsalan. Nos investigations ayant été infructueuses, nous
prîmes le parti de nous rendre aux tentes des Mongols, et
de leur déclarer que nos chevaux avaient été perdus tout
près de leur habitation.

D'après les lois tartares, lorsque les animaux d'une caravane se sont égarés, ceux dans le voisinage desquels on
a campé sont tenus d'aller à leur recherche, et même
d'en donner d'autres à la place, dans le cas où ils ne pourraient les retrouver. Cette loi paraîtra bien etrange, et peu
conforme au droit qui régit les peuples européens. On vient
camper dans le voisinage d'un Mongol, sans son aveu, sans
l'avoir prévenu, sans le connaître, sans en être connu;
les animaux, le bagage, les hommes, tout est sous sa res-
ponsabilite; si quelque chose disparaît, la loi suppose qu'il
en est le voleur, ou du moins le complice. Cet usage a
peut-être beaucoup contribué à rendre les Mongols si habiles dans l'art de suivre les animaux à la piste. A la seule

inspection des traces légères et informes que l'animal a
laissées sur l'herbe, ils peuvent dire depuis combien de temps
il est passé, et s'il était monté ou non par un homme. Une
fois qu'ils se sont mis sur les traces, ils les suivent dans
leurs mille détours, sans que rien soit capable de les leur
faire perdre.

Aussitôt que nous eûmes fait notre déclaration à nos
voisins Mongols, le chef prit la parole et nous dit :—Seigneurs Lamas, ne permettez pas au chagrin d'entrer dans
votre cœur. Vos animaux ne peuvent être perdus ; dans ces
parages il n'y a ni voleurs, ni associés de voleurs. Je vais
envoyer à la recherche ; si vos chevaux ne se trouvent pas,
vous choisirez à volonté dans nos troupeaux ceux qui vous
conviendront le plus. Nous voulons que vous partiez d'ici
aussi en paix que vous y etes arrives. Pendant qu'il parlait
ainsi, huit Tartares montèrent à cheval, et traînant après
eux leur longue perche à enlacer les chevaux, ils commencèrent leurs recherches. D'abord ils se dispersèrent et exé-
cutèrent de nombreuses evolutions, courant dans tous les
sens, et revenant quelquefois sur leurs pas. Enfin, ils se
reunirent en escadron, et se precipitèrent au grand galop
vers le chemin par lequel nous etions venus.—Voilà qu'ils
sont sur les traces, nous dit le chef mongol qui considérait
avec nous tous leurs mouvements ; Seigneurs Lamas, venez vous asseoir dans ma tente, nous boirons une tasse de
thé en attendant le retour de vos chevaux.

Apres peut-être deux heures d'attente, un enfant se
présenta a la porte, et nous avertit que les cavaliers revenaient. Nous sortîmes à la hâte, et jetant nos regards vers
la route que nous avions suivie, nous aperçûmes au milieu

d'un nuage de poussière, comme une grande troupe qui
s'avançait avec la rapidité du vent. Nous pûmes bientôt
distinguer les huit cavaliers, et nos deux animaux qu'on
traînait par le licou ; tout venait ventre à terre. Aussitôt
que les Tartares furent arrivés près de nous, ils nous dirent, avec cet air de satisfaction qui succède à une grande
inquiétude, que dans leur pays on ne perdait jamais rien.
Nous remerciâmes ces généreux Mongols du service signalé qu'ils venaient de nous rendre ; nous vantâmes leur
habileté, et après avoir pris congé d'eux, nous allâmes seller nos fuyards et nous partîmes. Nous nous dirigeâmes
vers la route de la *Ville-Bleue*, que nous avions laissée un
peu de côté pour aller nous approvisionner à *Chaborté*.

Nous avions fait à peu près trois jours de marche, lorsque nous rencontrâmes dans le désert une imposante et
majestueuse antiquité. C'était une grande ville déserte et
abandonnée. Les remparts crénelés, les tours d'observation, les quatre grandes portes situées aux quatre points
cardinaux, tout était parfaitement conservé ; mais tout
était comme aux trois quarts enfoui dans la terre, et recouvert d'un épais gazon. Depuis que cette ville avait été
abandonnée, le sol s'étant insensiblement élevé avait presque fini par atteindre la hauteur des créneaux. Quand
nous fûmes arrivés vis-à-vis la porte méridionale, nous dîmes à Samdadchiemba de continuer la route, pendant que
nous irions visiter la *Vieille-Ville*, comme la nomment les
Tartares. Nous entrâmes dans cette vaste enceinte avec un
profond saisissement de frayeur et de tristesse. On ne voit
là ni décombres ni ruines, mais seulement la forme d'une
belle et grande ville qui s'est enterrée à moitié, et que les

herbes enveloppent comme d'un linceul funèbre. L'inégalité du terrain semble dessiner encore la disposition des
rues et des monuments principaux. Nous rencontrâmes un
jeune berger mongol qui fumait silencieusement sa pipe,
assis sur un monticule, pendant que son grand troupeau de
chèvres broutait l'herbe sur les remparts et dans les rues
désertes. Ce fut en vain que nous lui adressâmes quelques
questions. Cette ville, à quelle époque avait-elle été bâtie?
quel peuple l'avait habitée? quel événement, quelle révolution l'en avait chassé? c'est ce que nous ne pûmes savoir.
Les Tartares appellent cet endroit la *Vieille-Ville*, mais leur
science ne va pas plus loin.

On rencontre souvent dans les déserts de la Mongolie de
pareilles traces de grandes villes; mais tout ce qui se rattache à l'origine de ces monuments antiques est enveloppé
de ténèbres. O qu'un semblable spectacle remplit l'âme
de tristesse! Les ruines de la Grèce, les superbes décombres
qu'on rencontre en Egypte, tout cela est mort, il est vrai,
tout cela appartient au passé; cependant on peut encore
se rendre compte de ce qu'on a sous les yeux; on peut
suivre les révolutions nombreuses qui ont bouleversé ce
pays. Quand on descend dans la tombe où avait été enterrée vivante la ville d'Herculanum, on ne trouve plus, il
est vrai, qu'un gigantesque cadavre; cependant les souvenirs historiques sont toujours là pour le galvaniser. Mais
ces vieilles villes abandonnées qu'on rencontre en Tartarie,
il ne s'en est pas conservé le plus léger souvenir; ce sont
des tombeaux sans épitaphe, autour desquels règnent une
solitude et un silence que rien ne vient interrompre.
Quelquefois seulement les Tartares s'y arrêtent un in

stant, dans leurs courses vagabondes, pour faire paître leurs
troupeaux, parce qu'ordinairement les pâturages y sont
plus gras et plus abondants.

Quoiqu'on ne puisse rien assurer au sujet de ces grandes
cités, dont on retrouve encore les restes dans les déserts
de la Tartarie, on peut pourtant présumer que leur existence ne remonte pas au-delà du treizième siècle. On sait
qu'à cette époque les Mongols se rendirent maîtres de l'empire chinois, et que leur domination dura près d'un siecle.
Ce fut alors, qu'au rapport des historiens chinois, on vit
s'élever dans la Tartarie du nord, des villes nombreuses et
florissantes. Vers le milieu du quatorzième siecle, la dynastie mongole fut chassée de la Chine. L'empereur *Young-Lo,*
qui voulait achever d'anéantir les Tartares, ravagea leur
pays, et incendia leurs villes. Il alla même les chercher
jusqu'à trois fois au-delà du désert, à deux cents lieues au
nord de la grande muraille.

Après avoir laisse derrière nous la *Vieille-Ville,* nous
rencontrames une large route allant du midi au nord, et
croisant sur celle que nous suivions d'orient en occident.
C'est la route que suivent ordinairement les ambassades
russes qui se rendent à Péking. Les Tartares lui donnent
le nom de *Koutcheou-Dcham,* c'est-à-dire Chemin de la
fille de l'Empereur, parce que cette voie fut tracée pour le
voyage d'une princesse que l'empereur de Chine donnait
en mariage a un roi des Khalkhas. Cette route, après avoir
traversé le *Tchakar* et le *Souniout occidental,* entre dans
le pays des *Khalkhas,* par le royaume de *Mourguevan.* De
là elle s'étend dans le grand désert de *Gobi,* du midi au
nord, traverse le fleuve *Toula* tout près du *Grand-Couren,*

et va enfin aboutir aux factoreries russes de *Kiaktha*. En 1688, un traité de paix fut conclu entre l'empereur *Khang-Hi* et le *Khan-Blanc*, roi des *Oros*, c'est-à-dire le tzar de Russie. Les frontières des deux empires furent fixées ; et on désigna *Kiaktha* pour le lieu du commerce entre les deux peuples. Cette ville est en quelque sorte divisée en deux parties. Au nord sont les factoreries russes, et au midi la station Tartaro-Chinoise. Le poste intermédiaire n'appartient, proprement dit, à aucune des deux puissances ; il est réservé pour les affaires commerciales. Il n'est pas permis aux Russes de passer sur le territoire tartare, et réciproquement les sujets de l'empereur chinois n'ont pas le droit de traverser la frontière russe. Le commerce de *Kiaktha* est assez considérable, et paraît assez avantageux pour les deux peuples. Les Russes exportent des draps, des velours, des savons, et divers articles de quincaillerie. Ils reçoivent en échange du thé en brique, dont ils font une grande consommation. Comme les produits russes sont ordinairement payes avec du the en brique, il en résulte que les draps se vendent en Chine à un prix bien au dessous de ce qu'ils coûtent sur les marchés d'Europe. C'est faute d'être bien au courant du commerce de la Russie avec la Chine, que certains speculateurs n'ont pu trouver a Canton un débouche convenable pour leurs marchandises.

Le 14 juin 1728, un nouveau traité de paix fut signe entre le comte *Vladislavitch*, ambassadeur extraordinaire du gouvernement russe, et les ministres de la cour de Peking. Depuis cette époque, la Russie entretient, dans la capitale du Géleste-Empire, un couvent et une ecole, où se forment les interpretes pour le chinois et le tartare—mantchou. De dix en dix ans on renouvelle les personnes qui composent ces deux établissements, et on envoie de Saint-Pétersbourg de nouveaux religieux et d'autres étudiants. Cette petite caravane est conduite par un officier russe, chargé de la diriger, et de l'installer à son arrivée à Péking, puis de reconduire dans leur patrie les religieux qui ont fini leur temps, et les élèves qui ont terminé leurs études. Depuis *Kiaktha* jusqu'à Péking, les Russes voyagent aux frais du gouvernement chinois, et sont escortés de poste en poste par des troupes tartares.

M. Timkouski, qui fut chargé en 1820 de conduire à Péking la caravane russe, dit, dans la relation de son voyage, qu'il n'a jamais pu savoir pourquoi les guides leur faisaient prendre une route différente de celle que les ambassades précédentes avaient suivie. Les Tartares nous en ont souvent donné la raison. Ils nous ont dit que c'était une précaution politique du gouvernement chinois, qui ordonnait de faire avancer les Russes par des circuits et des détours, afin qu'ils ne puissent pas d'eux-mêmes reconnaître le chemin. Cette précaution est, sans contredit, bien ridicule; et elle n'empêcherait certainement pas l'autocrate russe de trouver la route de Péking, s'il lui prenait un jour fantaisie d'aller présenter un cartel au *Fils du Ciel*.

Cette route de *Kiaktha*, que nous rencontrâmes dans les déserts de la Tartarie, nous causa une émotion profonde. Voilà, nous disions-nous, un chemin qui va en Europe! et les souvenirs de la patrie vinrent bientôt nous assaillir. Nous nous rapprochâmes insensiblement; car nous éprouvions le besoin de parler de la France. Cette conversation avait pour nous tant de charmes, elle remplissait si bien notre cœur, que nous faisions route sans nous en apercevoir. La vue de quelques tentes mongoles, qui s'élevaient sur une colline, vint brusquement rappeler nos pensées à la vie nomade. Un grand cri s'était fait entendre, et nous remarquâmes au loin un Tartare qui gesticulait avec beaucoup de vivacité. Comme nous ne pouvions discerner clairement à qui s'adressaient ces signes, nous continuâmes notre route. Nous vîmes alors le Tartare sauter sur un cheval sellé, qui se trouvait à l'entrée de sa tente, et courir vers nous avec rapidité. Aussitôt qu'il nous eut atteints, il descendit promptement, et s'étant mis à genoux :—« Seigneur Lamas, s'écriat-il, en levant les mains au ciel, ayez pitié de moi ; ne continuez pas votre route ; venez guérir ma mère qui se meurt. Je sais que votre puissance est infinie ; venez sauver ma mère par vos prières.»—La parabole du Samaritain se présenta à notre mémoire, et nous pensâmes que la charité nous défendait de passer outre. Nous rebroussâmes donc chemin, pour aller camper à côté de l'habitation de ce Tartare.

Pendant que Samdadchiemba disposait notre tente, nous allâmes, sans perdre de temps, visiter la malade. Elle était en effet dans un état presque désespéré. — Habitants du désert, dîmes-nous aux personnes qui nous entouraient, nous ne sommes pas instruits dans la connaissance des simples ; nous ne savons pas compter sur les artères les mouvements de la vie ; mais nous allons prier Jehovah pour cette infirme. Vous n'avez pas encore entendu parler de ce Dieu tout-puissant ; vos Lamas ne le connaissent pas : mais ayez confiance, Jehovah est le maître de la vie et de la mort.— La circonstance ne nous permettait pas de tenir un plus long discours a ces pauvres gens; plonges dans la douleur et preoccupés de leur malade, ils ne pouvaient prêter à nos paroles qu'une faible attention. Nous retournâmes donc dans notre tente pour prier; le chef de la famille nous y accompagna. Dès qu'il eut aperçu notre breviaire : Sont-ce là, nous dit-il, ces toutes puissantes prieres de Jehovah dont vous avez parlé? — Oui, lui repondîmes-nous; ce sont les seules veritables prieres, les seules qui puissent sauver. — Il nous fit alors a chacun une prostration, en frappant la terre du front; puis il prit notre breviaire, et le fit toucher à sa tete, en signe de respect. Pendant tout le temps que dura la récitation des prières, le Tartare demeura accroupi a l'entrée de notre tente, gardant un profond et religieux silence. Quand nous eûmes terminé, il nous fit de nouveau une prostration. — Saints personnages, nous dit-il, comment reconnaître le bienfait immense que vous venez de m'accorder? Je suis pauvre, je ne puis vous offrir ni cheval ni mouton. — Frere mongol, lui dîmes-nous, conserve ton cœur en paix; les prêtres de Jehovah ne doivent pas réciter leurs prières pour obtenir des richesses; puisque tu n'es pas riche, reçois de nous cette légère offrande; et nous lui donnâmes un fragment de thé en brique. Le Tartare fut profondément ému de ce procede. Il ne put proférer une parole; quelques larmes de reconnaissance furent sa seule reponse.

Le lendemain matin nous apprîmes avec plaisir que l'état de la malade s'était amélioré. Nous aurions bien voulu pouvoir demeurer encore quelques jours dans cet endroit, afin de cultiver le germe de foi qui avait été déposé au sein de cette famille; mais nous dûmes continuer notre route.

Quelques Tartares voulurent nous accompagner un instant pour nous témoigner leur reconnaissance.

On a deja dit que la médecine était exclusivement exercée en Tartarie par les Lamas. Aussitôt qu'une maladie se déclare dans une famille, on court à la lamaserie voisine inviter un médecin. Celui-ci se rend auprès du malade, et commence par lui tâter le pouls; il prend simultanément dans chacune de ses mains les poignets du malade, et promène ses doigts sur les artères, à peu près comme les doigts du musicien courent sur les cordes d'un violon. La manière chinoise diffère de celle-ci, en ce que les docteurs chinois tâtent le pouls successivement sur les deux bras, et non pas en même temps. Quand le Lama a suffisamment étudié la nature de la maladie, il prononce sa sentence. Comme d'après l'opinion religieuse des Tartares, c'est toujours un *Tchutgour*, ou diable, qui tourmente par sa présence la partie malade, il faut avant tout préparer par un traitement médical l'expulsion de ce diable. Le Lama médecin est en même temps apothicaire; la chimie minérale n'entre pour rien dans la préparation des spécifiques employés par les Lamas : les remèdes sont toujours composés de végétaux pulvérises, qu'on fait infuser ou coaguler, et qu'on arrondit en forme de pilule. Quand le petit magasin des pilules végétales se trouve vide, le docteur Lama ne se déconcerte pas pour cela; il inscrit sur quelques petits morceaux de papier, avec des caractères thibétains, le nom des remèdes, puis il roule ce papier entre ses doigts, après l'avoir un peu humecté de sa salive : le malade prend ces boulettes avec autant de confiance que si c'etaient de véritables pilules. Avaler le nom du remède ou le re-

mède lui-même, disent les Tartares, cela revient absolument au même.

Après le traitement médical employé pour faciliter l'expulsion du diable, le Lama ordonne des prières, conformes
à la qualité de ce diable qu'il faut déloger. Si le malade
est pauvre, évidemment le *Tchutgour* est petit; et alors les
prières sont courtes, peu solennelles; quelquefois on se
borne à une simple formule d'exorcisme; souvent même
le Lama se contente de dire qu'il n'est besoin ni de pilules ni de prière, qu'il faut attendre avec patience que le
malade guérisse ou succombe, suivant l'arrêt prononcé
par *Hormoustha*. Mais si le malade est riche, s'il est possesseur de nombreux troupeaux, les choses vont tout dif-
féremment. D'abord il faut se bien persuader que le diable
dont la présence a fait naître la maladie, est un diable puissant et terrible; incontestablement c'est un des chefs des
mauvais esprits; et comme il n'est pas décent qu'un grand
Tchutgour voyage comme un diablotin, on doit lui préparer de beaux habits, un beau chapeau, une belle paire
de bottes, et surtout un jeune et vigoureux cheval : s'il
n'y a pas tout cela, il est certain que le diable ne s'en ira
pas : ce serait en vain qu'on administrerait des remèdes et
qu'on réciterait des prières. Il peut même arriver qu'un
cheval ne suffise pas; car parfois le diable est tellement
élevé en dignité, qu'il traîne à sa suite un grand nombre
de serviteurs et de courtisans : alors le nombre des chevaux que le Lama exige est illimité; cela dépend toujours
de la richesse plus ou moins grande du malade.

Tout étant disposé conformément au programme dressé
par le médecin, la cérémonie commence. On invite plu-

sieurs Lamas des lamaseries voisines, et les prières se continuent pendant huit ou quinze jours, jusqu'à ce que les Lamas s'aperçoivent que le diable n'y est plus, c'est-à-dire autant de temps qu'ils ont envie de vivre aux dépens de la famille [dont ils exploitent le thé et les moutons. Si au bout du compte le malade vient à mourir, c'est alors la preuve la plus certaine que les prières ont été bien récitées, et que le diable a été mis en fuite : il est vrai que le malade est mort ; mais il n'y perdra certainement pas : les Lamas assurent qu'il transmigrera dans un état plus fortuné que celui qu'il vient de quitter.

Les prières que récitent les Lamas pour la guérison des malades, sont quelquefois accompagnées de rites lugubres et effrayants. M. Huc, étant chargé de la petite chrétienté de la *Vallée-des-Eaux-Noires*, eut occasion de faire connaissance avec une famille mongole, qu'il visitait de temps en temps, afin de s'initier aux usages et à la langue des Mongols. Un jour, la vieille tante du noble *Tokoura*, chef de cette famille, fut prise par les fièvres intermittentes. — J'inviterais bien le docteur Lama, disait Tokoura ; mais s'il déclare qu'il y a un *Tchutgour*, que deviendrai-je ? Les dépenses vont me ruiner. Après quelques jours d'attente, il se décida enfin à inviter le médecin ; ses prévisions ne furent pas trompées. Le Lama annonça que le diable y était, et qu'il fallait le chasser au plus vite ; les préparatifs se firent donc avec la plus grande activité : sur le soir huit Lamas arrivèrent, et se mirent à façonner, avec des herbes sèches, un grand mannequin qu'ils nommèrent le diable des fièvres intermittentes ; par le moyen d'un pieu qu'ils avaient

enfoncé entre ses jambes, ils le firent tenir debout dans la
tente où se trouvait la malade.

La cérémonie commença à onze heures de la nuit ; les
Lamas vinrent se ranger en rond au fond de la tente, armés de cymbales, de conques marines, de cloches, de tambourins, et de divers instruments de leur bruyante musique. Le cercle était terminé sur l'avant par les Tartares
de la famille, au nombre de neuf ; ils étaient tous accroupis et pressés les uns contre les autres ; la vieille à genoux,
ou plutôt assise sur ses talons, était en face du mannequin
qui réprésentait le diable des fièvres. Le Lama docteur
avait devant lui un grand bassin en cuivre, rempli de petit
millet et de quelques statuettes fabriquées avec de la
pâte de farine. Quelques argols enflammés jetaient, avec
beaucoup de fumée, une lueur fantastique et vacillante
sur cette étrange scène.

Au signal donne, l'orchestre exécuta une ouverture mu-
sicale, capable d'effrayer le diable le plus intrépide. Les
hommes noirs ou séculiers battaient des mains en cadence,
pour accompagner le son charivarique des instruments et
les hurlements des prieres. Quand cette musique infernale
fut terminee, le grand Lama ouvrit le livre des exorcismes,
qu'il posa sur ses genoux. A mesure qu'il psalmodiait, il
puisait dans le bassin de cuivre quelques grains de petit
millet, et les projetait çà et là autour de lui, selon qu'il
était marqué par la rubrique. Le grand Lama priait ordinairement seul, tantôt sur un ton lugubre et étouffé, tantôt
par de longs et grands éclats de voix. Quelquefois il aban-
donnait la manière cadencée et rhythmique de la prière ; on
eût dit alors qu'il entrait tout à coup dans un violent ac-

cès de colère : c'étaient des interpellations vives et animées, qu'il adressait, en gesticulant, au mannequin de paille. Après ce terrible exorcisme, il donnait un signal, en étendant ses deux bras à droite et à gauche ; tous les Lamas entonnaient aussitôt un bruyant refrain, sur un ton précipité et rapide ; tous les instruments de musique étaient en jeu ; les gens de la famille sortaient brusquement, à la file les uns des autres, faisaient en courant le tour de la tente, qu'ils frappaient violemment avec des pieux, pendant qu'ils poussaient des cris à faire dresser les cheveux sur la tête. Après avoir exécuté trois fois cette ronde infernale, la file rentra avec précipitation, et chacun se remit à sa place. Alors, pendant que tous les assistants se cachaient la figure des deux mains, le grand Lama se leva, pour aller mettre le feu au mannequin. Dès que la flamme commença à s'élever, il poussa un grand cri, qui fut à l'instant répété par toutes les voix. Les hommes noirs s'emparèrent du diable enflammé, et coururent le porter dans la prairie, loin de la tente. Pendant que le *Tchutgour* des fièvres intermittentes se consumait au milieu des cris et des imprécations, les Lamas demeurés accroupis dans l'intérieur de la tente, chantaient leurs prières sur un ton paisible, grave et solennel.

Les gens de la famille étant de retour de leur courageuse expédition, les chants cessèrent, pour faire place à de joyeuses exclamations, entrecoupées par de grands éclats de rire. Bientôt tout le monde sortit tumultuairement hors de la tente, et chacun tenant dans sa main une torche allumée, on se mit en marche : les hommes noirs allaient les premiers, puis venait la vieille fiévreuse, soutenue

à droite et à gauche, sous les bras, par deux membres de
la famille ; derrière la malade marchaient les huit Lamas,
qui faisaient retentir les airs de leur épouvantable musique.
On conduisit ainsi la vieille dans une tente voisine ; car le
Lama médecin avait décidé que, durant une lune entière,
elle ne pourrait retourner dans son ancienne habitation.

Après ce bizarre traitement, la malade fut entièrement
guérie ; les accès de fièvre ne revinrent plus. Comme l'accès devait précisément avoir lieu à l'heure même où commença la scène infernale, il est probable que la fièvre fut
naturellement coupée par une violente surexcitation, occa-
sionnée par le spectacle le plus effrayant et le plus fantastique qu'on puisse imaginer.

Quoique la plupart des Lamas cherchent à entretenir
l'ignorante crédulité des Tartares, pour l'exploiter ensuite
à leur profit, nous en avons pourtant rencontré quelquefois, qui nous avouaient avec franchise que la duplicité et
l'imposture jouaient un grand rôle dans toutes leurs cérémonies. Un supérieur de lamaserie nous disait un jour :
Quand un homme est malade, réciter des prières c'est convenable ; car Bouddha est le maître de la vie et de la mort ;
c'est lui qui règle la transmigration des êtres : prendre
des remèdes, c'est bien aussi ; car le grand bienfait des
herbes médicales nous vient de Bouddha. Que le Tchutgour puisse se loger chez un malade, cela est croyable ;
mais que, pour le chasser et le décider à partir, il faille lui
donner des habits et un cheval, voilà qui a été inventé par
les Lamas ignorants et trompeurs, qui veulent amasser des
richesses aux dépens de leurs frères.

La manière d'enterrer les morts parmi les Tartares n'est

pas uniforme, et les Lamas ne sont convoqués que pour les
funérailles les plus solennelles. Aux environs de la grande
muraille, partout où les Mongols se trouvent mêlés aux
Chinois, les usages de ces derniers ont insensiblement pré-
valu. Ainsi, dans ces endroits, la manière chinoise est généralement en vigueur : le corps mort est enfermé dans un
cercueil, qu'on dépose ensuite dans un tombeau. Dans le
désert, parmi les peuples véritablement nomades, toute la
cérémonie des funérailles consiste à transporter les cadavres sur le sommet des montagnes, ou dans le fond des
ravins. On les abandonne ainsi à la voracité des animaux
sauvages et des oiseaux de proie. Il n'est rien d'horrible à
voir comme ces restes humains, qu'on rencontre parfois
dans les déserts de la Tartarie, et que se disputent avec
acharnement les aigles et les loups.

Les Tartares les plus riches font quelquefois brûler leurs
morts avec assez de solennité. On bâtit avec de la terre une
espèce de grand fourneau de forme pyramidale : avant
qu'il soit terminé, on y place le cadavre debout, entouré de
combustible ; puis on continue la maçonnerie, de manière à
ce que tout soit entièrement recouvert ; on laisse seulement
une petite porte dans le bas, et une ouverture au sommet,
pour laisser passage à la fumée et entretenir un courant
d'air. Pendant la combustion, des Lamas entourent le monument et récitent des prières. Le cadavre étant suffisamment brûlé, on démolit le fourneau, et on retire les ossements qu'on porte au grand Lama : celui-ci les réduit en
poudre très-déliée, et après y avoir ajouté une quantité
égale de farine de froment, il pétrit le tout avec soin, et fa-
çonne de ses propres mains des gâteaux de diverses gros-

seurs, qu'il place ensuite les uns sur les autres, de manière à figurer une petite pyramide. Quand les ossements ont été préparés de la sorte par le grand Lama,
on les transporte en grande pompe dans une tourelle
bâtie, par avance, dans un lieu désigné par le devin.
On donne presque toujours aux cendres des Lamas une
sépulture de ce genre. On rencontre un grand nombre de
ces petites tours funéraires sur le sommet des montagnes
et aux environs des lamaseries; on peut encore en voir dans
les contrées d'où les Mongols ont été chassés par les Chinois. Ces pays ne portent presque plus l'empreinte du séjour des Tartares. Les lamaseries, les pâturages, les bergers
avec leurs tentes et leurs troupeaux, tout a disparu, pour
faire place à de nouveaux peuples, à de nouveaux monuments et à des mœurs nouvelles. Seulement quelques tourelles élevées sur les sépultures restent encore debout,
comme pour attester le droit des anciens possesseurs de
ces contrées, et protester contre l'envahissement des *Kitat.*

Le lieu le plus renommé des sépultures mongoles est
dans la province du *Chan-Si*, à la fameuse lamaserie des
Cinq-Tours (*Ou-Tay*). Au dire des Tartares, la lamaserie
des Cinq-Tours est le meilleur pays qu'on puisse trouver
pour une bonne sépulture : la terre en est si sainte, que
ceux qui ont le bonheur d'y être enterrés sont certains d'y
effectuer une excellente transmigration. La merveilleuse
sainteté de ce pays est attribuée à la présence de Bouddha,
qui depuis quelques siècles s'y est logé dans l'intérieur
d'une montagne. En 1842 le noble *Tokoüra*, dont nous
avons eu déjà occasion de parler, transporta les ossements
de son père et de sa mère aux Cinq-Tours, et il eut le

bonheur infini d'y contempler le *vieux Bouddha*. « Derrière la grande lamaserie, nous dit-il, il y a une montagne très-élevée qu'on doit gravir en rampant des pieds et des mains. Avant d'arriver au sommet, on rencontre un portique taillé dans le roc. On se couche ventre à terre, et on regarde par une petite ouverture pas plus grande que le trou d'une embouchure de pipe : il faut rester assez longtemps avant de pouvoir distinguer quelque chose ; peu à peu on finit par s'habituer à regarder par ce petit trou, et on a enfin le bonheur d'apercevoir tout-à-fait dans l'enfoncement de la montagne la face du vieux Bouddha. Il est assis les jambes croisées, sans rien faire. Il y a autour de lui des Lamas de tous les pays qui lui font continuellement prostration. »

Quoi qu'il en soit de l'anecdote de *Tokoura*, il est certain que les Tartares et les Thibétains mêmes se sont laissé fanatiser d'une manière inconcevable, au sujet de la lamaserie des Cinq-Tours. On rencontre fréquemment, dans les déserts de la Tartarie, des Mongols portant sur leurs épaules les ossements de leurs parents, et se rendant en caravane aux Cinq-Tours, pour acheter presque au poids de l'or quelques pieds de terre où ils puissent élever un petit mausolée. Il n'est pas jusqu'aux Mongols du *Torgot*, qui n'entreprennent des voyages d'une année entière, et d'une difficulté inouïe, pour se rendre dans la province du *Chan-Si*.

Pour dire toute la vérité sur le compte des Tartares, nous devons ajouter, que leurs rois usent parfois d'un système de sépulture qui est le comble de l'extravagance et de la barbarie : on transporte le royal cadavre dans un vaste édifice construit en briques, et orné de nombreuses sta-

tues en pierre, représentant des hommes, des lions, des éléphants, des tigres, et divers sujets de la mythologie bouddhique. Avec l'illustre défunt, on enterre dans un large caveau,
placé au centre du bâtiment, de grosses sommes d'or et
d'argent, des habits royaux, des pierres précieuses, enfin
tout ce dont il pourra avoir besoin dans une autre vie. Ces
enterrements monstrueux coûtent quélquefois la vie à un
grand nombre d'esclaves : on prend des enfants de l'un et
de l'autre sexe, remarquables par leur beauté, et on leur fait
avaler du mercure jusqu'à ce qu'ils soient suffoqués; de
cette manière, ils conservent, dit-on, la fraîcheur et le coloris de leur visage, au point de paraître encore vivants. Ces
malheureuses victimes sont placées debout, autour du cadavre de leur maître, continuant en quelque sorte de le
servir comme pendant sa vie. Elles tiennent dans leurs
mains la pipe, l'éventail, la petite fiole de tabac à priser, et
tous les autres nombreux colifichets des majestés tartares.

Pour garder ces trésors enfouis, on place dans le caveau
une espèce d'arc pouvant décocher une multitude de flèches
à la file les unes des autres. Cet arc, ou plutôt ces arcs
nombreux unis ensemble, sont tous bandés, et les flèches
prêtes à partir. On place cette espèce de machine infernale
de manière à ce qu'en ouvrant la porte du caveau, le
mouvement fasse décocher la première flèche sur l'homme
qui entre. Le décochement de la première flèche fait aussitôt partir la seconde et ainsi de suite jusqu'à la dernière;
de sorte que le malheureux, que la cupidité ou la curiosité
porterait à ouvrir cette porte, tomberait percé de mille
traits dans le tombeau même qu'il voudrait profaner. On
vend de ces machines meurtrières toutes préparées chez

les fabricants d'arcs. Les Chinois en achètent quelquefois, pour garder leur maison pendant leur absence.

Après deux jours de marche, nous entrâmes dans le pays appelé royaume de Éfe; c'est une portion du territoire des huit bannières, que l'empereur *Kien-Long* a démembré en faveur d'un prince des Khalkhas. *Sun-Tché,* fondateur de la dynastie Mantchoue, avait dit : « Dans le midi ne jamais établir des rois; dans le nord ne jamais interrompre les alliances. » Cette politique a été depuis exactement suivie par la cour de Péking. L'empereur *Kien-Long,* pour s'attacher le prince dont il est question, lui avait donné sa fille en mariage; il espérait par ce moyen le fixer à Péking, et diminuer ainsi la puissance toujours redoutée des souverains Khalkhas. Il lui fit bâtir, dans l'enceinte même de la ville jaune, un palais aussi grand que magnifique : mais le prince mongol ne put se faire aux habitudes gênantes et tyranniques d'une cour. Au milieu de la pompe et du luxe accumulés autour de lui, il était sans cesse poursuivi par le souvenir de sa tente et de ses troupeaux; il regrettait même les neiges et les frimas de son pays natal. Les caresses de la cour ne pouvant dissiper ses intolérables ennuis, il parla de s'en retourner dans ses prairies du Khalkhas. D'un autre côté, sa jeune épouse, habituée à la mollesse de la cour de Péking, ne pouvait soutenir l'idée d'aller passer ses jours dans les déserts, en la compagnie des laitières et des gardiens de troupeaux. L'Empereur usa d'un tempérament, qui paraissait condescendre aux désirs de son gendre, sans trop contrarier la répugnance de sa fille. Il démembra une portion du *Tchakar* et en dota le prince mongol : il lui fit bâtir au milieu de ces solitudes une petite

ville magnifique, et lui donna cent familles d'esclaves habiles dans l'industrie et les arts de la Chine. De cette
manière, en même temps que la jeune Mantchoue conservait l'avantage d'habiter une ville, et d'avoir une cour,
le prince mongol pouvait aussi, de son côté, jouir de la
paix au milieu de la Terre des herbes, et y trouver toutes
les délices de cette vie nomade, dans laquelle il avait passé
ses premiers jours.

Le roi de Éfe a amené avec lui, dans son petit royaume,
un grand nombre de Mongols-Khalkhas, qui habitent, sous
des tentes, le pays donné à leur prince. Ces Tartares ont
conservé la réputation de force et de vigueur qu'on attribue
généralement aux gens de leur nation. Ils sont tenus pour
les plus terribles lutteurs de la Mongolie méridionale. Dès
leur bas âge, ils s'adonnent aux exercices gymnastiques ;
et chaque année, lorsqu'il doit y avoir à Péking quelque
lutte publique, ils ne manquent pas de s'y rendre en
grand nombre, pour obtenir les prix proposés aux vainqueurs, et soutenir la réputation de leur pays. Quoique de
beaucoup supérieurs en force aux Chinois, ils ne laissent
pas quelquefois d'être terrassés par leurs adversaires, ordinairement plus agiles, mais surtout plus rusés.

Dans la grande lutte de l'année 1843, un athlète du
royaume de Éfe avait mis hors de combat tous ceux qui
s'étaient présentés, Tartares ou Chinois. Son corps, de pro-
portions gigantesques, était appuyé sur ses jambes comme
sur deux inébranlables colonnes ; ses mains, semblables
à des crampons, saisissaient ses antagonistes, les soule-
vaient et les précipitaient à terre, presque sans effort. Nul
n'avait pu tenir devant sa force prodigieuse, et on allait

lui assigner le prix, lorsqu'un Chinois se présenta sur
l'arène. Il était maigre, de petite taille, et semblait de toute
façon n'être propre qu'à augmenter le nombre des victoires du lutteur tartare. Il s'avança cependant d'un air
ferme et assuré; et le Goliath du royaume de Éfe se préparait déjà à l'étreindre de ses bras vigoureux, lorsque le
Chinois, qui avait la bouche remplie d'eau, la lui cracha
inopinément au visage. Le premier mouvement du Tartare fut de porter les mains à ses yeux, pour se débar-
bouiller; mais le rusé Chinois, l'ayant saisi brusquement
au corps, lui fit perdre l'équilibre, et le terrassa, au milieu
des éclats de rire de tous les spectateurs.

Ce trait nous a été raconté par un cavalier tartare qui
voyagea quelque temps avec nous, pendant que nous
traversions le royaume de Éfe. Chemin faisant, il nous
faisait remarquer çà et là dans le lointain, des enfants
qui jouaient à la lutte. C'est l'exercice favori de tous les
habitants de notre pays de Éfe, nous disait-il; chez nous
on n'estime que deux choses dans un homme, savoir bien
aller à cheval, et être fort à la lutte. Nous rencontrâmes
une troupe d'enfants, qui s'exerçaient à la gymnastique
sur les bords du sentier que nous suivions; nous pûmes
les examiner à loisir de dessus nos montures, et leur ardeur redoubla bientôt quand ils s'aperçurent que nous les
regardions. Le plus grand de la troupe, qui ne paraissait
pas avoir plus de huit à neuf ans, prit entre ses bras un de
ses camarades, presque de même taille que lui, et tout
rond d'embonpoint; puis il s'amusa à le jeter au-dessus de
sa tête et à le recevoir entre ses mains, à peu près comme
on ferait d'une balle. Il répéta sept à huit fois le même jeu;

et pendant qu'à chaque coup nous frémissions de crainte
pour la vie de l'enfant, la bande joyeuse ne faisait que
gambader, et qu'applaudir par ses cris au succès des
acteurs.

Le vingt-deuxième jour de la huitième lune, aussitôt que
nous fûmes sortis du petit royaume de Éfe, nous gravîmes
une montagne aux flancs de laquelle croissaient quelques
bosquets de sapins et de bouleaux. Leur vue nous causa d'a-
bord un plaisir extrême ; les déserts de la Tartarie sont généralement si déboisés et d'une nudité si monotone, qu'on
ne peut s'empêcher d'éprouver un certain bien-aise, quand
on rencontre, de temps à autre, quelques arbres sur son
passage. Mais ces premiers mouvements de joie furent
bientôt comprimés par un sentiment d'une nature bien
différente ; nous fûmes comme glacés d'effroi, en aperce-
vant, à un détour de la montagne trois loups énormes, qui
semblaient nous attendre avec une calme intrépidité. A
la vue de ces vilaines bêtes, nous nous arrêtâmes brusquement et comme par instinct. Après ce premier instant de
stupeur générale, Samdadchiemba descendit de son petit
mulet, et courut tirailler avec violence le nez de nos chameaux. Ce moyen réussit à merveille ; nos pauvres animaux poussèrent des cris si perçants et si épouvantables,
que les loups effrayés s'en allèrent à toutes jambes. Arsalan qui les voyait fuir, croyant sans doute que c'était
de lui qu'ils avaient peur, se mit à les poursuivre de
toute la force de ses jarrets ; bientôt les loups firent volte
face, et le portier de notre tente eût été infailliblement
dévoré, si M. Gabet n'eût volé à son secours en poussant
de grands cris, et en tiraillant le nez de sa chamelle. Les

loups ayant pris la fuite une seconde fois, disparurent
sans que personne songeât plus à les poursuivre de nouveau.

Quoique le défaut de population paraisse abandonner
les immenses déserts de la Tartarie aux bêtes sauvages,
les loups pourtant s'y rencontrent assez rarement. Cela
vient sans doute de la guerre incessante et acharnée que
leur font les Mongols ; ils les poursuivent partout à ou-
trance ; ils les regardent comme leur ennemi capital, à cause
des grands dommages qu'ils peuvent causer à leurs troupeaux. La nouvelle qu'un loup a apparu dans le voisinage,
est, pour tout le monde, le signal de monter à cheval ;
comme il y a toujours, près de chaque tente, des chevaux
sellés par avance, en un instant la plaine est couverte de
nombreux cavaliers, tous armés de leur longue perche. Le
loup a beau courir dans toutes les directions, il rencontre
partout des cavaliers qui se précipitent sur lui. Il n'est
pas de montagne si raboteuse et si ardue, où les chevaux
des Tartares, agiles comme des chevreuils, ne puissent l'aller poursuivre. Le cavalier qui est enfin parvenu à lui passer
le nœud coulant autour du cou, se sauve au galop, en le
traînant après lui, jusqu'à la tente la plus voisine ; là, on
lui lie fortement le museau, afin de pouvoir le torturer en
toute sécurité ; pour le dénouement de la pièce, on écorche
l'animal tout vif, puis on le met en liberté. Pendant l'été,
il vit encore ainsi plusieurs jours ; mais en hiver, exposé
sans fourrure aux rigueurs de la saison, il meurt incontinent gelé de froid.

Il y avait encore peu de temps que nous avions perdu
de vue nos trois loups, lorsque nous fîmes une rencontre

assez bizarre. Nous vîmes venir à nous deux chariots traînés chacun par trois bœufs, et suivant la même route que nous, mais en sens inverse. A chaque chariot étaient attachés, par de grosses chaînes en fer, douze chiens d'un aspect effrayant et féroce : quatre sur chaque côté, et quatre par derrière ; ces voitures étaient chargées de caisses carrées, enduites de vernis rouge ; les conducteurs se tenaient assis sur les caisses, et dirigeaient de là leur attelage. Il nous fut impossible de conjecturer quelle pouvait être la nature de leur chargement, pour qu'ils crussent ne pouvoir faire route qu'avec cette horrible escorte de cerbères. D'après les usages du pays, nous ne pûmes pas les questionner sur ce point ; la plus légère indiscrétion nous eût fait passer à leurs yeux pour des gens animés d'intentions mauvaises. Nous nous contentâmes de leur demander si nous étions encore très-éloignés de la lamaserie de *Tchortchi*, où nous espérions arriver ce jour-là ; mais les aboiements des chiens et le fracas de leurs chaînes, nous empêchèrent d'entendre leur réponse.

En cheminant dans le fond d'une vallée, nous remarquâmes sur la crête d'une montagne peu élevée, qui était devant nous, comme une longue file d'objets immobiles et et de forme indéterminée. Bientôt la chose nous parut ressembler à de formidables batteries de canons, dressées sur une même ligne. Plus nous avancions, plus les objets se dessinant avec netteté venaient nous confirmer dans cette pensée. Il nous semblait voir distinctement, les roues des fourgons, les affûts, les écouvillons, et surtout les bouches de ces nombreux canons braqués sur la plaine. Mais comment faire entrer dans notre esprit, qu'une armée, avec tout son train d'artillerie, pouvait se trouver là , dans le désert, au milieu de cette profonde solitude? Tout en nous abandonnant à mille conjectures extravagantes, nous pressions notre marche; car nous étions impatients d'examiner de près cette étrange apparition. Notre illusion ne fut complètement dissipée, que lorsque nous arrivâmes tout-à-fait au-dessus de la montagne. Ce que nous avions pris pour des batteries de canons, était une longue caravane de petites charrettes mongoles. Nous rîmes beaucoup de notre méprise, mais nous ne fûmes nullement surpris d'être demeurés si long-temps dans l'illusion. Ces petites charrettes à deux roues étaient toutes au repos, et appuyées sur leur brancard ; chacune d'elles était chargée d'un sac de sel, enveloppé dans une natte dont les rebords dépassaient l'extrémité du sac, de manière à figurer assez exactement la bouche d'un canon. Les Mongols conducteurs de cette caravane faisaient bouillir leur thé en plein air, pendant que leurs bœufs étaient occupés à brouter de l'autre côté de la montagne.

Le transport des marchandises, à travers les déserts de la Tartarie, se fait ordinairement, à défaut de chameaux, par le moyen de ces petites charrettes à deux roues. Quelques barres de bois brut entrent seules dans leur fabrication; aussi elles sont d'une légèreté si grande, qu'un enfant peut les soulever avec aisance. Les bœufs qui les traînent ont tous un petit cercle en fer passé dans les narines; à ce cercle est une corde qui attache le bœuf à la voiture qui précède : ainsi toutes ces charrettes, depuis la première jusqu'à la dernière, se tiennent ensemble, et forment une longue file non interrompue. Les Mongols qui

conduisent ces caravanes sont ordinairement à califourchon sur les bœufs; rarement on les voit assis sur la voiture, et presque jamais à pied. La route qui va de Péking
à Kiaktha, tous les chemins qui aboutissent à *Tolon-Noor*,
à *Kou-Kou-Hote*, ou au grand *Kouren*, sont incessamment
couverts de ces longues files de voitures. Long-temps avant
de les apercevoir, on entend le son lugubre et monotone
des grosses cloches en fer que les bœufs portent suspendues à leur cou.

Après avoir pris une écuellée de thé au lait avec les
Mongols que nous avions recontrés sur la montagne,
nous continuâmes quelque temps encore notre route. Le
soleil était sur le point de se coucher; lorsque nous dressâmes notre tente sur les bords d'un ruisseau, à une centaine de pas environ de la lamaserie de *Tchortchi*.

CHAPITRE IV.

Jeune Lama converti au christianisme. — Lamaserie de *Tchortchi*. — Quêtes pour la construction des édifices religieux. — Aspect des temples bouddhiques. — Récitation des prières lamanesques.—Dé-corations, peintures et sculptures des temples bouddhiques.—Topo-graphie du grand *Kouren*, dans le pays des *Khalkhas*. — Voyage du *Guison-Tamba* à Péking. — Le Kouren des mille Lamas. — Procès entre le Lama-Roi et ses ministres. — Achat d'un chevreuil. — Aigles de la Tartarie. — *Toumet* occidental. — Tartares agri-culteurs. — Arrivée à la Ville-Bleue. — Coup d'œil sur la nation mantchoue. — Littérature mantchoue. — État du christianisme en Mantchourie. — Topographie et production de la Tartarie orientale. — Habileté des Mantchous dans l'exercice de l'arc.

QUOIQUE nous n'eussions encore jamais visité la lamase-rie de Tchortchi, nous la connaissions pourtant beaucoup, par les renseignements qu'on nous en avait donnés. C'est là qu'avait été élevé le jeune Lama, qui vint enseigner la langue mongole à M. Gabet, et dont la conversion au chris-tianisme donna de si grandes espérances pour la propaga-tion de l'Evangile parmi les peuples tartares. Il était âgé de vingt-cinq ans, quand il sortit de sa lamaserie en 1837. Il y avait passé quatorze ans, dans l'étude des livres la-manesques, et s'était rendu très-habile dans les littératures mongole et mantchoue. Il n'avait encore de la langue thi-bétaine qu'une connaissance très-superficielle ; son maître, vieux Lama très-instruit et très-vénéré, non-seulement dans la lamaserie, mais encore dans toute l'étendue de la bannière jaunâtre, avait fondé sur son disciple de grandes espérances. Aussi ce ne fut qu'à son cœur défendant qu'il consentit à se séparer de lui pour quelque temps; il ne lui permit qu'un mois d'absence. Au moment de partir, le disciple se prosterna, suivant l'usage, aux pieds de son maître, et le pria de consulter pour lui le livre des oracles. Après avoir lu quelques feuillets d'un livre thibétain, le vieux Lama lui adressa ces paroles : «Pendant quatorze ans, tu es toujours resté à côté de ton maître comme un fidèle *Chabi* (disciple), aujourd'hui pour la première fois tu vas t'éloigner de moi. L'avenir me cause une grande tristesse; souviens-toi donc de revenir à l'époque fixée. Si ton absence se prolonge au-delà d'une lune, ta destinée te condamne à ne jamais remettre le pied dans notre sainte lamaserie. » Le jeune disciple partit, bien résolu de suivre de point en point les instructions de son maître.

Dès qu'il fut arrivé dans notre Mission de *Si-Wan*, M. Gabet prit, pour sujet de ses études mongoles, un résumé historique de la religion chrétienne. Les conférences orales et écrites durèrent près d'un mois. Le jeune Lama, subjugué par la force de la vérité, abjura publiquement le bouddhisme, reçut le nom de Paul, et fut enfin baptisé après un fervent catéchuménat. La prédiction du vieux Lama a eu son entier accomplissement. Paul, depuis sa conversion, n'a jamais remis le pied dans la lamaserie dont il était sorti.

Environ deux mille Lamas habitent la lamaserie de *Tchortchi*, qui est, dit-on, la lamaserie favorite de l'Empereur; il l'a comblée de présents et de priviléges. Les Lamas en charge reçoivent tous une pension de la cour de Péking. Ceux qui s'absentent de la lamaserie avec permission, et pour des raisons approuvées des supérieurs, continuent d'avoir part aux distributions d'argent et de vivres qui se font pendant leur absence. A leur retour ils reçoivent fidèlement tout ce qui leur revient. On doit sans doute attribuer aux faveurs impériales cet air d'aisance qu'on rencontre partout dans la lamaserie de Tchortchi. Les habitations y sont propres, quelquefois même élégantes; et jamais on n'y voit, comme ailleurs, des Lamas couverts de sales haillons. L'étude de la langue mantchoue y est très en honneur : preuve incontestable du grand dévouement de la lamaserie pour la dynastie régnante.

A part quelques rares exceptions, les largesses impériales entrent pour bien peu de chose dans la construction des lamaseries. Ces monuments grandioses et somptueux, qu'on rencontre si souvent dans le désert, sont dus au zèle libre et spontané des Mongols. Si simples et si économes dans leur habillement et dans leur vivre, ces peuples sont d'une générosité, on peut même dire d'une prodigalité étonnante, dès qu'il s'agit de culte et de dépenses religieuses. Quand on a résolu de construire quelque part un temple bouddhique entouré de sa lamaserie, les Lamas quêteurs se mettent aussitôt en route, munis de passeports qui attestent la légitimité de leur mission. Ils se distribuent les royaumes de Tartarie, et vont de tente en tente demander des aumônes au nom du *vieux Bouddha*. Aussitôt qu'ils sont arrivés dans une famille, et qu'ils ont annoncé le but de leur voyage, en montrant le bassin bénit où on dépose les offrandes, ils sont accueillis avec joie et enthousiasme. Dans ces circonstances, il n'est personne qui se dispense de donner : les riches déposent dans le *badir* (1) des lingots d'or ou d'argent; ceux qui ne possèdent pas des métaux précieux, comme ils disent, offrent des bœufs, des chevaux ou des chameaux; les pauvres même contribuent selon la modicité de leurs ressources; ils donnent des pains de beurre, des pelleteries, des cordages tresssés avec des poils de chameau ou des crins de cheval. Au bout de quelque temps on a recueilli ainsi des sommes immenses; alors, dans ces déserts en apparence si pauvres, on voit s'élever, comme par enchantement, des édifices dont la grandeur et les richesses défieraient les ressources des potentats les plus opulents. C'est sans doute de cette manière, et par le concours empressé de tous les fidèles, qu'on vit autrefois surgir en Europe ces magnifiques cathédrales, dont les travaux gigantesques ne cessent d'accuser l'égoïsme et l'indifférence des temps modernes.

Les lamaseries qu'on voit en Tartarie sont toutes construites en briques ou en pierres. Les Lamas les plus pauvres seulement s'y bâtissent des habitations en terre; mais elles sont toujours si bien blanchies avec de la chaux, qu'elles ne contrastent nullement avec les autres demeures. Les temples sont en général édifiés avec assez d'élégance, et avec beaucoup de solidité; mais ces monuments paraissent toujours écrasés; ils sont trop bas, eu égard à leur dimension. Aux environs de la lamaserie on voit s'élever, avec profusion et sans ordre, des tours ou des pyramides grêles et élancées, reposant le plus souvent sur des bases larges, et peu en rapport avec la maigreur des cons-

(1) C'est le nom du bassin dont se servent les Lamas pour demander l'aumône.

structions qu'elles supportent. Il serait difficile de dire à
quel ordre d'architecture connue peuvent se rattacher les
temples bouddhiques de la Tartarie. C'est toujours un
bizarre système de baldaquins monstrueux, de péristyles à
colonnes torses, et d'interminables gradins. A l'opposé de
la grande porte d'entrée est une espèce d'autel en bois ou
en pierre, affectant ordinairement la forme d'un cône renversé; c'est là-dessus que trônent les idoles. Rarement elles
sont debout; on les voit presque toujours assises les jambes croisées. Ces idoles sont de stature colossale, mais
leurs figures sont belles et régulières; à part la longueur
démesurée des oreilles, elles appartiennent au type cauca-
sien; elles n'ont rien de ces physionomies monstrueuses et
diaboliques des *Pou-Ssa* chinois.

Sur le devant de la grande idole, et de niveau avec
l'autel qu'elle occupe, est un siége doré où se place le
Fô-vivant, grand Lama de la lamaserie. Toute l'enceinte
du temple est occupée par de longues tables, presque au
niveau du sol, espèces de divans placés à droite et à gauche
du siége du grand Lama, et s'étendant d'un bout de la
salle à l'autre. Ces divans sont recouverts de tapis, et entre
chaque rang il y a un espace vide, pour que les Lamas
puissent librement circuler.

Quand l'heure des prières est arrivée, un Lama, qui a
pour office d'appeler au chœur les hôtes du couvent, va
se placer devant la grande porte du temple, et souffle de
toute la force de ses poumons dans une conque marine,
en regardant tour à tour les quatre points cardinaux. Le
bruit sonore de cet instrument, qui peut aisément se faire
entendre à une lieue de distance, va avertir au loin les

Lamas, que la règle les appelle à la prière. Chacun alors prend le manteau et le chapeau des cérémonies, et on va se réunir dans la grande cour intérieure. Quand le moment est arrivé, la conque marine résonne pour la troisième fois, la grande porte s'ouvre, et le Fô-vivant fait son entrée dans le temple. Après qu'il s'est assis sur l'autel, tous les Lamas déposent au vestibule leurs bottes rouges, et avancent pieds-nus et en silence. A mesure qu'ils entrent, ils adorent le Fô-vivant par trois prostrations; puis ils vont se placer sur le divan, chacun au rang de sa dignité. Ils sont assis les jambes croisées, toujours tournés en chœur, c'est-à-dire face à face.

Aussitôt que le maître des cérémonies a donné le signal, en agitant une clochette, chacun murmure à voix basse comme des actes préparatoires, tout en déroulant sur les genoux le formulaire des prières marquées par la rubrique. Après cette courte récitation, vient un instant de profond silence. La cloche s'agite de nouveau, et alors commence une psalmodie à deux chœurs, sur un ton grave et mélodieux. Les prières thibétaines, ordinairement coupées par versets, et écrites en style métrique et cadencé, se prêtent merveilleusement à l'harmonie. Quelquefois, à de certains repos fixés par la rubrique, les Lamas musiciens exécutent une musique qui est peu en rapport avec la mélodieuse gravité de la psalmodie. C'est un bruit confus et étourdissant de cloches, de cymbales, de tambourins, de conques marines, de trompettes, de sifflets, etc. Chaque musicien joue de son instrument avec une espèce de furie. C'est à qui produira le plus de bruit et le plus de désordre.

L'intérieur du temple est ordinairement encombré d'ornements, de statuettes et de tableaux ayant rapport à la
vie de Bouddha, et aux diverses transmigrations des Lamas
les plus fameux. Des vases en cuivre, brillants comme de
l'or, de la grosseur et de la forme de tasses à thé, sont
placés en grand nombre sur plusieurs degrés, en amphithéâtre, devant les idoles. C'est dans ces vases qu'on fait
de perpétuelles offrandes de lait, de beurre, de vin mongol et de petit millet. Les extrémités de chaque gradin
sont terminées par des cassolettes, où brûlent incessamment
les plantes aromatiques recueillies sur les montagnes
saintes du Thibet. De riches étoffes en soie, chargées de
clinquant et de broderies d'or, forment, sur la tête des
idoles, comme de grands pavillons, d'où pendent des banderolles, et des lanternes en papier peint ou en corne
fondue.

Les Lamas sont les seuls artistes mis à contribution
pour les ornements et le décor des temples. Les peintures
sont répandues partout ; mais elles sont presque toujours
en dehors du goût et des principes généralement admis en
Europe. Le bizarre et le grotesque y dominent ; et les
personnages, à l'exception des Bouddha, ont le plus souvent un aspect monstrueux et satanique. Les habits ne
semblent jamais avoir été faits pour les individus qui en
sont affublés. On dirait que les membres cachés sous ces
draperies sont cassés et disloqués.

Au milieu de toutes ces peintures lamanesques, on rencontre pourtant quelquefois des morceaux qui ne sont
pas dépourvus de beautés. Un jour que nous visitions,
dans le royaume de *GecheKten*, la grande lamaserie ap-

pelée *Temple-d'Or* (Altan-Somné), nous remarquâmes un tableau qui nous frappa d'étonnement. C'était une grande toile, au centre de laquelle on avait représenté Bouddha assis sur un riche tapis. Autour de cette image, de grandeur naturelle, était comme une auréole de portraits en miniature, exprimant allégoriquement les mille vertus de Bouddha. Nous ne pouvions nous lasser d'admirer ce tableau, remarquable non-seulement par la pureté et la grâce du dessin, mais encore par l'expression des figures et la richesse du coloris. On eût dit que tous ces personnages étaient pleins de vie. Nous demandâmes à un vieux Lama, qui nous accompagnait, des renseignements sur cette admirable pièce de peinture. « Ce tableau, nous répondit-il, en portant ses deux mains jointes au front, ce tableau est un trésor de la plus haute antiquité; il renferme toute la doctrine de Bouddha. Ce n'est pas une peinture mongole; elle vient du Thibet; elle a été composée par un saint de l'*Eternel sanctuaire.*

Les paysages sont, en général, mieux rendus que les sujets dramatiques. Les fleurs, les oiseaux, les arbres, les animaux mythologiques, tout cela est exprimé avec vérité et de manière à plaire aux yeux. Les couleurs sont surtout d'une vivacité et d'une fraîcheur étonnantes. Il est seulement dommage, que les peintres paysagistes n'aient qu'une faible connaissance de la perspective et du clair-obscur.

Les Lamas sont de beaucoup meilleurs sculpteurs que peintres. Aussi ne ménagent-ils pas les sculptures dans leurs temples bouddhiques. Elles y sont répandues quelquefois avec une profusion, qui peut, il est vrai, attester la

fécondité de leur ciseau, mais qui ne fait pas l'éloge de
leur bon goût. D'abord, tout autour du temple, ce sont
des tigres, des lions et des éléphants accroupis sur des
blocs de granit. Les grandes rampes en pierre bordant les
degrés qui conduisent à la grande porte d'entrée, sont
presque toujours taillées, ciselées et ornées de mille figu-
rines bizarres, représentant des oiseaux, des reptiles, ou
d'autres animaux imaginaires. Dans l'intérieur du temple,
on ne voit de tous côtés que reliefs, tantôt en bois, tantôt
en pierres, mais toujours exécutés avec une hardiesse et
une vérité admirables.

Quoique les lamaseries mongoles ne puissent être com-
parées, pour la grandeur et les richesses, à celles du Thibet, il en est quelques-unes qui sont très-célèbres et très-
renommées parmi les adorateurs de Bouddha. La plus
fameuse de toutes est celle du *Grand-Kouren* (1), dans le
pays des Khalkhas. Comme nous avons eu occasion de la
visiter durant le cours d'un de nos voyages dans le nord
de la Tartarie, nous entrerons ici dans quelques détails.

La lamaserie du Grand-Kouren est bâtie sur les bords
de la rivière Toula. C'est là que commence une immense
forêt qui s'étend au nord jusqu'aux frontières russes, l'espace de six ou sept journées de marche. Vers l'orient, elle
compte, dit-on, près de deux cents lieues d'étendue, jusqu'au pays des *Solons*, dans la Mantchourie. Avant d'arriver au *Grand-Kouren*, il faut cheminer pendant un mois
entier à travers des plaines immenses, stériles, et semblables à un océan de sable. Ce grand désert de Gobi a

(1) *Kouren* en mongol signifie enceinte.

continuellement un aspect mélancolique et triste. Jamais
un ruisseau, jamais même une petite source d'eau pour
animer cette solitude ; jamais un arbre qui en interrompe
la monotonie. Aussitôt qu'on est arrivé sur la cime des
monts Kougour, qui bornent à l'occident les Etats du
Guison–Tamba, la nature change complètement de face.
De toute part, ce sont des vallons pittoresques et animés,
des montagnes rangées en amphithéâtre, et couronnées de
forêts aussi anciennes que le monde. Le fond d'une grande
vallée sert de lit au fleuve *Toula* qui, ayant pris sa source
dans les monts *Barka,* coule long-temps d'orient en occident, arrose les plaines où paissent les troupeaux de la
lamaserie; puis, après avoir fait un coude au-dessus du
Kouren, va s'enfoncer dans la Sibérie, et se perdre enfin
dans le lac *Balkal.*

La lamaserie est bâtie au nord du fleuve, sur les vastes
flancs d'une montagne. Les divers temples où demeurent
le Guison-Tamba et plusieurs autres grands Lamas, se
font remarquer par leur élévation et par les tuiles dorées
dont ils sont recouverts. Trente mille Lamas vivent habituellement dans cette grande lamaserie, ou dans celles des
environs, qui en sont comme les succursales. Au bas de
la montagne, la plaine est incessamment couverte de pavillons de grandeur différente, où séjournent les pélerins
jusqu'à ce que leur dévotion soit satisfaite. C'est là que se
rendent pêle-mêle tous les adorateurs de Bouddha, venus
des contrées les plus éloignées. Les *U–Pi-Ta–Dze* ou Tartares aux peaux de poisson y plantent leurs tentes à côté
des *Torgot,* descendus du sommet des saintes montagnes
(Bokte-Oula). Les Thibétains et les *Péboum* des Hymalaya,

cheminant lentement avec leurs longues processions de *sarligues,* ou bœufs à long poil, vont se confondre avec les Mantchous des bords du Songari et de l'Amour, qui arrivent portés sur des traîneaux. C'est un mouvement continuel de pavillons qui se tendent ou se ploient ; ce sont des multitudes de pélerins qui arrivent ou qui partent, sur des chameaux, des bœufs, des sarligues, des voitures, des traîneaux, à pied, à cheval, en mille bizarres équipages.

Vues de loin, les blanches cellules des Lamas, bâties en lignes horizontales, au-dessus les unes des autres sur le penchant de la montagne, ressemblent aux degrés d'un autel grandiose, dont le tabernacle serait le temple du Guison-Tamba. Du fond de ce sanctuaire, dont les dorures et les vives couleurs resplendissent de toute part, le Lama-Roi reçoit les hommages perpétuels de cette foule d'adorateurs incessamment prosternés devant lui. Dans le pays il est appelé le Saint par excellence, et il n'est pas un seul Tartare Khalkha qui ne se fasse honneur de se dire son disciple. Quand on rencontre un habitant du Grand-Kouren, si on lui demande d'où il est..., *Koure Bokte-Ain Chabi,* répond-il avec fierté, *Je suis disciple du saint Kouren.*

A une demi-lieue de la lamaserie, et non loin des bords du fleuve Toula, se trouve une grande station de commerçants chinois. Leurs maisons de bois ou de terre sont toujours entourées de palissades en pieux, pour se garantir des voleurs ; car les pélerins, malgré toute leur dévotion, ne se font pas faute de piller sans scrupule le bien d'autrui. Une montre et quelques lingots d'argent volés pendant la nuit dans la tente de M. Gabet, ne nous ont pas permis de

sans restriction, à la probité des *disciples du Saint*.
Le commerce du Grand-Kouren est très-florissant; les
marchandises russes et chinoises y abondent; dans les opérations commerciales, les paiements s'effectuent toujours
avec des thés en brique. Qu'on vende un cheval, un chameau, une maison, ou des marchandises de quelque nature
que ce soit, la convention du prix se fait en thés. Cinq
thés représentent une valeur d'une once d'argent; ainsi le
système monétaire, qui répugnait si fort aux idées de
Franklin, n'est nullement en usage parmi les Tartares du
nord.

La cour de Péking entretient au Grand-Kouren quelques
Mandarins, sous prétexte de maintenir le bon ordre parmi
les Chinois qui résident dans ce pays; mais en réalité, c'est
pour surveiller le *Guison-Tamba*, dont la puissance ne cesse
de donner de l'ombrage à l'empereur de la Chine. Le gouvernement de Péking n'a pas oublié que le fameux *Tching-
Kis-Khan* est sorti de la tribu des Khalkhas, et que le
souvenir de ses conquêtes ne s'est pas encore effacé de la
mémoire de ces peuples belliqueux. Aussi le moindre
mouvement qui s'opère au Grand-Kouren, ne manque pas
d'aller donner l'alarme à l'empereur de Chine.

Dans l'année 1839, le Guison-Tamba descendit à Péking pour rendre visite à l'Empereur *Tao-Kouan*. Aussitôt qu'en Chine on eut bruit de son dessein, la terreur
s'empara de la cour, et le nom du grand Lama des Khalkhas fit pâlir l'empereur dans le fond de son palais. Des
négociateurs furent envoyés pour tâcher de détourner le
Guison-Tamba de ce voyage, ou du moins pour arranger
les choses de manière à ne pas compromettre la sûreté de

l'empire. On ne vint pas à bout de changer la résolution du Lama-Roi, mais on régla qu'il n'aurait qu'une suite de trois mille Lamas, et qu'il viendrait sans être accompagné des trois autres souverains Khalkhas, qui s'étaient proposé de le suivre jusqu'à Péking.

Aussitôt que le Guison-Tamba se mit en marche, toutes les tribus de la Tartarie s'ébranlèrent, et on vit accourir de toute part sur son passage des foules innombrables. Chaque tribu arrivait avec ses offrandes : des troupeaux de chevaux, de bœufs et de moutons, des lingots d'or et d'argent, et des pierres précieuses. On avait creusé des puits de distance en distance, dans toute la traversée du grand désert de Gobi ; et les rois des divers pays par où le cortége devait passer, avaient disposé long-temps d'avance des provisions, dans tous les endroits fixés pour les campements. Le Lama-Roi était dans un palanquin jaune, porté par quatre chevaux que conduisaient quatre grands dignitaires de la lamaserie. Les trois mille Lamas du cortége précédaient ou suivaient le palanquin, montés sur des chevaux ou sur des chameaux, courant sans ordre dans tous les sens, et s'abandonnant à leur enthousiasme. Les deux côtés du passage étaient bordés de spectateurs, ou plutôt d'adorateurs, qui attendaient avec impatience l'arrivée du Saint. Quand le palanquin paraissait, tous tombaient à genoux, puis s'étendaient tout de leur long, le front touchant la terre, et les mains jointes par dessus la tête. On eût dit le passage d'une divinité qui daigne traverser la terre pour verser ses bénédictions sur les peuples. Le Guison-Tamba continua ainsi sa marche pompeuse et triomphale jusqu'à la grande muraille ; là, il cessa d'être Dieu, pour n'être plus que le prince de quelques tribus nomades, méprisées des Chinois, objet de leurs sarcasmes et de leurs moqueries, mais redoutées par la cour de Péking, à cause de la terrible influence qu'elles pouraient exercer sur les destinées de l'empire. Il ne fut permis qu'à une moitié de la suite de passer la frontière; tout le reste fut forcé de camper au nord de la grande muraille, dans les plaines du *Tchakar*.

Le Guison-Tamba séjourna à Péking pendant trois mois, voyant l'Empereur de temps en temps, et recevant les adorations un peu suspectes des princes Mantchous et des grands dignitaires de l'empire. Enfin il délivra le gouvernement chinois de sa présence importune; et après avoir visité les lamaseries des Cinq-Tours et de la Ville-Bleue, il reprit la route de ses États; mais il ne lui fut pas donné d'y arriver : il mourut en chemin, victime, disent les Mongols, de la barbarie de l'Empereur, qui lui fit administrer à Péking un poison lent. Cette mort a ulcéré les Tartares Khalkas, sans trop les consterner ; car ils sont persuadés que leur Guison-Tamba ne meurt jamais réellement. Il ne fait que transmigrer dans un autre pays, pour revenir ensuite plus jeune, plus frais et plus dispos. En 1844, ils ont appris en effet que leur Bouddha-vivant s'était incarné dans le Thibet; et ils ont été chercher solennellement cet enfant de cinq ans pour le replacer sur son trône impérissable. Pendant que nous étions campés dans le Kou-Kou-Noor, sur les bords de la mer Bleue, nous vîmes passer la grande caravane des Khalkhas qui allait inviter à *H'Lassa* le Lama-Roi du Grand-Kouren.

Le Kouren des mille Lamas—*Mingan Lamané Kouré*—est aussi une lamaserie célèbre, qui date de l'envahissement de la Chine par les Mantchous. Quand *Chun-Tché* (1), fondateur de la dynastie actuellement règnante en Chine, descendait des forêts de la Mantchourie, pour marcher sur Péking, il rencontra sur sa route un Lama du Thibet, qu'il consulta sur l'issue de son entreprise. Le Lama lui promit plein succès. Chun-Tché lui dit alors de le venir trouver quand il serait à Péking. Après que les Mantchous se furent rendus maîtres de la capitale de l'empire, le Lama thibétain ne manqua pas de se trouver au rendez-vous. L'Empereur reconnut celui qui lui avait tiré un bon horoscope ; et pour lui en témoigner sa reconnaissance, il lui alloua une vaste étendue de terrain pour construire une lamaserie, et des revenus pour l'entretien de mille Lamas. Depuis cette époque la *lamaserie des mille Lamas* a pris du développement, et aujourd'hui elle en compte plus de quatre mille. Pourtant elle a toujours conservé le même nom ; peu à peu les commerçants s'y sont transportés, et ont formé aux environs une assez grande ville, habitée conjointement par les Chinois et les Tartares. Le principal commerce de l'endroit consiste en bestiaux.

Le grand Lama de la lamaserie est en même temps souverain du pays. C'est lui qui rend la justice, fait les lois et crée les magistrats. Quand il est mort, on va, comme de juste, le chercher dans le Thibet, où il ne manque jamais de se métempsycoser.

Quand nous visitâmes le Kouren des mille Lamas, tout était sens dessus dessous, à cause d'un procès qui s'était

(1) Chun-Tché à cette époque n'avait que quatre ans ; l'anecdote doit donc regarder son père, qui mourut aussitôt après la conquête. — Nous rapportons l'anecdote telle qu'elle nous a été racontée.

élevé entre le Lama-Roi et ses quatre ministres, appelés en langue mongole *Dchassak*. Ces derniers s'étaient émancipés au point de se marier, et de se bâtir des maisons particulières, loin de la lamaserie ; toutes choses contraires aux règles lamanesques. Le grand Lama avait voulu les rappeler à l'ordre ; mais ces quatre *Dchassak* avaient amassé contre lui une multitude de griefs, et l'avaient accusé à *Gé-Ho-Eul*, auprès du *Tou-Toun*, grand Mandarin Mantchou qui peut connaître de toutes les affaires tartares. Le procès durait depuis deux mois, quand nous passâmes à la lamaserie, et nous vîmes bientôt qu'elle se ressentait de l'absence de ses chefs. Prières et études, tout était en vacance ; la grande porte de la cour extérieure était ouverte, et paraissait n'avoir pas été fermée depuis longtemps. Nous entrâmes dans l'intérieur, et nous ne trouvâmes qu'une morne solitude. L'herbe croissait de toute part dans les cours et sur les parois. Les portes des temples étaient cadenassées ; mais à travers le jour des battants on pouvait voir que les autels, les siéges des Lamas, les peintures, les statues, tout était couvert d'une épaisse poussière ; tout attestait que la lamaserie était depuis longtemps en chômage. L'absence des supérieurs, jointe à l'incertitude de l'issue du procès, avait relâché tous les liens de la discipline. Les Lamas s'étaient dispersés, et on commençait à regarder l'existence même de la lamaserie comme extrêmement compromise. Depuis, nous apprîmes que le procès, grâce à d'énormes sommes d'argent, s'était terminé à l'avantage du Lama-Roi, et que les quatre *Dchassak* avaient été contraints de se conformer en tout aux ordres de leur souverain.

On peut encore mettre au nombre des lamaseries célèbres celles de la Ville-Bleue, de Tolon-Noor, de Gé-Ho-Eul;
et en dedans de la grande muraille, celle de Péking et celle
des Cinq-Tours dans le Chan-Si.

Après avoir quitté la lamaserie de Tchortchi, comme
nous entrions dans la bannière rouge, nous rencontrâmes
un chasseur mongol, qui portait sur son cheval un magnifique chevreuil fraîchement tué. Nous en étions réduits depuis
si long-temps à notre insipide farine d'avoine, assaisonnée
de quelques morceaux de suif, que la vue de cette venaison nous donna quelque envie de varier un peu notre
nourriture; nous sentions d'ailleurs que notre estomac,
affaibli par des privations journalières, réclamait impérieusement une alimentation plus substantielle. Après avoir
donc salué le chasseur, nous lui demandâmes s'il serait
disposé à nous vendre son chevreuil... Seigneurs Lamas,
nous répondit-il, quand j'ai été me mettre en embuscade
pour attendre les chevreuils, je n'avais dans mon cœur aucune pensée de commerce. Les voituriers chinois qui sta-
tionnent là haut, au-dessus de Tchortchi, ont voulu acheter ma chasse pour quatre cents sapèques; je leur ai dit :
Non. Seigneurs Lamas, je ne puis pas vous parler comme
à des Kitat; voilà mon chevreuil, prenez-le à discrétion.
—Nous dîmes à Samdadchiemba de compter cinq cents sapèques au chasseur; et après avoir suspendu la bête au cou
d'un chameau, nous continuâmes notre route.

Cinq cents sapèques équivalent à peu près à cinquante
sous de France; c'est le prix ordinaire d'un chevreuil; un
mouton coûte trois fois plus cher. La venaison est peu
estimée des Tartares, et encore moins des Chinois. La

viande noire, disent-ils, ne vaut jamais la blanche. Pourtant, dans les grandes villes de Chine, et surtout à Péking, la viande noire paraît avec honneur sur la table des riches et des Mandarins, mais c'est à cause de sa rareté, et pour rompre la monotonie des mets ordinaires. Cette observation ne regarde pas les Mantchous ; grands amateurs de la chasse, ils sont en général très-friands de toute espèce de venaison, et surtout de la viande d'ours, de cerf et de faisan.

Il n'était guère plus de midi, lorsque nous rencontrâmes un site d'une merveilleuse beauté. Après être passés par une étroite ouverture, pratiquée entre deux rochers dont le sommet se perdait dans les nues, nous nous trouvâmes dans une vaste enceinte, toute entourée de hautes montagnes, où croissaient çà et là quelques vieux pins. Une fontaine abondante donnait naissance à un petit ruisseau bordé d'angélique et de menthe sauvage. Ces eaux faisaient le tour de cette enceinte, parmi de grandes herbes, et s'échappaient à travers une ouverture semblable à celle par où nous étions entrés. Aussitôt que nous eûmes parcouru d'un regard les attrayantes beautés de ce site, Samdadchiemba nous présenta une motion pour y dresser immédiatement la tente. N'allons pas plus loin, nous dit-il ; campons ici, s'il vous plaît. Nous avons peu marché, il est vrai ; le soleil est encore très-haut ; mais aujourd'hui il faut camper de bonne heure, nous avons à travailler ce chevreuil... Personne n'ayant eu rien à opposer au discours du préopinant, sa proposition fut adoptée à l'unanimité ; et nous allâmes dresser notre tente sur les bords de la fontaine.

Samdadchiemba nous avait souvent parlé de sa dextérité de boucher ; aussi était-il ivre de joie ; il brûlait de nous montrer son savoir-faire. Après avoir suspendu le chevreuil à une grosse branche de pin, aiguisé son couteau sur un clou de la tente, et retroussé ses manches jusqu'au coude, il nous demanda si nous voulions dépecer le chevreuil à la turque, à la chinoise ou à la tartare. N'ayant aucune raison suffisante pour préférer une manière plutôt qu'une autre, nous laissâmes à Samdadchiemba la liberté de suivre l'impulsion de son génie. Dans un instant il eut écorché et vidé l'animal ; puis il détacha les chairs tout d'une pièce, sans séparer les membres, ne laissant suspendu à l'arbre qu'un squelette avec ses os parfaitement nettoyés. C'était la méthode turque ; on en use souvent dans les longs voyages, afin de ne pas se charger du transport inutile des ossements.

Aussitôt que l'opération fut terminée, Samdadchiemba détacha quelques tranches de notre grande pièce de venaison, et les mit frire dans de la vieille graisse de mouton. Cette manière de préparer du chevreuil n'était peut-être pas très-conforme aux règles de l'art culinaire ; mais la difficulté des circonstances ne nous permettait pas de mieux faire. Notre gala fut bientôt prêt ; mais, contre notre attente, nous ne pûmes avoir la satisfaction d'être les premiers à en goûter. Déjà nous étions assis en triangle sur le gazon, ayant au milieu de nous le couvercle de la marmite qui nous servait de plat, lorsque tout à coup, voilà que nous entendons comme un ouragan fondre du haut des airs sur nos têtes. Un grand aigle tombe comme un trait sur notre souper, et se relève avec la même rapidité,

emportant dans ses serres quelques tranchés de chevreuil.
Quand nous fûmes revenus de notre épouvante, nous
n'eûmes rien de mieux à faire que de rire de l'aventure.
Pourtant Samdadchiemba ne riait pas, lui ; il avait la rage
dans le cœur, non pas à cause du chevreuil escamoté, mais
parce que l'aigle en partant l'avait insolemment souffleté
du bout de son aile.

Cet événement servit à nous rendre plus précautionneux
les jours suivants. Durant notre voyage nous avions plus
d'une fois remarqué des aigles planer sur nos têtes, et
nous espionner à l'heure des repas. Cependant aucun accident n'avait encore eu lieu. Jamais notre farine d'avoine
n'avait tenté la gloutonnerie de l'oiseau royal.

On rencontre l'aigle presque partout dans les déserts de
la Tartarie. On le voit tantôt se balançant et faisant la
ronde dans les airs, tantôt posé sur quelque tertre au milieu de la plaine, y rester long-temps immobile comme
une sentinelle. Personne ne lui fait la chasse ; il peut faire
son nid, élever ses aiglons, croître et vieillir sans être jamais tourmenté par les hommes. Souvent on en rencontre,
qui, posés à terre, paraissent plus gros qu'un mouton ordinaire ; quand on s'approche d'eux, avant de pouvoir se
lancer dans les airs, ils sont obligés de faire d'abord une
longue course en battant des ailes ; après quoi, parvenant
à abandonner un peu le sol, ils s'élèvent à volonté dans
l'espace.

Après quelques jours de marche, nous quittâmes le
pays des huit bannières, pour entrer dans le *Toumet* occidental. Lors de la conquête de la Chine par les Mantchous,
le roi de Toumet s'étant distingué dans l'expédition

comme auxiliaire, le vainqueur, pour lui témoigner sa reconnaissance des services qu'il en avait reçus, lui donna les belles contrées situées au nord de Péking, en dehors de la grande muraille. Depuis cette époque, elles portent le nom de *Toumet* oriental, et l'ancien Toumet a pris celui de Toumet occidental; ils sont séparés l'un de l'autre par le *Tchakar*.

Les Tartares mongols du Toumet occidental ne mènent pas la vie pastorale et nomade; ils cultivent leurs terres, et s'adonnent à tous les arts des peuples civilisés. Il y avait déjà près d'un mois que nous marchions à travers le désert, dressant au premier endroit venu notre tente d'un jour, accoutumés à ne voir au-dessus de nos têtes que le ciel, et sous nos pieds et autour de nous que d'interminables prairies. Il y avait déjà long-temps que nous avions comme rompu avec le monde : car de loin en loin seulement nous apercevions quelques cavaliers Tartares qui traversaient rapidement la terre des herbes, semblables à des oiseaux de passage. Sans nous en douter, nos goûts s'étaient insensiblement modifiés, et le désert de la Mongolie nous avait fait un tempérament ami de la paix et de la solitude. Aussi, dès que nous fûmes dans les terres cultivées, au milieu des agitations, des embarras et du tumulte, nous nous sentîmes comme opprimés et suffoqués par la civilisation; l'air nous manquait, et il nous semblait à chaque instant que nous allions mourir asphyxiés. Cette impression pourtant ne fut que passagère; au bout du compte, nous trouvâmes bien plus commode et bien plus agréable, après une journée de marche, d'aller loger dans une auberge bien chaude et bien approvisionnée, que d'être obligés de dresser une tente, d'aller ramasser des bouses, et de préparer nous-mêmes notre pauvre nourriture avant de pouvoir prendre un peu de repos.

Les habitants du Toumet occidental, comme bien on peut se l'imaginer, ont complètement perdu l'originalité du caractère mongol. Ils se sont tous plus ou moins *chi- noisés*, et on en rencontre beaucoup parmi eux qui n'entendent pas un mot de la langue mongole. Il en est même, qui laissent parfois percer un peu de mépris pour leurs frères du désert qui n'ont pas encore livré leurs prairies au soc de la charrue; ils les trouvent bien ridicules, de mener une vie perpétuellement errante, et de loger sous de misérables tentes; tandis qu'il leur serait si aisé de se bâtir des maisons, et de demander des richesses et des jouissances à la terre qu'ils occupent. Au reste, ils ont quelque raison de préférer le métier de laboureur à celui de berger; car ils habitent des plaines magnifiques, très-bien arrosées, d'une admirable fécondité, et favorables à la culture de toute espèce de céréales. Quand nous traversâmes ce pays, la moisson était déjà faite; mais en voyant de tout côté les aires couvertes de grands amas de gerbes, on pouvait juger que la récolte avait été riche et abondante. Tout d'ailleurs, dans le Toumet, porte l'empreinte d'une grande aisance; nulle part sur la route, on ne rencontre, comme en Chine, de ces habitations délabrées, et semblables à des ruines. On n'y voit jamais, comme ailleurs, de ces malheureux exténués de misère, et à moitié recouverts de quelques haillons; tous les paysans sont complètement et proprement vêtus. Mais leur aisance se manifeste surtout dans les arbres magnifiques qui entourent les villages, et bordent les chemins. Les autres pays tartares, cultivés par les Chinois, n'ont jamais un aspect semblable; les arbres ne peuvent y vieillir; on n'essaie pas même d'en planter, car on est assuré qu'ils seraient arrachés le lendemain, par des malheureux qui s'en feraient du bois de chauffage.

Nous avions fait trois journées de marche dans les terres cultivées du *Toumet*, lorsque nous entrâmes dans *Kou-Kou-Hote* (1) (Ville-Bleue), appelée en chinois *Koui-Hoa-Tchen*. Il y a deux villes du même nom, à cinq *lis* de distance l'une de l'autre. On les distingue en les nommant l'une *Ville vieille*, et l'autre *Ville neuve*, ou bien encore *Ville commerciale* et *Ville militaire*. Nous entrâmes d'abord dans cette dernière, qui fut bâtie par l'empereur Khang-Hi, pour protéger l'empire contre les ennemis du nord. La ville a un aspect beau, grandiose, et qui serait même admiré en Europe. Nous entendons seulement parler de son enceinte de murailles crénelées, construites en briques; car, au dedans, les maisons basses, et en style chinois ne sont nullement en rapport avec les hauts et larges remparts qui les entourent; l'intérieur de la ville n'a de remarquable que sa régularité, et une grande et belle rue qui la perce d'orient en occident. Un *Kiang-Kian* ou commandant de division militaire, y fait sa résidence avec dix mille soldats, qui tous les jours sont obligés de faire l'exercice. Ainsi cette ville peut être considérée comme une grande caserne.

Les soldats de la ville neuve de *Koukou-Khoton* sont Tartares-Mantchous; mais si par avance on ne le savait pas, on ne le soupçonnerait guère, en les entendant parler.

(1) Ce serait plus correct d'écrire Koukou-Khoton. (*Note de l'Édit.*)

Parmi eux, il n'en existe peut-être pas un seul qui soit capable de comprendre la langue de son pays. Déjà deux siècles se sont écoulés, depuis que les Mantchous se sont rendus maîtres du vaste empire chinois ; et on dirait que, pendant ces deux siècles, ils ont incessamment travaillé à se détruire eux-mêmes. Leurs mœurs, leur langue, leur pays même, tout est devenu chinois ; aujourd'hui on peut assurer que la nationalité Mantchoue est anéantie sans ressource. Pour se rendre compte de cette étrange contre-révolution, et comprendre comment les Chinois ont pu s'assimiler leurs vainqueurs et s'emparer de la Mantchourie, il faut reprendre les choses de plus haut, et entrer dans quelques détails.

Du temps de la dynastie des *Ming* (1), les Mantchous ou Tartares orientaux, après s'être fait long-temps la guerre entre eux, se choisirent un chef qui réunit toutes les tribus pour en faire un royaume. Dès lors ces peuples farouches et barbares acquirent insensiblement une importance capable de donner de l'ombrage à la cour de Péking. En 1618, leur puissance était si bien établie, que leur chef ne craignit pas de signaler à l'empereur chinois sept griefs dont il avait, disait-il, à se venger. Ce hardi manifeste finissait ainsi : *Pour venger ces sept injures, je vais réduire et subjuguer la dynastie des Ming.* — Bientôt l'empire fut bouleversé par de nombreuses révoltes ; le chef des rebelles assiége Péking, et s'en empare. Alors l'Empereur désespérant de sa fortune, va se pendre à un arbre du jardin impérial, après avoir écrit ces mots avec son propre

----

(1) Cette dynastie chinoise a gouverné l'empire de 1368 à 1644.

sang : — Puisque l'empire succombe, il faut que le prince meure aussi. — *Ou-San-Koueï*, général des troupes chinoises, appelle les Mantchous à son secours, pour l'aider à réduire les rebelles. Ceux-ci sont mis en fuite ; et pendant que le général chinois les poursuit dans le midi, le chef Tartare revient à Péking. Ayant trouvé le trône vacant, il s'y assit.

Avant cet événement, la grande muraille, soigneusement gardée par la dynastie des *Ming*, défendait aux Mantchous d'entrer en Chine ; réciproquement, l'entrée de la Mantchourie était interdite aux Chinois. Mais après la conquête de l'empire, il n'y eut plus de frontière qui séparât les deux peuples. La grande muraille fut franchie, et la circulation d'un pays à l'autre, une fois laissée libre, les populations chinoises du *Pe-Tchi-Li* et du *Chan-Toung*, resserrées dans leurs étroites provinces, se répandirent comme un torrent dans la Mantchourie. Le chef Tartare était considéré comme seul maître, seul possesseur des terres de son royaume ; mais devenu empereur de Chine, il a distribué aux Mantchous ses vastes possessions, sous condition qu'on lui paierait annuellement de fortes redevances. A force d'usures, d'astuce et de persévérance, les Chinois ont fini par se rendre les maîtres de toutes les terres de leurs vainqueurs, et ne leur ont laissé que leurs titres, leurs corvées et leurs redevances. La qualité de Mantchous est ainsi devenue insensiblement un poids onéreux, que beaucoup ont cherché à secouer. D'après une loi, on doit faire tous les trois ans un recensement dans chaque bannière ; ceux qui ne se présentent pas pour faire inscrire leurs noms sur les rôles, sont censés ne plus appartenir à la nation Mantchoue ; or tous ceux

que l'indigence fait soupirer après l'exemption des corvées et
du service militaire ne se présentant pas au recensement,
entrent par ce seul fait dans les rangs du peuple chinois.
Ainsi, à mesure que les migrations ont fait passer par delà
la grande muraille un grand nombre de Chinois, beaucoup
de Mantchous ont abdiqué volontairement leur nationalité.

La déchéance ou plutôt l'extinction de la nation mantchoue marche aujourd'hui plus rapidement que jamais.
Jusqu'au règne de *Tao-Kouan*, les contrées baignées par le
Songari avaient été exclusivement habitées par les Mantchous ; l'entrée de ces vastes pays avait été interdite aux
Chinois, et défense faite à qui que ce fût d'y cultiver les
terres. Dès les premières années du règne actuel, on mit
ces contrées en vente, pour suppléer à l'indigence du trésor
public. Les Chinois s'y sont précipités comme des oiseaux
de proie, et quelques années ont suffi pour en faire disparaître tout ce qui pouvait rappeler le souvenir de leurs
anciens possesseurs. Maintenant on chercherait vainement
dans la Mantchourie une seule ville ou un seul village qui
ne soit exclusivement composé de Chinois.

Cependant, au milieu de cette transformation générale,
il est encore quelques tribus, les *Si-Po* et les *Solon* qui
ont conservé fidèlement leur type mantchou. Jusqu'à ce
jour, leur territoire n'a été ni envahi par les Chinois, ni
livré à la culture ; elles continuent d'habiter sous des tentes,
et de fournir des soldats aux armées impériales. On a remarqué pourtant que leurs fréquentes apparitions à Péking,
et quelquefois leur long séjour dans les garnisons des provinces, commençaient à donner de terribles atteintes à
leurs goûts et à leurs usages.

Quand les Mantchous ont eu conquis la Chine, ils ont en quelque sorte imposé aux vaincus une partie de leur costume et quelques usages (1). Mais les Chinois ont fait plus que cela; ils ont su forcer leurs conquérants à adopter leurs mœurs et leur langage. Maintenant on a beau parcourir la Mantchourie jusqu'au fleuve *Amour*, c'est tout comme si on voyageait dans quelque province de Chine. La couleur locale s'est complètement effacée; à part quelques peuplades nomades, personne ne parle le mantchou; et il ne resterait peut-être plus aucune trace de cette belle langue, si les empereurs *Khang-Hi* et *Kien-Loung* ne lui avaient élevé des monuments impérissables, et qui fixeront toujours l'attention des orientalistes d'Europe.

Autrefois les Mantchous n'avaient pas d'écriture particulière; ce fut seulement en 1624 que *Tai-Tsou-Kao-Hoang-Ti*, chef des Tartares orientaux, chargea plusieurs savants de sa nation de dessiner des lettres d'après celles des Mongols. Plus tard, en 1641, un lettré plein de génie, nommé *Tahai*, perfectionna ce premier travail, et donna à l'écriture mantchoue tout le degré de finesse, d'élégance et de clarté qu'on lui voit aujourd'hui.

Chun-Tché s'occupa de faire traduire les chefs-d'œuvre de la littérature chinoise. *Khang-Hi* établit une académie de savants, également versés dans le chinois et dans le tartare. On s'y occupait avec ardeur et persévérance de la traduction des livres classiques et historiques, et de la rédaction de plusieurs dictionnaires. Pour exprimer des ob-

_____

(1) On sait que l'usage de fumer le tabac et de tresser les cheveux vient des Tartares-Mantchous.

jets nouveaux et une foule de conceptions, qui jusqu'alors avaient été inconnus des Mantchous, il fallut inventer des expressions empruntées pour la plupart des Chinois, mais que l'on cherchait à accommoder par de légères altérations au génie de l'idiome tartare. Ce procédé tendant à faire disparaître insensiblement l'originalité de la langue mant-choue, l'empereur *Kien-Loung* y remédia ; il fit rédiger un dictionnaire dont tous les mots chinois furent bannis. On interrogea les vieillards et les savants les plus versés dans leur langue maternelle ; et des récompenses furent proposées à quiconque découvrirait une ancienne expression hors d'usage, et digne d'être consignée dans cet important ouvrage.

Grâce à la sollicitude et au zèle éclairé des premiers souverains de la dynastie actuelle, il n'est maintenant aucun bon livre chinois qui n'ait été traduit en mantchou. Toutes ces traductions jouissent de la plus grande authenticité possible, puisqu'elles ont été faites par de savantes académies, par ordre et sous les auspices de plusieurs empereurs, et que de plus elles ont été ensuite revues et corrigées par d'autres académies non moins instruites, dont les membres savaient parfaitement la langue chinoise et l'idiome mantchou.

La langue mantchoue a reçu, par ces travaux consciencieux, un fondement solide ; on pourra bien ne plus la parler ; mais elle demeurera toujours comme langue-savante, et sera d'un puissant secours pour les philologues qui voudront faire des progrès dans les études asiatiques. Outre les nombreuses et fidèles traductions des meilleurs livres chinois, on a encore en mantchou les principaux ouvrages de la littérature lamanesque, thibétaine et mongole. Ainsi quelques années de travail suffiraient à un homme appliqué, pour le mettre en état d'étudier avec fruit les monuments littéraires les plus précieux qu'on puisse rencontrer en Asie. La langue mantchoue est belle, harmonieuse, mais surtout d'une admirable clarté. L'étude en sera agréable et facile; surtout depuis la publication des *Élémcnts de la grammaire mantchoue, par H. Conon de la Gabelentz* (1). Ce savant orientaliste a exposé avec une heureuse lucidité le mécanisme et les règles de la langue. Son excellent ouvrage ne peut manquer d'être d'un grand secours, pour tous ceux qui voudront se livrer à l'étude d'une langue, qui menace de s'éteindre, dans le pays même où elle a pris naissance, mais que la France conservera au monde savant. M. Conon de la Gabelentz dit, dans la préface de sa grammaire : « J'ai choisi la langue française pour la rédac-» tion de mon livre, parce que la France a été jusqu'à pré-» sent le seul pays où l'on a cultivé le mantchou ; de sorte » qu'il me paraît indispensable, pour tous ceux qui veulent » se livrer à l'étude de cet idiome, de comprendre aussi la » langue française, comme celle dans laquelle sont écrits » tous les livres qui se rapportent à cette littérature. »

Pendant que les Missionnaires français enrichissaient leur patrie des trésors littéraires qu'ils avaient rencontrés dans ces pays lointains, ils ne cessaient de répandre en même temps les lumières du christianisme parmi ces peuples idolâtres, dont la religion n'est qu'un monstrueux assemblage de doctrines et de pratiques empruntées

(1) Altembourg en Saxe, comptoir de la littérature.

tout à la fois à *Lao-Tseu*, à *Confucius*, et à *Bouddha.*.

On sait que, dans les premiers temps de la dynastie actuelle, les Missionnaires s'étaient acquis par leurs talents un grand crédit à la cour; ils accompagnaient toujours les empereurs, dans les longs et fréquents voyages qu'ils faisaient à cette époque dans les terres de leur ancien empire. Ces zélés prédicateurs de l'Évangile ne manquaient jamais de profiter de la protection et de l'influence dont ils jouissaient, pour répandre partout sur leur route la semence de la vraie doctrine. Telle fut la première origine de l'introduction du christianisme en Mantchourie. On ne compta d'abord que peu de néophytes; mais leur nombre augmenta sensiblement dans la suite, par les migrations des Chinois, où se trouvaient toujours quelques familles chrétiennes : ces Missions ont fait partie du diocèse de Péking jusqu'à ces dernières années. M. l'évêque de Nanking, administrateur du diocèse de Péking, se voyant au terme de sa carrière, craignit que les commotions politiques, dont le Portugal, sa patrie, était alors le théâtre, ne permissent pas à l'Eglise portugaise d'envoyer un assez grand nombre d'ouvriers pour cultiver le vaste champ qui lui était confié; en conséquence, il exposa ses alarmes à la sacrée Congrégation *de propaganda fide*, et la supplia avec instance de prendre sous sa sollicitude des moissons déjà mûres, mais qui risquaient de périr, faute d'ouvriers qui vinssent les recueillir. La sacrée Congrégation, touchée des inquiétudes de ce vénérable et zélé vieillard, parmi les mesures qu'elle prit pour subvenir aux besoins de ces importantes Missions, démembra la Mantchourie du diocèse de Péking, et l'érigea en vicariat apostolique, qui fut confié à la société des Missions étrangères. M. Vérolles, Evêque de Colombie, fut mis à la tête de ce nouveau vicariat. Il ne fallait rien moins que la patience, le dévouement et toutes les vertus d'un apôtre, pour administrer cette chrétienté. Les préjugés des néophytes, peu initiés aux règles de la discipline ecclésiastique, étaient pour M. Vérolles des obstacles plus difficiles à vaincre, que l'endurcissement même des païens; mais son expérience et sa sagesse eurent bientôt triomphé de toutes les difficultés. La Mission a repris une nouvelle forme, et le nombre des chrétiens s'accroît chaque année. Tout fait esperer que le vicariat apostolique de Mantchourie ne manquera pas de devenir l'une des plus florissantes Missions de l'Asie.

La Mantchourie est bornée au nord par la Sibérie, au midi par le golfe *Phou-Hai* et la Corée, à l'orient par la mer du Japon, et à l'occident par la Daurie russe et la Mongolie.

Moukden, en chinois *Chen-Yan*, est la ville la plus importante de la Mantchourie, et doit être considérée comme la seconde capitale de l'Empire chinois. L'Empereur y a un palais et des tribunaux sur le modèle de ceux qui sont à Péking. Moukden est une grande et belle ville, entourée de remparts épais et élevés. Les rues sont larges, régulières, moins sales et moins tumultueuses que celles de Péking. Un grand quartier est uniquement habité par les princes de la ceinture jaune, c'est-à-dire, par les membres de la famille impériale. Ils sont sous la surveillance d'un grand Mandarin, qui est chargé d'examiner leur conduite, et de corriger les abus qui s'élèvent parmi eux. Ceux qui s'emportent trop loin au delà des règles qui leur sont prescrites, sont traduits devant le tribunal de ce magistrat suprême, qui a droit de prononcer contre eux un jugement sans appel.

Après Moukden, les villes les plus renommées sont *Ghirin*, entourée de hautes palissades en pieux, et *Ningouta*, berceau de la famille impériale régnante. *Lao-Yan*, *Kai-Tcheou* et *Kin-Tcheou* sont remarquables par le grand commerce que la proximité de la mer y entretient.

La Mantchourie, arrosée d'un grand nombre de fleuves et de rivières, est un pays naturellement fertile. Depuis que la culture est entre les mains des Chinois, le sol s'est enrichi d'un grand nombre de produits venus de l'intérieur. Dans la partie méridionale, on cultive avec succès le riz sec, ou qui n'a pas besoin d'inondations, et le riz impérial découvert par l'empereur *Khang-Hi*. Ces deux espèces de riz prospéreraient certainement en France. On y fait aussi d'abondantes récoltes de petit millet, de *Kao-Léang* ou millet des Indes (*Holcus Sorghum*), dont on distille une excellente eau-de-vie, de sésame, de lin, de chanvre, et de tabac, le meilleur de tout l'Empire chinois.

On cultive surtout, dans cette partie de la Mantchourie, le cotonnier à tige herbacée; il fournit du coton avec une abondance extraordinaire. Un *Meou*, ou quinze pieds carrés environ, en donne ordinairement jusqu'à deux mille livres. Les fruits du cotonnier croissent en forme de gousse ou de coque, et atteignent la grosseur d'une noix. Cette coque s'ouvre à mesure qu'elle mûrit; se divise en trois parties, et met à nu trois ou quatre petites houppes de coton, qui contiennent les graines. Pour séparer la graine, on se sert d'une espèce d'arc bien tendu, dont on fait vibrer la corde sur les petites pelotes de coton; après avoir réservé les semences pour l'année suivante, le restant des graines est employé à faire une huile que l'on pourrait comparer pour sa qualité à celle de lin. La partie haute de la Mantchourie est trop froide pour permettre la culture du cotonnier ; mais elle en est dédommagée par ses abondantes récoltes de blé.

Outre ces productions, qui sont communes à la Chine, la Mantchourie en possède trois qui lui sont particulières. — L'orient de la barrière de pieux, dit un proverbe, produit trois trésors (*San pao*, en chinois) (1) ; ce sont le *jin-seng*, la peau de zibeline, et l'herbe de *Oula*.

La première de ces productions est connue depuis longtemps en Europe ; aussi n'avons-nous pu nous expliquer, qu'une académie savante ait osé, il y a quelques années, élever des doutes sur l'existence de cette plante, et demander sérieusement aux Missionnaires, si on ne devait pas la mettre au nombre des *êtres fabuleux*. Le jin-seng est peut-être la branche de commerce la plus considérable de la Mantchourie ; et il n'est pas de petite pharmacie, en Chine, où on n'en trouve au moins quelques racines.

La racine du *jin-seng* est pivotante, fusiforme et très-raboteuse ; rarement elle atteint la grosseur du petit doigt, et sa longueur varie de deux à trois pouces. Quand elle a subi la préparation convenable, elle est d'un blanc transparent quelquefois légèrement coloré de rouge ou de jaune. Rien ne nous a paru mieux ressembler à cette racine, que les petits rameaux de stalactites.

Les Chinois disent des merveilles du jin-seng ; quoiqu'il

F (1) Les Mantchous disent : *Ilan Baobai*, et les Mongols *Korban erdeni*. Dans le Thibet, on le nomme *Tchok-Soum*.

y ait beaucoup à rabattre sur les étonnantes propriétés qu'on lui attribue, on ne peut s'empêcher d'avouer que c'est un tonique qui agit avec succès sur l'organisation des Chinois. Les vieillards et les personnes faibles s'en servent, pour combattre leur état d'atonie et de prostration. Les médecins chinois disent assez communément, que l'usage du jin-seng, à cause de la grande chaleur qu'il excite dans le sang, serait plus nuisible qu'utile aux Européens, qui jouissent d'eux-mêmes d'un tempérament très-chaud. Quoi qu'il en soit de ce spécifique si prôné par les Chinois, et quelquefois si ridiculisé par les Européens, il est d'une cherté étonnante : une once se vend jusqu'à dix ou quinze taels d'argent. Ceux qui ont eu occasion d'étudier le caractère des Chinois, ne feront pas difficulté de penser que cette cherté même ne contribue pas peu à donner tant de célébrité au *jin-seng*. Les riches et les Mandarins ne l'estiment tant, peut-être, que parce qu'il n'est pas à la portée du pauvre. Il en est beaucoup certainement qui n'en font usage que par ostentation, et pour acquérir le frivole renom de faire de grosses dépenses.

La Corée produit du jin-seng, on le nomme *Kao-li-seng*; mais il est d'une qualité bien inférieure à celui qu'on recueille en Mantchourie.

Le second trésor de la Tartarie orientale est la peau de zibeline ; elle coûte aux chasseurs des dangers et des fatigues incroyables : aussi est-elle d'un prix excessif, et destinée au seul usage des princes et des grands dignitaires de l'empire. Il n'en est pas ainsi de l'herbe de *Oula*; ce troisième trésor de la Mantchourie est au contraire à la portée des plus pauvres. Le *Oula* est une espèce de chaussure faite avee du cuir de bœuf; quand on la garnit d'une cértaine qualité d'herbe qui croît seulement en Mantchourie, et qu'on nomme herbe de oula (*oula-tsao*), on éprouve aux pieds une chaleur douce et bienfaisante, même pendant le temps des plus grandes froidures. Cette herbe de *oula* se vend à vil prix; et c'est, sans contredit par cet endroit qu'elle mérite véritablement le nom qu'on lui a donné. Pendant que les deux autres trésors vont entretenir l'orgueil et le luxe des grands; celui-ci réchauffe les pieds du pauvre et du voyageur auxquels l'indigence interdit les bottes fourrées et les chaussures élégantes.

Comme nous l'avons dit plus haut, les Tartares Mantchous ont presque totalement abdiqué leurs mœurs pour adopter celles des Chinois; cependant, au milieu de cette transformation de leur caractère primitif, ils ont toujours conservé une grande prédilection pour la chasse, les courses à cheval et le tir de l'arc. Dans tous les temps, ils ont attaché une importance étonnante à ees divers exercices; et pour s'en convaincre, il n'est besoin que de parcourir un dictionnaire de la langue mantchoue. Tout ce qui a rapport à ces exercices est exprimé par des mots propres, et sans qu'on ait jamais besoin d'avoir recours à des circonlocutions. Il y a des noms particuliers, non-seulement pour les différentes couleurs du cheval, pour son âge et ses qualités, mais encore pour tous ses mouvements. Il en est de même pour tout ce qui regarde la chasse et le tir de l'arc.

Les Mantchous d'aujourd'hui sont encore d'excellents archers. On parle surtout beaucoup de l'habileté de ceux qui appartiennent à la tribu des Solons. Dans toutes les

stations militaires, l'exercice de l'arc se fait à des jours ré-
glés, en présence des Mandarins et du peuple. Trois mannequins en paille, de la hauteur d'un homme, sont disposés
en ligne droite à vingt ou trente pas l'un de l'autre ; le cavalier se place sur une ligne parallèle, distante de la première
d'environ une quinzaine de pas ; son arc est bandé et la
flèche prête à partir. Dès que le signal est donné, il pousse
son cheval au grand galop, et décoche une flèche sur le
premier but ; sans s'arrêter, il retire une seconde flèche du
carquois, bande l'arc de nouveau, et lance la flèche contre
le second mannequin ; puis il fait ainsi de la même manière une troisième fois, sur le troisième mannequin. Pendant ce temps le cheval va toujours ventre à terre, suivant
la ligne tracée ; de sorte qu'il faut se tenir toujours ferme
sur les étriers, et manœuvrer avec assez de promptitude
pour ne pas se trouver trop éloigné du but qu'on veut
frapper. Du premier mannequin au second, l'archer a beau
se hâter pour prendre sa flèche du carquois et bander
l'arc ; il dépasse ordinairement le but, et est obligé de tirer
un peu en arrière ; au troisième coup, le but étant très-
loin, il doit décocher la flèche tout-à-fait derrière lui, à la
manière des Parthes. Pour être réputé bon archer, il faut
ficher une flèche dans chaque mannequin. « Savoir déco-
» cher une flèche, dit un auteur mantchou, est la première
» et la plus importante science d'un Tartare ; quoique la
» chose paraisse facile, les succès sont pourtant très-rares.
» Combien qui s'exercent jour et nuit! combien qui dorment
» l'arc entre les bras! et cependant où sont ceux qui se sont
» rendus fameux? Les noms proclamés dans les concours
» sont-ils nombreux? Ayez le corps droit et ferme, évitez les

» postures vicieuses; que vos épaules soient d'une immobilité
» inébranlable..... Enfin fixez chaque flèche dans son buf,
» et vous pourrez vous réputer habile. »

Le lendemain de notre arrivée à la ville militaire de
Koukou-Khoton, nous en partîmes pour nous rendre à la
ville marchande. Nous avions le cœur péniblement affecté, de nous être trouvés au sein d'une ville mantchoue,
et de n'avoir entendu parler constamment que la langue
chinoise. Nous ne pouvions nous faire à l'idée d'un peuple
apostat de sa nationalité, d'un peuple conquérant que rien
ne distingue maintenant du peuple conquis, si ce n'est
peut-être un peu moins d'industrie, et un peu plus de vanité. Quand ce Lama thibétain promit au chef tartare la
conquête de la Chine, et lui prédit qu'il serait bientôt assis
sur le trône de Péking, il lui eût parlé plus vrai, s'il lui eût
dit que son peuple tout entier, avec ses mœurs, son langage
et son pays, allait s'engouffrer pour jamais dans l'empire
chinois. Qu'une révolution jette à bas la dynastie actuelle,
et les Mantchous seront obligés de se fondre dans l'empire.
L'entrée de leur propre pays, entièrement occupé par les
Chinois, leur sera même interdite. A propos d'une carte
géographique de la Mantchourie, dressée par les PP. Jésuites, d'après l'ordre de l'empereur *Khang-Hi,* le Père
Duhalde dit qu'on s'est abstenu d'écrire des noms chinois
sur cette carte; et il en donne la raison suivante : « De
» quelle utilité serait-il à un voyageur qui parcourrait la
» Mantchourie, de savoir, par exemple, que le fleuve *Sa-*
» *khalien-Oula* est appelé par les Chinois *Hé-Loung-Kiang,*
» puisque ce n'est pas avec eux qu'il a à traiter, et que
» les Tartares, dont il a besoin, n'ont peut-être jamais

T. I.   11

» entendu ce nom chinois? » Cette observation pouvait être juste du temps de *Khang-Hi;* mais aujourd'hui il faudrait évidemment prendre le contre-pied de ce qu'elle dit. Car en parcourant la Mantchourie, c'est toujours avec les Chinois qu'on a à traiter ; et c'est toujours du *Hé-Loung-Kiang* qu'on entend parler, et presque jamais du *Sakhalien-Oula.*

CHAPITRE V.

Vieille Ville-Bleue. — Quartier des tanneurs. — Fourberie des marchands chinois. *Hôtel des Trois-Perfections.* — Exploitation des Tartares par les Chinois. — Maison de change. — Faux-monnayeur mongol. — Achat de deux robes en peau de mouton. — Place pour le commerce des chameaux. — Usages des chameliers. — Assassinat d'un grand Lama de la Ville-Bleue. — Insurrection des lamaseries. — Négociation entre la cour de Péking et celle de H'Lassa. — Lamas à domicile. — Lamas vagabonds. — Lamas en communauté. — Politique de la dynastie mantchoue à l'égard des lamaseries. — Rencontre d'un Lama thibétain. — Départ de la Ville-Bleue.

———•———

De la ville Mantchoue à la vieille Ville-Bleue, nous eûmes tout au plus pour une demi-heure de marche. Nous y arrivâmes par un large chemin, pratiqué entre de vastes jardins potagers qui environnent la ville. A l'exception des lamaseries, qui s'élèvent au-dessus des autres bâtiments, on ne voit qu'un immense ramassis de maisons et de boutiques pressées sans ordre les unes contre les autres. Les remparts de la vieille ville existent encore dans toute leur intégrité; mais le trop-plein de la population a été obligé de les franchir. Insensiblement de nombreuses maisons ont été bâties au dehors, de grands quartiers se sont formés; et maintenant l'extra-muros a acquis plus d'importance que la ville même.

Nous entrâmes d'abord par une assez large rue, qui ne nous présenta de remarquable qu'une grande lamaserie

appelée la lamaserie des Cinq-Tours (1). Elle porte ce nom
à cause d'une belle tour carrée qui s'élève à la partie septentrionale de l'édifice. Le sommet de cette haute tour
sert de base à cinq autres tourelles terminées en flèche ;
celle du milieu est très-élevée, et va, pour ainsi parler, se
perdre dans les nues. Les quatre autres, égales entre elles,
mais moins hautes que la première, sont assises sur les
quatre coins, et servent comme d'accompagnement à la
grande flèche du centre.

Immédiatement après la lamaserie, la rue que nous suivions finit tout à coup, et nous n'eûmes plus, à droite et à
gauche, que deux ruelles de misérable apparence. Nous
choisîmes celle qui nous parut la moins sale, et nous avançâmes d'abord assez facilement ; mais plus nous allions en
avant, plus elle devenait boueuse ; bientôt ce ne fut plus
qu'une longue fondrière remplie d'une fange noire et suffocante de puanteur. Nous étions dans la rue des tanneurs ; nous avancions à petit pas et frissonnant sans cesse ;
car le bourbeux liquide, tantôt cachait une grosse pierre
sur laquelle il fallait monter avec effort, tantôt recouvrait
un creux dans lequel nous nous enfoncions subitement.
Nous n'eûmes pas fait cinquante pas, que nos animaux furent couverts de boue et tout ruisselants de sueur. Pour
comble d'infortune, nous entendîmes au loin devant nous
pousser de grandes clameurs ; c'étaient des cavaliers et des
voituriers, qui s'approchaient par les tortuosités de la même
ruelle, et avertissaient par leurs cris, d'attendre qu'ils fussent passés, avant de s'engager dans le même chemin. Re-

(1) Ce n'est pas la fameuse lamaserie des Cinq-Tours, dont nous
avons déjà parlé, et qui se trouve dans la province du *Chan-Si*.

culer ou se ranger à l'écart, était pour nous chose impossible ; nous nous mîmes donc aussi de notre côté à pousser de grands cris, et nous continuâmes à marcher toujours en avant, attendant avec anxiété la fin de la pièce. A un détour de la ruelle le dénouement eut lieu ; à la vue de nos chameaux, les chevaux s'épouvantèrent, firent volteface, se jetèrent les uns sur les autres, et se précipitèrent par tous les passages qui leur présentaient une issue. De cette manière, grâce à nos bêtes de somme, nous continuâmes notre route sans être obligés de céder le pas à personne, et nous arrivâmes enfin, sans aucun fâcheux accident, dans une rue assez spacieuse, et bordée de belles boutiques.

Nous regardions incessamment de côté et d'autre, dans l'espoir de découvrir une auberge; mais c'était toujours en vain; il est d'usage dans les grandes villes du nord de la Chine et de la Tartarie, que chaque hôtellerie ne loge exclusivement qu'une sorte de voyageurs. Les unes sont pour les marchands de grains, les autres pour les marchands de chevaux, etc. Toutes ont leurs pratiques, suivant la nature de leur commerce, et ferment leur porte à tout ce qui n'est pas du même ressort. Il n'y a qu'une espèce d'auberge qui loge les simples voyageurs ; on la nomme auberge des hôtes passagers. C'était celle qui nous convenait ; mais nous avions beau marcher, nous n'en trouvions nulle part. Nous nous arrêtâmes un instant, pour demander aux passants de vouloir bien nous indiquer une auberge des hôtes passagers ; aussitôt nous vîmes venir à nous avec empressement un jeune homme qui s'était élancé du fond d'une boutique.—Vous cherchez une auberge, nous dit–il, ô! souffrez que je vous conduise moi-même; et à l'instant il se mit à marcher avec nous.—Vous trouveriez difficilement l'auberge qui vous convient dans cette Ville-Bleue. Les hommes sont innombrables ici; il y en a de bons, il y en a de mauvais; n'est-ce pas, Seigneurs Lamas, que les choses sont comme je dis? Les hommes ne sont pas tous de la même manière; et qui ne sait qué les méchants sont toujours plus nombreux que les bons? Tenez, que je vous dise une parole qui sorte du fond du cœur! Dans la Ville-Bleue on trouverait difficilement un homme qui se laisse conduire par la conscience; et pourtant cette conscience c'est un trésor... Vous autres Tartares, vous savez ce que c'est que la conscience. Moi, je les connais depuis long-temps les Tartares; ils sont bons, ils ont le cœur droit. Mais nous autres Chinois, ce n'est pas comme cela; nous sommes méchants, nous sommes fourbes; à peine sur dix mille Chinois pourrait-on en trouver un seul qui suive la conscience. Dans cette Ville-Bleue presque tout le monde fait métier de tromper les Tartares, et de s'emparer de leur argent.

Pendant que ce jeune Chinois aux manières dégagées et élégantes nous débitait avec volubilité toutes ces belles paroles, il allait de l'un à l'autre, tantôt nous offrant du tabac à priser, tantôt nous frappant doucement sur l'épaule en signe de camaraderie; quelquefois il prenait nos chevaux par la bride, et voulait lui-même les traîner. [Mais toutes ces prévenances ne lui faisaient pas perdre de vue nos deux grosses caisses que portait un chameau. Les vives œillades qu'il y lançait de temps en temps, nous disaient assez qu'il se préoccupait beaucoup de ce qu'elles pouvaient contenir; il se figurait qu'elles étaient remplies de précieuses marchandises, dont il ferait aisément le monopole. Il y avait déjà près d'une heure que nous allions dans tous les sens, et nous n'arrivions jamais à cette auberge qu'on nous promettait avec tant d'emphase.—Nous sommes fâchés, dîmes-nous à notre conducteur, de te voir prendre tant de peine, si encore nous savions clairement où tu nous mènes.—Laissez-moi faire, laissez-moi faire, Messeigneurs, je vous conduis dans une bonne, dans une excellente auberge; ne dites pas que je me donne beaucoup de peine, ne prononcez pas de ces paroles. Tenez, ces paroles me font rougir; comment, est-ce que nous ne sommes pas tous frères? Que signifie cette différence de Tartares et de Chinois? La langue n'est pas la même, les habits ne se ressemblent pas; mais nous savons que les hommes n'ont qu'un seul cœur, une seule conscience, une règle invariable de justice... Tenez, attendez-moi un instant, dans un instant je suis auprès de vous, Messeigneurs;... et il disparut comme un trait dans une boutique voisine. Il revient bientôt, en nous faisant mille excuses de nous avoir fait attendre.—Vous êtes bien fatigués, n'est-ce pas? oh! cela se conçoit; quand on est en route, c'est toujours comme cela. Ce n'est jamais comme quand on se trouve dans sa propre famille.—Tandis qu'il parlait ainsi, nous fûmes acostés par un autre Chinois; il n'avait pas la figure joyeuse et épanouie du premier; il était maigre et décharné; ses lèvres minces et pincées, ses petits yeux noirs enfoncés dans leurs orbites donnaient à sa physionomie une expression remarquable de rouerie. Seigneurs Lamas, nous dit-il, vous êtes donc arrivés aujourd'hui: c'est bien.

c'est bien. Vous avez fait route en paix;... ah! c'est bien. Vos chameaux sont magnifiques;. vous avez dû voyager promptement et heureusement. Enfin vous êtes arrivés, c'est bien... *Se-Eul*, dit-il à l'estafier qui s'était le premier emparé de nous, tu conduis ces nobles Tartares dans une auberge; c'est bien. Prends bien garde que l'auberge soit bonne; il faut les conduire à l'*Auberge de l'équité éternelle*.—C'est précisément là que nous allons.—A merveille; l'aubergiste est un de mes grands amis. Il ne sera pas inutile que j'y aille; je recommanderai bien ces nobles Tartares. Tiens, si je n'y allais pas, j'aurais quelque chose qui me pèserait sur le cœur. Quand on a le bonheur de rencontrer des frères, il faut bien leur être utile; n'est-ce pas, Messeigneurs, que nous sommes tous frères? Voyez-vous nous deux,—et il montrait son jeune partner.—Nous deux, nous sommes commis dans la même boutique; nous sommes accoutumés à traiter les affaires des Tartares. O! c'est bien avantageux dans cette misérable Ville-Bleue, que d'avoir des gens de confiance!

A voir ces deux personnages avec toutes leurs manifestations d'un inépuisable dévouement, on les eût pris pour des amis de vieille date. Mais malheureusement pour eux, nous étions un peu au fait de la tactique chinoise, et nous n'avions pas dans le tempérament toute la bonhomie et toute la crédulité des Tartares. Nous demeurâmes donc convaincus que nous avions à faire à deux industriels, qui se préparaient à exploiter l'argent dont ils nous croyaient chargés.

A force de regarder de tout côté, nous aperçûmes une enseigne, où était écrit en gros caractères chinois: *Hôtel des trois perfections, loge les hôtes passagers à cheval ou à chameau, se charge de toute sorte d'affaires, sans jamais en compromettre le succès.* Nous nous dirigeâmes immédiatement vers le grand portail ; nos deux estafiers avaient beau nous protester que ce n'était pas là, nous entrâmes ; et après avoir fait passer la caravane par une longue avenue, nous nous trouvâmes dans la grande cour carrée de l'auberge. A la vue de la petite calotte bleue dont étaient coiffés les gens qui circulaient dans la cour, nous connûmes que nous étions dans une hôtellerie turque.

Cela ne faisait pas le compte des deux Chinois ; cependant ils nous avaient suivis, et sans trop se déconcerter, ils continuèrent à jouer leur rôle.—Où sont les gens de l'au-, berge, criaient-ils avec affectation ; voyons qu'on ouvre une chambre grande, une chambre belle, une chambre propre. Leurs Excellences sont arrivées ; il leur faut un appartement convenable.—Un chef de l'hôtellerie se présente, tenant à ses dents une clef, d'une main un balai, et de l'autre un plat pour arroser. Nos deux protecteurs s'emparent à l'instant de tout cela. Laissez-nous faire, disent-ils ; c'est nous qui voulons servir nos illustres amis ; vous autres gens de l'auberge, vous ne faites les choses qu'à moitié, vous ne travaillez que pour l'argent... Et les voilà aussitôt arrosant, balayant, frottant dans la chambre qu'ils viennent d'ouvrir. Quand tout fut prêt, nous allâmes nous asseoir sur le *Khang ;* pour eux ils voulurent, par respect, rester accroupis par terre. Au moment où on nous servait le thé, un jeune homme proprement habillé et d'une tournure élégante entra dans notre chambre ; il tenait à la main les quatre coins d'un mouchoir de soie dont nous

ne pûmes apercevoir le contenu.—Seigneurs Lamas, nous
dit le vieux roué, ce jeune homme est le fils du chef de
notre maison de commerce; notre maître vous a vus arriver, et il s'est empressé d'envoyer son fils vous demander
si vous aviez fait en paix votre route.—Le jeune homme
posa alors sur une petite table qui était devant nous son
mouchoir de soie; voici quelques gâteaux pour boire le
thé, nous dit-il; à la maison, mon père a donné ordre de
vous préparer le riz. Quand vous aurez bu le thé, vous
voudrez bien venir prendre un modique et mauvais repas
dans notre vieille et pauvre habitation.—A quoi bon dépenser ainsi votre cœur à cause de nous? — O! voyez nos
figures, s'écrièrent-ils tous à la fois, les paroles que vous
prononcez les couvrent de rougeur... L'aubergiste coupa
court, en portant le thé, à toutes ces fastidieuses formules
de la politesse chinoise.

Pauvres Tartares, nous disions-nous, comme ils doivent être victorieusement exploités, quand ils ont le malheur de tomber en de pareilles mains! Ces paroles, que
nous prononçâmes en français, excitèrent grandement la
surprise de nos trois industriels.—Quel est l'illustre
royaume de la Tartarie que vos Excellences habitent, nous
demanda l'un d'eux?—Notre pauvre famille n'est pas dans
la Tartarie; nous ne sommes pas Tartares.—Ah! vous n'ê-
tes pas Tartares... Nous le savions bien; les Tartares n'ont
pas un air si majestueux; leur personne ne respire pas
cette grandeur. Pourrait-on vous interroger sur votre noble patrie?—Nous sommes de l'occident; notre pays est
très-loin d'ici.—Ah! c'est bien cela, fit le vieux, vous êtes
de l'occident; je le savais bien, moi... Ces jeunes gens

comprennent très-peu de chóse ; ils ne savent pas regarder les physionomies... Ah ! vous êtes de l'occident ! mais je connais beaucoup votre pays ; j'y ai fait plus d'un voyage. —Nous sommes charmés que tu connaisses notre pays. Sans doute tu dois comprendre notre langue.—Votre langue? je ne puis pas dire que je là sais complètement, mais sur dix mots j'en comprends bien toujours trois ou quatre. Pour parler, cela souffre quelque difficulté; mais peu importe, vous autres vous savez le chinois et le tartare, c'est bien. Oh ! les gens de votre pays sont des personnages de grande capacité... J'ai toujours été très–lié avec vos compatriotes; je suis accoutumé à traiter leurs affaires. Quand ils viennent à la Ville-Bleue, c'est toujours moi qui suis chargé de faire leurs achats.

Les intentions de ces amis de nos compatriotes n'étaient pas douteuses ; leur grande envie de traiter nos affaires était pour nous une forte raison de nous débarrasser de leurs offres. Quand nous eûmes fini le thé, ils nous firent une grande révérence, et nous invitèrent à aller dîner chez eux.—Messeigneurs, le riz est préparé, le chef de notre maison de commerce vous attend.—Ecoutez, répondîmes-nous gravement, disons quelques paroles pleines de raison. Vous vous êtes donné la peine dè nous cónduire dans une auberge, c'est bien, c'est votre bon cœur qui a fait cela ; ici vous nous avez rendu beaucoup de services, vous avez arrangé et disposé ceci et cela, votre maître nous a envoyé des pâtisseries ; évidemment vous êtes tous doués d'un cœur dont la bonté est inépuisable. S'il n'en était pas ainsi, pourquoi auriez-vous tant fait pour nous, qui sommes des étrangers? Maintenant vous nous

invitez à aller dîner chez vous;... cela est bien de votre part,
mais il est bien aussi de la nôtre de ne pas accepter. Aller
ainsi dîner chez le monde, sans être lié par de longs rapports, cela n'est pas conforme aux rites de la nation chinoise, cela est également opposé aux mœurs de l'occident... Ces paroles, prononcées avec gravité, désillusionnè-
rent complètement nos industriels.—Si pour le moment
nous n'allons pas dans votre boutique, ajoutâmes-nous,
veuillez nous excuser auprès de votre maître; remerciez-le
des attentions qu'il a eues pour nous. Avant de partir, peut-
être nous aurons quelques achats à faire, et alors ce sera
pour nous une occasion d'aller vous rendre visite. Maintenant,
nous allons prendre notre repas au restaurant turc qui es
ici tout près.—C'est bien, dirent-ils d'un accent un peu
dépité, c'est bien; ce restaurant est excellent... A ces
mots, nous nous levâmes, et nous sortîmes tous ensemble;
nous, pour aller dîner en ville, eux pour aller rendre
compte au chef de leur boutique de la pitoyable issue de
leur intrigue; nous, riant beaucoup de leur désappointe-
ment, eux fort contristés d'avoir si mal réussi dans leur
manége.

Il n'est rien d'inique et de révoltant comme le trafic qui se
fait entre les Chinois et les Tartares. Quand les Mongols,
hommes simples et ingénus, s'il en fut jamais, arrivent dans
une ville de commerce, ils sont aussitôt entourés par des
Chinois qui les entraînent comme de force chez eux. On
leur prépare aussitôt du thé, on dételle leurs animaux,
on leur rend mille petits services, on les caresse, on les
flatte, on les magnétise en quelque sorte. Les Mongols, qui
n'ont pas de duplicité dans le caractère, et qui n'en soup-

çonnent pas dans les autres, finissent bientôt par être émus et attendris de tous ces bons procédés. Ils prennent au sérieux toutes les paroles de dévouement et de fraternité qu'on leur débite, et se persuadent enfin qu'ils ont eu le bonheur de rencontrer des gens de confiance. Convaincus d'ailleurs de leur peu d'habileté pour les affaires commerciales, ils sont enchantés de trouver des frères, des *Ahatou*, comme ils disent, qui veulent bien se charger de vendre et d'acheter à leur place ; un bon dîner gratis, qu'on leur sert dans l'arrière-boutique finit toujours par les persuader du dévouement de la clique chinoise. Si ces gens-là étaient intéressés, se dit le Tartare avec ingénuité, s'ils voulaient me voler, ils ne me donneraient pas un si bon dîner gratis, ils ne feraient pas de si grandes dépenses pour moi.

C'est ordinairement pendant ce premier dîner, que les Chinois mettent en jeu tout ce que leur caractère renferme de méchanceté et de fourberie. Une fois qu'ils se sont emparés de ce pauvre Tartare, ils ne le lâchent plus ; ils lui servent de l'eau-de-vie avec profusion, ils lui en font boire jusqu'à l'ivresse. Ils le gardent ainsi trois ou quatre jours dans leur maison, ne le perdent jamais de vue, le faisant fumer, boire et manger, pendant que les commis de la boutique vendent, comme ils l'entendent, ses animaux, et lui achètent les objets dont il peut avoir besoin ; ordinairement, ils lui font payer les marchandises au prix double, et quelquefois triple, de la valeur courante. Malgré cela ils ont toujours le talent infernal de persuader à ce malheureux, qu'on lui fait faire un commerce très-avantageux. Aussi, quand il s'en retourne dans sa Terre des

Herbes, il est plein d'enthousiasme pour l'incroyable générosité des *Kitat* qui ont bien voulu traiter ses affaires; et
il se promet bien de revenir encore à la même boutique,
lorsque, à l'avenir, il aura quelque chose à vendre ou à
acheter.

Les commerçants Chinois de la Ville-Bleue ne nous
avaient invités à dîner chez eux, que dans l'espoir de nous
traiter à la tartare. Ils avaient compté s'emparer des
cordons de notre bourse; mais en définitive ils ne gagnèrent
que les railleries de ceux qui eurent connaissance de
toutes leurs tentatives, et du peu de succès qu'elles avaient
eu.

Le lendemain de notre arrivée à *Koukou-Khoton*, nous
nous mîmes en mouvement pour acheter quelques habits
d'hiver. Le froid commençant à se faire vivement sentir, il
n'eût pas été prudent de s'aventurer dans le désert, sans
habillement fourré. Afin de pouvoir faire nos petits achats
avec plus de facilité, nous allâmes d'abord vendre quelques
onces d'argent. On sait que le système monétaire des Chinois se compose uniquement de petites pièces en cuivre,
rondes, de la grosseur d'un demi-sou, et percées au centre
d'un petit trou carré qui sert à les enfiler à une corde, et
à faciliter ainsi leur transport. Cette monnaie est la seule
qui ait cours dans l'Empire; les Chinois l'appellent *tsien*,
les Tartares *dehos*, et les Européens lui ont donné le nom
de *sapèque*. L'or et l'argent ne sont pas monnayés; on les
coule en lingots plus ou moins gros, puis on les livre à la
circulation. L'or en sable et en feuilles a également cours
dans le commerce; les maisons de banque qui achètent
l'or et l'argent, en paient le prix en sapèques ou en billets

de banque, qui représentent une valeur d'une somme de sapèques. ¡Une once d'argent se vend ordinairement de dix-sept à dix-huit cents sapèques; cela varie d'après la rareté ou l'abondance de l'argent qui est en circulation dans le pays.

Les changeurs ont une double manière de gagner dans leur commerce : s'ils donnent de l'argent un prix convenable, ils trompent sur le poids; si leur balance et leur façon de peser sont conformes à la justice, ils diminuent pour lors le prix de l'argent. Mais quand ils ont affaire avec les Tartares, ils n'usent ordinairement ni de l'une ni de l'autre de ces deux manières de frauder; au contraire, ils pèsent l'argent avec scrupule, et tâchent même de trouver un peu plus que le poids réel, puis ils le paient au-dessus du prix courant; ils usent de ces moyens pour tromper plus efficacement les Tartares. Ils ont l'air de perdre au change, et ils y perdraient réellement, à ne considérer que le poids et la valeur de l'argent; mais c'est sur le calcul qu'il prennent leur revanche. En réduisant l'argent en sapèques, ils commettent des erreurs volontaires; les Tartares, qui ne savent calculer que sur les grains de leur chapelet, étant incapables de découvrir la fourberie, sont obligés de prendre les comptes tels qu'on les leur fait. Ils sont toujours très-satisfaits de la vente de leur argent, parce qu'on le leur a bien pesé, et qu'ils en ont obtenu un prix avantageux.

Dans la maison de change de la Ville-Bleue où nous allâmes vendre notre argent, les changeurs Chinois voulurent, selon leur habitude, user de cette dernière méthode, mais ils en furent dupes. Le poids qu'assignait leur balance

était très-exact, et le prix qu'ils nous offraient était un peu,
au-dessus du cours ordinaire; le marché fut donc conclu.
Le chef de la banque prit le *souan-pan*, tablette à calcul
dont se servent les Chinois, et après avoir compté avec
une attention affectée, il nous annonça le résultat de son
opération. — Ceci est une maison de change, dîmes-nous;
vous autres vous êtes les acheteurs, nous autres les vendeurs; vous avez fait votre calcul, nous allons donc faire
le nôtre : donnez-nous un pinceau et un morceau de papier.
— Rien de plus juste; vos paroles viennent de prononcer
la loi fondamentale du commerce : et ils nous présentèrent
leur écritoire avec empressement. Nous saisîmes un pinceau, et après une courte opération nous trouvâmes une
différence de mille sapèques.—Intendant de la banque, ton
souan-pan s'est trompé de mille sapèques. — Impossible!
est-ce que tout d'un coup j'aurais oublié mon *souan-pan*?
voyons que je recommence... Il se mit à faire jouer de
nouveau les boulettes de sa mécanique à calcul, pendant
que les personnes qui étaient dans la boutique se regardaient avec étonnement. Quand il eut fini... C'est bien
cela, dit-il, je ne m'étais pas trompé; et il fit passer la
mécanique à un compère qui était à côté de lui; celui-ci
vérifia le calcul, et leurs opérations furent identiques. —
Vous voyez bien, dit le chef de la maison de change, il
n'y a pas d'erreur. Comment donc se peut-il faire que cela
ne s'accorde pas avec ce que vous avez écrit? — Peu
importe de savoir pourquoi ton calcul ne s'accorde pas
avec le nôtre; ce qu'il y a de certain, c'est que ton calcul
dit faux, et que le nôtre dit vrai. Tiens, tu vois ces petits
caractères que nous avons tracés sur le papier; c'est bien

autre chose que ton *souan-pan*; ceci ne peut pas se tromper.
Quand tous les calculateurs du monde feraient cette opération, quand on y travaillerait la vie entière; on ne trouverait jamais autre chose que ceci; on trouverait toujours
qu'il nous manque encore mille sapèques.

- Les gens de la boutique étaient très-embarrassés; ils
commençaient déjà à rougir, lorsqu'un étranger, qui comprit que l'affaire prenait une fâcheuse tournure se posa
comme arbitre. Je vais vous compter cela, dit-il. Il prit le
souan-pan, et son calcul s'accorda avec le nôtre. L'intendant
de la banque nous fit alors une révérence profonde.—Seigneurs Lamas, nous dit-il, vos mathématiques valent mieux
que les miennes.—Non, ce n'est pas cela; ton *souan-pan*
est excellent; mais où a-t-on jamais vu un calculateur qui
ne commette jamais d'erreur? Toi, tu peux te tromper
une fois; mais nous autres gens mal habiles nous nous
trompons dix mille fois. Aujourd'hui, si nous avons rencontré juste; c'est un bonheur... Ces paroles, en pareille
circonstance, étaient rigoureusement exigées par la politesse chinoise. Quand quelqu'un s'est compromis, on doit
éviter de le faire rougir, ou, en style chinois, de lui enlever la face.

Après que nos paroles eurent mis à couvert toutes les
figures, chacun se jeta avec empressement sur le morceau
de papier où nous avions dessiné quelques chiffres arabes.
Voilà qui est un fameux *souan-pan*, se disaient-ils les uns
aux autres; c'est simple, sûr et expéditif.—Seigneurs Lamas, que signifient ces caractères? Qu'est-ce que c'est que
ce *souan-pan*?—Ce *souan-pan* est infaillible, ces caractères
sont ceux dont se servent les Mandarins de la littérature

céleste pour calculer les éclipses et le cours des saisons (1)..... Après une courte dissertation sur le mérite des chiffres arabes, on nous compta très-exactement nos sapèques, et nous nous quittâmes bons amis.

Les Chinois sont quelquefois victimes de leur propre fourberie, et on a vu même des Tartares les faire tomber dans leurs piéges. Un jour, un Mongol se présenta dans une maison de change, avec un *youen-pao* empaqueté et ficelé avec soin : on appelle *youen-pao* un lingot d'argent du poids de trois livres ; — on sait qu'en Chine la livre est de seize onces ; — les trois livres ne sont jamais rigoureusement exactes ; il y a toujours quatre ou cinq onces en sus, et les lingots atteignent ordinairement le poids de cinquante-deux onces. A peine le Tartare eut-il fait voir son *youen-pao*, la première pensée du commis de la boutique fut de le frauder de quelques onces. Après avoir pesé le lingot, il le trouva juste du poids de cinquante onces. — Mon lingot a cinquante-deux onces, dit le Tartare, je l'ai pesé chez moi. — Vos balances tartares sont bonnes tout au plus pour peser des quartiers de mouton, mais elles ne valent rien pour peser de l'argent. Après quelques difficultés de part et d'autre, le marché fut enfin conclu, et le *youen-pao* livré pour le poids de cinquante onces. Le Tartare reçut, selon l'usage de l'agent de change, un certificat attestant le poids et la valeur de l'argent ; puis il s'en retourna dans sa tente avec une bonne provision de sapèques et de billets de banque.

Le soir, l'intendant de caisse de la maison de change de-

(1) Les PP. Jésuites introduisirent à l'observatoire de Péking l'usage des chiffres arabes.

manda compte aux commis des affaires qu'ils avaient traitées pendant la journée. Moi, dit l'un, j'ai acheté un *youen-pao ;* j'ai gagné deux onces dessus...; et il courut à la caisse chercher le *youen-pao* dont il avait fait emplette. Le chef de la maison, après avoir tourné et retourné ce lingot, fit la grimace.— Quel *youen-pao* as-tu acheté? Cette matière sera tout ce que tu voudras, mais assurement ce n'est pas de l'argent.— Bientôt le *youen-pao* passe entre les mains de tous les commis, et chacun déclare qu'il est faux. — Je connais le Tartare qui m'a vendu ce *youen-pao,* dit l'acheteur; il n'y a qu'à le dénoncer au tribunal.

L'accusation fut portée, et les satellites se mirent aussitôt en route pour se saisir du faux monnayeur. L'affaire était capitale, et il ne s'agissait de rien moins que de la peine de mort : le corps du délit était constant; le *youen-pao* avait été examiné avec soin, il était réellement faux ; chacun savait aussi que le Tartare l'avait vendu : mais celui-ci soutenait toujours effrontément qu'il n'était pas coupable de ce crime. — Le tout petit, fit le Tartare, demande humblement qu'il lui soit permis de prononcer une parole pour sa défense. — Parle, dit le Mandarin, mais sois bien attentif à ne dire que des paroles conformes à la vérité. — Il est vrai; ces jours-ci, j'ai vendu un *youen-pao* à la maison de change; mais il était de pur argent... Je ne suis qu'un Tartare, un homme simple, et c'est pour cela qu'on a substitué dans la boutique, après mon départ, un lingot faux au véritable que j'ai donné... Je ne sais pas dire beaucoup de paroles ; mais je prie celui qui est notre père et mère de vouloir bien ordonner qu'on pèse ce faux *youen-pao.*— L'ordre fut aussitôt donné, et le *youen-pao* fut trouvé avoir

le poids de cinquante-deux onces..... Le Tartare passant
alors sa main dans une de ses bottes, en retira un petit
paquet; et après avoir déroulé plusieurs enveloppes de
chiffons, il montra un papier au Mandarin. — Voici, dit-il,
un billet que j'ai reçu à la boutique, et qui atteste la valeur et le poids de mon *youen-pao*. — Qu'on m'apporte ce
billet, s'écria le Mandarin..... Quand il l'eut parcouru des
yeux, il ajouta avec un sourire plein de malice : d'après
le témoignage même du commis qui a écrit ce billet, cet
homme mongol a vendu un *youen-pao* pesant cinquante
onces... Ce lingot de faux argent est du poids de cinquante-deux onces.... Où est la vérité? où sont les faux
monnayeurs?..... La réponse à ces questions n'était une
difficulté pour personne : chacun savait, le Mandarin savait
très-bien lui-même, que le Tartare avait en effet vendu un
youen-pao faux, et que la différence du poids ne provenait
que de la fraude du commis. N'importe, en cette circonstance, le magistrat chinois voulut rester dans la légalité;
et contrairement à la justice rendit son jugement en faveur
du Tartare mongol. Les gens de la maison de change furent roués de coups; et ils eussent été mis à mort comme
faux monnayeurs, si à force d'argent ils n'eussent apaisé
la colère du Mandarin, et arrêté la rigueur des lois.

Ce n'est que dans quelques circonstances rares et extraordinaires, que les Mongols parviennent à avoir le dessus sur les Chinois. Dans le cours habituel des choses, ils
sont partout et toujours dupes de leurs voisins qui, à force
d'intrigues et d'astuce, finissent par les réduire à la misère.

Aussitôt que nous eûmes des sapèques, nous songeâmes

à faire l'acquisition de quelques habits d'hiver. Après avoir consulté la maigreur de notre bourse, nous nous arrêtâmes à la résolution d'aller nous habiller dans une friperie, et de nous accommoder de vieux habits. En Chine et en Tartarie, on n'éprouve pas la moindre répugnance à se servir des vêtements d'autrui. Ceux qui ont à faire une visite d'étiquette, ou à se rendre à quelque fête, vont sans façon chez le voisin, lui emprunter tantôt un chapeau, tantôt une culotte, tantôt des souliers ou des bottes; personne n'est étonné de ces emprunts; ils sont consacrés par l'usage. En se prêtant mutuellement les habits, on n'éprouve qu'une seule crainte, c'est que l'emprunteur ne les vende pour payer ses dettes, ou n'aille, après s'en être servi, les déposer au Mont-de-Piété. De plus, ceux qui ont besoin d'habits en achètent de vieux ou de neufs indifféremment. Dans ces circonstances, la question du bon marché est la seule qui soit prise en considération; on ne fait pas plus de difficulté de se loger dans la culotte d'autrui, qu'on n'en fait pour habiter une maison qui a déjà servi.

Cette coutume, de se revêtir des habits du prochain, était peu conforme à nos goûts; elle nous répugnait d'autant plus que, même depuis notre arrivée dans la Mission de *Si-Wang,* nous n'avions jamais été obligés de changer en cela nos vieilles habitudes. Cependant la modicité de notre viatique nous fit une obligation de passer par-dessus cette répugnance. Nous allâmes donc tâcher de nous habiller dans une friperie. Il n'est pas de petite ville où l'on ne rencontre de nombreux magasins de vieux habits, provenant ordinairement des Monts-de-Piété (*Tang-Pou*). De tous ceux qui empruntent sur gages, il en est fort peu qui puissent retirer les objets qu'ils ont déposés; ils les laissent ordinairement mourir, selon l'expression tartare et chinoise ; c'est-à-dire que, laissant passer le terme fixé, ils perdent le droit de les retirer. Les friperies de la Ville-Bleue étaient encombrées de dépouilles tartares ; c'était bien ce qu'il fallait pour nous assortir conformément au nouveau costume que nous avions adopté.

D'abord nous visitâmes une première boutique. On nous présenta de misérables robes doublées en peau de mouton. Quoique ces guenilles fussent d'une extrême vétusté, et tellement vernissées de suif, qu'il eût été difficile d'assigner clairement quelle avait été leur couleur primitive, le marchand nous en demanda un prix exorbitant. Après avoir long-temps discuté de part et d'autre, il nous fut impossible de conclure l'affaire. Nous renonçâmes donc à cette première tentative ; et, pour tout dire, nous devons ajouter que nous y renonçâmes avec une certaine satisfaction, car nous sentions notre amour-propre blessé d'être réduits à nous affubler de ces sales vêtements. Nous allâmes donc visiter un nouveau magasin de vieux habits, puis un autre, puis un grand nombre. Nous rencontrâmes des habits magnifiques, de passables et qui eussent bien fait notre affaire ; mais la considération de la dépense était toujours à. Le voyage que nous avions entrepris, pouvant durer plusieurs années, une économie excessive était pour nous un besoin, surtout dans le début. Après avoir couru toute la journée, après avoir fait connaissance avec tous les chiffonniers de la Ville-Bleue, et avoir bouleversé tous leurs vieux habits et tous leurs vieux galons, nous retournâmes chez le premier fripier nous accommoder des vêtements que nous avions déjà marchandés. Nous fimes donc emplette de deux antiques et vénérables robes dé peaux de mouton recouvertes d'une étoffe que nous soupçonnâmes avoir été jadis de couleur jaune. Nous en fimes immédiatement l'essai; mais nous nous aperçûmes bientôt que le tailleur de ces habits n'avait pas pris mesure sur nous. La robe de M. Gabet était trop courte; celle de M. Huc était trop longue. Faire un troc à l'amiable était chose impossible; la taille des deux Missionnaires était trop disproportionnée. Nous eûmes d'abord la pensée de retrancher ce qu'il y avait de trop à l'une, pour l'ajouter à l'autre; cela paraissait très-convenable. Mais il eût fallu avoir recours à un tailleur, et attaquer encore notre bourse... Cette considération fit évanouir notre première idée, et nous nous décidâmes à porter nos habits tels qu'ils étaient. M. Huc prendrait le parti de relever aux reins, par le moyen d'une ceinture, le superflu de sa robe; et M. Gabet se résignerait à exposer aux regards du public une partie de ses jambes : le tout n'ayant d'autre inconvénient que de faire savoir au prochain, qu'on n'a pas toujours la faculté de s'habiller d'une manière exactement proportionnée à sa taille.

Munis de nos habits de peau de mouton, nous demandâmes au fripier de nous étaler sa collection de vieux chapeaux d'hiver. Nous en examinâmes plusieurs, et nous nous arrêtâmes enfin à deux bonnets en peau de renard, dont la forme élégante nous rappelait les hauts schakos des sapeurs. Quand nos achats furent terminés, chacun mit sous le bras son paquet de vieux habits, et nous rentrâmes à l'hôtel des Trois-Perfections.

Nous séjournâmes encore deux jours à *Koukou-Khoton*; outre que nous avions besoin d'un peu de repos, nous étions bien aise de visiter cette grande ville, et de faire connaissance avec les nombreuses et célèbres lamaseries qui y sont établies.

La Ville-Bleue a une grande importance commerciale ; mais cette importance ne lui est venue que des lamaseries, dont le renom attire les Mongols des pays les plus éloignés ; aussi le commerce qui s'y fait, est-il presque exclusivement tartare. Les Mongols y conduisent, par grands troupeaux, des bœufs, des chevaux, des moutons et des chameaux ; ils y voiturent aussi des pelleteries, des champignons et du sel, seuls produits des déserts de la Tartarie. Ils prennent en retour, du thé en brique, des toiles, des selles pour les chevaux, des bâtonnets odoriférants pour brûler devant leurs idoles, de la farine d'avoine, du petit millet, et quelques instruments de cuisine. La Ville-Bleue est surtout renommée pour son grand commerce de chameaux. Une vaste place, où aboutissent les rues principales de la ville, est le lieu où se réunissent tous les chameaux qui sont en vente. Des élévations en dos d'âne qui se prolongent d'un bout de la place à l'autre donnent à ce marché la ressemblance d'un champ où on aurait tracé d'énormes sillons. Tous les chameaux sont alignés et placés les uns à côté des autres, de manière à ce que leurs pieds de devant reposent sur la crête de ces grandes élévations. Une position semblable fait ressortir et grandit en quelque sorte la stature de ces animaux, dont la taille est déjà si gigantesque. Il serait difficile d'exprimer tout le brouhaha et toute la confusion de ces marchés. Aux cris des vendeurs

et des acheteurs qui se querellent, ou qui causent comme au
plus fort d'une émeute, se joignent incessamment les longs
gémissements des chameaux, qu'on tiraille par le nez afin
d'essayer leur adresse à se mettre à genoux et à se relever.

Pour juger de la force du chameau et du poids qu'il est
capable de porter, on le charge par degrés ; tant qu'il peut
se relever avec un fardeau quelconque, c'est une preuve
qu'il pourra en supporter facilement le poids pendant la
route. On use encore quelquefois de l'expérience suivante :
pendant que le chameau est accroupi, un homme lui
monte sur l'extrémité des talons, et se tient accroché de
ses deux mains aux longs poils de la bosse postérieure ; si
le chameau peut se relever, il est réputé de première force.

Le commerce des chameaux ne se fait jamais que par
entremetteurs ; le vendeur et l'acheteur ne traitent jamais
l'affaire ensemble et tête-à-tête. On choisit des gens étrangers à la vente, qui proposent, discutent et fixent le prix,
l'un prenant les intérêts du vendeur, et l'autre ceux de
l'acheteur. Ces *parleurs de vente* n'ont pas d'autre métier ;
ils courent de marché en marché, pour pousser les affaires,
comme ils disent. En général, ils se connaissent en bestiaux ; ils ont le verbe très-délié, et sont surtout doués
d'une fourberie à toute épreuve; ils discutent avec une élo-
quence, tour à tour violente et cauteleuse, les défauts et les
qualités de l'animal; mais aussitôt qu'il est question du
prix, la langue cesse de fonctionner, et ils ne se parlent
plus que par signes : ils se saisissent mutuellement la main,
et c'est dans la longue et large manche de leur habit qu'ils
expriment avec leurs doigts la hausse ou la baisse de leur
commerce. Quand le marché est conclu, ils sont d'abord

du dîner que doit payer l'acheteur.; puis ils reçoivent un
certain nombre de sapèques, conformément aux usages des
diverses localités.

Dans la Ville-Bleue, il existe cinq grandes lamaseries,
habitées chacune par plus de deux mille Lamas ; en outre
on en compte une quinzaine de moins considérables, et
qui sont comme les succursales des premières. Sans crainte
d'exagération, on peut porter au moins à vingt mille le
nombre de ces Lamas résidants. Quant à ceux qui habitent
les divers quartiers de la ville, pour s'occuper de commerce
et de maquignonnage, ils sont innombrables. La lamaserie
des Cinq-Tours est la plus belle et la plus célèbre ; c'est là
que réside un *Hobilgan*, c'est-à-dire un grand Lama, qui,
après s'être identifié avec la substance de Bouddha, a déjà
subi plusieurs fois les lois de la transmigration. Il est aujourd'hui placé dans la lamaserie des Cinq-Tours, sur l'autel qu'occupait autrefois le *Guison-Tamba ;* il y monta à la
suite d'un événement tragique qui faillit opérer une révolution dans l'empire.

L'empereur *Khang-Hi*, dans le cours de la grande expédition militaire qu'il fit en occident contre les *Oelets*,
traversa un jour la Ville-Bleue, et voulut aller rendre visite au Guison-Tamba, qui était alors le grand Lama des
Cinq-Tours. Celui-ci reçut l'Empereur sans se lever de
dessus le trône qu'il occupait, et sans lui donner aucun témoignage de respect. Au moment où *Khang-Hi* s'approchait pour lui parler, un *Kian-Kan*, grand Mandarin militaire, indigné du peu d'égard qu'on avait pour son maître,
tira son sabre, fondit sur le *Guison-Tamba*, et le fit rouler
mort sur les marches de son trône. Cet événement tragique

mit en révolution toute la lamaserie, et bientôt l'exaspération se communiqua à tous les Lamas de la Ville-Bleue. On courut aux armes de toute part, et les jours de l'Empereur, qui n'avait que peu de monde à sa suite, furent exposés au plus grand danger. Pour essayer de calmer l'irritation des Lamas, il reprocha publiquement au *Kian-Kan* son acte de violence. —Si le *Guison-Tamba*, répondit le *Kian-Kan*, n'était pas un Bouddha-vivant, pourquoi ne s'est-il pas levé en présence du maître de l'univers ? S'il était un Bouddha-vivant, comment n'a-t-il pas su que j'allais le mettre à mort ?.... Cependant le danger pour la vie de l'Empereur devenait d'heure en heure plus extrême. Il n'eut d'autre moyen d'évasion, que de se dépouiller de ses habits impériaux, et de se revêtir de ceux d'un simple soldat. A la faveur de ce déguisement et de la confusion générale, il parvint à rejoindre son armée, qui n'était pas très-éloignée. La plus grande partie des gens qui avaient suivi l'Empereur dans la Ville-Bleue furent massacrés, et entre autres le meurtrier du Guison-Tamba.

Les Mongols cherchèrent à tirer parti de ce mouvement. Bientôt on annonça que le Guison-Tamba avait reparu, et qu'il avait transmigré dans le pays des Khalkhas ; ceux-ci l'avaient pris sous leur protection, et avaient juré de venger son assassinat. Les Lamas du Grand-Kouren s'organisaient avec activité; déjà ils s'étaient dépouillés de leurs robes jaunes et rouges, pour revêtir des habits noirs, en mémoire de l'événement funèbre de la Ville-Bleue ; depuis longtemps ils ne se rasaient plus la tête, et laissaient croître, en signe de deuil, leur barbe et leurs cheveux ; tout enfin faisait présager un grand ébranlement des tribus tartares. Il

ne fallut rien moins que la grande activité et les rares talents diplomatiques de l'empereur *Khang-Hi*, pour en arrêter les progrès. Il entama promptement des négociations
avec le Talé-Lama, souverain du Thibet. Celui-ci devait
user de toute son influence sur les Lamas pour les faire
rentrer dans l'ordre, pendant que *Khang-Hi* intimiderait les
rois Khalkhas par la puissance de ses troupes. Peu à peu
la paix se rétablit ; les Lamas reprirent leurs habits jaunes
et rouges ; mais, pour garder un souvenir de leur coalition
en faveur du *Guison-Tamba*, ils ont conservé une bordure
noire, de la largeur d'un pouce, sur le collet de leur robe.
Les Lamas Khalkhas sont encore les seuls aujourd'hui qui
portent cette marque de distinction.

Depuis cette époque, un *Hobilgan* a remplacé dans la
Ville-Bleue le *Guison-Tamba*, qui s'est définitivement in-
stallé au Grand-Kouren, dans le pays des Khalkhas. Cependant l'empereur *Khang-Hi*, dont le génie pénétrant se
préoccupait sans cesse de l'avenir, n'était pas entièrement
satisfait de tous ces arrangements. Il ne croyait pas à
toutes ces doctrines de transmigration ; et il voyait clairement que les Khalkhas, en prétendant que le *Guison-
Tamba* avait reparu parmi eux, n'avaient d'autre but que
de tenir à leur disposition une puissance capable de lutter,
au besoin, contre celle de l'Empereur chinois. Casser le
Guison-Tamba eût été d'une audace périlleuse. Il songea
donc, tout en le tolérant, à neutraliser son influence. Il dé-
créta, de concert avec la cour de Lha-Ssa, que le *Guison-
Tamba* était reconnu légitime souverain du Grand-Kouren,
mais qu'après ses morts successives, il serait toujours tenu
d'aller transmigrer dans le Thibet... *Khang-Hi* espérait avec

raison , qu'un Thibétain d'origine epouserait difficilement
les ressentiments des Khalkhas contre la cour de Péking.

Le *Guison-Tamba*, plein de soumission et de respect
pour les ordres de *Khang-Hi* et du Talé-Lama, n'a jamais
manqué, depuis lors, d'aller effectuer sa métempsycose dans
le Thibet. Cependant, comme on va le chercher dans son
pays lorsqu'il est encore en bas-âge, il doit nécessairement subir l'influence de ceux qui l'entourent. On prétend
qu'il prend toujours, en grandissant, des sentiments peu
favorables à la dynastie actuelle. En 1839, lorsque le *Guison-Tamba* fit à Péking le voyage dont nous avons parlé
plus haut, les frayeurs que témoigna la cour ne prove-
naient que du souvenir de tous ces anciens événements.

Les Lamas qui affluent de tous les pays tartares dans
les lamaseries de la Ville-Bleue, s'y fixent rarement d'une
manière définitive. Après avoir pris leurs degrés dans ces
espèces de grandes universités, ils s'en retournent chez
eux ; car ils aiment mieux en général les petits établissements, qui se trouvent disséminés en grand nombre dans
la Terre des herbes. Ils y mènent une vie plus libre, et plus
conforme à l'indépendance de leur caractère. Quelquefois
ils résident dans leurs propres familles, occupés comme
les autres Tartares à la garde des troupeaux ; ils aiment
mieux vivre tranquillement dans leur tente, que s'assujétir
dans le couvent aux règles et à la récitation journalière
des prières. Ces Lamas n'ont guère de religieux, que leurs
habits jaunes ou rouges ; on les nomme Lamas à domicile.

La seconde classe se compose de ceux qui ne sont fixés
ni dans leurs familles, ni dans les lamaseries ; ce sont les
Lamas vagabonds. Ils vivent à peu près comme les oiseaux

voyageurs, sans se jamais fixer nulle part; ils sont sans cesse poussés par je ne sais quelle inquiétude secrète, quelle vague antipathie du repos. Ils se mettent à voyager uniquement pour voyager, pour parcourir du chemin, pour changer de lieu ; ils vont de lamaserie en lamaserie, et s'arrêtent, chemin faisant, dans toutes les tentes qu'ils rencontrent, toujours assurés que l'hospitalité des Tartares ne leur fera jamais défaut. Ils entrent sans façon, et vont s'asseoir à côté du foyer ; on leur fait chauffer le thé, et tout en buvant ils énumèrent avec orgueil les pays qu'ils ont déjà parcourus. Si l'envie leur prend de passer la nuit dans la tente, ils s'étendent dans un coin et dorment profondément jusqu'au lendemain. Le matin, avant de reprendre leur course vagabonde, ils s'arrêtent un instant sur le devant de la tente, regardant vaguement les nuages et la cime des montagnes, tournant la tête de côté et d'autre, comme pour interroger les vents. Enfin ils se mettent en marche, toujours sans but, uniquement dirigés par les sentiers qu'ils rencontrent par hasard devant eux. Ils s'en vont la tête penchée en avant, les yeux baissés, tenant à la main un long bâton, et portant sur leur dos un havre-sac en peau de bouc. Quand ils sont fatigués, ils vont se reposer au pied d'un rocher, sur le pic d'une montagne, au fond d'un ravin, là où les pousse l'inconstance de leur fantaisie. Souvent dans leur route ils ne rencontrent que le désert; et alors, où la nuit les surprend, ils dorment sous le ciel qui est, disent-ils, comme le couvercle de cette immense tente qu'on appelle le monde.

Ces Lamas vagabonds visitent tous les pays qui leur sont accessibles: la Chine, la Mantchourie, les Khalkhas, les

divers royaumes de la Mongolie méridionale, les Ouriang-
hai, le Koukou-Noor, le nord et le midi des montagnes
célestes, le Thibet, l'Inde et quelquefois même le Turkestan. Il n'y a pas de fleuve qu'ils n'aient traversé, de
montagnes qu'ils n'aient gravies, de grand Lama devant qui
ils ne se soient prosternés, de peuple chez lequel ils n'aient
vécu, et dont ils ne connaissent les mœurs, les usages et
la langue. Au milieu de leurs courses vagabondes, le péril de perdre le chemin et de s'égarer dans les déserts
n'existe jamais pour eux. Voyageant sans but, les endroits
où ils arrivent sont toujours ceux où ils voulaient aller. La
légende du Juif-errant, qui marche et marche toujours, est
exactement réalisée dans la personne de ces Lamas. On
dirait qu'ils sont sous l'influence d'une puissance secrète,
qui les fait incessamment aller de place en place. Dieu
semble avoir mêlé au sang qui coule dans leurs veines,
quelque chose de cette force motrice qui pousse les
mondes chacun dans leur route, sans jamais leur permettre
de s'arrêter.

Les Lamas vivant en communauté sont ceux qui composent la troisième classe. On appelle lamaserie une réunion de petites maisons bâties tout à l'entour d'un ou de
plusieurs temples bouddhiques; ces habitations sont plus
ou moins grandes, plus ou moins belles, suivant les facul-
tés de ceux qui en sont les propriétaires. Les Lamas qui
vivent ainsi en communauté, sont ordinairement plus réguliers que les autres; ils sont plus assidus à la prière et à
l'étude. Il leur est permis de nourrir chez eux quelques
bestiaux; des vaches pour leur donner le lait et le beurre,
base de leur nourriture journalière; un cheval pour aller

faire quelques courses dans le désert, et des moutons pour
se régaler aux jours de fête.

En général, toutes les lamaseries ont des fondations, soit
royales, soit impériales; à certaines époques de l'année les
revenus sont distribués aux Lamas, suivant le degré qu'ils
ont atteint dans la hiérarchie. Ceux qui ont la réputation
d'être savants médecins, ou habiles tireurs de bonne-aven-
ture, ont souvent occasion de recueillir en outre d'excel-
lentes aubaines; cependant on les voit rarement devenir
riches. Les Lamas, avec leur caractère enfantin et impré-
voyant, ne savent pas user modérément des biens qui leur
sont venus tout à coup; ils dépensent l'argent avec autant de facilité qu'ils le gagnent. Tel Lama, qui la veille
portait des habits sales et déchirés, rivalisera le lendemain,
par la richesse de ses vêtements, avec le luxe des plus
hauts dignitaires de la lamaserie. Aussitôt qu'il a à sa disposition de l'argent ou des animaux, il court à la ville de
commerce la plus rapprochée, s'habiller pompeusement
de haut en bas; mais il est toujours probable qu'il n'usera
pas lui-même ces magnifiques habits. Après quelques mois,
il s'acheminera de nouveau vers la station chinoise, non
plus pour faire l'élégant dans les beaux magasins de soieries, mais pour déposer les robes jaunes au Mont-de-Piété;
et puis les Lamas ont beau avoir la volonté et l'espérance
de retirer ce qu'ils portent au *Tang-Pou*, ils n'y réussissent
presque jamais. Pour s'en convaincre, il n'est besoin que
de parcourir les magasins de friperie dans les villes Tartaro-
chinoises; ils sont toujours encombrés d'objets lamanesques.

Les Lamas sont en très-grand nombre dans la Tartarie;

d'après ce que nous avons pu remarquer, nous croyons
pouvoir avancer, sans crainte d'erreur, qu'ils composent au
moins un tiers de la population. Dans presque toutes les
familles, à l'exception de l'aîné qui reste homme noir,
tous les autres enfants mâles sont Lamas. Les Tartares
embrassent cet état forcément, et non par inclination; ils
sont Lamas ou hommes noirs, dès leur naissance, suivant
la volonté de leurs parents, qui leur rasent la tête ou laissent croître leurs cheveux. Ainsi, à mesure qu'ils croissent
en âge, ils s'habituent à leur état, et dans la suite une certaine exaltation religieuse finit par les y attacher fortement.

On prétend que la politique de la dynastie Mantchoue
tendrait à multiplier en Tartarie le nombre des Lamas; des
Mandarins chinois nous l'ont assuré, et la chose paraît
assez probable. Ce qu'il y a de certain, c'est que le gouvernement de Péking, pendant qu'il laisse dans la misère
et l'abjection les bonzes chinois, honore et favorise le lamanisme d'une manière toute particulière. L'intention secrète du gouvernement serait, dit-on, de faire augmenter
le nombre des Lamas, et d'arrêter par ce moyen les progrès de la population en Tartarie. Les souvenirs de l'ancienne puissance des Mongols le préoccupent sans cesse; il
sait qu'autrefois ils ont été maîtres de l'empire; et dans la
crainte d'une nouvelle invasion, il s'applique à les affaiblir
par tous les moyens possibles. Cependant, quoique la Mongolie soit très-peu peuplée, eu égard à son immense étendue de terrain, il peut en sortir au premier jour une armée
formidable. Un grand Lama, le Guison-Tamba, par exemple, n'aurait qu'à faire un geste; et tous les Mongols, de-

puis les frontières de la Sibérie jusqu'aux extrémités du
Thibet, se levant comme un seul homme, iraient se précipiter avec la véhémence d'un torrent partout où la voix de
leur saint les appellerait. La paix profonde dont ils jouissent, depuis plus de deux siècles, semblerait avoir dû éner-
ver leur caractère belliqueux. Cependant on peut encore
remarquer qu'ils n'ont pas tout-à-fait perdu le goût des
aventures guerrières. Les grandes campagnes du Khan-
Tcing-Kis, qui les conduisait à la conquête du monde, ne
sont pas sorties de leur mémoire; durant les longs loisirs de
la vie nomade, ils aiment à s'en entretenir, et à repaître
ainsi leur imagination de vagues projets d'envahissement.

Durant notre court séjour dans la Ville-Bleue, nous ne
cessâmes d'avoir des relations avec les Lamas des plus
fameuses lamaseries, cherchant toujours à prendre de nouveaux renseignements sur l'état du Bouddhisme en Tartarie, et dans le Thibet. Tout ce qu'on nous dit, ne servit
qu'à nous confirmer de plus en plus dans ce que nous
avions appris par avance à ce sujet. Dans la Ville-Bleue,
comme à *Tolon-Noor*, tout le monde nous répétait que la
doctrine nous apparaîtrait plus sublime et plus lumineuse
à mesure que nous avancerions vers l'occident. D'après ce
que racontaient les Lamas qui avaient visité le Thibet
Lha-Ssa était comme un grand foyer de lumière, dont les
rayons allaient toujours s'affaiblissant, en s'éloignant de
leur centre.

Un jour nous eûmes occasion d'entretenir pendant
quelque temps un Lama thibétain; les choses qu'il nous
dit, en matière de religion, nous jetèrent dans le plus grand
étonnement. Un exposé de la doctrine chrétienne que

nous lui fîmes succinctement, parut peu le surprendre; il
nous soutenait même que notre langage ne s'éloignait pas
des croyances des grands Lamas du Thibet.—Il ne faut
pas confondre, disait-il, les vérités religieuses, avec les
nombreuses superstitions qui exercent la crédulité des
ignorants. Les Tartares sont simples, ils se prosternent
devant tout ce qu'ils rencontrent; tout est *Borhan* à leurs
yeux. Les Lamas, les livres de prières, les temples, les
maisons des lamaseries, les pierres mêmes, et les ossements
qu'ils amoncèlent sur les montagnes, tout est mis par
eux sur le même rang; à chaque pas ils se prosternent à
terre, et portent leurs mains jointes au front en criant :
Borhan, Borhan.—Mais les Lamas n'admettent-ils pas
aussi des *Borhans* innombrables?—Ceci demande une
explication, dit-il en souriant; il n'y a qu'un seul et unique souverain qui a créé toutes choses, il est sans commencement et sans fin. Dans le *Dchagar* (l'Inde), il porte
le nom de Bouddha, et dans le Thibet celui de *Samtchè-
Mitchéba* (Éternel tout-puissant); les *Dcha-Mi* (Chinois),
l'appellent Fo, et les *Sok-po-Mi* (Tartares) le nomment Borhan.—Tu dis que Bouddha est unique; dans ce cas là, que
seront le Talé-Lama de Lha-Ssa, le Bandchan du Djachi-
Loumbo, le Tsong-Kaba des Sifan, le Kaldan de Tolon-
Noor, le Guison-Tamba du Grand-Kouren, le Hobilgan de
la Ville-Bleue, les Hotoktou de Péking, et puis tous ces
nombreux Chaberons (1) qui résident dans les lamaseries
de la Tartarie et du Thibet?—Tous sont également

(1) En style lamanesque, on nomme Chaberons tous ceux qui, après
leur mort, subissent des incarnations successives; ils sont regardés
comme des Bouddha-vivants.

Bouddha. — Bouddha est-il visible? — Non, il est sans corps ; il est une substance spirituelle.—Ainsi Bouddha est unique ; et pourtant il existe des Bouddha innombrables, tels que les Chaberons et les autres..., Bouddha est incorporel, on ne peut le voir ; et pourtant le Talé-Lama, le Guison-Tamba et tous les autres Chaberons sont visibles, et ont reçu un corps semblable au nôtre... Comment expliques-tu cela?—Cette doctrine, dit-il, en étendant le bras et en prenant un accent remarquable d'autorité, cette doctrine est véritable ; c'est la doctrine de l'occident, mais elle est d'une profondeur insondable ; on ne peut l'expliquer jusqu'au bout...

Les paroles de ce Lama thibétain nous étonnaient étrangement ; l'unité de Dieu, le mystère de l'Incarnation, le dogme de la présence réelle nous paraissaient comme enveloppés dans ses croyances ; cependant, avec des idées si saines en apparence, il admettait la métempsycose et une espèce de panthéisme dont il ne pouvait se rendre compte.

Ces nouveaux renseignements sur la religion de Bouddha nous firent augurer que nous trouverions en effet, parmi les Lamas du Thibet, un symbolisme plus épuré et au-dessus des croyances du vulgaire. Nous persistâmes donc dans la résolution que nous avions déjà adoptée, de pousser toujours en avant vers l'occident.

Au moment de nous mettre en route, nous fîmes, selon l'usage, appeler le chef de l'hôtellerie, afin de régler les comptes. Nous avions calculé qu'un loyer de quatre jours pour trois hommes et six animaux, nous coûterait au moins deux onces d'argent ; aussi fûmes-nous agréablement surpris d'entendre l'aubergiste nous dire : Seigneurs Lamas, ne comptons pas; versez trois cents sapèques à la caisse; et que cela suffise... Ma maison, ajouta-t-il, est nouvellement établie, et je prétends lui faire une bonne réputation. Puisque vous êtes d'un pays éloigné, je veux que vous puissiez dire à vos illustres compatriotes, que mon hôtellerie est digne de leur confiance... Nous lui répondîmes que nous parlerions partout de son désintéressement, et que nos compatriotes, lorsqu'ils auraient occasion de visiter la Ville-Bleue, ne manqueraient certainement pas de descendre à l'hôtel des Trois-Perfections.

CHAPITRE VI.

Rencontre d'un mangeur de Tartares. — Perte d'Arsalan. — Grande caravane de chameaux. — Arrivée de nuit à *Tchagan-Kouren*. — On refuse de nous recevoir dans les auberges. — Logement dans une bergerie. — Débordement du fleuve Jaune. — Aspect de *Tchagan-Kouren*. — Départ à travers les marécages. — Louage d'une barque. — Arrivée sur les bords du fleuve Jaune. — Campement sous le portique d'une pagode. — Embarquement des chameaux. — Passage du fleuve Jaune. — Pénible marche dans les terres inondées. — Campement au bord de l'eau.

Nous quittâmes la Ville-Bleue le quatrième jour de la neuvième lune; il y avait déjà plus d'un mois que nous étions en voyage. Ce ne fut qu'avec de grandes difficultés que la petite caravane put arriver hors de la ville. Les rues étaient encombrées d'hommes, de charrettes, d'animaux, et de bancs où les commerçants étalaient leurs diverses marchandises; nous ne pouvions avancer qu'à petits pas, et souvent même nous étions forcés de faire de longues haltes, avant de pouvoir gagner du terrain. Il était près de midi quand nous parvînmes enfin aux dernières maisons de la ville, du côté de la porte occidentale. Là seulement, sur une route large et unie, nos chameaux purent cheminer à leur aise de toute la longueur de leur pas. Une chaîne de rochers escarpés, qui s'élevaient à notre droite, nous mettait si bien à l'abri du vent du nord, que la rigueur de la saison ne se faisait nullement sentir. Le pays que nous parcourions était toujours dépendant du Toumet occidental. Nous retrouvâmes partout les mêmes marques d'aisance et de prospérité, que nous avions remarquées à l'orient de la ville. De tous côtés c'étaient de nombreux villages, avec tout leur accompagnement de la vie agricole et commerciale. Quoiqu'il ne nous fût pas possible de dresser la tente au milieu des champs cultivés, nous voulûmes pourtant, autant que les circonstances le permettaient, nous retremper dans nos habitudes tartares. Au lieu d'entrer dans une hôtellerie pour prendre le repas du matin, nous allions nous asseoir sous un arbre ou au pied d'un rocher, et là nous déjeûnions avec quelques petits pains frits à l'huile, dont nous avions fait provision à la Ville-Bleue. Les allants et les venants riaient volontiers, en voyant cette manière de vivre un peu sauvage; mais au fond ils n'étaient nullement surpris. Les Tartares, peu accoutumés aux mœurs des peuples civilisés, ont le droit de faire leur cuisine au milieu des chemins, même dans les pays où les auberges sont le plus multipliées.

Pendant la journée, cette façon de voyager n'avait aucun inconvénient; mais comme il n'eût pas été prudent de passer la nuit dans la campagne, au soleil couché nous nous retirions dans une hôtellerie. Le soin de nos animaux, d'ailleurs, l'exigeait impérieusement. Ne trouvant rien à brouter dans la route, nous ne pouvions nous dispenser de leur acheter du fourrage, sous peine de les voir bientôt tomber d'inanition.

Le second jour après notre départ de la Ville-Bleue, nous rencontrâmes, dans l'auberge où nous passâmes la nuit, un singulier personnage. Nous venions de décharger

nos chameaux et de les attacher à une crèche sous un
hanger, lorsque nous vîmes entrer dans la grande cour,
un voyageur qui tirait après lui par le licou, un cheval
maigre et efflanqué; ce personnage n'était pas de riche
taille, mais en retour il avait un embonpoint prodigieux.
Il était coiffé d'un large chapeau de paille, dont les rebords
flexibles descendaient jusque sur ses épaules; un long
sabre, qui pendait à sa ceinture, contrastait avec l'air réjoui
de sa figure. — Intendant de la marmite, s'écria-t-il, en
entrant, y-a-t-il place pour moi dans ton auberge? — Je
n'ai qu'une chambre à donner aux voyageurs; trois hommes mongols, qui viennent d'arriver tout à l'heure, l'occupent actuellement. Va voir s'ils peuvent te recevoir......
Le nouveau-venu se dirigea pesamment vers l'endroit où
nous étions déjà installés. — Paix et bonheur, Seigneurs
Lamas; occupez-vous toute la place de cette chambre?
N'y en aurait-il pas encore un peu pour moi? — Pourquoi
n'y en aurait-il pas pour toi, puisqu'il y en a pour nous?
Est-ce que nous ne sommes pas les uns et les autres des
voyageurs? — Excellente parole, excellente parole! Vous
êtes Tartares, moi je suis Chinois; mais vous compre-
nez merveilleusement les rites, vous savez que tous les
hommes sont frères..... Après avoir dit ces mots, il alla
attacher son cheval à la crèche, à côté de nos animaux;
puis il déposa son petit bagage sur le *Kang*, et s'étendit
tout de son long comme un homme harassé... Ah-ya,
ah-ya! faisait-il, me voici donc à l'auberge;.... ah-ya,
comme il fait bien meilleur ici qu'en route!.... ah-ya,
voyons que je me repose un peu! — Où vas-tu, lui dîmes-
nous, pourquoi portes-tu un sabre quand tu voyages?

Ah-ya, j'ai déjà fait beaucoup de chemin, et j'en ai encore bien davantage à faire..... Je parcours les pays tartares; dans ces déserts il est bon d'avoir un sabre au côté, car on n'est pas toujours sûr de rencontrer de braves gens. — Est-ce que tu serais de quelque société chinoise pour l'exploitation du sel ou des champignons blancs? — Non, je suis d'une grande maison de commerce de Péking; je suis chargé d'aller réclamer les dettes chez les Tartares... Et vous autres, où allez-vous? — Ces jours-ci nous passerons le fleuve Jaune à *Tchagan–Kouren,* et nous continuerons notre route vers l'occident, en traversant le pays des *Ortous.* — Vous n'êtes pas Mongols, à ce qu'il paraît. — Non, nous sommes du ciel d'occident. — Ah-ya, nous sommes donc à peu près la même chose, notre métier n'est pas différent. Vous êtes, comme moi, mangeurs de Tartares. — Mangeurs de Tartares,... dis-tu; mais qu'est-ce que cela signifie? — Oui; notre métier c'est de manger les Mongols. Nous autres, nous les mangeons par le commerce, et vous autres par les prières. Les Mongols sont simples; pourquoi n'en profiterions-nous pas, pour gagner de l'argent? — Tu te trompes; depuis que nous sommes en Tartarie, nous avons fait de grandes dépenses, mais nous n'avons jamais pris aux Mongols une seule sapèque. — Ah-ya, ah-ya! — Tu te figures que nos chameaux, notre bagage, tout cela vient des Tartares..... Tu te trompes, tout a été acheté avec l'argent venu de notre pays. — Je croyais que vous étiez venus en Tartarie pour réciter des prières. — Tu as raison, nous y sommes en effet pour cela; nous ne savons pas faire le commerce... Nous entrâmes dans quelques détails pour faire

comprendre à ce bon vivant la différence qui existe entre
les adorateurs du vrai Dieu et les sectateurs de Bouddha.
Le désintéressement des ministres de la religion l'étonnait
par-dessus tout. — Dans ce pays, disait-il, les choses ne
vont pas comme cela. Les Lamas ne récitent jamais des
prières gratis... Pour mon compte, si ce n'était l'argent,
je ne mettrais pas le pied dans la Tartarie... A ces mots,
il se prit à rire avec épanouissement, tout en avalant de
grandes rasades de thé. — Ainsi ne dis pas que nous
sommes du même métier; dis simplement que tu es mangeur de Tartares. — Ah! je vous en réponds, s'écria-t-il
avec l'accent d'un homme profondément convaincu; nous
autres marchands, nous sommes de véritables mangeurs
de Tartares; nous les rongeons, nous les dévorons à belles
dents. — Nous serions curieux de savoir comment tu t'y
prends pour faire de si bons repas en Tartarie? — En
vérité, est-ce que vous ne connaissez pas les Tartares?
N'avez-vous pas remarqué qu'ils sont tous comme des
enfants? Quand ils arrivent dans les endroits de commerce, ils ont envie de tout ce qu'ils voient. Ordinairement ils n'ont pas d'argent, mais nous venons à leur
secours; on leur donne les marchandises à crédit, et à ce
titre ils doivent, comme de juste, les payer plus cher.
Quand on emporte des marchandises, sans laisser de l'argent, il faut bien qu'il y ait un petit intérêt de trente ou
quarante pour cent. N'est-ce pas que cela est très-juste?
Petit à petit les intérêts s'accumulent, et puis on compte
les intérêts des intérêts. Cela ne se fait qu'avec les Tartares; en Chine les lois de l'Empereur s'y opposent. Mais
nous, qui sommes obligés de courir sans cesse dans la

Terre des herbes, nous pouvons bien exiger l'intérêt de
l'intérêt... N'est-ce pas que cela est très-juste ? Une dette
tartare ne s'éteint jamais ; elle se transmet de génération
en génération. Tous les ans, on va chercher les intérêts,
qui se paient en moutons, bœufs, chameaux, chevaux, etc.
Cela vaut infiniment mieux que l'argent. Nous prenons les
animaux des Tartares à bas prix, et puis nous les vendons
très-cher sur le marché. O ! la bonne chose qu'une dette
tartare ! C'est une véritable mine d'or.

Ce *Yao-Tchang-Ti* (exigeur de dettes), tout en nous
exposant son système d'exploitation, ne cessait d'accompagner ses paroles de grands éclats de rire. Il parlait très-
bien la langue mongole ; son caractère était en même
temps plein de souplesse et d'énergie. Il était facile de
concevoir, que des débiteurs tartares devaient se trouver
peu à leur aise entre ses mains. Comme il le disait lui-
même, dans son langage pittoresque, c'était un véritable
mangeur de Tartares.

Le jour n'avait pas encore paru, que le *Yao-Tchang-Ti*
était sur pied. — Seigneurs Lamas, nous dit-il, je vais
seller mon cheval et partir tout de suite ; aujourd'hui je
veux faire route avec vous.—Singulier moyen de faire
route avec le monde, que de partir quand on n'est pas encore levé.—Ah-ya, ah-ya ! avec vos chameaux, vous autres,
vous allez vite ; vous m'aurez bientôt attrappé. Nous arriverons ensemble à l'*Enceinte-Blanche*, *Tchagan-Kouren*.
Il partit, et nous continuâmes à reposer jusqu'au lever du
soleil.

Cette journée nous fut funeste, nous eûmes à déplorer
une perte ; après quelques heures de marche, nous nous

aperçûmes qu'Arsalan ne suivait plus la caravane. Nous fîmes une halte, et Samdadchiemba monté sur son petit mulet noir rebroussa chemin pour aller à la découverte. Il parcourut tous les villages que nous avions rencontrés sur notre route; mais ses recherches furent inutiles, il revint sans avoir trouvé Arsalan.—Ce chien était chinois, dit Samdadchiemba, il n'était pas accoutumé à la vie nomade; il se sera fatigué de courir le désert, et aura pris du service dans les terres cultivées... Que faut-il faire? faut-il attendre encore?—Non, partons; il est déjà tard, et il y a encore loin d'ici à l'*Enceinte-Blanche*.—S'il n'y a pas de chien, hé bien, soit; qu'il n'y ait pas de chien; est-ce que nous ne pourrons pas faire route sans lui?... Après ces paroles sentimentales de Samdadchiemba, nous nous remîmes en route.

Tout d'abord la perte d'Arsalan nous contrista un peu; nous étions accoutumés à le voir aller et venir dans les prairies, se jouer à travers les grandes herbes, courir après les écureuils gris, et donner l'épouvante aux aigles qui se posaient dans la plaine. Ses évolutions continuelles servaient à rompre la monotonie des pays que nous parcourions, et abrégeaient en quelque sorte la longueur de la route. Sa fonction de portier était surtout un titre à nos regrets. Cependant, après que nos premiers mouvements de sensibilité furent passés, une mûre réflexion vint nous faire comprendre que cette perte n'était pas tout-à-fait aussi grande que nous l'avions d'abord imaginé. A mesure que nous avions fait des progrès dans la vie nomade, notre appréhension des voleurs s'était diminuée. Arsalan d'ailleurs faisait assez mal son office de gardien; des mar-

ches journalières et forcées lui donnaient pendant la nuit
un sommeil que rien ne pouvait troubler. La chose allait
si loin, que tous les matins nous avions beau aller et venir
pour plier la tente et charger nos chameaux, Arsalan était
toujours à l'écart, étendu parmi les herbes, et dormant
d'un sommeil de plomb. Nous étions obligés de lui donner
des coups pour l'avertir que la caravane allait se mettre en
route. Une fois, un chien vagabond fit sans aucune opposition son entrée dans notre tente pendant la nuit, et eut
le temps de dévorer notre bouillie de farine d'avoine, plus
une chandelle, dont nous trouvâmes la mèche et quelques
débris hors de la tente. Une considération d'économie finit
enfin par calmer entièrement notre chagrin ; il fallait tous
les jours à Arsalan une ration de farine, pour le moins
aussi grosse que celle de chacun de nous. Or nous n'é-
tions pas assez riches pour avoir continuellement assis à
notre table un hôte de trop bon appétit, et dont les services étaient incapables de compenser les dépenses qu'il
nous occasionnait.

D'après les renseignements qu'on nous avait donnés,
nous devions arriver ce jour-là même à l'*Enceinte-Blanche*. Le soleil s'était déjà couché, et nous avions beau regarder au loin devant nous, on n'apercevait rien poindre
à l'horizon qui annonçât la présence d'une ville. Enfin,
nous découvrîmes dans le lointain comme des nuages
épais de poussière qui semblaient s'avancer vers nous. Peu
à peu nous vîmes clairement se dessiner les grandes
formes de nombreux chameaux conduits par des commerçants turcs ; ils transportaient à Péking des marchandises
venues des provinces de l'ouest. L'aspect de notre petite

caravane était bien misérable à côté de cette interminable file de chameaux, tous chargés de caisses enveloppées de peaux de buffle. Nous demandâmes au conducteur qui ouvrait la marche, si nous étions encore loin de *Tchagan-Kouren*.—Vous voyez ici, dit-il en riant malicieusement, un bout de notre caravane; l'autre extrémité n'est pas encore sortie de la ville.—Merci, lui répondîmes-nous, dans ce cas nous serons bientôt arrivés.—Oui, bientôt, vous avez tout au plus une quinzaine de lis.—Comment cela quinze lis? pourquoi dis-tu que tous tes chameaux ne sont pas encore sortis de *Tchagan-Kouren?*—Ce que je dis est vrai, mais vous ne savez pas que nous conduisons au moins dix-mille chameaux.— S'il est ainsi, nous n'avons pas de temps à perdre; bonne route, allez en paix; et nous pressâmes aussitôt notre marche.

Ces chameliers avaient sur leur figure, noircie par le soleil, quelque chose de sauvage et de misanthrope. Enveloppés des pieds à la tête avec des peaux de bouc, ils étaient placés entre les bosses de leurs chameaux, à peu près comme des ballots de marchandises; à peine s'ils daignaient tourner la tête pour nous regarder. Cinq mois de marche à travers le désert les avait presque entièrement abrutis. Tous les chameaux de cette fameuse caravane portaient suspendues à leur cou des cloches thibétaines, dont le son argentin et varié produisait une musique harmonieuse, et qui contrastait avec la physionomie morne et taciturne des chameliers. Notre marche pourtant les forçait bien quelquefois à rompre le silence; le malin Dchiahour avait trouvé moyen de les contraindre à faire attention à nous. Quelques chameaux, plus timides que les autres, s'effarouchaient à la vue de notre petit mulet, qu'ils prenaient sans doute pour une bête fauve. Cherchant alors à s'échapper du côté opposé, ils entraînaient dans leur fuite les chameaux qui les suivaient ; de sorte que la caravane prenait par cette manœuvre la forme d'un arc immense. Ces brusques évolutions réveillaient un peu les chameliers de leur morne assoupissement ; ils faisaient entendre un sourd grommèlement, et nous lançaient un regard sinistre pendant qu'ils ramenaient la file au milieu de la route. Samdadchiemba, au contraire, riait aux éclats ; nous avions beau lui crier de se tenir un peu à l'écart, pour ne pas effaroucher les chameaux, il faisait la sourde oreille. Le débandement de la caravane était pour lui un ravissant spectacle, et c'était à dessein qu'il faisait incessamment caracoler son petit mulet noir.

Le premier chamelier ne nous avait pas trompés. Sa file de chameaux était en effet interminable. Nous marchâmes jusqu'à la nuit, resserrés à notre droite par la chaîne des rochers, et à notre gauche par la caravane qui s'avançait sous la forme d'une barrière ambulante, et quelquefois, grâce à Samdadchiemba, comme une grande spirale.

Il était nuit close, et nous étions encore en chemin, sans trop savoir où nous nous dirigions. Nous rencontrâmes un Chinois monté sur un âne, et qui s'en allait précipitamment. — Frère aîné, lui dîmes-nous, est-ce que l'*Enceinte-Blanche* est encore loin ? — Non, frères, vous en êtes tout près. Voyez-vous, là-bas, scintiller ces lumières, ce sont celles de la ville ; vous n'avez que cinq *lis* de route... C'était beaucoup que cinq *lis*, pendant la nuit, et dans un pays inconnu ; mais il fallut se résigner. Le ciel devenait

de plus en plus bas et noir. Point de lune, point même
d'étoiles pour éclairer un peu notre marche. Il nous semblait que nous marchions dans un ténébreux chaos et
parmi des abîmes. Nous prîmes le parti d'aller à pied,
dans l'espoir de voir un peu plus clair. Mais ce fut le contraire : nous faisions quelques pas lentement et comme à
tâtons ; puis, tout à coup, nous nous rejettions en arrière,
de peur de heurter des montagnes ou de hautes murailles,
qui paraissaient sortir subitement d'un abîme et se dresser
devant nos yeux. Bientôt nous fûmes ruisselants de sueur,
et contraints de remonter sur nos animaux, dont la vue était
plus sûre que la nôtre. Par bonheur que les charges de nos
chameaux étaient solidement attachées. Quelle misère si,
au milieu de ces ténèbres, les bagages eussent chaviré,
comme il arrivait souvent pendant les premiers jours de
notre voyage !

Nous arrivâmes à *Tchagan-Kouren*, sans pour cela voir diminuer encore notre embarras. Nous étions dans une grande
ville ; les auberges devaient y être nombreuses, mais où
aller les chercher ? Toutes les portes étaient fermées et
personne dans les rues. Les chiens nombreux qui aboyaient
et couraient après nous étaient les seuls indices que nous
étions dans une ville habitée, et non pas dans une nécro-
pole. Enfin, après avoir parcouru au hasard plusieurs rues
désertes et silencieuses, nous entendîmes de grands coups
de marteau résonner en cadence sur une enclume. Nous
nous dirigeâmes de ce côté, et bientôt une grande lueur,
une fumée épaisse, et des projectiles embrasés qui jaillis-
saient dans la rue, nous annoncèrent que nous avions fait
la découverte d'une boutique de forgerons. Nous nous

présentâmes à la porte, et nous priâmes très-humblement tous nos frères les forgerons de vouloir bien nous indiquer une auberge. D'abord on se permit quelques railleries sur les Tartares et sur les chameaux ; puis un garçon de la forge alluma une torche et sortit pour nous trouver un gîte.

Après avoir long-temps frappé et appelé à une première auberge, un homme se décida enfin à paraître. Il entr'ouvrit sa porte et se mit à parlementer avec notre guide. Malheureusement, pendant ce temps-là, un de nos chameaux, vexé par un chien qui lui mordait les jambes, s'avisa de pousser un grand cri. L'aubergiste leva la tête, jeta un coup-d'œil sur la pauvre caravane et referma soudain sa porte. Dans toutes les auberges où nous nous adressâmes, nous fûmes accueillis à peu près de la même manière. Aussitôt qu'on s'apercevait qu'il était question de loger des chameaux, on nous répondait, sans tergiverser, qu'il n'y avait pas de place. C'est que ces animaux sont, en effet, d'un grand embarras dans les auberges, et souvent la cause de grands désordres. Leur forme colossale et bizarre épouvante tellement les chevaux, que souvent les voyageurs chinois, en entrant dans une hôtellerie, posent la condition qu'on n'y recevra pas de caravane tartare. Notre guide, ennuyé de voir tous ses efforts inutiles, nous souhaita une bonne nuit et s'en retourna dans sa forge.

Nous étions brisés de faim, de soif et de fatigue ; car il y avait long-temps que nous allions et venions au milieu d'une obscurité profonde, parcourant toutes les rues, sans trouver un endroit où nous pussions prendre un peu de repos. Dans cette triste et fâcheuse position, nous ne vîmes d'autre parti à prendre, que d'aller nous blottir, nous et nos animaux, dans quelque recoin, et d'attendre là, avec patience et pour l'amour de Dieu, que la nuit fût passee. Nous en étions à cette magnifique *impression de voyage*, lorsque nous entendîmes partir d'un enclos voisin des bêlements de moutons. Nous nous décidâmes à une dernière tentative. Nous allâmes heurter à la porte, qui s'ouvrit aussitôt. — Frère, ceci est-ce une auberge? — Non, c'est une bergerie... Vous autres qui êtes-vous? — Nous sommes des voyageurs. La nuit nous a surpris en chemin; lorsque nous sommes entrés dans la ville, toutes les auberges étaient fermées; personne ne veut nous recevoir..... Pendant que nous parlions ainsi, un vieillard s'avança, tenant à la main, pour s'éclairer une grosse branche enflammée. Aussitôt qu'il eut aperçu nos chameaux et notre costume... *Mendou! Mendou!* s'écria-t-il, seigneurs Lamas, entrez ici. Dans la cour il y a de la place pour vos animaux; ma maison est assez grande, vous vous reposerez ici pendant quelques jours... Nous avions rencontré une famille tartare, nous étions sauvés! Mettre bas nos bagages et attacher nos animaux à des poteaux fut fait en un instant. Nous allâmes enfin nous asseoir autour du foyer mongol, où le thé au lait nous attendait. Frère, dîmes-nous au vieillard, il serait superflu de te demander si c'est à des Mongols que nous devons aujourd'hui l'hospitalité. — Oui, seigneurs Lamas, toute la maison est mongole. Depuis long-temps nous n'habitons plus sous la tente. Nous sommes venus bâtir ici une demeure pour faire le commerce des moutons. Hélas! insensiblement nous sommes devenus chinois. — Votre manière de vivre a subi, il est vrai, quelque changement, mais votre cœur est toujours demeuré tartare... Dans tout *Tchagan-Kouren*, nous n'avons pas rencontré une seule auberge chinoise qui ait voulu nous recevoir. — Ici le Tartare poussa un profond soupir, et secoua tristement la tête.

La conversation ne fut pas longue. Le chef de famille, qui avait remarqué l'excessive fatigue dont nous étions accablés, avait déroulé un large tapis de feutre dans un coin de la salle; nous nous y étendîmes, en nous faisant un oreiller de notre bras, et dans un instant nous fûmes endormis d'un sommeil profond. Probablement nous serions demeurés dans la même position jusqu'au lendemain matin, si Samdadchiemba n'était venu nous secouer pour nous avertir que le souper était prêt. Nous allâmes nous placer à côté de l'âtre, où nous trouvâmes deux grandes tasses de lait, des pains cuits sous la cendre, et quelques côtelettes de mouton bouilli, le tout disposé sur un escabeau qui servait de table. C'était magnifique! Après avoir soupé lestement et d'excellent appétit, nous échangeâmes une prise de tabac avec la famille, et nous retournâmes prendre notre sommeil où nous l'avions quitté.

Le lendemain il était grand jour, quand nous nous levâmes. La veille, nous n'avions eu ni le temps ni la force de parler de notre voyage; aussi nous nous hâtâmes de communiquer notre itinéraire au Tartare, et de lui demander ses conseils. Aussitôt que nous eûmes dit que notre projet était de traverser le fleuve Jaune, et de continuer notre route à travers le pays des *Ortous*, des exclamations s'élevèrent de toute part. — Ce voyage est impossible, dit

le vieux Tartare; le fleuve Jaune à débordé, depuis huit
jours, d'une manière affreuse : les eaux ne sont pas encore
retirées, elles inondent toute la plaine..... Cette nouvelle
nous fit frissonner; car nous n'étions nullement préparés
à trouver à *Tchagan-Kouren* un si sérieux obstacle. Nous
savions bien que nous aurions à passer le fleuve Jaune,
peut-être sur une mauvaise barque, et que cela serait d'un
grand embarras à cause de nos chameaux; mais nous n'a-
vions jamais pensé nous trouver en présence du *Hoang-
Ho*, à l'époque d'un de ses plus fameux débordements.
Outre que la saison des grandes pluies était passée depuis
long-temps, cette année la sécheresse avait été à peu près
générale. Ainsi il avait été impossible de s'attendre à une
pareille crue d'eau. Cet événement surprenait aussi beaucoup les gens du pays; car annuellement les débordements avaient lieu vers la sixième ou la septième lune.

Dès que nous eûmes appris cette fâcheuse nouvelle, nous
nous dirigeâmes promptement hors la ville, afin d'examiner par nous-mêmes, si les récits que nous avions entendus
n'étaient pas exagérés. Bientôt nous pûmes nous convaincre qu'on nous avait dit exactement la vérité. Le fleuve
Jaune était devenu comme une vaste mer, dont il était impossible d'apercevoir les limites. On voyait seulement, de
loin en loin, des îlots de verdure, des maisons, et quelques
petits villages qui semblaient flotter sur les eaux. Nous
consultâmes plusieurs personnes sur le parti que nous
avions à prendre en cette déplorable circonstance. Mais les
opinions n'étaient guère unanimes. Les uns disaient qu'il
était inutile de penser à poursuivre notre route; que, dans
les endroits d'où les eaux s'étaient retirées, la vase était si

glissante et si profonde, que les chameaux ne pourraient pas avancer; que nous avions surtout à redouter les plaines, encore inondées, où l'on rencontrait, presque à chaque pas, des précipices. D'autres avaient des paroles moins sinistres à nous dire; ils nous assuraient que nous trouverions des barques, disposées d'étape en étape, pendant trois jours; qu'il en coûterait peu de chose pour faire transporter les hommes et les bagages; quant aux animaux, ils pourraient facilement suivre dans l'eau jusqu'à la grande barque, qui nous ferait passer le lit du fleuve.

L'état de la question ainsi posé, il fallait prendre un parti. Rebrousser chemin nous paraissait chose moralement impossible. Nous nous étions dit que, Dieu aidant, nous irions jusqu'à *Lha-Ssa*, en passant par dessus tous les obstacles. Tourner le fleuve en remontant vers le nord, cela augmentait de beaucoup la longueur de notre route, et nous contraignait de plus à traverser le grand désert de Gobi. Demeurer à *Tchagan-Kouren*, et attendre pàtiemment pendant un mois que les eaux se fussent entièrement retirées, et que le terrain fût devenu assez sec pour présenter aux pieds de nos chameaux un chemin sûr et facile; ce parti pouvait paraître assez prudent d'une part, mais de l'autre il nous exposait à de graves inconvénients. Nous ne pouvions vivre long-temps dans une auberge avec cinq animaux, sans voir diminuer et maigrir à vue d'œil notre petite bourse. Restait un quatrième parti, celui de nous mettre exclusivement sous la protection de la Providence, et d'aller en avant, en dépit des bourbiers et des marécages. Il fut adopté, et nous retournâmes au logis faire nos préparatifs de départ.

Tchagan-Kouren est une grande et belle ville toute nouvellement bâtie. Elle ne se trouve pas marquée sur la carte
de Chine éditée par M. Andrivau-Goujon. Cela vient sans
doute de ce qu'elle n'existait pas encore au temps où les
anciens PP. Jésuites, résidant à Péking, furent chargés
par l'empereur *Khang-Hi* de tracer les cartes de l'empire.
Nulle part, en parcourant la Chine, la Mantchourie et la
Mongolie, nous n'avons rencontré de ville semblable à celle
de l'*Enceinte-Blanche*. Les rues sont larges, propres, et
peu tumultueuses; les maisons régulières, et d'une tournure assez élégante, témoignent de l'aisance des habitants.
On rencontre quelques grandes places, ornées d'arbres
magnifiques. Cela nous a d'autant plus frappés, qu'on ne
voit jamais rien de semblable dans les villes de Chine. Les
boutiques, tenues avec propreté, sont assez bien fournies
des produits de la Chine, et quelquefois même de marchandises européennes, venues par la Russie. Cependant
la proximité de la Ville-Bleue nuit beaucoup au commerce
de *Tchagan-Kouren*. Les Tartares se rendent toujours plus
volontiers à *Koukou-Khoton*, dont l'importance commerciale est depuis long-temps connue dans toutes les contrées
mongoles.

La visite de *Tchagan-Kouren* nous avait pris beaucoup
plus de temps, que nous avions d'abord résolu d'y consa-
crer. Il était près de midi, quand nous rentrâmes à la
maison tartare qui nous donnait l'hospitalité. Nous trouvâmes Samdadchiemba impatienté et de mauvaise humeur.
Il nous demanda l'ordre du jour avec un laconisme affecté.

— Aujourd'hui, lui répondîmes-nous, il est trop tard pour
nous mettre en route; demain nous partirons, et ce sera

par les *Ortous* : on dit qu'à cause de l'inondation il n'y a plus de route, hé bien, nous en ferons une. — Ces paroles déridèrent subitement le front de notre Dchiahour. — Voilà qui est bien, dit-il ; voilà qui est bien ! Quand on entreprend un voyage comme le nôtre, on ne doit pas avoir peur des cinq éléments. Ceux qui ont peur de mourir en route, ne doivent pas franchir le seuil de la porte ; voilà la règle..... Le Tartare de la bergerie voulut se hasarder à faire quelques objections contre notre projet ; mais Samdadchiemba ne nous laissa pas la peine d'y répondre ; il s'empara de la parole, et le réfuta victorieusement : il alla même jusqu'à se permettre quelques propos durs et railleurs envers ce bon vieillard. — On voit bien, lui dit-il, que tu n'es plus qu'un *Kitat*. Tu crois maintenant que, pour pouvoir se mettre en route, il est nécessaire que la terre soit sèche et que le ciel soit bleu. Tiens, tu viens de dire des paroles qui prouvent que tu n'es plus un homme mongol. Bientôt on te verra aller garder tes moutons avec un parapluie sous le bras et un éventail à la main..... Personne n'osa plus argumenter avec le *Dchiahour;* et il fut arrêté que le lendemain nous mettrions à exécution notre plan, aussitôt que l'aube commencerait à blanchir.

Le reste de la journée fut employé à faire quelques provisions de bouche. Dans la crainte de rester plusieurs jours au milieu des plaines inondées, et d'y manquer de chauffage, nous préparâmes une grande quantité de petits pains frits dans la graisse de mouton ; nos animaux ne furent pas oubliés, ils eurent part aussi à notre sollicitude. La route allant devenir fatigante et difficile ; nous leur servîmes à discrétion, pendant la soirée et pendant la nuit, du meilleur fourrage que nous pûmes trouver à acheter. De plus, aussitôt que le jour parut, on distribua généreusement à chacun d'eux un solide picotin d'avoine.

Nous nous mîmes en marche le cœur plein de courage et de confiance en Dieu. Le vieux Tartare, qui nous avait si cordialement logés chez lui, voulut nous faire la conduite jusqu'au dehors de la ville. Là, il nous fit remarquer dans le lointain une longue traînée de vapeurs épaisses qui semblaient fuir d'occident en orient : elles marquaient le cours du fleuve Jaune.—A l'endroit où vous apercevez ces vapeurs, nous dit le Tartare, il y a une grande digue qui sert à contenir le fleuve dans son lit, lorsque la crue des eaux n'est pas extraordinaire. Maintenant cette digue est à sec. Lorsque vous y serez parvenus, vous la remonterez jusqu'à cette petite pagode que vous voyez là-bas sur votre droite; c'est là que vous trouverez une barque qui vous portera de l'autre côté du fleuve Jaune. Ne perdez pas de vue cette petite pagode, et vous ne vous égarerez pas..... Après avoir remercié ce bon vieillard de toutes les attentions qu'il avait eues pour nous, nous continuâmes notre route.

Bientôt nous nous trouvâmes engagés dans des champs remplis d'une eau jaunâtre et croupissante. Devant nous, l'œil n'apercevait que des marais immenses, seulement entrecoupés de distance en distance par quelques petites digues que les eaux avaient depuis peu abandonnées. Les laboureurs de ces contrées avaient été forcés de se faire bateliers, et on les voyait se transporter d'un endroit à un autre, montés sur des nacelles qu'ils conduisaient à travers leurs champs. Nous avancions pourtant au milieu de ces terres inondées, mais c'était toujours avec une lenteur et une peine inexprimables. Nos pauvres chameaux étaient hors d'eux-mêmes; la molle terre glaise qu'ils rencontraient partout sous leurs pas, ne leur permettait d'aller que par glissades. A voir leur tête se tourner incessamment de côté et d'autre avec anxiété; à voir leurs jambes frissonner et la sueur ruisseler partout leurs corps, on eût dit à chaque instant qu'ils allaient défaillir. ·

Il était près de midi quand nous arrivâmes à un petit village; nous n'avions fait encore qu'une demi-lieue de chemin, mais nous avions parcouru tant de circuits, nous avions décrit tant de zig-zag dans notre pénible marche, que nous étions épuisés de fatigue. A peine fûmes-nous parvenus à ce village, qu'un groupe de misérables à peine recouverts de quelques haillons nous environna, et nous escorta jusqu'à une grande pièce d'eau devant laquelle nous fûmes contraints de nous arrêter; il n'y avait plus moyen d'avancer : ce n'était de toute part qu'un lac immense qui s'étendait jusqu'à la digue qu'on voyait s'élever sur les bords du fleuve Jaune. Quelques bateliers se présentèrent et nous demandèrent si nous désirions passer l'eau. Ils s'engageaient à nous conduire jusqu'à la digue; de là, disaient-ils, nous pourrions aller facilement jusqu'à la petite pagode, où nous trouverions un bac... Nous demandâmes au patron de la barque combien il prendrait de sapèques pour cette traversée. — Peu de chose, dit-il, presque rien. Nous pourrons prendre sur nos barques les hommes, les bagages, le cheval et le mulet; un homme conduira les chameaux à travers le lac; nos barques sont trop petites pour les recevoir. Vraiment, c'est bien peu de sapèques pour tant de travail, c'est endurer beaucoup de misère pour rien. — Tu as raison, c'est beaucoup de travail, on ne te dit pas le contraire ; mais enfin prononce quelques paroles qui soient un peu claires. Combien exiges-tu de sapèques?—Oh! presque rien; nous sommes tous des frères ; vous êtes des voyageurs, nous comprenons tout cela, nous autres. Tenez, nous devrions vous prendre gratis sur notre barque, ce serait notre devoir... ; mais voyez nos habits, nous autres, nous sommes pauvres ; notre barque est tout notre avoir ; il faut bien qu'elle nous fasse vivre : cinq lis de navigation, trois hommes, un cheval, un mulet, des bagages...; tenez, parce que vous êtes des gens de religion, nous ne prendrons que deux mille sapèques... Le prix était exorbitant ; nous ne répondîmes pas un seul mot. Nous tirâmes nos animaux par la bride, et nous rebroussâmes chemin, feignant de nous en retourner. A peine eûmes-nous fait une vingtaine de pas que le patron courut après nous. —Seigneurs Lamas, est-ce que vous ne voulez pas passer l'eau sur ma barque ? — Si, lui répondîmes-nous sèchement ; mais tu es trop riche sans doute pour endurer un peu de misère. Si tu voulais louer ta barque, est-ce que tu demanderais deux mille sapèques ? — Deux mille sapèques, c'est le prix que je fais, moi ; vous autres, dites au moins combien.—Si tu veux cinq cents sapèques, partons vite ; il est déjà tard. — Revenez, Seigneurs Lamas, venez à l'embarcadère ; et il se saisit, en disant ces mots, du licou de nos animaux. Nous pensions que le prix était définitivement conclu ; mais à peine fûmes-nous arrivés sur les bords du lac, que le patron cria à un de ses compagnons. — Voyons, arrive ici ; aujourd'hui notre des-

tinée est mauvaise; il faut que nous endurions beaucoup
de misère pour bien peu de chose. Nous allons ramer pendant cinq lis, et au bout du compte nous aurons mille et
cinq cents sapèques à partager entre huit. — Mille et cinq
cents sapèques, dîmes-nous? ceci est une moquerie; nous
partons...; et nous rebroussâmes chemin pour la seconde
fois. Des entremetteurs, personnages inévitables dans toutes
les affaires chinoises, se présentèrent et se chargèrent de
régler le prix. Il fut enfin décidé que nous dépenserions
huit cents sapèques : la somme était énorme; mais nous
n'avions pas d'autre moyen de poursuivre notre route. Ces
bateliers le comprenaient ; aussi tirèrent-ils le meilleur
parti possible de notre position.

L'embarquement se fit avec une remarquable activité,
et bientôt nous quittâmes le rivage. Pendant que nous
avancions à force de rames sur la surface du lac, un
homme monté sur un chameau, et tirant les deux autres
après lui, suivait le chemin tracé par une petite embarcation que gouvernait un marinier. Celui-ci était obligé de
sonder continuellement la profondeur de l'eau, et le chamelier devait être très-attentif à diriger sa marche dans
l'étroit sillage de la nacelle conductrice, de peur d'aller s'en-
gloutir dans les gouffres cachés sous l'eau. On voyait les
chameaux avancer à petits pas, dresser leur long cou, et
quelquefois ne laisser apercevoir au-dessus du lac que leurs
têtes et les extrémités de leurs bosses. Nous étions dans
une continuelle anxiété; car ces animaux ne sachant pas
nager, il eût suffi d'un mauvais pas pour les faire disparaître au fond de l'eau.

Grâce à la protection de Dieu, tout arriva heureusement

à la digue qu'on nous avait indiquée. Les bateliers, après nous avoir aidés à replacer à la hâte nos bagages sur les chameaux, nous indiquèrent le point vers lequel nous devions nous rendre. — Voyez-vous à droite ce petit *miao* (pagode)? A quelques pas du *miao*, voyez-vous ces cabanes en branches et ces filets noirs suspendus à de longues perches?.... C'est là que vous trouverez le bac pour passer le fleuve. Marchez en suivant le bas de cette digue, et allez en paix.

Après avoir cheminé péniblement pendant une demi-heure le long de cette ligue, nous arrivâmes au bac. Les bateliers vinrent aussitôt à nous. — Seigneurs Lamas, nous dirent-ils, vous avez sans doute dessein de passer le *Hoang-Ho*... Mais voyez, ce soir la chose est impossible, le soleil est sur le point de se coucher. — Vos paroles sont sensées, nous traverserons demain à l'aube du jour. Cependant, ce soir, parlons du prix ; demain nous ne perdrons pas de temps à délibérer. — Ces bateliers chinois eussent préféré attendre au lendemain, pour discuter ce point important. Ils espéraient que nous offririons une plus grosse somme quand nous serions sur le moment de nous embarquer. Dès l'abord, leurs exigences furent folles. Par bonheur il y avait deux barques qui se faisaient concurrence, sans cela nous étions ruinés. Le prix fut enfin fixé à mille sapèques. Le trajet n'était pas long, il est vrai ; car le fleuve était presque rentré dans son lit : mais les eaux étaient très-rapides, et de plus, les chameaux devaient monter sur le bateau. La somme, assez forte en elle-même nous parut pourtant convenable, vu la difficulté et la peine du passage.

Quand les affaires furent terminées, nous songeâmes au moyen de passer la nuit. Il ne fallait pas penser à aller chercher un asile dans ces cabanes de pêcheurs ; lors même que le local eût été assez vaste, nous aurions eu une répugnance insurmontable à placer nos effets, pour ainsi dire, entre les mains de ces gens. Nous connaissions assez les Chinois, pour ne pas trop nous fier à leur probité. Nous cherchâmes donc à dresser quelque part notre tente. Mais nous eûmes beau tourner et retourner, partout, aux environs, il nous fut impossible de découvrir un emplacement suffisamment sec. La vase ou les eaux stagnantes recouvraient le sol presque sur tous les points. A une centaine de pas loin du rivage était un petit *miao* ou temple d'idoles. On s'y rendait par un chemin étroit mais très-élevé. Nous y allâmes pour voir si nous ne pourrions pas y trouver un lieu de refuge. Tout était à souhait. Un portique, soutenu par trois colonnes en pierre, précédait la porte d'entrée, fermée avec un gros cadenas. Ce portique, construit en granit, s'élevait à quelques pieds au-dessus du sol, et on y montait à gauche, à droite et sur le devant, par cinq degrés. Nous décidâmes que nous y passerions la nuit. Samdadchiemba nous demanda si ce ne serait pas une superstition monstrueuse, d'aller dormir sur les marches d'un *miao*. Quand nous eûmes levé ses scrupules, il fit des réflexions philosophiques. Voilà, disait-il, un *miao* qui a été construit par les gens du pays, en l'honneur du Dieu du fleuve. Cependant quand il a plu dans le Thibet, le *Pou-sa* n'a pas le pouvoir de le préserver de l'inondation. Pourtant ce *miao* sert aujourd'hui à abriter deux Missionnaires de *Jéhovah*, et c'est la seule utilité qu'il aura

eue..... Notre Dchiahour; qui tout d'abord avait eu des
scrupules d'aller loger sous le portique de ce temple idolâtrique, trouva ensuite cela magnifique; il riait sans cesse
du contraste que la chose lui présentait.

Après avoir bien arrangé notre bagage sur cet étrange
campement, nous allâmes réciter notre rosaire sur les
bords du *Hoang-Ho*. La lune était brillante, et éclairait cet
immense fleuve, qui roulait, sur un sol plat et uni, ses eaux
jaunâtres et tumultueuses. Le *Hoang-Ho* est, sans contredit, un des plus beaux fleuves qu'il y ait au monde. Il
prend sa source dans les montagnes du Thibet, et traverse
le *Koukou-Nor*, pour entrer dans la Chine, par la province
du *Kan-Sou*. Il en sort en suivant les pieds sablonneux des
monts *Alécha*, entoure le pays des *Ortous*, et après avoir
arrosé la Chine d'abord du nord au midi, puis d'occident
en orient, il va se jeter dans la mer Jaune. Les eaux du
Hoang-Ho, pures et belles à leur source, ne prennent une
teinte jaunâtre qu'après avoir traversé les sablières des
Alécha et des *Ortous*. Elles sont presque toujours de niveau avec le sol qu'elles parcourent; et c'est à ce défaut
général d'encaissement, qu'on doit attribuer les inondations
si désastreuses de ce fleuve. Cependant ces terribles crues
d'eau, qui sont si funestes à la Chine, ne nuisent que fai-
blement aux Tartares nomades. Quand les eaux gran-
dissent, ils n'ont qu'à ployer leur tente, et à conduire ailleurs leurs troupeaux. (1).

(1). Le lit du *fleuve Jaune* a subi de nombreuses et notables variations. Dans les temps anciens, son embouchure était située dans le
golfe du *Pe-Tchi-Li* par 39 degrés de latitude. Actuellement elle se
trouve au 34e parallèle, à cent vingt-cinq lieues de distance du point

Quoique ce fleuve Jaune, aux allures si sauvages, nous eût déjà beaucoup contrariés, nous aimions à nous promener pendant la nuit sur ses bords solitaires, et à prêter l'oreille au murmure solennel de ses ondes majestueuses. Nous en étions à ces contemplations des grands tableaux de la nature, lorsque Samdadchiemba vint nous rappeler au positif de la vie, en nous annonçant prosaïquement que notre farine d'avoine était cuite. Nous le suivîmes pour aller prendre notre repas, qui fut aussi court que peu somptueux.

Ensuite nous étendîmes nos peaux de bouc, sous le portique, de manière à décrire un triangle, au centre duquel nous empilâmes tout notre bagage. Car nous ne pensions nullement que la sainteté du lieu fût capable d'arrêter les filous, s'il s'en fût trouvé aux environs.

Comme nous l'avons dit plus haut, le petit *miao* était dédié à la divinité du fleuve Jaune. L'idole, placée sur un piédestal en briques grises, était hideuse, comme toutes celles qu'on rencontre ordinairement dans les pagodes chinoises. Sur une figure large, aplatie, et de couleur vineuse, s'élevaient en bosse deux yeux gros et saillants

primitif. Le gouvernement chinois est obligé de dépenser annuellement des sommes énormes pour contenir le fleuve dans son lit, et prévenir les inondations. En 1779 les travaux qui furent exécutés pour l'endiguement coûtèrent 42,000,000, de francs. Malgré ces précautions, les inondations sont fréquentes. Car le lit actuel du fleuve Jaune, dans les provinces du *Ho-Nan* et du *Kiang-Sou*, sur plus de deux cents lieues de long, est plus élevé que la presque totalité de l'immense plaine qui forme sa vallée. Ce lit continuant toujours à s'exhausser par l'énorme quantité de vase que le fleuve charrie, on peut prévoir pour une époque peu reculée une catastrophe épouvantable, et qui portera la mort et le ravage dans les contrées qui avoisinent ce terrible fleuve.

comme des œufs de poule, qu'on aurait placés, la pointe en
l'air, dans les orbites. D'épais sourcils, au lieu de se dessiner horizontalement, partaient du bas des oreilles et allaient se joindre au milieu du front, de manière à former
un angle obtus. L'idole était coiffée d'une espèce de conque marine, et brandissait, d'un air menaçant, une épée en
forme de scie. Ce *pou-sa* avait, à droite et à gauche, deux
petits acolytes qui lui tiraient la langue, et paraissaient se
moquer de lui.

Au moment où nous allions nous coucher, nous vîmes
venir vers nous un homme tenant à la main une petite lanterne de papier peint. Il ouvrit la porte en grillage qui fer-
mait l'enceinte du *miao*, se prosterna trois fois, brûla de
l'encens dans les cassolettes, et alluma un lampion aux
pieds de l'idole. Ce personnage n'était pas bonze. Ses cheveux qui descendaient en tresse, et ses habits bleus, témoignaient qu'il était homme du monde. Quand il eut achevé
ses cérémonies idolâtriques, il vint à nous. — Je vais, nous
dit-il, laisser la porte ouverte; vous serez mieux de coucher dans l'intérieur que sous le portique. — Merci, lui
répondîmes-nous, referme ta porte; nous sommes très-bien
ici... Pourquoi viens-tu de brûler de l'encens ? Quelle est
l'idole de ce petit *miao* ? — C'est l'esprit du *Hoang-Ho*
qui habite ce *miao*. Je viens de brûler de l'encens afin que
la pêche soit abondante, et que l'on puisse naviguer en
paix. — Les paroles que tu viens de prononcer, s'écria
l'insolent Samdadchiemba, ne sont que du *hou-choue* (des
paroles absurdes). Comment se fait-il que ces jours derniers, quand l'inondation est venue, les eaux soient entrées
dans le *miao* et que ton *pou-sa* soit couvert de boue ?.....

A cette apostrophe imprévue, cette espèce de marguillier païen se sauva à toutes jambes. Cela nous étonna beaucoup ; mais le lendemain nous en eûmes l'explication.

Nous nous étendîmes enfin sur nos peaux de bouc, et nous essayâmes de prendre un peu de repos. Le sommeil ne vint que lentement, et par intervalles. Placés entre de vastes mares d'eau et le lit du grand fleuve, nous ressentîmes, pendant la nuit entière, un froid vif et glaçant, qui nous pénétrait les membres jusqu'à la moëlle des os. Le ciel fut pur et serein, et le matin en nous levant nous aperçûmes les marécages d'alentour recouverts d'une assez forte couche de glace. Nous fîmes promptement nos préparatifs de départ ; mais en recueillant tous nos effets, un mouchoir manqua à l'appel. Imprudemment nous l'avions placé sur le grillage qui était à l'entrée du *miao*, de manière à ce qu'il pendît moitié en dedans, moitié en dehors. Personne n'avait paru, excepté l'homme qui le soir était venu faire ses dévotions devant l'idole. Nous pûmes donc, sans jugement téméraire, croire qu'il était le voleur du mouchoir ; et nous comprîmes alors pourquoi il s'était vite sauvé, sans ajouter un mot de riposte à l'allocution de Samdadchiemba. Nous aurions bien pu retrouver ce filou, puisque c'était un des pêcheurs fixés sur les bords du fleuve ; mais c'eût été vainement troubler une affaire, comme disent les Chinois. Il eût fallu saisir le voleur sur le fait.

Nous chargeâmes notre bagage sur les chameaux, et nous nous rendîmes en caravane au bord du fleuve. Nous eussions déjà voulu être à la fin de cette journée, que nous prévoyions devoir être remplie de misères et de difficultés de tout genre. Les chameaux craignant beaucoup l'eau, il est quelquefois absolument impossible de les faire monter sur une barque : on leur déchire le nez, on les meurtrit de coups, sans pouvoir les faire avancer d'un pas; on les tuerait plutôt. La barque que nous avions devant nous semblait surtout nous présenter des obstacles presque insurmontables; elle n'était pas plate et large, comme celles qui, d'ordinaire, servent au passage des fleuves. Ses bords étaient très-élevés, de sorte que les animaux étaient obligés de sauter par-dessus, au risque et péril de se casser les jambes. Quand il s'agissait de faire passer une charrette, c'était bien autre chose : il fallait d'abord commencer par la démonter complètement, et puis embarquer les pièces à force de bras.

Les bateliers s'emparaient déjà de nos effets, pour les transporter sur leur abominable locomotive; mais nous les arrêtâmes. —Attendez un instant, leur dîmes-nous; il faut avant tout essayer de faire passer les chameaux; car, s'ils ne veulent pas entrer, il est inutile de transporter le bagage.—D'où viennent donc vos chameaux, pour qu'ils ne sachent pas monter sur des barques?—Peu importe de savoir d'où ils viennent...; ce que nous te disons, c'est que cette grande chamelle blanche n'a jamais voulu passer aucun fleuve, même sur une barque plate. —Barque plate ou non plate, grande ou petite chamelle, il faudra bien que tout passe...; et en disant ces mots il courut dans son bateau s'emparer d'une énorme barre. — Empoigne la ficelle, dit-il à son compagnon, et pince un peu le nez de cette grande bête; on verra si on ne parviendra pas à la faire asseoir dans notre maison. —Pendant qu'un homme

placé dans la barque tirait de toutes ses forces là corde qui
était attachée au nez du chameau, un autre lui donnait de
grands coups de barre sur les jambes de derrière, afin de
le faire avancer. Tout était inutile : le pauvre animal poussait des cris perçants et douloureux, et tendait son long
cou ; le sang ruisselait de ses narines, ses jambes s'agitaient avec frémissement, mais c'était tout ; il n'avançait
pas d'un pouce. Au reste, il avait bien peu de chemin à
faire pour entrer [dans la barque : ses pieds de devant en
touchaient les rebords, et il ne lui restait plus qu'un pas à
faire ; ce pas était impossible.

Nous ne pûmes tenir plus long-temps à ce spectacle.
C'est assez, dimes-nous au batelier ; c'est inutile de frapper davantage ; tu lui casseras les jambes, tu le tueras plutôt que de le faire entrer dans ta mauvaise barque. Les
deux bateliers s'assirent aussitôt ; car ils étaient fatigués,
l'un de tirer, et l'autre de frapper. Le chameau eut un
moment de repos ; il se mit alors à vomir, et rendit près
d'un tonneau d'herbes à moitié ruminées, et qui répandaient
une odeur suffocante. Cependant notre embarras était extrême. Nous délibérâmes un instant pour savoir quel parti
nous devions prendre dans cette misérable circonstance.
Retourner à *Tchagan-Kouren,* y vendre nos chameaux, et
acheter quelques mulets, tel fut notre premier plan. Les
bateliers nous en suggérèrent un second : ils nous dirent
qu'à deux journées de *Tchagan-Kouren* il y avait un autre
endroit de passage nommé *Pao-Teou;* que les barques
qu'on y trouvait pour traverser le fleuve étaient plates, et
tout-à-fait disposées pour les chameaux... Ce parti nous
paraissant valoir mieux que le premier, nous l'adoptâmes.

Déjà nous étions occupés à replacer le bagage entre les bosses de nos chameaux, lorsque le patron se léva brusquement. — Il faut faire encore une tentative, s'écria-t-il avec l'accent d'un homme qui vient de trouver une bonne idée ; si le moyen que j'imagine ne réussit pas, je ne m'en occupe plus. Après avoir dit ces mots, il éclata en rires inextinguibles. — Voyons, lui dîmes-nous, si tu as trouvé un moyen, mets-le vite à exécution : le temps presse, et nous n'avons guère envie de rire, nous autres.—Prends la corde, dit-il à son compagnon, et attire tout doucement le chameau si près que tu pourras... Quand le chameau fut avancé de manière à toucher de ses genoux les bords de la barque, voilà que le batelier prend course de quelques pas et vient se ruer de tout le poids de son corps sur le derrière de la bête. Ce choc brusque, violent et inattendu fit plier les jambes du chameau. Une seconde décharge ayant suivi la première presque sans interruption, le chameau, pour éviter une chute, n eut d'autre moyen que de lever ses jambes de devant et de les porter dans le navire. Ce premier succès obtenu, le reste fut facile. Quelques légers tiraillements de nez et quelques petits coups suffirent pour achever l'opération. Aussitôt que la grande chamelle fut à bord, l'hilarité fut générale. On usa de la même méthode pour les deux autres chameaux qui étaient encore à terre, et bientôt tout fut embarqué de la manière la plus triomphante.

Avant de détacher la corde qui tenait la barque amarrée au rivage, le patron voulut faire accroupir les chameaux, de crainte que le mouvement de ces grandes masses ne vînt à causer un naufrage. Cette opération fut une véri-

table comédie. Ce batelier, homme d'un caractère bur-
lesque et impétueux, allait d'un chameau à l'autre, tiraillant tantôt celui-ci et tantôt celui-là. Aussitôt qu'il approchait, le chameau tenant en réserve dans sa bouche de
l'herbe à moitié ruminée, la lui lançait au visage. Le batelier ripostait en crachant au nez du chameau. Pourtant la
besogne n'avançait pas ; car l'animal qu'on était parvenu à
faire accroupir se relevait aussitôt qu'il voyait qu'on le quit-
tait pour aller à un autre : c'était un va-et-vient continuel,
et toujours accompagné de crachements réciproques. Dans
cette lutte acharnée, le batelier eut le dessous ; il fut bientôt habillé des pieds à la tête d'une substance verdâtre et
nauséabonde, sans qu'il eût réussi pour cela à arranger ses
chameaux à sa fantaisie. Samdadchiemba, qui riait jusqu'aux larmes, en voyant cette singulière manœuvre, eut
enfin pitié du batelier.... Va-t'en, lui dit-il, occupe-toi de
ta navigation, et laisse-moi manier ces bêtes ; chacun son
métier. — Le patron avait à peine démarré sa barque, que
tous les chameaux étaient accroupis et serrés les uns contre
les autres.

Nous voguâmes enfin sur les eaux du fleuve Jaune, quatre
rameurs gouvernaient la barque, et ne pouvaient qu'à
grand'peine résister à la violence du courant. Nous avions
fait à peu près la moitié de notre navigation, lorsqu'un
chameau se leva tout à coup, et secoua si rudement la barque qu'elle fut sur le point de chavirer. Le batelier, après
avoir vociféré une épouvantable malédiction, nous dit de
prendre garde à nos chameaux, et de les empêcher de se
lever, si nous ne voulions pas être tous engloutis dans les
eaux. Le danger était en effet épouvantable ; le chameau,

mal assuré sur ses jambes, et s'abandonnant aux brusques mouvements de la barque, paraissait nous menacer d'une catastrophe. Samdadchiemba par bonheur s'en approcha avec adresse, et le fit tout doucement accroupir; enfin, ayant eu la peur pour tout mal, nous arrivâmes de l'autre côté du fleuve.

Au moment du débarquement, le cheval impatient de se retrouver à terre, s'élança d'un bond hors de la barque; mais s'étant heurté à un aviron, il alla tomber sur ses flancs au milieu de la vase. Le terrain n'était pas encore sec; nous fûmes obligés de nous déchausser, et de transporter le bagage sur nos épaules, jusqu'à un monticule voisin; là nous demandâmes aux bateliers si nous en avions encore pour long-temps avant d'avoir traversé les marécages et les bourbiers que nous apercevions devant nous. Le patron leva la tête, et, après avoir considéré un instant le soleil, il nous dit : Il sera tantôt midi; ce soir vous arriverez au bord de la petite rivière, demain vous trouverez la terre sèche. Ce fut sur ces tristes données, que nous nous mîmes en route, dans le pays le plus détestable qu'un voyageur puisse peut-être rencontrer en ce monde.

On nous avait indiqué la direction que nous avions à suivre; mais l'inondation ayant détruit tout chemin et tout sentier, nous ne pouvions régler notre marche que sur le cours du soleil, autant que les marécages et les fondrières nous le permettaient. Quelquefois nous faisions péniblement de longs détours pour parvenir à des endroits que nous apercevions verdir au loin, et où nous espérions trouver un terrain moins vaseux; mais nous nous trompions souvent. Quand nous avions gagné le lieu tant désiré, nous n'avions devant nos yeux qu'une vaste étendue d'eau croupissante; les herbes aquatiques qui flottaient à la surface nous avaient donné le change. Alors il fallait rebrousser chemin, tenter de nouvelles voies, essayer de toutes les directions, sans jamais trouver un terme à nos misères. Partout des eaux stagnantes ou des bourbiers affreux, toujours frissonnant de crainte et tremblant à chaque pas de rencontrer quelque gouffre.

Bientôt nos animaux effrayés, et accablés de fatigue, n'eurent plus ni la force ni le courage d'avancer; alors il fallut user de violence, les frapper à coups redoublés, et pousser de grands cris pour les ranimer. Quand leurs jambes venaient à s'entrelacer parmi les plantes marécageuses, ils n'allaient plus que par bonds et par soubresauts, au risque de précipiter bagages et cavaliers dans des eaux bourbeuses et profondes. La Providence, qui veillait sur ses Missionnaires, nous préserva toujours de ce malheur; trois fois seulement le plus jeune de nos chameaux perdit l'équilibre et se renversa sur les flancs; mais ces accidents ne servirent qu'à nous faire admirer davantage la protection dont Dieu nous entourait. La chute eut toujours lieu dans les rares endroits où le sol était un peu sec; si le chameau se fût abattu par malheur au milieu des marais, il eût été absolument impossible de le relever, et il serait mort suffoqué dans la fange.

Dans cet affreux pays, nous rencontrâmes trois voyageurs chinois; ils avaient fait de leurs souliers et de leurs habits un petit paquet qu'ils portaient sur leurs épaules. Appuyés sur un long bâton, ils s'en allaient péniblement à travers les marécages. Nous leur demandâmes dans quelle direction nous pourrions trouver une bonne route... Vous eussiez mieux fait, nous répondirent-ils de rester à *Tcha-gan-Kouren ;* des piétons ont une peine horrible à traverser ces bourbiers : vous autres, où pretendez-vous aller avec vos chameaux ?.. et ils continuaient leur route en nous regardant avec compassion, car ils étaient persuadés que nous ne viendrions jamais à bout de notre entreprise.

Le soleil était sur le point de se coucher, lorsque nous aperçûmes un habitation mongole ; nous nous y acheminâmes en droite ligne, sans plus nous préoccuper des difficultés de la route. Les précautions, du reste, étaient inutiles, et nous savions par expérience qu'il n'y avait pas à choisir au milieu de ces contrées ravagées par l'inondation. Les détours et les circuits ne servaient qu'à prolonger notre misère, et voilà tout. Les Tartares furent effrayés en nous voyant arriver chargés de boue, et inondés de sueur ; ils nous servirent sur-le-champ du thé au lait, et nous offrirent généreusement l'hospitalité. Leur petite maison en terre, quoique bâtie sur un monticule assez élevé, avait été emportée à moitié par les eaux. Il nous eût été difficile de comprendre comment ils s'étaient fixés dans ce misérable pays, s'ils ne nous avaient eux-mêmes appris qu'ils étaient chargés de faire paître les troupeaux des habitants Chinois de *Tchagan-Kouren.* Après nous être reposés un instant, nous leur demandâmes des nouvelles de la route ; ils nous dirent que la rivière était à cinq lis de distance, que les bords en étaient secs, et que nous y trouverions des barques pour nous transporter au delà. Quand vous aurez traversé le petit fleuve, ajoutèrent-ils, vous pourrez voyager en paix, vous ne rencontrerez plus d'eau. Nous remer-

ciâmes ces bons Tartares des bonnes nouvelles qu'ils venaient de nous donner, et nous nous remîmes en marche.

Après une demi-heure de marche, nous découvrîmes en
effet une vaste étendue d'eau sillonnée par de nombreuses
barques de pêcheurs. Le nom de petite rivière (*Paga-Gol*)
qu'on lui donnait, pouvait sans doute lui convenir dans
les temps ordinaires; mais à l'époque où nous nous trouvions c'était comme une mer sans limites. Nous allâmes
dresser notre tente sur la rive qui, à cause de sa grande
élévation, était parfaitement sèche. La beauté remarquable
du pâturage nous engagea à nous y arrêter quelques jours
pour faire reposer nos animaux, qui depuis le départ de
Tchagan-Kouren avaient enduré des fatigues incroyables;
nous-mêmes nous sentions le besoin de nous délasser un
peu des souffrances morales et physiques dont nous avions
été accablés au milieu des marécages.

CHAPITRE VII.

Préparation mercurielle pour la destruction des poux. — Malpropreté
des Mongols.— Idées lamanesques sur la métempsycose.— Lessive
et lavage du linge.— Règlement pour la vie nomade. — Oiseaux
aquatiques et voyageurs. — Le *Yuen-Yang.*— Le *pied de dragon.*—
Pêcheurs de *Paga-Gol.*—Partie de pêche.— Pêcheur mordu par un
chien.—*Kou-Kouo* ou fève de Saint-Ignace.—Préparatifs de départ.
— Passage du *Paga-Gol.*— Dangers de la route. — Dévouement de
Samdadchiemba. — Rencontre du premier ministre du roi des
Ortous. — Campement.

Aussitôt après avoir pris possession de ce poste, nous
creusâmes un fossé autour de la tente, afin de faciliter,
en cas de pluie, l'écoulement de l'eau jusqu'à un étang
voisin. La terre servit à calfeutrer les rebords de notre habitation nouvelle, des grabats mous et épais furent dressés,
à l'aide des coussins et des tapis qui composent les bâts
des chameaux; en un mot, nous cherchâmes à nous entou-
rer de tout le confortable imaginable, à nous procurer
toutes les commodités que le désert peut offrir au pauvre
voyageur nomade. Quand tous ces divers arrangements furent terminés, nous songeâmes à mettre nos personnes un
peu en harmonie avec la propreté et la bonne tenue de
notre tente.

Il y avait déjà près d'un mois et demi que nous étions
en route, et nous portions encore les mêmes habits de
dessous, dont nous nous étions revêtus le jour de notre

départ. Les picotements importuns dont nous étions continuellement harcelés, nous annonçaient assez que nos vêtements étaient peuplés de cette vermine immonde, à laquelle les Chinois et les Tartares s'accoutument volontiers, mais qui est toujours pour les Européens un objet d'horreur et de dégoût. Les poux ont été la plus grande misère que nous ayons eu à endurer pendant notre long voyage; nous avons eu à lutter et à nous raidir contre la faim et la soif, contre des froids horribles et des vents impétueux; pendant deux années entières, les bêtes féroces, les brigands, les avalanches de neige, les gouffres des montagnes n'ont jamais cessé de faire planer, en quelque sorte, la mort sur nos têtes; cependant tous ces dangers et toutes ces épreuves, nous les avons regardés comme peu de chose, en comparaison de cette affreuse vermine dont nous sommes souvent devenus la proie.

Avant de partir de *Tchagan-Kouren*, nous avions acheté dans une boutique de droguiste pour quelques sapèques de mercure. Nous en composâmes un spécifique prompt et infaillible contre les poux. La recette nous avait été autrefois enseignée, pendant que nous résidions parmi les Chinois; et au cas qu'elle puisse avoir quelque utilité pour autrui, nous nous faisons un devoir de la signaler ici. On prend une demi-once de mercure, qu'on brasse avec de vieilles feuilles de thé, par avance réduites en pâte par le moyen de la mastication; afin de rendre cette matière plus molle, on ajoute ordinairement de la salive, l'eau n'aurait pas le même effet; il faut ensuite brasser et remuer, au point que le mercure se divise par petits globules aussi fins que de la poussière. On imbibe de cette composition mercu-

rielle une petite corde lâchement tressée avec des fils de
coton. Quand cette espèce de cordon sanitaire est desséché,
on n'a qu'à le suspendre à son cou ; les poux se gonflent,
prennent une teinte rougeâtre, et meurent à l'instant. En
Chine comme en Tartarie, il est nécessaire de renouveler
ce cordon à peu près tous les mois ; car dans ces sales pays
il serait autrement très-difficile de se préserver de la vermine. On ne peut s'asseoir un instant dans une maison chinoise ou dans une tente mongole, sans emporter dans ses
habits un grand nombre de ces dégoûtants insectes.

Les Tartares n'ignorent pas ce moyen efficace et peu
coûteux de se préserver des poux, mais ils n'ont garde
d'en user. Accoutumés dès leur enfance à vivre au milieu
de la vermine, ils finissent par n'y presque plus faire aucune attention ; seulement, quand ces hôtes importuns se
sont multipliés au point d'attaquer leur peau d'une manière trop sensible, ils songent au moyen d'en diminuer un
peu le nombre. Après s'être dépouillés de leurs habits, ils
font en commun la chasse de ce menu gibier ; cette occupation est pour eux un délassement et comme une honnête
et aimable récréation. Les étrangers ou les amis qui se
trouvent alors dans la tente, s'emparent sans répugnance
d'un pan de l'habit, et aident de leur mieux à cette visite do-
miciliaire. Les Lamas qui se trouvent de la partie, se gardent
bien d'imiter l'impitoyable barbarie des hommes noirs, et
de tuer les poux à mesure qu'il les saisissent ; ils se contentent de les lancer au loin, sans leur faire le moindre mal ;
car, d'après la doctrine de la métempsycose, tuer un être
vivant quelconque, c'est se rendre coupable d'homicide.
Quoique l'opinion générale soit ainsi, nous avons rencontré

quelques Lamas dont les croyances sur ce point étaient plus épurées; ils admettaient que les hommes qui appartiennent à la tribu sacerdotale, doivent s'abstenir de tuer les êtres vivants; non pas, disaient-ils, par crainte de commettre un meurtre, et de donner peut-être la mort à un homme transmigré dans l'animal, mais parce que cela répugne avec le caractère essentiellement doux d'un homme de prière et qui est en communication avec la divinité.

Il est des Lamas qui poussent sur ce point leur délicatesse jusqu'à la puérilité. En voyage, ils sont toujours dans la plus grande sollicitude; s'ils viennent à apercevoir sur leur route quelque petit insecte, ils arrêtent brusquement leur cheval et lui font prendre une autre direction. Ils avouent pourtant que, par inadvertance, l'homme le plus saint occasionne tous les jours la mort d'un grand nombre d'êtres vivants. C'est pour expier ces meurtres involontaires, qu'ils s'imposent des jeûnes et des pénitences, qu'ils récitent certaines formules de prières, et font un grand nombre de prostrations.

Pour nous qui n'avions pas de semblables scrupules, et dont la conscience était solidement formée à l'endroit de la transmigration des âmes, nous fabriquâmes du mieux possible notre cordon mercuriel; nous doublâmes la dose de vif-argent : tant nous étions désireux de détruire de fond en comble la vermine dont jour et nuit nous étions tourmentés.

C'eût été peu de chose que de donner la mort aux poux pour les empêcher de renaître trop tôt; nous dûmes lessiver tous nos habits de dessous, car depuis long-temps il ne nous était plus possible d'envoyer notre linge au blan-

chissage. Depuis près de deux mois que nous étions en
route, nous ne recevions de soins que ceux que nous savions nous donner; nous ne devions jamais compter que
sur nous-mêmes. Cette nécessité nous avait forcés de nous
ingénier peu à peu, et d'apprendre quelque chose de tous
les métiers; toutes les fois que nos habits ou nos bottes ré-
clamaient une réparation urgente, nous étions obligés de
nous faire tour à tour cordonniers ou tailleurs. Le métier
de blanchisseur devait aussi nous être imposé par notre
vie nomade. Après avoir fait bouillir des cendres, et fait
tremper notre linge dans l'eau de lessive, nous allâmes le
laver sur les bords d'un étang voisin de notre tente. Deux
pierres, une pour recevoir le linge, et une autre pour le
frapper, furent les seuls instruments dont nous pûmes faire
usage. Nous eûmes peu de peine à nous donner, car l'eau
croupissante et salpétreuse de l'étang était très-favorable
au lavage. Enfin nous eûmes l'inexprimable joie de contempler nos habits en état de propreté; les sécher sur les
longues herbes et les plier ensuite, fut pour nous une véritable jouissance.

La paix et la tranquillité que nous goûtâmes dans ce
campement, réparèrent merveilleusement les fatigues que
nous avions endurées au milieu des marécages. Le temps
fut magnifique, et pour ainsi dire à souhait. Une chaleur
douce et tempérée pendant le jour, la nuit, un ciel pur et
serein, du chauffage à discrétion, des pâturages sains et
abondants, des efflorescences de nitre et de l'eau saumâtre, qui faisaient les délices de nos chameaux : tout cela
contribuait à épanouir nos cœurs un peu froissés par les
contradictions d'une route fatigante et périlleuse. Nous

nous étions imposé un règlement de vie qui paraîtra bizarre, et peut-être peu en harmonie avec ceux qui sont en vigueur dans les maisons religieuses. Toutefois il était assez bien adapté aux besoins de notre petite communauté.

Tous les matins, aussitôt que le ciel commençait à blanchir, et avant que les premiers rayons du soleil ne vinssent frapper la toile de notre tente, nous nous levions sans avoir besoin d'un excitateur ou du tintement de la cloche. Notre courte toilette étant terminée, nous roulions dans un coin nos peaux de boucs; nous mettions en ordre, çà et là, nos quelques ustensiles de cuisine, et nous donnions enfin un coup de balai dans notre appartement; car nous voulions, autant qu'il était en nous, faire régner dans notre maison l'esprit d'ordre et de propreté. Tout est relatif dans ce monde; l'intérieur de notre tente, qui eût excité le rire d'un Européen, faisait l'admiration des Tartares qui venaient parfois nous rendre visite. La bonne tenue de nos écuelles de bois, notre marmite toujours bien récurée, nos habits qui n'étaient pas encore tout-à-fait incrustés de graisse, tout contrastait avec le désordre, le pêle-mêle et la saleté des habitations tartares.

Quand on avait fait la chambre, nous récitions notre prière en commun, et puis nous nous dispersions, chacun de notre côté, dans le désert, pour vaquer à la méditation de quelque sainte pensée. O! il n'était pas besoin, au milieu du silence profond de ces vastes solitudes, qu'un livre nous suggérât un sujet d'oraison. Le vide et l'inanité des choses d'ici-bas, la majesté de Dieu, les trésors inépuisables de sa providence, la brièveté de la vie, l'importance de travailler pour un monde à venir, et mille autres pensées salutaires, venaient d'elles-mêmes, et sans effort, occuper doucement notre esprit. C'est que dans le désert le cœur de l'homme est libre ; il n'a à subir aucun genre de tyrannie. Elles étaient bien loin de nous, toutes ces idées systématiques et creuses, ces utopies d'un bonheur imaginaire, qu'on croit saisir sans cesse et qui sans cesse s'évanouit, ces inépuisables combinaisons de l'égoïsme et de l'intérêt, en un mot, toutes ces passions brûlantes, qui, en Europe, se froissent, s'entrechoquent, s'échauffent mutuellement, font fermenter toutes les têtes, et tiennent tous les cœurs haletants. Au milieu de nos prairies silencieuses, rien ne venait nous distraire et nous empêcher de réduire à leur juste valeur les bagatelles de ce monde, et d'apprécier à leur véritable prix les choses de Dieu et de l'éternité.

L'exercice qui suivait la méditation n'était pas, il faut en convenir, un exercice mystique ; mais pourtant, il était très-nécessaire, et ne laissait pas d'avoir aussi ses charmes. Chacun prenait un sac sur son dos, et nous allions de côté et d'autre à la recherche des argols. Ceux qui n'ont jamais mené la vie nomade, comprendront difficilement que ce genre d'occupation soit susceptible d'être accompagné de jouissances. Pourtant, quand on a la bonne fortune de rencontrer, caché parmi les herbes, un argol recommandable par sa grosseur et sa siccité, on éprouve au cœur un petit frémissement de joie, une de ces émotions soudaines qui donnent un instant de bonheur. Le plaisir que procure la trouvaille d'un bel argol, est semblable à celui du chasseur, qui découvre avec transport les traces du gibier qu'il poursuit, de l'enfant qui regarde d'un œil pétillant de joie le nid de fauvette qu'il a long-temps cherché, du pêcheur qui voit frétiller, suspendu à sa ligne, un joli poisson; et s'il était permis de rapprocher les petites choses des grandes, on pourrait encore comparer ce plaisir, à l'enthousiasme d'un Leverrier qui trouve une planète au bout de sa plume.

Quand notre sac était rempli d'argols, nous allions avec orgueil le vider à l'entrée de la tente; puis on battait le briquet, on construisait le foyer, et pendant que le thé bouillonnait dans la marmite, on pétrissait la farine et on mettait cuire sous la cendre quelques petits gâteaux. Comme on voit, le repas était sobre et modeste, mais il était toujours d'une saveur exquise; d'abord, parce que nous l'avions préparé nous-mêmes, et ensuite parce que toujours un appétit peu ordinaire en faisait l'assaisonnement.

Après le déjeûner, pendant que Samdadchiemba ramenait vers la tente les animaux dispersés à la recherche des bons pâturages, nous récitions une partie de notre bréviaire. Vers midi, nous nous permettions un peu de repos, quelques instants d'un sommeil doux, profond, et jamais interrompu par le cauchemar ou par les rêves pénibles. Ce délassement nous était nécessaire, parce que tous les soirs la veillée se prolongeait bien avant dans la nuit. Nous ne pouvions que difficilement nous arracher aux charmes de nos promenades, au clair de la lune, sur le bord des étangs. Pendant la journée tout était calme et silencieux autour de nous; mais aussitôt que les ombres de la nuit commençaient à se répandre dans le désert, la scène devenait aussitôt bruyante et animée; les oiseaux aquatiques arrivaient par troupes innombrables, se répandaient sur les étangs voisins, et bientôt des milliers de voix rauques et stridentes remplissaient les airs d'une sauvage harmonie. En entendant les cris de colère et les accents passionnés de tous ces oiseaux voyageurs, qui se disputaient avec acharnement les touffes d'herbes marécageuses où ils voulaient passer la nuit, on eût dit un peuple nombreux dans les transports d'une guerre civile, où chacun s'agite, chacun se remue dans la confusion et le désordre, espérant, conquérir, à force de clameurs et de violence, un peu de bienêtre, pour cette vie, hélas! si semblable à une nuit passagère.

La Tartarie est peuplée d'oiseaux nomades; on les voit sans cesse passer au haut des airs, par nombreux bataillons, et former, dans leur vol régulièrement capricieux, mille dessins bizarres, qui renaissent aussitôt qu'ils se sont évanouis. O! comme ces oiseaux voyageurs sont bien à leur place dans les déserts de la Tartarie, où les hommes eux-mêmes, n'occupant jamais la même place, vivent au milieu de migrations continuelles! Nous aimions à écouter le bruit confus de ces êtres voyageurs et nomades comme nous. En pensant à leurs longues pérégrinations, et aux nombreux pays qu'ils avaient parcourus dans leurs rapides courses, le souvenir de la patrie venait nous saisir, et l'image de notre France se présentait soudainement à nous. Qui sait?... nous disions-nous, parmi ces myriades d'oiseaux de passage, peut-être y en a-t-il quelques-uns qui ont traversé le beau climat de France? Peut-être ont-ils été quelquefois chercher leur pâture dans les plaines du Languedoc, ou sur les montagnes du Jura? Après avoir visité notre patrie, ils ont, sans doute, pris leur route vers le nord de l'Europe, et sont venus jusqu'à nous, en traversant les glaces de la Sibérie et la haute Tartarie. O! nous disions-nous, si ces oiseaux pouvaient entendre nos paroles, s'il nous était donné de comprendre leur langage, combien nous aurions de questions à leur faire!... Hélas! nous ne savions pas alors, que pendant plus de deux ans encore, nous serions privés de toute communication avec notre patrie!

Ces innombrables oiseaux voyageurs qui parcourent incessamment la Tartarie sont en général connus en Europe; ce sont des oies et des canards sauvages, des sarcelles, des cigognes, des outardes, et plusieurs autres de la famille des échassiers. Le *Youen-Yang* est une espèce d'oiseau aquatique, qu'on rencontre partout où il y a des étangs ou des eaux marécageuses; il est de la grosseur et de la forme du canard, mais il a le bec rond et non aplati; il a la tête rousse et parsemée de petites taches blanches, la queue noire, et le reste du plumage d'une belle couleur pourpre. Son cri a quelque chose de triste et de mélancolique; ce n'est pas un chant, mais plutôt un soupir clair et prolongé, qui imite la voix plaintive d'un homme en souffrance. Ces oiseaux vont toujours deux à deux; ils affectionnent d'une manière particulière les endroits déserts et aqueux; on les voit sans cesse folâtrer sur la surface des eaux, sans que le couple se sépare jamais; si l'un s'envole, l'autre le suit aussitôt, et celui qui meurt le premier ne laisse pas long-temps son compagnon dans le veuvage, car il se consume bientôt de langueur et d'ennui. *Youen* est le nom du mâle, et *Yang* celui de la femelle, *Youen-Yang* est leur dénomination commune.

Nous avons remarqué en Tartarie une autre espèce d'oi-

seau voyageur, qui offre des particularités assez bizarres et
peut-être inconnues des naturalistes. Il est à peu près de
la grosseur d'une caille: ses yeux, d'un noir brillant, sont
entourés d'une magnifique auréole bleu de ciel ; tout son
corps est de couleur cendrée et tachetée de noir; ses
jambes n'ont pas de plumes, elles sont garnies d'une espèce de poil long et rude assez, semblable à celui du daim
musqué; ses pattes n'ont nullement l'aspect de celles
qu'on voit aux autres volatiles; elles ressemblent absolument aux pattes des lézards verts, et sont recouvertes d'é-
cailles d'une dureté à l'épreuve du couteau le plus tranchant. Ainsi cet être bizarre tiendrait tout à la fois de l'oiseau, du quadrupède et du reptile ; les Chinois le
nomment *Pied-de-dragon (Loung-Kio)*. Ces oiseaux arrivent ordinairement par grandes troupes du côté du nord,
surtout lorsqu'il est tombé une grande quantité de neige;
ils volent avec une rapidité étonnante, et le mouvement de
leurs ailes fait entendre un bruit sonore, entrecoupé, et
semblable à celui de la grêle. Pendant que nous étions
chargés dans la Mongolie du nord, de la petite chrétienté
de la Vallée-des-Eaux-Noires, un de nos chrétiens, habile
chasseur nous apporta un jour deux de ces oiseaux encore
tout vivants ; ils avaient le caractère excessivement farou-
che; aussitôt qu'on approchait la main pour les toucher,
le poil de leurs jambes se hérissait; et si on avait la témé-
rité de les caresser, on recevait à l'instant de rudes et violents coups de bec. Il nous fut impossible de conserver
long-temps ces *Pied-de-dragon*, tant ils avaient le caractère sauvage : ils ne touchaient à aucune des graines que
nous leur présentions. Voyant qu'ils mourraient bientôt de

faim, nous nous décidâmes à les manger; leur chair a un goût faisandé et assez agréable, mais elle est d'une dureté extrême.

Il serait facile aux Tartares de faire la chasse à tous ces oiseaux de passage, surtout aux oies et aux canards sauvages, dont le nombre est prodigieux; ils les prendraient avec facilité, sans même qu'il fût nécessaire de faire aucune dépense de poudre; il suffirait de tendre des piéges sur les bords des lacs, ou d'aller les surprendre pendant la nuit parmi les plantes aquatiques. Mais, comme nous l'avons dit déjà, la viande des animaux sauvages est peu de leur goût. Il n'est rien pour eux, qui puisse être comparé à un quartier de mouton bien gras et à moitié bouilli.

Les Mongols s'adonnent également fort peu à la pêche; les lacs et les étangs poissonneux, qu'on rencontre si fréquemment en Tartarie, sont devenus, en quelque sorte, la propriété des Chinois. Ces rusés spéculateurs ont commencé par acheter des rois tartares, la permission de faire la pêche dans leurs États; et petit à petit ils se sont fait un droit rigoureux de cette espèce de tolérance. Le *Paga-Gol* (petite rivière) dont nous étions peu éloignés, avait sur ses rives quelques cases de pêcheurs chinois. Ce *Paga-Gol*, ou plutôt cette vaste étendue d'eau est formée par la jonction de deux rivières, qui, prenant leur source des deux côtés d'une colline, coulent en sens opposé; l'une, allant vers le nord, se jette dans le fleuve Jaune; et l'autre, descendant vers le midi, va grossir une seconde rivière qui a également son embouchure dans le *Hoang-Ho*: mais dans le temps des grandes inondations, les deux rivières, ainsi que la colline qui sépare leur cours, tout dis-

paraît. Le débordement du fleuve Jaune réunit les deux
courants, et on n'aperçoit plus qu'un immense bassin,
dont la largeur s'étend à plus d'une demi-lieue. Il paraît
qu'à l'époque des débordements, les poissons qui abondent
dans le fleuve Jaune se rendent en grande foule dans ce
bassin, où les eaux séjournent à peu près jusqu'au commencement de l'hiver; pendant l'automne, cette petite mer
est sillonnée en tous sens par les barques des pêcheurs
chinois, qui ont dressé sur le rivage quelques pauvres cabanes où ils résident pendant le temps de la pêche.

La première nuit que nous passâmes dans ce campement, nous fûmes sans cesse préoccupés d'un fracas
étrange, qui de moment à autre se faisait entendre dans le
lointain; c'étaient comme les roulements sourds et entrecoupés de plusieurs tambours. Quand le jour parut, ce
bruit se continuait encore, mais à de plus longs intervalles et
avec moins d'intensité; il nous parut venir du côté de l'eau.
Nous nous dirigeâmes vers le rivage, et un pêcheur, qui
faisait bouillir son thé dans une petite marmite dressée sur
trois pierres, nous donna le mot de l'énigme; il nous apprit que, pendant la nuit, tous les pêcheurs, montés sur
leurs petites nacelles, parcouraient le bassin dans tous les
sens, en exécutant des roulements sur des caisses de bois,
afin d'effrayer les poissons, et de les chasser vers les endroits où ils avaient tendu leurs filets. Le pêcheur que
nous interrogions, avait passé la nuit tout entière à ce pénible travail. Ses yeux rouges et gonflés et sa figure abat-
tue, témoignaient assez que depuis long-temps il n'avait pas
pris un sommeil suffisant... — Ces jours-ci, nous dit-il,
nous nous donnons beaucoup de peine; car nous n'avons

pas de temps à perdre, si nous voulons faire quelque profit.
La saison de la pêche est très-courte, elle dure tout au
plus trois mois; encore quelques jours, et nous serons obligés de nous retirer dans les terres cultivées. Le *Paga-Gol*
sera glacé, il n'y aura plus moyen de prendre aucun poisson. Vous voyez, Seigneurs Lamas, que nous n'avons pas
de temps à perdre. J'ai passé toute la nuit à donner la
chasse aux poissons; quand j'aurai bu le thé et mangé
quelques écuellées de farine d'avoine, je remonterai sur
ma nacelle, et j'irai lever mes filets que j'ai jetés vers
l'ouest; ensuite je mettrai les poissons pris dans ces réservoirs d'osier que vous voyez flotter là-bas, je ferai la visite
des filets, je raccommoderai les mailles peu solides, et
après avoir pris un peu de repos, au moment où le *vieux-
aïeul* (le soleil) se cachera, j'irai de nouveau jeter mes filets;
puis je parcourrai le bassin, tantôt d'un côté, tantôt d'un
autre, sans cesse occupé à frapper le tambour de bois avec
mes deux baguettes... Ces détails nous intéressèrent; et
comme nos occupations du moment n'étaient pas très-ur-
gentes, nous demandâmes au pêcheur s'il nous serait permis de l'accompagner quand il irait lever ses filets.—Puisque des personnages comme vous, nous répondit-il, ne
dédaignent pas de monter sur ma vile nacelle, et d'assister
à ma pêche maladroite et désagréable à voir, j'accepte le
bienfait que vous me proposez...

Nous nous assîmes donc à côté de son rustique foyer,
pour attendre qu'il eût pris son repas. Le festin du pêcheur
fut aussi court que les préparatifs en avaient été brefs.
Quand le thé eut suffisamment bouilli, il en puisa une
écuellée, plongea dedans une poignée de farine d'avoine,

qu'il pétrit à moitié, en la remuant avec son index; puis, après l'avoir pressée un peu et roulée dans sa main, il l'avala sans lui faire subir d'autre façon. Après avoir répété trois ou quatre fois la même opération, le dîner fut fini. Cette manière de vivre n'avait rien qui pût piquer notre curiosité. Depuis que nous avions adopté la vie nomade, une assez longue expérience nous l'avait rendue familière.

Nous montâmes donc sur une petite barque, et nous allâmes jouir du plaisir de la pêche. Après avoir savouré pendant quelques instants les délices d'une paisible navigation, sur une eau tranquille et unie comme une glace, à travers des troupes de cormorans et d'oies sauvages, qui se jouaient sur la surface du bassin, et qui, moitié courant, moitié voletant, nous laissaient le passage libre à mesure que nous avancions, nous arrivâmes à l'endroit où étaient les filets. De distance, en distance on voyait flotter au-dessus des eaux des morceaux de bois, auxquels étaient attachés les filets qui plongeaient au fond. A mesure qu'on les retirait, on voyait, de temps en temps, reluire les poissons qui se trouvaient engagés dans les mailles. Ces poissons étaient en général magnifiques; mais le pêcheur ne conservait que les plus gros; ceux qui étaient au-dessous d'une demi livre, il les rejetait à l'eau.

Après avoir visité quelques filets, il s'arrêta un instant pour examiner si la pêche était bonne. Déjà les deux auges pratiquées aux deux extrémités de la barque étaient presque remplies. — Seigneurs Lamas, nous dit le pêcheur, mangez-vous de la viande de poisson? Je vous vendrai du poisson, si vous voulez en acheter. — A cette proposition, les deux pauvres Missionnaires français se regardèrent sans

rien dire. Dans leur regard on eût pu voir qu'ils n'auraient
pas été éloignés d'essayer un peu de la saveur des poissons
du fleuve Jaune, mais ils n'osaient; un motif assez grave
les tenait en suspens. — Combien vends-tu ton poisson?—Pas cher, quatre-vingts sapèques la livre.—Quatre-
vingts sapèques! mais c'est plus cher que la viande de mouton.—Parole pleine de vérité; mais qu'est-ce que le mouton
comparé au poisson du *Hoang-Ho?*—N'importe, il est trop
cher pour nous. Nous avons encore une longue route à faire,
notre bourse n'est pas grosse, nous devons la ménager....
Le pêcheur n'insista pas; il prit son aviron, et poussa la
barque vers les endroits où étaient les filets qui n'avaient
pas encore été retirés de l'eau. — Pourquoi, lui deman-
dâmes-nous, jettes-tu tant de poissons? Est-ce que la qualité est mauvaise?—Non, tous les poissons du fleuve Jaune
sont excellents; ils sont trop petits, voilà tout. — Ah! c'est
cela; l'an prochain ils seront plus gros. C'est un calcul,
vous patientez pour avoir dans la suite un peu plus de
profit. — Le pêcheur se mit à rire. Ce n'est pas cela, nous
dit-il, nous n'espérons pas rattraper ces poissons. Tous les
ans, le bassin se remplit de nouveaux poissons, qui sont
entraînés par les eaux débordées du *Hoang-Ho*; il en vient
de gros, et il en vient aussi de petits; nous prenons les premiers, et les autres nous les rejetons, parce qu'ils ne se
vendent pas bien. Le poisson est ici très-abondant; nous
pouvons choisir ce qu'il y a de mieux... Seigneurs Lamas,
si ces petits poissons vous plaisent, je ne les lâcherai pas.—
La proposition fut adoptée, et le menu fretin, à mesure
qu'il se présenta, fut déposé dans une petite seille.

Quand la pêche fut terminée, nous nous trouvâmes possesseurs d'une petite provision de fort jolis poissons. Avant de descendre de la barque, nous lavâmes bien proprement un mouchoir; et après y avoir déposé notre pêche, nous nous dirigeâmes triomphalement vers la tente. — Où avez-vous donc été, mes pères spirituels, nous cria Samdad-chiemba, d'aussi loin qu'il nous aperçut? le thé a déjà bouilli, puis il s'est refroidi; je l'ai fait bouillir encore, il s'est refroidi de nouveau. — Vide ton thé quelque part, lui répondîmes-nous; aujourd'hui nous ne mangerons pas que de la farine d'avoine; nous avons du poisson frais. Fais cuire quelques pains sous la cendre... Notre longue absence avait donné de la mauvaise humeur à Samdad-chiemba. Son front était plus plissé que de coutume, et ses petits yeux noirs étaient tout pétillants de dépit. Mais quand il eut contemplé dans le mouchoir les poissons qui s'agitaient encore, son front se dérida, et sa figure s'épanouit insensiblement. Il ouvrit en souriant le sac de farine de froment, dont les cordons ne se déliaient que dans de rares circonstances. Pendant qu'il s'occupait avec zèle de la pâtisserie, nous prîmes les poissons, et nous nous rendîmes sur les bords du petit lac qui était à quelques pas de la tente. A peine y fûmes-nous arrivés, que Samdad-chiemba accourut en toute hâte. Il écarta vivement les quatre coins du mouchoir qui enveloppait le poisson. — Qu'allez-vous faire, nous dit-il, d'un air préoccupé? — Nous allons vider et écailler ce poisson. — Oh! cela n'est pas bien, mes pères spirituels; attendez un instant, il ne faut pas faire de péché. — Que veux-tu dire? qui est-ce qui fait un péché? — Tenez, voyez ces poissons; il y en a qui se remuent encore; il faut les laisser mourir tout dou-

cement avant de les vider. Est-ce que ce n'est pas un péché, de tuer ce qui est vivant?—Va faire ton pain, et laisse
nous en repos. Toujours donc tes idées de métempsycose?
Est-ce que tu crois encore que les hommes se transfor-
ment en bêtes, et les bêtes en hommes?... Les lèvres de
notre Dchiahour nous dessinèrent un long rire... Ho-lé,
ho-lé, dit-il, en se frappant le front, que j'ai la tête dure!
je n'y pensais plus; j'avais oublié la doctrine.... Et il s'en
retourna un peu confus d'être venu nous donner un avis si
ridicule. Les poissons furent frits dans de la graisse de mouton, et nous les trouvâmes d'un goût exquis.

En Tartarie, et dans le nord de la Chine, la pêche ne
dure que jusqu'au commencement de l'hiver, époque où
les étangs et les rivières se glacent. Alors on expose à l'air,
pendant la nuit, les poissons qu'on conservait tout vivants
dans des réservoirs. Ils gèlent aussitôt et peuvent être en-
caissés sans inconvénient. C'est ainsi qu'on les livre au
commerce. Durant les longs hivers du nord de l'empire,
les riches Chinois peuvent toujours, par ce moyen, se procurer du poisson frais; mais il faut bien se garder d'en
faire des provisions trop fortes, et dont on ne puisse venir
à bout durant la saison des grands froids; car au premier
dégel le poisson entre en putréfaction.

Durant nos quelques jours de repos, nous nous étions
occupés des moyens de traverser le *Paga-Gol.* Une famille
chinoise ayant obtenu du roi des *Ortous* le privilége de
transporter les voyageurs, nous avions dû nous aboucher
avec le patron de la barque. Il s'était chargé de nous conduire de l'autre côté, mais nous n'étions pas encore d'accord sur le prix du passage: on exigeait plus de mille sa-

pèques. La somme nous paraissant exorbitante, nous attendions.

Le troisième jour de notre halte, nous vîmes se diriger
vers notre tente un pêcheur, qui se traînait péniblement
appuyé sur un long bâton. Sa figure pâle, et d'une extrême
maigreur, annonçait un homme très-souffrant. Aussitôt
qu'il fut accroupi à côté de notre foyer : — Frère, lui
dîmes-nous, il paraît que tu mènes des jours qui ne sont
pas heureux. — Ah! nous répondit-il, mon malheur est
extrême; mais que faire? il faut subir les lois irrévocables
du ciel. Il y a quinze jours, comme j'allais visiter une tente
mongole, je fus mordu à la jambe par un chien furieux;
il s'est formé une plaie qui s'élargit et s'envenime continuellement. On m'a dit que vous étiez du ciel d'occident,
et je suis venu vers vous. Les hommes du ciel d'occident,
disent les Lamas tartares, ont un pouvoir illimité; d'un
seul mot ils peuvent guérir les maladies les plus graves.
— On t'a trompé, quand on t'a dit que nous avions un
pouvoir si grand... Et de là nous prîmes occasion d'annoncer à cet homme les grandes vérités de la foi. Mais c'était
un Chinois, et comme les gens de sa nation, peu soucieux
des idées religieuses; nos paroles ne faisaient que glisser
sur son cœur; sa blessure absorbait toutes ses pensées.
Nous songeâmes à le médicamenter avec du *Kou-Kouo*
ou fève de saint Ignace. Ces fruits, de couleur brune ou
cendrée, et d'une substance qui ressemble à la corne, sont
d'une dureté extrême, et d'une amertume insupportable;
ils sont originaires des îles Philippines. La manière de se
servir du *Kou-Kouo* consiste à le broyer dans de l'eau
froide, à laquelle il communique son amertume. Cette eau

prise à l'intérieur tempère l'ardeur du sang, et éteint les inflammations d'entrailles. Elle est un excellent vulnéraire pour les plaies et les contusions. Ce fruit joue un grand rôle dans la médecine chinoise; on en trouve dans toutes les pharmacies. Les vétérinaires s'en servent aussi avec succès, pour traiter les maladies internes des bœufs et des chevaux. Dans le nord de la Chine nous avons été souvent témoins des salutaires effets du *Kou-Kouo*.

Nous délayâmes dans de l'eau froide un de ces fruits pulvérisé. Nous lavâmes la plaie de ce malheureux et nous lui donnâmes un peu de toile propre, pour remplacer les haillons sales et dégoûtants qui lui servaient de bandage. Quand nous eûmes fait pour cet homme souffrant ce qui dépendait de nous, nous remarquâmes qu'il était dans un embarras extrême. Sa figure rougissait, il tenait les yeux baissés, et commençait des phrases qu'il n'achevait pas. — Frère, lui dîmes-nous, tu as quelque chose dans le cœur. — Saints personnages, vous le voyez, je suis pauvre. Vous avez pansé ma plaie ; vous m'avez préparé un grand vase d'eau vulnéraire...; je ne sais combien je dois offrir pour tout cela. — Si tel est le sujet de ton trouble, lui dîmes-nous avec empressement, tu peux laisser la paix rentrer à l'aise dans ton cœur. En soignant ta jambe, nous avons rempli un devoir que nous impose notre religion. Ces remèdes que nous avons préparés, nous te les donnons..... Nos paroles tirèrent d'un grand embarras ce pauvre pêcheur. Il se prosterna aussitôt, et frappa trois fois la terre du front, en signe de remerciement. Avant de se retirer, il nous demanda si nous avions dessein de camper encore pendant quelques jours. Nous lui répondîmes que nous partirions volontiers le lendemain, mais que nous n'étions pas encore d'accord sur le prix du passage avec les gens du bac. — J'ai une barque, nous dit le pêcheur, et puisque vous avez pansé ma blessure, je tâcherai d'employer la journée de demain à vous faire traverser le bassin. Si la barque m'appartenait en entier, je pourrais, dès cette heure, vous donner ma parole; mais j'ai deux associés, il faut que je délibère avec eux. De plus nous aurons à prendre des informations détaillées sur la route. Nous autres pêcheurs nous ne savons pas la profondeur de l'eau sur tous les points. Il est dans le bassin des endroits dangereux; il faut les bien connaître par avance, pour ne pas s'exposer à un malheur. N'allez pas parler de nouveau de votre passage avec les gens du bac; je reviendrai ce soir, avant la nuit, et nous délibérerons ensemble sur tout cela.

Ces paroles nous donnèrent l'espoir de pouvoir peut-être continuer notre route, sans être obligés de faire une trop forte dépense. Comme il l'avait promis, le pêcheur revint vers la nuit, à notre tente. Mes associés, nous dit-il, n'étaient pas d'avis d'entreprendre ce travail, parce que cela leur fera perdre une journée de pêche. Je leur ai promis que vous donneriez quatre cents sapèques, et l'affaire a été ainsi arrêtée. Demain nous irons prendre des informations sur la route que nous avons à suivre. Après demain, avant le lever du soleil, pliez la tente, chargez les chameaux, et rendez-vous au rivage. Si vous rencontrez les gens du bac, ne dites pas que vous nous donnez quatre cents sapèques; comme ils ont seuls le droit de passage, ils peuvent faire procès à ceux qui transportent des voyageurs par contrebande.

Au jour fixé, nous nous rendîmes de grand matin à la petite cabane du pêcheur. Dans un instant tout le bagage fut déposé dans la barque, et les deux Missionnaires y entrèrent avec le batelier dont ils avaient pansé la jambe. Il fut convenu qu'un jeune homme, monté sur le cheval, traînerait après lui le petit mulet, et que Samdadchiemba se chargerait des trois chameaux. Quand tout fut bien équipé, on se mit en route, les navigateurs d'un côté, et les cavaliers de l'autre; car nous ne pouvions pas suivre tous le même chemin, les animaux étaient obligés de faire un long circuit pour éviter des endroits profonds et périlleux.

La navigation fut d'abord très-agréable; nous voguions paisiblement sur cette petite mer, portés sur une légère nacelle qu'un seul homme gouvernait à volonté, en agitant à droite et à gauche deux petites rames dont les deux poignées venaient se croiser devant sa poitrine. Cependant le plaisir de cette charmante promenade nautique au milieu des déserts de la Mongolie ne dura pas long-temps. La poésie fut bientôt épuisée, et nous entrâmes dans de sérieuses et longues misères. Pendant que nous avancions mollement sur la surface du bassin, prêtant vaguement l'oreille au bruit harmonieux des deux rames qui frappaient les eaux avec mesure, tout à coup, nous entendîmes derrière nous des clameurs tumultueuses, auxquelles se joignaient les longs gémissements de nos chameaux. Aussitôt nous nous arrêtâmes, et tournant la tête, nous aperçûmes la caravane qui se débattait au milieu des eaux, sans avancer. Dans la confusion générale, nous distinguâmes le Dchiahour qui agitait vivement ses bras, comme pour nous inviter à nous diriger vers eux. Le batelier n'était pas de cet avis ; il lui en coûtait d'abandonner la bonne route dans laquelle il avait, disait-il, eu le bonheur de s'engager. Nous insistâmes, et il rama enfin, quoique à regret, vers la caravane qui paraissait engagée dans un mauvais pas.

Samdadchiemba était violet de colère; aussitôt que nous fûmes arrivés, il commença par invectiver contre le batelier.—Est-ce que tu as eu dessein de nous faire tous noyer, lui cria-t-il? tu m'as donné un guide qui ne connaît pas la route. Vois, nous sommes environnés de gouffres sans en connaître la profondeur... Les animaux, en effet, ne voulaient ni avancer ni reculer; on avait beau les frapper, c'était peine perdue, ils demeuraient toujours immobiles. Le batelier décocha quelques malédictions horribles à son associé... Puisque tu ne connais pas la route, tu aurais dû le dire par avance. Il n'y a pas d'autre moyen, il faut retourner à la cabane; tu diras à ton cousin de monter le cheval, il sera meilleur conducteur que toi.

Aller à terre chercher un bon guide était sans contredit le parti le plus sûr, mais il n'était pas facile; les animaux étaient tellement effrayés au milieu de cette immense mare d'eau, qu'il était impossible de les faire avancer. Le jeune guide ne savait plus ou donner de la tête; il avait beau frapper le cheval, lui tourner et retourner le mors dans la bouche, le cheval se cabrait, faisait bondir l'eau autour de lui, mais c'était tout, il ne faisait pas un pas. Ce jeune homme qui n'était pas plus habile cavalier que bon guide, finit par perdre l'équilibre, et plongea du haut de son cheval dans le bassin; il disparut un instant, et nous laissa dans une terrible consternation. Il remonta pourtant, mais il avait de l'eau jusqu'aux épaules. Samdadchiemba, en voyant tout le désordre, écumait de colère; enfin il n'y tint plus, il se dépouilla adroitement de tous ses habits, sans descendre du chameau, les jeta dans la barque, et se laissa glisser le long de sa monture.—Reprends cet homme dans ta barque, dit-il au pêcheur, je n'en veux plus; je vais retourner à terre, et chercher quelqu'un qui sache la route... En disant ces mots, il s'éloigna de nous, marchant dans les eaux qui parfois lui montaient jusqu'au cou, et traînant après lui les animaux, qui, voyant le Dchiahour ouvrir la marche, avançaient avec plus de confiance.

Notre cœur était plein d'émotion en voyant le dévouement et le courage de ce jeune néophyte, qui pour nos intérêts n'avait pas fait difficulté de se jeter à l'eau, dans une saison ou le froid était déjà assez rigoureux. Nous le suivîmes des yeux avec anxiété, jusqu'au moment où nous vîmes qu'il avait presque regagné la terre... Maintenant, nous dit le batelier, vous pouvez être tranquilles; il trouvera dans notre cabane un homme qui saura le conduire et lui faire éviter les endroits dangereux.

Nous continuâmes notre route, mais la navigation cessa bientôt d'aller bien; le batelier ne sut pas retrouver le bon chemin que nous avions suivi tout d'abord, et que nous avions quitté pour aller au secours de la caravane; engagée parmi les herbes aquatiques, la barque ne put que difficilement avancer. Nous avions beau tourner à droite et à gauche, revenir quelquefois sur nos pas, le chemin était partout impraticable; les eaux étaient si basses, que la barque n'avançait plus qu'en labourant péniblement la vase. Nous fûmes contraints d'aider à la manœuvre; le batelier se

mit à l'eau, et passa à ses reins une corde dont l'extrémité
était attachée à l'avant de l'embarcation. Pendant qu'il s'é-
puisait à tirer, armés chacun d'une perche nous poussions
de toutes nos forces; cependant tous nos efforts réunis
n'obtenant que de faibles résultats, le batelier remonta sur
la barque, et se coucha de découragement.—Puisque nous
ne pouvons avancer, dit-il, attendons ici que l'entreprise
des transports vienne à passer, nous nous mettrons à la
suite... Nous attendîmes donc.

Le batelier était triste et abattu; il se reprochait hautement de s'être chargé de cette pénible corvée. De notre
côté, nous nous en voulions aussi un peu, d'avoir cherché à
économiser nos sapèques, et de n'être pas partis sur la
barque de passage. Nous eussions bien pris le parti de
nous mettre à l'eau, et de continuer ainsi notre route; mais,
outre la difficulté de porter les bagages, la chose eût été
dangereuse. Le sol étant d'une affreuse irrégularité, les
eaux, parfois d'une profondeur effrayante, devenaient tout
à coup si basses, qu'elles ne pouvaient supporter la nacelle la plus légère.

Il était près de midi quand nous aperçûmes venir trois
barques de passage; elles appartenaient à la famille qui
faisait le monopole du bac. Après avoir beaucoup sué pour
nous désembourber, nous allâmes nous mettre à leur
suite; mais elles ralentirent à dessein leur marche pour
nous attendre. Nous remarquâmes bientôt le patron avec
lequel nous nous étions d'abord abouchés pour traiter du
prix du passage; lui-même nous avait reconnus, et les regards obliques et courroucés qu'il nous lançait, tout en agitant sa rame, témoignaient assez de son dépit.—OEuf de

tortue, cria-t-il au pêcheur qui nous conduisait, combien
te donnent ces hommes de l'occident pour le passage? il
faut qu'ils t'aient promis une bonne enfilade de sapèques,
pour que tu oses ainsi empiéter sur mes droits ; plus tard,
nous dirons quelques mots ensemble... Ne répondez pas
vous autres, nous dit tout bas le batelier ; puis donnant du
timbre à sa voix : Hola, conducteur, s'écria-t-il, tes paroles
sont décousues ; au lieu de parler raison, tu t'irrites à
pure perte, *tu brouilles de la colle.* Ces Lamas ne me
donnent pas une seule sapèque, ils ont guéri la plaie de
ma jambe avec un remède du ciel d'occident; Est-ce que,
pour reconnaître un bienfait de cette nature, je ne dois pas
les conduire de l'autre côté du *Paga-Gol ?* Est-ce que je
puis me dispenser de leur prêter ma barque pour traverser
les eaux ? Ainsi mon action est sainte, et en tout point conforme aux rites. Le patron se contenta de grommeler quelques mots entre ses dents, et feignit de croire aux raisons
qu'on venait de lui donner.

Cette petite altercation fut suivie d'un profond silence
de part et d'autre. Pendant que la flottille avançait paisiblement, et suivait le fil d'un petit courant, large tout au
plus pour laisser passage à une nacelle, nous vîmes venir
vers nous au grand galop un cavalier qui faisait bondir les
eaux de toute part. Aussitôt qu'il fut assez près pour se
faire entendre, il s'arrêta brusquement.—Vite, vite, s'é-
cria-t-il ; ne perdez pas de temps, ramez de toutes vos
forces ; le premier ministre du roi des *Ortous* est là-bas sur
la prairie, avec les gens de sa suite, il attend vos barques ;
qu'on rame vite. Celui qui parlait ainsi était un Mandarin
Tartare. Un globule bleu, qui surmontait son chapeau à

poil, était la marque de sa dignité. Après avoir donné les
ordres, il appliqua quelques coups de fouet à son cheval, et
s'en retourna au galop par le même chemin qu'il avait suivi
en venant. Aussitôt qu'il eut disparu, les murmures que sa
présence avait comprimés, éclatèrent de toute part. —
Voilà qu'aujourd'hui nous serons de corvée.—C'est quelque chose de bien généreux qu'un *Toudzelaktsi* mongol
(ministre du roi); il faudra ramer tout le jour, et au bout
du compte nous n'aurons pas une seule sapèque.—Passe
encore de n'avoir pas de sapèques; nous serons bien heureux si ce puant Tartare (Tcheou-ta-dze) ne nous fait rouer
de coups.—Allons, ramons, suons, tuons-nous; aujourd'hui
nous aurons l'honneur de porter sur notre barque un
Toudzelaktsi... Tous ces propos étaient entremêlés de
grands éclats de rire, et de violentes imprécations contre
l'autorité mongole.

Notre batelier était plus modéré que les autres; il nous
exposa tranquillement son embarras. — C'est une journée,
nous dit-il, bien malheureuse pour moi. Nous serons obligés de conduire le *Toudzelaktsi*, peut-être jusqu'à *Tchagan-Kouren*. Je suis seul, je suis malade, et de plus, nous
aurons besoin ce soir de notre barque pour aller jeter les
filets. —Nous étions profondément contristés de ce fâcheux
accident; car nous ne pouvions nous empêcher d'avouer
que nous étions la cause involontaire de toutes les misères
qu'allait endurer ce pauvre pêcheur. Nous savions que ce
n'est pas une petite affaire, que de rendre service à un magistrat chinois ou tartare; il faut que tout se fasse très-
bien, à la hâte et de bon cœur; peu importent les difficultés
et les fatigues, il faut que le mandarin obtienne toujours

ce qu'il désire. Persuadés des inconvénients de cette corvée imprévue, nous cherchâmes à en délivrer notre malade. — Frère, lui dîmes-nous, sois en paix, le mandarin
qui attend ces barques est un Tartare; c'est le ministre du
roi de ces pays-ci. Sois en paix, nous tâcherons d'arranger
la chose. Allons très-lentement, arrêtons-nous quelquefois...; tant que nous serons sur ta barque, les satellites,
les mandarins subalternes, le *Toudzelaktsi* même, personne n'osera te rien dire.... Nous discontinuâmes en effet
notre route; et pendant que nous prenions un peu de repos, les trois barques qui nous précédaient arrivèrent à
l'endroit où attendait l'autorité mongole. Bientôt deux
mandarins à globule bleu coururent vers nous de toute la
vitesse de leurs chevaux.— Que fais-tu donc ici, crièrent-
ils au batelier; d'où vient que tu n'avances pas?... Nous
prîmes alors la parole...— Frères mongols, dîmes-nous aux
deux cavaliers, priez votre maître de s'arranger avec les
trois barques qui sont déjà arrivées. Cet homme est malade, il y a long-temps qu'il rame; ce serait une cruauté
de l'empêcher de prendre un peu de repos.— Qu'il soit
fait selon les paroles que vous venez de prononcer, seigneurs Lamas, nous répondirent les deux cavaliers; et à
ces mots, ils s'en retournèrent en toute hâte vers le *Toudzelaktsi.*

Nous reprîmes notre route, mais nous avançâmes le plus
lentement possible, afin de donner le temps à tout le monde
de s'embarquer avant notre arrivée. Bientôt nous vîmes revenir les trois barques chargées de mandarins et de satellites; leurs nombreux chevaux s'en allaient en troupe
prendre une autre direction, sous la conduite d'un bate-

lier. A mesure que le cortége avançait, la crainte dominait
de plus en plus le pêcheur qui nous conduisait ; il n'osait
pas lever les yeux, et ne respirait qu'avec peine. Enfin,
les barques se croisèrent. — Seigneurs Lamas, nous cria
une voix, êtes-vous en paix ?.... Au globule rouge qui dé-
corait le bonnet de celui qui nous adressait cette politesse,
à la richesse de ses habits brodés, nous reconnûmes le premier ministre du roi. — *Toudzelaktsi* des Ortous, notre
navigation est lente, mais elle est heureuse; que la paix
accompagne aussi ta route !... Après quelques autres formules d'urbanité exigées par les mœurs tartares, nous
continuâmes à suivre tranquillement le courant de l'eau.
Quand nous fûmes séparés des mandarins par une grande
distance, le cœur de notre batelier put enfin s'épanouir à
l'aise; nous l'avions, en effet, tiré d'un grand embarras. Les
barques de passage devaient être en corvée pendant deux
ou trois jours au moins; le *Toudzelaktsi* ne voulant pas
continuer sa route à travers les marécages, il fallait le conduire sur le fleuve Jaune jusqu'à la ville de *Tchagan-
Kouren*.

Après une navigation longue, pénible et remplie de dangers, nous parvînmes de l'autre côté de ce grand bassin.
Samdadchiemba était arrivé depuis long-temps, et nous attendait au milieu de la vase qui encombrait la rive; il était encore sans habits, mais sa nudité était couverte par un justau-
corps de boue, qui lui donnait un aspect horrible. A cause
du peu de profondeur des eaux, la barque ne pouvant aller
jusqu'à terre, s'arrêta à une trentaine de pas du rivage.
Les bateliers qui nous avaient précédés, avaient été obligés
de transporter sur leurs épaules les mandarins et les satel-

lites tartares; pour nous, nous ne souffrîmes pas qu'on usât à notre égard du même procédé; nous avions des animaux à notre service, et nous voulûmes en user pour effectuer notre débarquement. Samdadchiemba nous les conduisit tout près de la barque, alors M. Gabet sautant sur le cheval, et M. Huc sur le mulet, nous regagnâmes la terre, sans être obligés de monter sur les épaules d'autrui.

Le soleil était sur le point de se coucher. Nous eussions bien désiré camper aussitôt, car nous étions exténués de faim et de fatigue, mais cela n'était pas encore possible; nous avions, nous disait-on, dix *lis* à faire avant de nous débarrasser tout-à-fait de la boue et des marais. Nous chargeâmes donc nos chameaux, et nous achevâmes dans la peine et la souffrance cette journée de misères. Il était nuit close quand nous pûmes dresser la tente; les forces nous manquèrent pour préparer notre nourriture accoutumée; de l'eau froide et quelques poignées de petit millet grillé furent tout notre souper. Après avoir fait une courte prière, nous n'eûmes qu'à nous laisser aller sur nos peaux de bouc, pour nous endormir profondément.

CHAPITRE VIII.

Coup-d'œil sur le pays des Ortous. — Terres cultivées. — Steppes stériles et sablonneuses des Ortous. — Forme des gouvernements tartares-mongols. — Noblesse. — Esclavage. — Rencontre d'une petite lamaserie. — Election et intronisation d'un Bouddha-vivant. — Régime des lamaseries. — Études lamanesques. — Violent orage. — Refuge dans des grottes creusées de main d'homme. — Tartare caché dans une caverne. — Anecdote tartaro-chinoise. — Cérémonies des mariages tartares. — Polygamie. — Divorce. — Caractère et costume des femmes mongoles.

———•———

Le soleil était déjà haut quand nous nous levâmes. En sortant de la tente, nous jetâmes un coup d'œil autour de nous, pour faire connaissance avec ce nouveau pays que les ténèbres de la veille nous avaient empêché d'examiner. Il nous parut triste et aride; mais enfin nous fûmes heureux de ne plus apercevoir ni bourbiers ni marécages. Nous avions laissé derrière nous le fleuve Jaune avec toutes ses eaux débordées, et nous entrions dans les steppes sablonneuses de l'*Ortous*.

Le pays d'*Ortous* se divise en sept bannières; il compte cent lieues d'étendue d'occident en orient, et soixante-dix du sud au nord. Le fleuve Jaune l'entoure à l'est, à l'ouest et au nord, et la grande muraille au midi. Ces contrées ont subi, à toutes les époques, l'influence des révolutions politiques qui ont agité l'empire chinois. Les conquérants Chinois et Tartares s'en sont tour à tour emparés, et en ont fait le théâtre de guerres sanglantes. Pendant les dixième, onzième et douzième siècles, elles sont demeurées sous la domination des rois de Hia, qui se disaient Tartares d'origine *Thou-Pa* dans le pays de *Si-Fan*. La capitale de leur royaume, nommée *Hia-Tchcou*, était située aux pieds des monts *Alecha*, entre le Hoang-Ho et la grande muraille. Maintenant cette ville s'appelle *Ning-Hia*, et appartient à la province du *Kan-Sou*. En 1227, le royaume de *Hia*, et par suite l'Ortous, furent enveloppés dans la ruine commune par les victoires de *Tchingghiskhan*, fondateur de la dynastie tartare des *Youen*.

Après l'expulsion des Tartares-Mongols par les *Ming*, les Ortous tombèrent au pouvoir du *Khan* du Tchakar. Ce dernier ayant fait sa soumission aux conquérants Mantchous, en 1635, les Ortous suivirent son exemple, et furent réunis à l'empire, en qualité de peuples tributaires.

L'empereur Khang-Hi, dans le cours de son expédition contre les Eleuts, en 1696, fit quelque séjour parmi les Ortous. Voici ce qu'il disait de ce peuple, dans une lettre écrite au prince son fils, resté à Péking : «Jusqu'ici, dit-il, » je n'avais point l'idée qu'on doit se former des Ortous; » c'est une nation très-policée, et qui n'a rien perdu des » anciennes coutumes des vrais Mongols. Tous leurs » princes vivent entr'eux dans une union parfaite, et ne » connaissent point la différence *du tien* et *du mien*. Il est » inoui de trouver un voleur parmi eux, quoiqu'ils ne » prennent aucune précaution pour la garde de leurs cha- » meaux et de leurs chevaux. Si par hasard un de ces ani- » maux s'égare, celui qui le trouve en prend soin, jusqu'à

» ce qu'il en ait découvert le propriétaire, et il le lui rend
» alors sans le moindre intérêt... Les Ortous sont princi-
» palement intelligents dans la manière d'élever les bes-
» tiaux ; la plupart de leurs chevaux sont doux et traitables.
» Les Tchakar, au nord des Ortous, ont la réputation de
» les élever avec beaucoup de soin et de succès ; je crois
» cependant que les Ortous les surpassent encore en ce
» point. Malgré cet avantage, ils ne sont pas à beaucoup
» près aussi riches que les autres Mongols. »

Cette citation que nous empruntons à l'abbé Grosier,
est en tout point conforme avec ce que nous avons pu remarquer chez les Ortous. Il paraît que depuis le temps
de l'empereur Khang-Hi, ces peuples n'ont nullement
changé.

L'aspect du pays que nous parcourûmes pendant notre
première journée de marche, nous parut beaucoup se
ressentir du voisinage des pêcheurs chinois qui résident
sur les bords du fleuve Jaune. Nous rencontrâmes çà et là
quelques terres cultivées ; mais rien de plus triste et de
plus mauvaise mine que cette culture, si ce n'est peut-être
le cultivateur lui-même. Ces misérables agricoles sont des
gens mixtes, moitié Chinois, moitié Tartares, n'ayant ni
l'industrie des premiers, ni les mœurs franches et simples
des seconds ; ils habitent dans des maisons, ou plutôt sous
de sales hangars, construits avec des branches entrelacées
et grossièrement enduites de boue et de fiente de bœuf. La
soif nous ayant forcés d'entrer dans une de ces habitations,
pour demander l'aumône d'une écuellée d'eau, nous pûmes nous convaincre que l'intérieur ne démentait en rien
la misère qui apparaissait au dehors. Hommes et animaux,

tout vivait pêle-mêle dans l'ordure; ces demeures étaient bien loin de valoir les tentes mongoles, où du moins l'air n'est pas empesté par la présence des bœufs et des moutons.

La terre sablonneuse que cultivent ces pauvres gens, à part quelque peu de sarrasin et de petit millet, ne produit guère que du chanvre; mais il est d'une grosseur prodigieuse. Quand nous passâmes, quoique la récolte fût déjà faite, nous pûmes pourtant juger de la beauté de la tige, par ce qui en restait dans les champs. Les cultivateurs des Ortous n'arrachent pas le chanvre, quand il est mûr, comme cela se pratique en Chine; ils le coupent à ras de terre, de manière à laisser une souche grosse d'un pouce de diamètre. Pour traverser ces vastes champs de chanvre, nos chameaux eurent beaucoup à souffrir; ces souches nombreuses, qu'ils rencontraient continuellement sous leurs larges pieds, les forçaient à exécuter des danses bizarres et bien capables d'exciter notre hilarité, si nous n'eussions eu la crainte de les voir se blesser à chaque pas. Au reste, ce qui contrariait si fort la marche de nos chameaux devint pour nous d'un grand secours; quand nous eûmes dressé la tente, ces résidus de chanvre nous fournirent un facile et abondant chauffage.

Bientôt nous rentrâmes dans la Terre des herbes, si toutefois on peut donner ce nom à un pays stérile, sec et pelé comme celui des Ortous. De quelque côté que l'on porte ses pas, on ne rencontre jamais qu'un sol désolé et sans verdure, des ravins rocailleux, des collines marneuses et des plaines encombrées d'un sable fin et mobile, que l'impétuosité des vents balaie de toute part; pour tout pâtu-

rage, on ne voit que des arbustes épineux, et des espèces
de fougères maigres, poudreuses et d'une odeur fétide. De
loin en loin seulement, ce sol affreux produit quelques
herbes clair-semées, cassantes, et tellement collées à terre
que les animaux ne peuvent les brouter sans labourer les
sables avec leurs museaux. Ces nombreux marécages, qui
avaient fait notre désolation sur les bords du fleuve Jaune,
nous finîmes bientôt par les regretter dans le pays des Ortous, tant les eaux y sont rares et la sécheresse affreuse :
pas un ruisseau, pas une fontaine où le voyageur puisse se
désaltérer; de loin en loin seulement on rencontre des la-
gunes et des citernes remplies d'une eau puante et bourbeuse.

Les Lamas avec lesquels nous avions été en rapport
dans la Ville-Bleue nous avaient prévenus des misères que
nous aurions à endurer dans le pays des Ortous, surtout
à cause de la rareté des eaux ; d'après leur conseil, nous
avions acheté deux seaux en bois, qui nous furent effec-
tivement de la plus grande utilité. Quand nous avions le
bonheur de trouver sur notre chemin des flaques, ou des
puits creusés par les Tartares, sans nous arrêter à la mauvaise qualité de l'eau, nous en remplissions nos scilles, et
nous en usions toujours avec la plus grande économie,
comme on ferait d'une rare et précieuse liqueur. Malgré
nos précautions, pourtant il nous arriva plus d'une fois de
passer des journées entières sans pouvoir nous procurer
une seule goutte d'eau pour humecter un peu nos lèvres.
Cependant nos privations personnelles étaient encore peu
de chose, en comparaison de la peine que nous éprouvions,
en voyant nos animaux manquer d'eau presque tous les

jours, dans un pays où ils n'avaient jamais à brouter que
quelques plantes desséchées, et en quelque sorte calcinées
par le nitre; aussi maigrissaient-ils à vue d'œil. Après
quelques journées de marche, le cheval prit un aspect pitoyable; il s'en allait baissant la tête jusqu'à terre, et paraissant à chaque pas devoir succomber de défaillance; les
chameaux se balançaient péniblement sur leurs longues
jambes, et leurs bosses amaigries se penchaient sur leur
dos, semblables à des sacs vides.

Les steppes des Ortous, quoique si dépourvues d'eaux
et de bons pâturages, n'ont pas été pourtant abandonnées
par les animaux sauvages. On y rencontre fréquemment
des écureuils gris, des chèvres jaunes à la jambe svelte et
légère, et des faisans au plumage élégant. Les lièvres y abondent; et ils sont si peu farouches, qu'ils ne se donnaient
pas même la peine de fuir à notre approche; ils se soule-
vaient avec curiosité sur leurs pattes de derrière, dressaient leurs oreilles, et nous regardaient passer avec indifférence. Au reste, ces animaux vivent toujours sans inquiétude; car, à part quelques rares Mongols qui s'adonnent
à la chasse, il n'y a jamais là personne pour les inquiéter.

Les troupeaux que nourrissent les Tartares des Ortous,
sont peu nombreux, et bien différents de ceux qui paissent
parmi les gras pâturages du Tchakar ou de Gechekten. Les
bœufs et les chevaux nous parurent surtout misérables;
les chèvres, les moutons et les chameaux avaient assez bonne
mine; cela vient, sans doute, de ce que ces derniers animaux aiment beaucoup à brouter les plantes imprégnées
de salpêtre, au lieu que les bœufs et les chevaux affectionnent les frais pâturages et les eaux pures et abondantes.

Les Mongols' des Ortous se ressentent beaucoup de la misère du pays qu'ils occupent. Pendant notre voyage, nous n'eûmes pas lieu de nous apercevoir que, depuis le temps de l'empereur Khang-Hi, ils se fussent beaucoup enrichis. La plupart demeurent sous des tentes, composées de quelques lambeaux de feutre ou de peaux de chèvres ajustés sur un misérable échafaudage; le tout est tellement vieux et sale, tellement délabré par le temps et les orages, qu'on soupçonnerait difficilement qu'elles pussent servir de demeure à des hommes. S'il nous arrivait de camper auprès de ces pauvres habitations, aussitôt nous recevions la visite d'une foule de malheureux, qui se prosternaient à nos pieds, se roulaient à terre, et nous donnaient les titres les plus magnifiques pour obtenir quelque aumône. Nous n'étions pas riches; mais nous ne pouvions nous dispenser de les faire participer au petit trésor que nous tenions de la bonté de la Providence. Nous leur donnions quelques feuilles de thé, une poignée de farine d'avoine, du petit millet grillé, et quelquefois un peu de graisse de mouton. Hélas! nous eussions aimé à leur offrir davantage; mais nous étions forcés de donner peu, parce que nous avions peu nous-mêmes. Les Missionnaires sont, eux aussi, des pauvres, qui vivent des aumônes que leur distribuent tous les ans leurs frères d'Europe.

Si on ne connaissait les lois qui régissent les Tartares, on comprendrait difficilement comment des hommes peuvent se condamner à passer leur vie dans le misérable pays des Ortous, tandis que la Mongolie offre de toute part des contrées immenses, désertes, et où les eaux et les pâturages se rencontrent en abondance. Quoique les Tartares soient nomades, et sans cesse errants de côté et d'autre, ils ne sont pas libres pourtant d'aller vivre dans un pays autre que le leur; ils sont tenus de demeurer dans leur royaume et sous la dépendance de leur maître; car, il faut le dire, parmi les tribus mongoles, l'esclavage est encore dans toute sa vigueur. Pour bien comprendre le degré de liberté dont peuvent jouir ces peuples, au milieu de leurs contrées désertes, il est bon d'entrer dans quelques détails sur la forme de leur gouvernement.

La Mongolie est divisée en plusieurs souverainetés, dont les chefs sont soumis à l'empereur de Chine, Tartare lui-même, mais de race Mantchoue; ces chefs portent des titres qui correspondent à ceux de rois, de ducs, de comtes, de barons, etc. Ils gouvernent leurs États selon leur bon plaisir, et sans que personne ait le droit de s'immiscer dans leurs affaires; ils ne reconnaissent pour suzerain que l'empereur de Chine. Quand il s'élève entr'eux des différends, ils ont recours à Péking; au lieu de se donner des coups de lances, comme cela se pratiquait autrefois, au moyen-âge de l'Europe, parmi ces petits souverains si guerroyeurs et si turbulents, ils se soumettent toujours avec respect aux décisions de la cour de Péking, quelles qu'elles puissent être. Bien que les Souverains mongols se croient tenus d'aller tous les ans se prosterner devant le *fils du ciel, maître de la terre,* ils soutiennent cependant que le *Grand-Khan* n'a pas le droit de détrôner les familles régnantes dans les principautés tartares. Il peut casser le roi pour des causes graves; mais il est obligé de mettre à la place un de ses enfants. La souveraineté appartient, disent-ils, à telle famille; ce droit est inamissible, et c'est un crime de prétendre l'en déposséder.

Il y a peu d'années, le roi de *Barains* (1) fut accusé à Péking de machiner une révolte contre l'Empereur; il fut jugé par les tribunaux suprêmes, sans être entendu, et condamné à être raccourci par les deux bouts. L'esprit de la loi voulait qu'on lui coupât les pieds et la tête. Le roi fit donner des sommes énormes à ceux qui devaient veiller à l'exécution de l'édit impérial; et on se contenta de lui couper sa tresse de cheveux, et de lui arracher la semelle des bottes. On écrivit à Péking, que l'ordre avait été exécuté, et la chose en resta là. Le roi pourtant cessa de régner, et son fils monta sur le trône.

Quoique, d'après une espèce de droit coutumier, le pouvoir doive toujours rester dans la même famille, on ne peut pas dire toutefois qu'il y ait quelque chose de bien fixe à cet égard. Rien de plus vague et de plus indéterminé, que les rapports qui existent entre les souverains tartares et le *Grand-Khan* ou empereur de la Chine, dont la volonté toute puissante est au-dessus de toutes les lois et de tous les usages. Dans la pratique, l'Empereur a le droit de faire tout ce qu'il fait, et ce droit ne lui est contesté par personne. Si des cas douteux et contestés viennent à surgir, la force en décide.

En Tartarie, toutes les familles qui ont quelque lien de parenté avec le souverain, constituent une noblesse, ou caste patricienne, à qui appartient le sol tout entier. Ces nobles, qu'on nomme *Taitsi*, sont distingués par un glo-

(1) *Barains* est une principauté située au nord de Péking, et l'une des plus célèbres de la Tartarie mongole.

bule bleu qui surmonte leur bonnet; c'est parmi eux que
les souverains des divers États choisissent leurs ministres,
qui sont ordinairement au nombre de trois; on les nomme
Toutzelaktsi, c'est-à-dire, homme qui aide ou qui prête
son ministère. Cette dignité leur donne le droit de porter
le globule rouge. Au-dessous des *Toudzelaktsi,* sont les
Touchimel, officiers subalternes, qui sont chargés des détails de l'administration. Enfin, quelques secrétaires ou in-
terprètes, qui doivent être versés dans les langues mongole, mantchoue et chinoise, complètent la hiérarchie.

Dans le pays des Khalkhas, au nord du désert de Gobi,
on trouve une contrée entièrement occupée par des *Taitsi;*
on les croit descendants de la dynastie mongole, fondée
par *Tchinggiskhan,* et qui occupa le trône impérial depuis
l'an 1260 jusqu'à 1341. Après la révolution qui rendit aux
Chinois leur indépendance nationale, ils se réfugièrent parmi
les Khalkhas, obtinrent sans peine une portion de leur immense territoire, et adoptèrent la vie nomade qu'avaient
menée leurs ancètres, avant la conquête de la Chine. Ces
Taitsi passent leurs jours dans la plus grande indépendance, sans être soumis à aucune charge, sans payer de tribut à personne, et sans reconnaître aucun souverain. Leurs
richesses se composent de tentes et de bestiaux. La terre
des *Taitsi* est le pays mongol où on trouverait retracées le
plus exactement les mœurs patriarcales, telles que la *Bible*
nous les dépeints dans les vies d'Abraham, de Jacob et des
autres pasteurs de la Mésopotamie.

Les Tartares qui ne sont pas de famille princière sont
esclaves; ils vivent sous la dépendance absolue de leurs
maîtres. Outre les redevances qu'ils doivent payer, ils sont

tenus de garder les troupeaux de leurs maîtres; il ne leur
est pas défendu d'en nourrir aussi pour leur propre compte.
On se tromperait beaucoup, si on s'imaginait qu'en Tartarie l'esclavage est dur et cruel, comme il l'a été chez
certains peuples; les familles nobles ne diffèrent presque
nullement des familles esclaves. En examinant les rapports
qui existent entr'elles, il serait difficile de distinguer le
maître de l'esclave; ils habitent les uns et les autres sous
la tente, et passent également leur vie à faire paître des
troupeaux. On ne voit jamais parmi eux le luxe et l'opulence se poser insolemment en face de la pauvreté. Quand
l'esclave entre dans la tente du maître, celui-ci ne manque
pas de lui offrir le thé au lait; ils fument volontiers ensemble, et se font mutuellement l'échange de leurs pipes. Aux
environs des tentes, les jeunes esclaves et les jeunes seigneurs folâtrent et se livrent aux exercices de la lutte,
pêle-mêle et sans distinction; le plus fort terrasse le plus
faible, et voilà tout. Il n'est pas rare de voir des familles
d'esclaves devenir propriétaires de nombreux troupeaux, et
couler leurs jours dans l'abondance. Nous en avons rencontré beaucoup qui étaient plus riches que leurs maîtres,
sans que cela donnât le moindre ombrage à ces derniers.
Quelle différence entre cet esclavage et celui qui existait à
Rome, par exemple, où le citoyen romain, en faisant l'inventaire de sa maison, classait les esclaves avec le mobi-
bilier! Aux yeux de ces maîtres orgueilleux et cruels,
l'esclave ne méritait pas même le nom d'homme; on
l'appelait sans façon une chose domestique; *res domes-
tica*. L'esclavage, parmi les Tartares mongols, est
même moins dur et moins outrageant pour l'humanité, que

le servage du moyen-âge; les seigneurs mongols ne donnent jamais à leurs esclaves ces humiliants sobriquets, qui servaient autrefois à désigner les serfs; ils les appellent, frères, mais jamais vilains, jamais canailles, jamais gent taillable et corvéable à merci.

La noblesse tartare a droit de vie et de mort sur ses esclaves; elle peut se rendre justice elle-même vis-à-vis des siens, jusqu'au point de les faire mourir; mais ce privilége ne s'exerce pas arbitrairement. Quand l'esclave a été mis à mort, un tribunal supérieur juge l'action du maître, et s'il est convaincu d'avoir abusé de son droit, le sang innocent est vengé. Les Lamas qui appartiennent aux familles esclaves, deviennent libres en quelque sorte, en entrant dans la tribu sacerdotale; on ne peut exiger d'eux ni corvées, ni redevances; ils peuvent s'expatrier et courir le monde à leur fantaisie, sans que personne ait le droit de les arrêter.

Quoique les rapports de maître à esclave soient en général pleins d'humanité et de bienveillance, il est pourtant des souverains tartares qui abusent de leur prétendu droit, pour opprimer leurs peuples et en exiger des tributs exorbitants. Nous en connaissons un qui use d'un système d'oppression vraiment révoltant. Il choisit parmi ses troupeaux, les bœufs, les chameaux, les moutons, les chevaux les plus vieux et les plus malades, puis il en confie la garde aux riches esclaves qui sont dans ses états; ceux-ci ne peuvent trouver mauvais de faire paître les bestiaux de leur souverain seigneur; ce doit être même un grand honneur pour eux. Après quelques années, le roi redemandant ses animaux, qui sont presque tous morts de maladie ou

de vieillesse, va choisir, parmi les troupeaux de ses esclaves, les plus jeunes et les plus vigoureux; souvent même,
ne se contentant pas de cela, il en exige le double ou le
triple. Rien de plus juste, dit-il; car pendant deux ou trois
ans mes animaux ayant pu se multiplier, il doit me revenir
un grand nombre d'agneaux, de poulains, de veaux et de
chamelons.

L'esclavage, quelque mitigé, quelque doux qu'on le suppose, ne peut jamais être en harmonie avec la dignité de
l'homme; il a été aboli en Europe, et un jour, nous l'espérons, il le sera aussi parmi les nations mongoles. Mais
cette grande révolution s'opérera, comme partout, sous
l'influence du christianisme. Ce ne seront pas les faiseurs
de théories politiques, qui affranchiront ces peuples nomades; cette œuvre sera encore celle des prêtres de Jésus-
Christ, des prédicateurs du saint Évangile, charte divine
où sont consignés les véritables droits de l'homme. Aussitôt que les missionnaires auront appris aux Mongols à
dire : Notre Père qui êtes aux cieux..., l'esclavage tombera
en Tartarie, et on y verra grandir l'arbre de la liberté à côté
de la croix.

Après quelques journées de marche à travers les sables
des Ortous, nous remarquâmes sur notre passage une petite
lamaserie, richement bâtie dans un site pittoresque et sauvage. Nous passâmes outre, sans nous arrêter. Déjà nous
en étions éloignés d'une portée de fusil, lorsque nous entendîmes derrière nous, comme le galop d'un cheval. Nous
tournâmes la tête, et nous aperçûmes un Lama qui venait
à nous avec empressement. — Frères, nous dit-il, vous
êtes passés devant notre *soumé* (lamaserie) sans vous arrê-

ter; est-ce que vous seriez si pressés que vous ne puissiez
vous reposer un jour, et faire vos adorations à notre saint?
— Oui, nous sommes assez pressés ; notre voyage n'est
pas de quelques jours, nous allons dans l'occident.—A votre physionomie, j'ai bien connu que vous n'étiez pas de
race mongole; je sais que vous êtes de l'occident ; mais
puisque vous devez faire une si longue route, vous ferez
bien de vous prosterner devant notre saint, cela vous portera bonheur. — Nous ne nous prosternons pas devant les
hommes; les véritables croyances de l'occident s'opposent à
cette pratique. — Notre saint n'est pas simplement un
homme, vous ne pensez peut-être pas que dans notre petite lamaserie, nous avons le bonheur de posséder un *Chaberon*, un Bouddha-vivant. Il y a deux ans qu'il a daigné
descendre des saintes montagnes du Thibet; actuellement,
il est âgé de sept ans. Dans une de ses vies antérieures, il
a été le grand Lama d'un magnifique *soumé* situé dans ce
vallon, et qui a été détruit, à ce que disent les livres de
prières, du temps des guerres de *Tching-Kis*. Le saint
ayant reparu depuis peu d'années, nous avons construit à
la hâte un petit *soumé*. Venez, frères, notre saint élèvera
sa main droite sur vos têtes, et le bonheur accompagnera
vos pas. — Les hommes qui connaissent la sainte doctrine
de l'occident, ne croient pas à toutes ces transmigrations
des *Chaberons*. Nous n'adorons que le Créateur du ciel et
de la terre; son nom est Jehovah. Nous pensons que
l'enfant que vous avez fait supérieur de votre *soumé*, est
dépourvu de puissance; les hommes n'ont rien à espérer
ni rien à craindre de lui.... Le Lama, après avoir entendu
ces paroles, auxquelles, certainement, il ne s'attendait pas,

demeura stupéfait. Peu à peu sa figure s'anima, et finit par
prendre l'expression de la colère et du dépit. Il nous regarda fixement à plusieurs reprises ; puis, tirant à lui la
bride de son cheval, il nous tourna le dos, et s'éloigna rapidement, en marmottant entre ses dents quelques paroles
dont nous ne pûmes saisir le sens, mais que nous nous
gardâmes bien de prendre pour une formule de béné-
diction.

Les Tartares croient d'une foi ferme et absolue à toutes
ces diverses transmigrations ; ils ne se permettraient jamais d'élever le moindre doute sur l'authenticité de leurs
Chaberons. Ces Bouddhas vivants sont en grand nombre, et
toujours placés à la tête des lamaseries les plus importantes. Quelquefois ils commencent leur carrière modestement dans un petit temple, et s'entourent seulement de
quelques disciples. Peu à peu leur réputation s'accroît
dans les environs, et la petite lamaserie devient bientôt un
lieu de pélerinage et de dévotion. Les Lamas voisins, spé-
culant sur la vogue, viennent y bâtir leur cellule ; la lamaserie acquiert, d'année en année, du développement, et
devient enfin fameuse dans le pays.

L'élection et l'intronisation des Bouddhas vivants se font
d'une manière si singulière, qu'elle mérite d'être rap-
portée. Quand un grand Lama s'en est allé, c'est-à-dire
quand il est mort, la chose ne devient pas pour la lamaserie un sujet de deuil. On ne s'abandonne ni aux larmes
ni aux regrets ; car tout le monde sait que le Chaberon va
bientôt reparaître. Cette mort apparente n'est que le commencement d'une existence nouvelle, et comme un anneau
de plus ajouté à cette chaîne indéfinie et non interrompue

de vies successives; c'est tout bonnement une palingé-
nésie. Pendant que le saint est dans un état de chrysalide,
ses disciples sont dans la plus grande anxiété; car leur
grande affaire, c'est de découvrir l'endroit où leur maître
ira reprendre sa vie. Si l'arc-en-ciel vient à paraître dans
les airs, ils le regardent comme un signe que leur envoie
leur ancien grand Lama, afin de les aider dans leurs recherches. Tout le monde se met alors en prières, et pendant que la lamaserie veuve de son Bouddha redouble ses
jeûnes et ses oraisons, une troupe d'élite se met en route
pour aller consulter le *Tchurtchun*, ou devin fameux dans
la connaissance des choses cachées au commun des
hommes. On lui raconte que tel jour de telle lune, l'arc-
en-ciel du Chaberon s'est manifesté dans les airs. Il a fait
son apparition sur tel point; il était plus ou moins lumi-
neux, et a été visible pendant tant de temps. Puis il a disparu, en s'effaçant avec telle et telle circonstance. Quand le
Tchurtchun a obtenu tous les renseignements nécessaires,
il récite quelques prières, ouvre ses livres de divination, et
prononce enfin son oracle, pendant que les Tartares qui
sont venus le consulter écoutent ses paroles à genoux, et
dans le plus profond recueillement. — Votre grand Lama,
leur dit-il, est revenu à la vie dans le Thibet, à tant de distance de votre lamaserie. Vous le trouverez dans telle famille. — Quand ces pauvres Mongols ont ouï cet oracle,
ils s'en retournent pleins de joie, annoncer à la lamaserie
l'heureuse nouvelle.

Il arrive souvent que les disciples du défunt n'ont pas
besoin de se tourmenter, pour découvrir le berceau de leur
grand Lama. C'est lui-même qui veut bien se donner la

peine de les initier au secret de sa transformation. Aussitôt qu'il a opéré sa métamorphose dans le Thibet, il se
révèle lui-même en naissant, et à un âge où les enfants
ordinaires ne savent encore articuler aucune parole.—C'est
moi, dit-il, avec l'accent de l'autorité, c'est moi qui suis le
grand Lama, le Bouddha-vivant de tel temple; qu'on me
conduise dans mon ancienne lamaserie, j'en suis le supérieur immortel... Le prodigieux bambin ayant parlé de la
sorte, on se hâte de faire savoir aux Lamas du *soumé* désigné, que leur Chaberon est né à tel endroit, et on les
somme de sa part d'avoir à venir l'inviter.

De quelque manière que les Tartares découvrent la résidence de leur grand Lama, que ce soit par l'apparition
de l'arc-en-ciel, ou par la révélation spontanée du Chaberon
lui-même, ils sont toujours dans les transports de la joie
la plus vive. Bientôt tout est en mouvement dans les tentes,
et on fait avec enthousiasme les mille préparatifs d'un long
voyage; car c'est presque toujours dans le Thibet qu'il
faut se rendre, pour inviter ce Bouddha-vivant, qui manque
rarement de leur jouer le mauvais tour d'aller transmigrer
dans des contrées lointaines et presque inaccessibles. Tout
le monde veut contribuer de son mieux à l'organisation du
saint voyage, si le roi du pays ne se met pas lui-même en
tête de la caravane, il envoie son propre fils, ou un des
membres les plus illustres de la famille royale; les grands
Mandarins, ou ministres du roi, se font un devoir et un
honneur de se mettre aussi en route. Quand tout enfin est
préparé, on choisit un jour heureux, et la caravane s'é-
branle.

Quelquefois ces pauvres Mongols, après des fatigues in-

croyables parmi d'affreux déserts, finissent par tomber
entre les mains des brigands de la mer Bleue, qui les dé-
troussent des pieds à la tête. S'ils ne meurent pas de faim
et de froid, au milieu de ces épouvantables solitudes, s'ils
peuvent retourner jusqu'à l'endroit d'où ils sont partis,
ils recommencent les préparatifs d'un nouveau voyage ;
rien n'est jamais capable de les décourager. Enfin quand,
à force d'énergie et de persévérance, ils ont pu parvenir au
sanctuaire éternel, ils vont se prosterner devant l'enfant
qui leur a été désigné. Le jeune Chaberon n'est pourtant
pas salué et proclamé grand Lama, sans un examen préa-
lable. On tient une séance solennelle, où le Bouddha-vivant
est examiné devant tout le monde, avec une attention
scrupuleuse ; on lui demande le nom de la lamaserie dont
il prétend être le grand Lama, à quelle distance elle est,
quel est le nombre des Lamas qui y résident. On l'interroge
sur les usages et les habitudes du grand Lama défunt, et
sur les principales circonstances qui ont accompagné sa
mort. Après toutes ces questions, on place devant lui les
divers livres de prières, des meubles de toute espèce, des
théières, des tasses, etc. Au milieu de tout ces objets il
doit démêler ceux qui lui ont appartenu dans sa vie anté-
rieure.

Ordinairement cet enfant, âgé tout au plus de cinq ou
six ans, sort victorieux de toutes ces épreuves. Il répond
avec exactitude à toutes les questions qui lui ont été posées, et fait sans aucun embarras l'inventaire de son mo-
bilier.—Voici, dit-il, les livres de prières dont j'avais coutume de me servir... Voici l'écuelle vernissée dont j'avais
l'usage pour prendre le thé..... Et ainsi du reste.

Sans aucun doute, les Mongols sont, plus d'une fois, les
dupes de la supercherie de ceux qui ont intérêt à faire un
grand Lama de ce marmot. Nous croyons néanmoins que
souvent tout cela se fait de part et d'autre avec simplicité
et de bonne foi. D'après les renseignements que nous n'a-
vons pas manqué de prendre auprès de personnes dignes
de la plus grande confiance, il paraît certain que tout ce
qu'on dit des Chaberons ne doit pas être rangé parmi les
illusions et les prestiges. Une philosophie purement humaine rejettera sans doute des faits semblables, ou les
mettra sans balancer sur le compte des fourberies lamanesques. Pour nous, missionnaires catholiques, nous
croyons que le grand menteur qui trompa autrefois nos
premiers parents dans le paradis terrestre, poursuit toujours dans le monde son système de mensonge : celui qui
avait la puissance de soutenir dans les airs Simon le Magicien, peut bien encore aujourd'hui parler aux hommes par
la bouche d'un enfant, afin d'entretenir la foi de ses adorateurs.

Les titres du Bouddha-vivant ayant été constatés, on le
conduit en triomphe jusqu'au *soumé* dont il doit redeve-
nir le grand Lama. Dans la route qu'il suit, tout s'ébranle,
tout est en mouvement : les Tartares vont par grandes
troupes se prosterner sur son passage, et lui présenter
leurs offrandes. Aussitôt qu'il est arrivé dans sa lamaserie,
on le place sur l'autel ; et alors rois, princes, mandarins,
lamas, tous les Tartares, depuis le plus riche jusqu'au plus
pauvre, viennent courber leur front devant cet enfant, qu'on
a été chercher à grands frais dans le fond du Thibet,
et dont les possessions démoniaques excitent le res-

pect, l'admiration et l'enthousiasme de tout le monde.

Il n'est pas de royaume tartare, qui ne possède dans quelqu'une de ses lamaseries de premier ordre, un Bouddha-vivant. Outre ce supérieur, il y a toujours encore un autre grand Lama qu'on choisit parmi les membres de la famille royale. Le Lama thibétain réside dans la lamaserie comme une idole vivante, recevant tous les jours les adorations des dévots, auxquels il distribue en retour des bénédictions. Tout ce qui a rapport aux prières et aux cérémonies liturgiques, est placé sous sa surveillance immédiate. Le grand Lama mongol est chargé de l'administration, de l'ordre, et de la police de la lamaserie; il gouverne, tandis que son collègue se contente à peu près de régner. La fameuse maxime : *Le roi règne et ne gouverne pas,* n'est pas, comme on voit, une grande découverte en politique. On prétend inventer un nouveau système, et on ne fait que piller, sans rien dire, la vieille constitution des lamaseries tartares.

Au-dessous de ces deux espèces de souverains, il y a plusieurs officiers subalternes, qui se mêlent du détail de l'administration, des revenus, des ventes, des achats et de la discipline. Les scribes sont chargés de tenir les registres, et de rédiger les règlements ou ordonnances que le grand Lama gouvernant promulgue pour la bonne tenue et l'ordre de la lamaserie. Ces scribes sont en général très-habiles dans les langues mongole, thibétaine, et quelquefois chinoise et mantchoue. Avant d'être admis à cet emploi, ils sont obligés de subir des examens très-rigoureux, en présence de tous les Lamas et des principales autorités civiles du pays.

A part ce petit nombre de supérieurs et d'officiers, les habitants de la lamaserie se divisent en Lamas-maîtres et Lamas-disciples, ou *chabis* : chaque Lama a sous sa conduite un ou plusieurs *chabis*, qui habitent dans sa petite maison, et sont chargés de tous les détails du ménage. Si le maître possède quelques bestiaux, ils sont obligés d'en prendre soin, de traire les vaches, et de confectionner le beurre et la crème. En retour de ces services, le maître guide ses disciples dans l'étude des prières, et les initie à la liturgie. Tous les matins, le chabi doit être sur pied avant son maître : son premier soin est de balayer la chambre, d'allumer le feu et de faire bouillir le thé ; après cela, il prend son livre de prière, va l'offrir respectueusement à son maître, et se prosterne trois fois devant lui, le front contre terre, et sans proférer une seule parole. Par ce témoignage de respect, il demande qu'on veuille bien lui marquer la leçon, qu'il aura à étudier pendant la journée. Le maître ouvre le livre, et en lit quelques pages, suivant la capacité de son disciple : celui-ci se prosterne de nouveau trois fois, en signe de remercîment, et s'en retourne à son ménage.

Le chabi étudie son livre de prière quand bon lui semble ; il n'a pas d'heure fixe pour cela ; il peut passer son temps à dormir ou à folâtrer avec les autres jeunes élèves, sans que son maître s'occupe de lui le moins du monde. Quand le moment de se coucher est venu, il doit aller réciter d'une manière imperturbable la leçon qui lui a été fixée le matin : si sa récitation est bonne, il est censé avoir fait son devoir, et le silence de son maître est le seul éloge qu'il ait droit d'obtenir ; si, au contraire, il ne rend pas compte de sa leçon d'une manière convenable, les punitions les plus sévères lui font sentir sa faute. Il arrive souvent, dans ces circonstances, que le maître, sortant de sa gravité accoutumée, s'élance sur son disciple et l'accable de coups, en même temps qu'il profère contre lui les malédictions les plus terribles. Les disciples qui se trouvent trop maltraités prennent quelquefois la fuite, et s'en vont chercher des aventures loin de leur lamaserie; mais en général ils subissent patiemment les punitions qu'on leur inflige, même celle de passer la nuit à la belle étoile, dépouillés de leurs habits, et pendant l'hiver. Souvent nous avons eu occasion de causer avec des chabis; et comme nous leur demandions s'il n'y aurait pas moyen d'apprendre les prières sans être battus, ils nous répondaient ingénument et avec un accent qui témoignait de leur conviction, que cela était impossible. —Les prières que l'on sait le mieux, disaient-ils, sont celles pour lesquelles on a reçu le plus de coups. Les Lamas qui ne savent pas prier, qui ne savent pas connaître et guérir les maladies, tirer les sorts et prédire l'avenir, sont ceux qui n'ont pas été bien battus par leurs maîtres.

En dehors de ces études, qui se font à domicile, et sous la surveillance immédiate du maître, les chabis peuvent assister, dans la lamaserie, à des cours publics, où l'on explique les livres qui ont rapport à la doctrine et à la médecine. Mais ces explications sont le plus souvent vagues, insuffisantes, et incapables de former des Lamas instruits; il en est peu qui puissent se rendre un compte exact des livres qu'ils étudient; pour justifier leur négligence à cet égard, ils ne manquent jamais d'alléguer la profondeur de la doctrine. Pour ce qui est de la grande majorité des Lamas, elle

trouve plus commode et plus expéditif de réciter les prières
d'une manière purement machinale, et sans se mettre en
peine des idées qu'elles renferment. Quand nous parlerons
des lamaseries du Thibet, où l'enseignement est plus complet que dans celles de la Tartarie, nous entrerons dans
quelques détails sur les études lamanesques.

Les livres thibétains étant les seuls qui soient réputés
canoniques, et admis dans le culte de la réforme bouddhique ; les Lamas mongols passent leur vie à étudier un
idiome étranger, sans s'inquiéter le moins du monde de
leur propre langue. On en rencontre beaucoup, qui sont
très-versés dans la littérature thibétaine, et qui ne connaissent pas même leur alphabet mongol. Il existe pourtant
quelques lamaseries où l'on s'occupe un peu de l'étude de
l'idiome tartare : on y récite quelquefois des prières mongoles, mais elles sont toujours une traduction des livres
thibétains. Un Lama qui sait lire le thibétain et le mongol,
est réputé savant ; mais il est regardé comme un être élevé
au-dessus de l'espèce humaine s'il a quelque connaissance
de la littérature chinoise et mantchoue.

A mesure que nous avancions dans les Ortous, le pays
apparaissait de plus en plus triste et sauvage. Pour surcroît
d'infortune, un épouvantable orage, qui vint clore solennellement la saison de l'automne, nous amena les froidures
de l'hiver.

Un jour, nous cheminions péniblement au milieu du désert sablonneux et aride, la sueur ruisselait de nos fronts,
car la chaleur était étouffante ; nous nous sentions écrasés
par la pesanteur de l'atmosphère ; et nos chameaux, le cou
tendu et la bouche entr'ouverte, cherchaient vainement

dans l'air un peu de fraîcheur. Vers midi, des nuages sombres commencèrent à s'amonceler à l'horizon ; craignant d'être saisis en route par l'orage, nous eûmes la pensée de dresser quelque part notre tente. Mais où aller ? Nous cherchions de tous côtés; nous montions sur les hauteurs des collines, et nous regardions avec anxiété autour de nous, pour tâcher de découvrir quelque habitation tartare, qui pût nous fournir au besoin un peu de chauffage ; mais c'était en vain, nous n'avions partout devant les yeux qu'une morne solitude. De temps à autre seulement nous apercevions des renards qui se retiraient dans leurs tanières, et des troupeaux de chèvres jaunes qui couraient se cacher dans les gorges des montagnes. Cependant les nuages montaient toujours, et le vent se mit à souffler avec violence. Dans l'irrégularité de ses rafales, il paraissait tantôt nous apporter la tempête et tantôt la chasser loin de nous. Pendant que nous étions ainsi suspendus entre l'espérance et la crainte, de grands éclats de tonnerre et des éclairs multipliés qui embrasaient le ciel, vinrent nous avertir que nous n'avions plus qu'à nous remettre entièrement entre les mains de la Providence. Bientôt le vent glacial du nord venant à souffler avec violence, nous nous dirigeâmes vers une gorge qui s'ouvrait à côté de nous ; mais nous n'eûmes pas le temps d'y arriver, l'orage creva tout à coup. D'abord, il tomba de la pluie par torrents, puis de la grêle, et puis enfin de la neige à moitié fondue. Dans un instant, nous fûmes imbibés jusqu'à la peau, et nous sentîmes le froid s'emparer de nos membres. Aussitôt nous mîmes pied à terre, dans l'espoir que la marche pourrait nous réchauffer un peu ; mais à peine eûmes-

nous fait quelques pas au milieu des sables inondés, où nos
jambes s'enfonçaient comme dans du mortier, qu'il nous
fut impossible d'aller en avant. Nous cherchâmes un abri
à côté de nos chameaux, et nous nous accroupîmes les
bras fortement serrés contre les flancs pour essayer de ramasser un peu de chaleur.

Pendant que l'orage continuait toujours à fondre sur
nous avec fureur, nous attendions avec résignation ce qu'il
plairait à la Providence de décider sur notre sort. Dresser
la tente était chose impossible; il eût fallu des forces sur-
humaines, pour tendre des toiles mouillées et presque gelées par le vent du nord. D'ailleurs il eût été difficile de
trouver un emplacement, car l'eau ruisselait de toute part.
Au milieu de cette affreuse situation, nous nous regardions mutuellement avec tristesse et sans parler; nous
sentions que la chaleur naturelle du corps allait diminuant
peu à peu, et que notre sang commençait à se glacer.
Nous fîmes donc à Dieu la sacrifice de notre vie; car nous
étions persuadés que nous mourrions de froid pendant la
nuit.

Un de nous, cependant, ramassant toutes ses forces et
toute son énergie, monta sur une hauteur qui dominait la
gorge voisine, et découvrit un sentier qui, par mille sinuosités, conduisait au fond de cet immense ravin; il en suivit la direction, et après avoir fait quelques pas dans l'enfoncement, il aperçut aux flancs de la montagne de
grandes ouvertures semblables à des portes. A cette vue
le courage et les forces lui revenant tout à coup, il remonta la colline avec impétuosité pour annoncer à ses compagnons la bonne nouvelle.—Nous sommes sauvés, leur

cria-t-il! il y a des grottes dans cette gorge; allons vite nous y réfugier. — Ces paroles dégourdirent aussitôt la petite caravane; nous laissâmes nos animaux sur la hauteur, et nous allâmes avec empressement visiter le ravin. Un sentier nous conduisit jusqu'à l'entrée de ces ouvertures; nous approchâmes la tête, et nous découvrîmes dans l'intérieur de la montagne, non pas simplement des grottes creusées par la nature, mais de beaux et vastes appartements travaillés de main d'homme. Notre premier cri fut une expression de remercîment envers la bonté de la Providence. Nous choisîmes la plus propre et la plus grande des cavernes que nous avions devant nous, et dans un instant nous passâmes de la misère la plus extrême au comble de la félicité. Ce fut comme une transition subite et inespérée de la mort à la vie.

En voyant ces habitations souterraines, construites avec tant d'élégance et de solidité, nous pensâmes que quelques familles chinoises se seraient rendues dans le pays, pour essayer de défricher un peu de terrain; puis rebutées, sans doute, par la stérilité du sol, elles auraient renoncé à leur entreprise. Des traces de culture, que nous apercevions çà et là, venaient du reste confirmer nos conjectures. Lorsque les Chinois s'établissent sur quelque point de la Tartarie, s'ils rencontrent des montagnes dont la terre soit dure et solide, ils y creusent des grottes. Ces habitations sont plus économiques que des maisons, et sont moins exposées à l'intempérie des saisons. Elles sont en général très-bien disposées; aux deux côtés de la porte d'entrée, il y a des fenêtres qui laissent pénétrer à l'intérieur un jour suffisant; les murs, la voute, les fourneaux, le *Kang*, tout au dedans

est enduit de plâtre si bien battu et si luisant, qu'on croirait voir du stuc. Ces grottes ont l'avantage d'être chaudes
pendant l'hiver et très-fraîches pendant l'été ; pourtant le
défaut des courants d'air en rend quelquefois le séjour dangereux pour la santé. De semblables demeures n'étaient
pas une nouveauté pour nous, car elles abondent dans
notre Mission de *Si-Wan*. Cependant, nulle part nous
n'en avions vu d'aussi bien construites que celles du pays
des Ortous.

Nous prîmes donc possession d'un de ces appartements
souterrains, et nous commençâmes par faire un grand feu
sous les fourneaux, à l'aide de nombreux fagots de tiges de
chanvre que nous eûmes le bonheur de trouver dans une
de ces grottes. Jamais, dans notre voyage, nous n'avions eu
à notre disposition un aussi bon combustible. En peu de
temps, nos habits furent complètement secs ; nous étions si
heureux de nous trouver dans cette belle hôtellerie de la
Providence, que nous passâmes la plus grande partie de la
nuit à savourer la douce sensation de la chaleur, pendant
que Samdadchiemba ne se lassait pas de faire frire de petites pâtisseries dans de la graisse de mouton. Nous étions
en fête, et il fallait bien que notre farine de froment s'en
ressentît un peu.

Les animaux ne furent pas moins heureux que nous ;
nous leur trouvâmes des écuries taillées dans la montagne,
et ce qui valait mieux encore, un excellent fourrage. Une
grotte était remplie de tiges de petit millet et de paille d'a-
voine. Sans cet affreux orage, qui avait failli nous faire tous
périr, jamais nos animaux n'eussent rencontré un si beau
festin. Après nous être longuement rassasiés de la poésie

de notre miraculeuse position, nous cédâmes au besoin de prendre du repos, et nous nous couchâmes sur un *Kang* bien chauffé, qui nous fit oublier le froid terrible que nous avions enduré pendant la tempête.

Le lendemain, pendant que Samdadchiemba mettait à profit ce qui restait encore des tiges de chanvre, et achevait de faire sécher notre bagage, nous allâmes visiter en détail les nombreux souterrains de la montagne. A peine eûmes-nous fait quelques pas, quel ne fut pas notre étonnement, lorsque nous vîmes sortir de grands tourbillons de fumée, par la porte et les fenêtres d'une grotte qui avoisinait notre demeure. Comme nous pensions être seuls dans le désert, la vue de cette fumée nous jeta dans une surprise mêlée d'épouvante. Nous dirigeâmes nos pas vers l'ouverture de cette caverne, et lorsque nous fûmes parvenus sur le seuil de la porte, nous aperçûmes dans l'intérieur un grand feu de tiges de chanvre, dont la flamme ondoyante atteignait jusqu'au haut de la voute ; on eût presque dit un four chauffé avec activité. En regardant attentivement, nous remarquâmes comme une forme humaine, qui se mouvait au milieu d'une épaisse fumée ; bientôt nous entendîmes le salut tartare...—*Mendou!* nous cria une voix vibrante et sonore ; venez vous asseoir à côté du brasier... Nous nous gardâmes bien d'avancer. Cet antre de Cacus, cette voix humaine, tout cela avait quelque chose de trop fantastique. Voyant que nous demeurions immobiles et silencieux, l'habitant de cette espèce de soupirail de l'enfer, se leva et s'avança sur le seuil de la porte. Ce n'était ni un diable, ni un revenant ; c'était tout bonnement un Tartare–Mongol qui, la veille, ayant été saisi par l'orage, s'était réfugié dans cette grotte, où il avait passé la nuit. Après avoir causé un instant, de la pluie, du vent et de la grêle, nous l'invitâmes à venir partager notre déjeuner, et nous le conduisîmes jusqu'à notre demeure. Pendant que Samdadchiemba, aidé de notre hôte, faisait bouillir le thé, nous sortîmes de nouveau pour continuer nos recherches.

Nous parcourûmes ces demeures désertes et silencieuses, avec une curiosité mêlée d'une certaine terreur. Toutes étaient construites à peu près sur le même modèle, et conservaient encore toute leur intégrité. Des caractères chinois gravés sur les murs, et des débris de vases de porcelaine nous confirmèrent dans la pensée, que ces grottes avaient été habitées depuis peu par des Chinois. Quelques vieux souliers de femmes, que nous découvrîmes dans un coin, ne nous laissèrent plus aucun doute. Nous ne pouvions nous défendre d'un sentiment plein de tristesse et de mélancolie, en pensant à ces nombreuses familles, qui, après avoir vécu long-temps au sein de cette grande montagne, s'en étaient allées chercher ailleurs une terre plus hospitalière. A mesure que nous entrions dans ces grottes, nous donnions l'épouvante à des troupes de passereaux qui n'avaient pas encore abandonné ces demeures de l'homme ; ils avaient au contraire pris franchement possession de ces nids grandioses. Les grains de petit millet et d'avoine, qui étaient répandus çà et là avec profusion, servaient à les y fixer encore pour quelque temps. Sans doute, nous disions-nous, quand ils ne trouveront plus de graines, quand ils ne verront plus revenir les anciens habitants de ces grottes, ils s'éloigneront, eux aussi, et iront chercher l'hospitalité aux toits de quelques maisons.

Le passereau est l'oiseau de tous les pays du monde ;
nous l'avons trouvé partout où nous avons rencontré des
hommes ; et toujours avec son caractère vif, pétulant et
querelleur, toujours avec son piaulement incisif et colère.
Il est pourtant à remarquer, que dans la Tartarie, la Chine
et le Thibet, il est peut-être plus insolent qu'en Europe ;
c'est que personne ne lui fait la guerre, et qu'on respecte
religieusement son nid et sa couvée. Aussi le voit-on entrer hardiment dans la maison, y vivre avec familiarité, et
recueillir tout à son aise les débris de la nourriture de
l'homme. Les Chinois le nomment *kia-niao-eul*, c'est-à-
dire, l'oiseau de la famille.

Après avoir visité une trentaine de grottes, qui ne nous
offrirent rien de bien remarquable, nous retournâmes chez
nous. Pendant le déjeuner, la conversation tomba naturellement sur les Chinois qui s'étaient creusé ces demeures.
Nous demandâmes au Tartare s'il les avait vus. — Comment, dit-il, si j'ai vu les Kitas qui habitaient cette gorge ?
mais je les connaissais tous ; il y a tout au plus deux ans
qu'ils ont abandonné le pays.... Au reste, ajouta-t-il, ils
n'avaient pas droit de rester ici ; puisqu'ils étaient méchants,
on a bien fait de les chasser. — Méchants, dis-tu ? mais
quel mal pouvaient-ils faire au fond de ce misérable ravin ?
— Oh ! les Kitas, qu'ils sont rusés et trompeurs ! D'abord
ils parurent bons, mais cela ne dura pas long-temps. Il y a
plus de vingt années, que quelques familles vinrent nous
demander l'hospitalité ; comme elles étaient pauvres, on
leur permit de cultiver la terre des environs, à la condition
que tous les ans, après la récolte, elles fourniraient un peu
de farine d'avoine aux Taitsi du pays. Insensiblement il

arriva d'autres familles, qui creusèrent aussi des grottes
pour y habiter, et bientôt cette gorge en fut pleine. Au commencement, ces Kitas avaient le caractère doux et tranquille; nous vivions ensemble comme des frères. Dites-
moi, seigneurs Lamas, est-ce que ce n'est pas bien de vivre
comme des frères? Est-ce que tous les hommes ne sont
pas frères entr'eux ? — Oui, c'est vrai, tu dis là une bonne
parole; mais pourquoi ces Kitas sont-ils partis d'ici? — La
paix ne dura pas long-temps ; ils devinrent bientôt méchants et trompeurs. Au lieu de se contenter de ce qu'on
leur avait cédé, ils étendirent la culture selon leur bon
plaisir, et s'emparèrent, sans rien dire, de beaucoup de
terrain. Quand ils furent riches, ils ne voulurent plus nous
payer la farine d'avoine dont on était convenu. Tous les
ans, lorsqu'on allait réclamer le loyer des terres, ils nous
accablaient d'injures et de malédictions. Mais la chose la
plus affreuse, c'est que ces méchants Kitas se firent voleurs;
ils enlevaient toutes les chèvres et tous les moutons qui s'é-
garaient dans les sinuosités du ravin. Un jour, un Taitsi de
grand courage et de grande capacité, rassembla les Mongols du voisinage, puis il dit : Les Kitas s'emparent de notre
terre, ils volent nos bestiaux et nous maudissent; puisqu'ils
n'agissent plus et ne parlent plus en frères, il faut les chasser.... Tout le monde fut content d'entendre les paroles
du vieux *Taitsi*. On délibéra, et il fut convenu que les principaux de la contrée iraient rendre visite au Roi, pour le
supplier d'écrire une ordonnance qui condamnât les Kitas
à être chassés. J'étais de la députation... Le Roi nous ayant
fait des reproches de ce que nous avions permis à des étrangers de cultiver nos terres, nous nous prosternâmes en

gardant un profond silence. Cependant notre roi, qui agit toujours avec justice, fit écrire l'ordonnance à laquelle il apposa le sceau rouge. L'ordonnance disait que, le Roi ne permettant plus aux Kitas de demeurer dans le pays, ils devaient l'abandonner avant le premier jour de la huitième lune. Trois Taitsi montèrent à cheval, et allèrent présenter l'ordonnance aux Kitas. Ceux-ci ne répondirent rien aux trois députés ; ils se contentèrent de se dire entr'eux : Le Roi veut que nous partions, c'est bien....

Plus tard, nous sûmes qu'ils s'étaient réunis, et qu'ils avaient résolu de désobéir aux ordres du Roi et de rester malgré lui dans le pays. Le premier jour de la huitième lune arriva, et ils occupaient encore paisiblement leurs habitations, sans faire aucun préparatif de départ. Le lendemain, avant le jour, tous les Tartares montèrent à cheval , s'armèrent de leurs lances, et poussèrent tous les troupeaux parmi les terres cultivées par les Kitas. La moisson était encore sur pied ; quand le soleil parut, il n'en restait plus rien. Tout avait été dévoré par les animaux, ou broyé sous leurs pas. Les Kitas poussèrent des cris, et maudirent les Mongols ; mais tout était fini. Voyant que leur affaire était désespérée, ils rassemblèrent le jour même leurs meubles et leurs instruments aratoires, et s'en allèrent se fixer dans la partie orientale des Ortous, à quelque distance du fleuve Jaune, tout près du *Paga-Gol.* Puisque vous êtes venus par *Tchogan-Kouren,* vous avez dû rencontrer sur votre route, à l'occident du *Paga-Gol,* des Kitas qui cultivent quelques coins de terre ; hé bien , ce sont eux qui habitaient cette gorge et qui ont creusé toutes ces grottes.

Le Tartare, ayant achevé son récit, sortit un instant, et

alla chercher un petit paquet, qu'il avait laissé dans la caverne où il avait passé la nuit. — Seigneurs Lamas, dit-il en rentrant, il faut que je parte. Est-ce que vous ne viendrez pas vous reposer quelques jours dans ma demeure? Ma tente n'est pas loin d'ici ; elle est derrière cette montagne sablonneuse qu'on aperçoit au nord. Nous avons tout au plus trente lis de marche.— Merci, lui répondîmes-nous. L'hospitalité des Mongols des Ortous n'est ignorée nulle part; mais nous avons un long voyage à faire, nous ne pouvons pas nous arrêter en route. — Dans un long voyage, qu'est-ce que quelques jours en avant, ou quelques jours en arrière? Vos animaux ne peuvent pas toujours marcher; ils ont besoin d'un peu de repos. Vos personnes ont eu beaucoup à souffrir par le ciel qui est tombé hier. Venez avec moi, tout ira bien. Dans quatre jours nous devons être en fête. Mon fils aîné va établir sa famille. Venez aux noces de mon fils ; votre présence lui portera bonheur..... Le Tartare, nous voyant inflexibles dans notre résolution, sauta sur son cheval, et après avoir gravi le petit sentier qui conduisait à la gorge, il disparut à travers les bruyères et les sables du désert.

Dans toute autre circonstance, nous eussions accepté avec plaisir l'offre qui nous était faite. Mais nous voulions séjourner le moins possible chez les Ortous. Nous étions dans l'impatience de laisser derrière nous ce misérable pays, où nos animaux allaient tous les jours dépérissant, et où nous-mêmes nous avions tant de misères à endurer. Une noce mongole, d'ailleurs, n'était pas chose nouvelle pour nous. Depuis notre entrée en Tartarie, nous avions été plus d'une fois témoins de cérémonies de ce genre.

Les Mongols se marient très-jeunes, et toujours sous l'influence de l'autorité absolue des parents. Cette affaire, si grave et si importante, s'entame, se discute et se conclut, sans que les deux personnes les plus intéressées y aient la moindre part. Que les promesses de mariage se fassent dans l'enfance ou dans un âge plus avancé, ce sont toujours les parents qui passent le contrat, sans même en parler à leurs enfants. Les deux futurs époux ne se connaissent pas, ne se sont peut-être jamais vus. Lorsqu'ils seront mariés, ils pourront seulement savoir s'il y a sympathie ou non entre leurs caractères.

La fille n'apporte jamais de dot en mariage. C'est au contraire le jeune homme qui doit faire des cadeaux à la famille de sa future épouse. La valeur de ces cadeaux est rarement laissée à la générosité des parents du futur. Tout est réglé par avance, et consigné dans un acte public, avec les détails les plus minutieux. Au fond, ce sont moins des cadeaux de noce, que le prix d'un objet qui se vend d'une part et s'achète de l'autre. La chose est même très-clairement exprimée dans la langue ; on dit : J'ai acheté pour mon fils la fille d'un tel.... Nous avons vendu notre fille à telle famille, etc..... Aussi le contrat de mariage se fait absolument comme une vente. Il y a des entremetteurs ; on marchande, on fait la hausse et la baisse, jusqu'à ce qu'on soit tombé d'accord. Quand on a bien déterminé combien de chevaux, combien de bœufs, combien de moutons, combien de pièces de toile, combien de livres de beurre, d'eau-de-vie, de farine de froment, on donnera à la famille de l'épouse, alors seulement on écrit le contrat devant témoins, et la fille devient propriété de l'acquéreur.

Elle demeure pourtant dans sa famille, jusqu'à l'époque des cérémonies du mariage.

Quand le mariage a été conclu entre les entremetteurs, le père du futur, accompagné de ses plus proches parents, va en porter la nouvelle dans la famille de la future. En entrant, ils se prosternent devant le petit autel domestique, et offrent à l'idole de Bouddha une tête de mouton bouillie, du lait, et une écharpe de soie blanche. Puis on prend part à un festin qui est servi par les parents du futur. Pendant le repas, tous les parents de la future reçoivent une pièce de monnaie, qu'on dépose dans un vase rempli de vin fait avec du lait fermenté. Le père de la future boit le vin et garde la monnaie. Cette cérémonie se nomme *Tahil-Tébihou*, c'est-à-dire frapper le pacte.

Le jour favorable au mariage, désigné par les Lamas, étant arrivé, le futur envoie de grand matin une députation chercher la jeune fille qui lui a été promise, ou plutôt dont il a fait l'acquisition. Les envoyés du futur étant sur le point d'arriver, les parents et les amis de la future se pressent en cercle autour de la porte, comme pour s'opposer au départ de la fiancée. Alors commence un combat simulé, qui se termine toujours, comme de juste, par l'enlèvement de la future. On la place sur un cheval; et après lui avoir fait faire trois fois le tour de la demeure paternelle, on la conduit au grand galop dans la tente qui lui a été préparée d'avance, auprès de l'habitation de son beau-père. Cependant tous les Tartares des environs, les parents et les amis des deux familles se mettent en mouvement pour se rendre au festin de noce, et offrir leurs cadeaux aux futurs époux. Ces présents, qui consistent en bestiaux

et comestibles, sont laissés à la générosité des invités. Ils
sont destinés pour le père du futur, et souvent ils le dédom-
magent amplement des dépenses qu'il a été obligé de faire
pour acheter une épouse à son fils. A mesure que les
animaux arrivent, on les conduit dans des enceintes disposées d'avance pour les recevoir. Aux mariages des
riches Tartares, ces vastes enceintes renferment de grands
troupeaux de bœufs, de chevaux et de moutons. En général, les invités se montrent assez généreux, parce qu'ils sont
persuadés qu'ils seront payés de retour, dans une semblable circonstance.

Quand la toilette de la future est terminée, on la conduit
chez son beau-père ; et pendant que les Lamas, réunis en
chœur, récitent les prières prescrites par le rituel, elle se
prosterne d'abord vers l'image de Bouddha, puis vers le
foyer, et enfin devant le père, la mère et les autres plus
proches parents du futur, qui accomplit de son côté les
mêmes cérémonies auprès de la famille de son épouse,
réunie dans une tente voisine. Après cela, vient le festin
des noces, qui se prolonge quelquefois pendant sept ou huit
jours. Une excessive profusion de viande grasse, beaucoup
de tabac à fumer, et de grandes cruches d'eau-de-vie, font
toute la splendeur et la magnificence de ces repas. Quelquefois, il y a accompagnement de musique. On y invite
des *Toolholos* ou chanteurs tartares, pour donner plus de
solennité à la fête.

La pluralité des femmes est admise en Tartarie. Elle
n'est opposée ni aux lois civiles, ni aux croyances religieuses, ni aux mœurs du pays. La première épouse est
toujours la maîtresse du ménage, et la plus respectée dans

la famille. Les femmes secondaires portent le nom de petites épouses (*paga éme*), et doivent obéissance et respect à
la première.

La polygamie, abolie par l'Évangile, et contraire en soi
au bonheur et à la concorde de la famille, doit peut-être
être considérée comme un bien pour les Tartares. Vu
l'état actuel de leur société, elle est comme une barrière
opposée au libertinage et à la corruption des mœurs. Le
célibat étant imposé aux Lamas, et la classe de ceux qui se
rasent la tête et vivent dans les lamaseries, étant si nombreuse, si les filles ne trouvaient pas à se placer dans les
familles en qualité d'épouses secondaires, il est facile de
concevoir les désordres qui naîtraient de cette multipli-
cité de jeunes personnes sans soutien, et abandonnées à
elles-mêmes.

Le divorce est très-fréquent parmi les Tartares. Il se fait
sans aucune participation des autorités civiles ou ecclésiastiques. Le mari qui répudie sa femme, n'a pas même besoin
d'un prétexte, pour justifier sa conduite. Il la fait reconduire,
sans aucune formalité, chez ses premiers parents, et se contente de leur dire qu'il n'en veut plus. Ces procédés sont
conformes aux usages tartares, et personne n'en est choqué.
Le mari en est tout bonnement pour les bœufs, les moutons
et les chevaux, qu'il a été obligé de donner pour les cadeaux
de noce. Les parents de la femme répudiée ne trouvent
rien à redire à ce qu'on leur renvoie leur fille. Ils la font
rentrer dans leur famille, jusqu'à ce que quelque autre la
demande en mariage. Dans ce cas, ils se réjouissent même
quelquefois du nouveau profit qu'ils vont faire. Ils pourront en effet vendre deux fois la même marchandise.

En Tartarie, les femmes mènent une vie assez indépendante. Il s'en faut bien qu'elles soient opprimées et tenues
en servitude, comme chez les autres peuples asiatiques.
Elles peuvent aller et venir selon leur bon plaisir, faire
des courses à cheval, et se visiter de tente en tente. Au lieu
de cette physionomie molle et languissante qu'on remarque
chez les Chinoises, la femme tartare au contraire a, dans
son port et dans ses manières, quelque chose de fort et
de vigoureux, bien en harmonie avec sa vie pleine d'activité
et ses habitudes nomades. Son costume vient encore relever cet air mâle et fier qui apparaît dans toute sa personne.
De grandes bottes en cuir, et une longue robe de couleur verte ou violette, serrée aux reins par une ceinture noire ou bleue, composent toute sa toilette. Quelquefois, par-dessus la grande robe, elle porte un petit habit
assez semblable par sa forme à nos gilets, avec la différence qu'il est très-large et descend à peu près jusqu'aux hanches. Les cheveux des femmes tartares sont
divisés en deux tresses, renfermées dans deux étuis de
taffetas, et pendent sur le devant de la poitrine ; leur luxe
consiste à orner la ceinture et les cheveux de paillettes
d'or et d'argent, de perles, de corail, et de mille autres petits colifichets, dont il nous serait difficile de préciser la
forme et la qualité, parce que nous n'avons eu ni l'occasion, ni le goût, ni la patience de faire une attention sé-
rieuse à ces futilités.

CHAPITRE IX.

Départ de la caravane. — Campement dans une vallée fertile. — Violence du froid. — Rencontre de nombreux pèlerins. — Cérémonies barbares et diaboliques du lamanisme. — Projet pour la lamaserie de *Rache-Tchurin*. — Dispersion et ralliement de la petite caravane. — Dépit de Samdadchiemba. — Aspect de la lamaserie de *Rache-Tchurin*. — Divers genres de pèlerinages autour des lamaseries. Moulinets à prières. — Querelle de deux Lamas. — Etrangeté du sol. — Description du *Tabsoun-Noor* ou lac de sel. — Aperçu sur les chameaux de la Tartarie.

Le Tartare qui, tout à l'heure, venait de prendre congé de nous, nous avait annoncé qu'à peu de distance des cavernes nous trouverions, dans une petite vallée, les plus beaux pâturages de tout le pays des Ortous. Nous nous décidâmes à partir. Il était déjà près de midi, quand nous nous mîmes en marche. Le ciel était pur, et le soleil brillant ; mais la température, se ressentant encore de l'orage du jour précédent, était froide et piquante. Après avoir parcouru pendant près de deux heures un sol sablonneux, et profondément sillonné par les eaux de la pluie, nous entrâmes, tout à coup, dans une vallée dont l'aspect riant et fertile contrastait singulièrement avec tout ce que nous avions vu jusqu'alors chez les Ortous. Au milieu coulait un abondant ruisseau, dont les sources se perdaient dans les sables ; et des deux côtés, les collines, qui s'élevaient en amphithéâtre, étaient garnies de pâturages et de bouquets d'arbustes.

Quoiqu'il fût encore de bonne heure, nous ne songeâmes pas à continuer notre route. Le poste était trop beau pour passer outre ; d'ailleurs le vent du nord s'était levé, et l'air devenait d'une froidure intolérable. Nous allâmes donc dresser notre tente dans un enfoncement abrité par les collines voisines. De l'intérieur de la tente, notre vue se prolongeait, sans obstacle, dans le vallon, et nous pouvions ainsi, sans sortir de chez nous, surveiller nos animaux.

Quand le soleil fut couché, la violence du vent venant à augmenter, le froid se fit sentir avec plus de rigueur. Nous jugeâmes à propos de prendre quelques mesures de sûreté. Pendant que Samdadchiemba charriait de grosses pierres, pour consolider les rebords de la tente, nous parcourûmes les collines d'alentour, et nous fîmes, à coups de hache, une abondante provision de bois de chauffage. Aussitôt que nous eûmes pris le thé, et avalé notre brouet quotidien, nous nous endormîmes. Mais le sommeil ne fut pas long ; le froid devint tellement rigoureux, qu'il nous réveilla bientôt. — « Il n'y a pas moyen de rester comme cela, dit le Dchiahour ; si nous ne voulons pas mourir de froid sur nos peaux de bouc, levons-nous, et faisons un grand feu.... » Samdadchiemba parlait sensément. Chercher à s'endormir avec un temps pareil n'était pas chose prudente. Nous nous levâmes donc promptement, et nous ajoutâmes à nos habits ordinaires les grandes robes de peaux de mouton, dont nous avions fait emplète à la Ville-Bleue.

Notre feu de racines et de branches vertes fut à peine allumé, que nous sentîmes nos yeux comme calcinés par l'action mordante et âcre d'une fumée épaisse qui remplissait la tente. Nous nous hatâmes d'entrouvrir la porte; mais l'ouverture donnant passage au vent, sans laisser sortir la fumée, nous fûmes bientôt obligés de fermer de nouveau la porte. Samdadchiemba n'était nullement contrarié de cette fumée épaisse, qui nous suffoquait et arrachait de nos yeux des larmes brûlantes. Il riait, sans pitié, en nous regardant blottis auprès du feu, la tête appuyée sur les genoux, et la figure continuellement cachée dans nos deux mains. « Mes Pères spirituels, nous disait-il, vos yeux sont grands et brillants, mais ils ne peuvent supporter un peu de fumée; les miens sont petits et laids, mais qu'importe, ils font très-bien leur service.... » Les plaisanteries de notre chamelier étaient peu propres à nous égayer; nous souffrions horriblement. Cependant, au milieu de nos tribulations, nous trouvions encore bien grand notre bonheur. Nous ne pouvions penser sans gratitude à la bonté de la Providence, qui nous avait fait rencontrer des grottes dont nous sentions alors tout le prix. Si nous n'avions pu faire sécher nos hardes, si nous avions été surpris par le froid dans le pitoyable état où nous avait laissés l'orage, certainement nous n'aurions pu vivre long-temps. Nous aurions été gelés avec nos habits, de manière à ne former qu'un bloc immobile.

Nous ne crûmes pas qu'il fût prudent de nous mettre en route avec un froid si rigoureux, et de quitter un campement, où du moins nos animaux trouvaient assez d'herbe à brouter, et où le chauffage était très-abondant. Vers midi, le temps s'étant un peu radouci, nous en profitâmes pour aller couper du bois sur les collines. Chemin faisant, nous aperçûmes nos animaux, qui avaient quitté le pâturage et s'étaient réunis sur les bords du ruisseau. Nous pensâmes qu'ils étaient tourmentés par la soif, et que la rivière étant gelée, ils ne pouvaient se désaltérer. Nous nous dirigeâmes de leur côté, et nous vîmes en effet les chameaux qui léchaient avec avidité la superficie de la glace, tandis que le cheval et le mulet frappaient le rivage de leur dur sabot. La hache que nous avions emportée pour faire des fagots nous servit à rompre la glace, et à creuser un petit abreuvoir, où nos animaux purent étancher la soif dont ils étaient dévorés.

Sur le soir, le froid ayant repris toute son intensité, nous adoptâmes un plan qui pût nous permettre de dormir un peu mieux que la nuit précédente. Jusqu'au matin, le temps fut divisé en trois veilles, et chacun de nous fut chargé tour à tour d'entretenir un grand feu dans la tente, pendant que les autres dormaient. De cette manière, nous sentîmes peu le froid, et nous pûmes reposer en paix, sans crainte d'incendier notre maison de toile.

Après deux journées d'un froid terrible, le vent se calma insensiblement, et nous songeâmes à poursuivre notre route. Ce ne fut pas sans peine que nous réussîmes à mettre bas notre tente. Le premier clou que nous essayâmes d'arracher cassa comme verre, sous les coups de marteau. Le terrain sablonneux et humide, sur lequel nous avions campé, était tellement gelé, que les clous y adhéraient, comme s'ils eussent été incrustés dans la pierre. Pour pouvoir les déraciner, il fallut les arroser d'eau bouillante à plusieurs reprises.

Au moment du départ, la température était tellement

douce, que nous fûmes contraints de nous dépouiller de nos
habits de peaux, et de les empaqueter jusqu'à nouvelle
occasion. Il n'est rien de si fréquent en Tartarie, que ces
changements rapides de température. Quelquefois on
passe brusquement du temps le plus doux au froid le plus
terrible. Il suffit pour cela qu'il soit tombé de la neige, et
que le vent du nord vienne ensuite à souffler. Si l'on n'a
pas le tempérament endurci à ces subites variations de
l'atmosphère, si l'on n'est pas muni, en voyage, de bons
habits fourrés, on est souvent exposé à de terribles accidents. Dans le nord de la Mongolie surtout, il n'est pas
rare de rencontrer des voyageurs morts de froid au milieu
du désert.

Le quinzième jour de la neuvième lune, nous rencontrâmes de nombreuses caravanes, suivant, comme nous,
la direction d'orient en occident. Le chemin était rempli
d'hommes, de femmes et d'enfants, montés sur des chameaux ou sur des bœufs. Ils se rendaient tous, disaient-
ils, à la lamaserie de *Rache-Tchurin*. Quand ils nous de-
mandaient si notre voyage avait le même but, ils paraissaient étonnés de notre réponse négative. Ces nombreux
pélerins, la surprise qu'ils témoignaient en nous entendant
dire que nous n'allions pas à la lamaserie de *Rache-Tchurin*, tout servait à piquer notre curiosité. Au détour d'une
gorge, nous atteignîmes un vieux Lama, qui, le dos chargé
d'un lourd fardeau, paraissait cheminer avec peine. « Frère,
lui dîmes-nous, tu es avancé en âge; tes cheveux noirs
ne sont pas aussi nombreux que les blancs. Sans doute ta
fatigue doit être grande. Place ton fardeau sur un de nos
chameaux, tu voyageras plus à l'aise... » En entendant

nos paroles, ce vieillard se prosterna, pour nous témoigner sa reconnaissance. Nous fîmes aussitôt accroupir un chameau, et Samdadchiemba ajouta à notre bagage celui du Lama voyageur. Dès que le pèlerin fut déchargé du poids qui pesait sur ses épaules, sa marche devint plus facile, et l'expression du contentement se répandit sur sa figure « Frère, lui dîmes-nous, nous sommes du ciel d'occident, et les affaires de ton pays nous sont peu familières ; nous sommes étonnés de rencontrer tant de pèlerins dans le désert. — Nous allons tous à *Rache-Tchurin*, nous répondit-il, avec un accent plein de dévotion. — Une grande solennité sans doute vous appelle à la lamaserie ? — Oui, demain doit être un grand jour. Un Lama *bokte* fera éclater sa puissance ; il se tuera, sans pourtant mourir.... » Nous comprîmes à l'instant le genre de solennité qui mettait ainsi en mouvement les Tartares des Ortous. Un Lama devait s'ouvrir le ventre, prendre ses entrailles et les placer devant lui, puis rentrer dans son premier état. Ce spectacle, quelque atroce et quelque dégoûtant qu'il soit, est néanmoins très-commun dans les lamaseries de la Tartarie. Le *Bokte* qui doit faire éclater sa puissance, comme disent les Mongols, se prépare à cet acte formidable par de longs jours de jeûne et de prière. Pendant ce temps, il doit s'interdire toute communication avec les hommes, et s'imposer le silence le plus absolu. Quand le jour fixé est arrivé, toute la multitude des pèlerins se rend dans la grande cour de la lamaserie, et un grand autel est élevé sur le devant de la porte du temple. Enfin le *Bokte* paraît. Il s'avance gravement au milieu des acclamations de la foule, va s'asseoir sur l'autel, et détache de sa ceinture un grand coutelas qu'il place sur ses genoux. A ses pieds, de nombreux Lamas, rangés en cercle, commencent les terribles invocations de cette affreuse cérémonie. A mesure que la récitation des prières avance, on voit le *Bokte* trembler de tous ses membres, et entrer graduellement dans des convulsions frénétiques. Les Lamas ne gardent bientôt plus de mesures ; leurs voix s'animent, leur chant se précipite en désordre, et la récitation des prières est enfin remplacée par des cris et des hurlements. Alors le *Bokte* rejette brusquement l'écharpe dont il est enveloppé, détache sa ceinture, et, saisissant le coutelas sacré, s'entr'ouvre le ventre dans toute sa longueur. Pendant que le sang coule de toute part, la multitude se prosterne devant cet horrible spectacle, et on interroge ce frénétique sur les choses cachées, sur les événements à venir, sur la destinée de certains personnages. Le *Bokte* donne, à toutes ces questions, des réponses qui sont regardées comme des oracles par tout le monde.

Quand la dévote curiosité des nombreux pèlerins se trouve satisfaite, les Lamas reprennent, avec calme et gravité, la récitation de leurs prières. Le *Bokte* recueille, dans sa main droite, du sang de sa blessure, le porte à sa bouche, souffle trois fois dessus, et le jette en l'air en poussant une grande clameur. Il passe rapidement la main sur la blessure de son ventre, et tout rentre dans son état primitif, sans qu'il lui reste la moindre trace de cette opération diabolique, si ce n'est un extrême abattement. Le *Bokte* roule de nouveau son écharpe autour de son corps, récite à voix basse une courte prière, puis tout est fini, et chacun se disperse, à l'exception des plus dévots, qui vont contempler et adorer l'autel ensanglanté, que vient d'abandonner le saint par excellence.

Ces cérémonies horribles se renouvellent assez souvent dans les grandes lamaseries de la Tartarie et du Thibet. Nous ne pensons nullement qu'on puisse toujours mettre sur le compte de la supercherie les faits de ce genre; car d'après tout ce que nous avons vu et entendu, parmi les nations idolâtres, nous sommes persuadés que le démon y joue un grand rôle. Au reste, notre persuasion à cet égard se trouve fortifiée par l'opinion des Bouddhistes les plus instruits et les plus probes, que nous avons rencontrés dans les nombreuses lamaseries que nous avons visitées.

Tous les Lamas indistinctement n'ont pas le pouvoir des opérations prodigieuses. Ceux qui ont l'affreuse capacité de s'ouvrir le ventre, par exemple, ne se rencontrent jamais dans les rangs élevés de la hiérarchie lamanesque. Ce sont ordinairement de simples Lamas, mal famés et peu estimés de leurs confrères. Les Lamas réguliers et de bon sens, témoignent en général de l'horreur pour de pareils spectacles. A leurs yeux, toutes ces opérations sont perverses et diaboliques. Les bons Lamas, disent-ils, ne sont pas capables d'exécuter de pareilles choses; ils doivent même se bien garder de chercher à acquérir ce talent impie.

Quoique ces opérations démoniaques soient, en général, décriées dans les lamaseries bien réglées, cependant les supérieurs ne les prohibent pas. Au contraire, il y a, dans l'année, certains jours de solennité réservés pour ces dégoûtants spectacles. L'intérêt est, sans doute, le seul motif qui puisse porter les grands Lamas à favoriser des actions,

qu'ils réprouvent secrètement au fond de leur conscience.
Ces sciences diaboliques sont, en effet, un moyen infaillible
d'attirer une foule d'admirateurs stupides et ignorants, de
donner, par ce grand concours de peuple, de la renommée à la lamaserie, et de l'enrichir des nombreuses offrandes, que les Tartares ne manquent jamais de faire dans
de semblables circonstances.

S'entr'ouvrir le ventre est un des plus fameux *sié-fa*
(moyen pervers) que possèdent les Lamas. Les autres,
quoique du même genre, sont moins grandioses et plus en
vogue ; ils se pratiquent à domicile, en particulier, et non
pas dans les grandes solennités des lamaseries. Ainsi, on
fait rougir au feu des morceaux de fer, puis on les lèche
impunément ; on se fait des incisions sur le corps, sans
qu'il en reste un instant après la moindre trace, etc. etc.
Toutes ces opérations doivent être précédées de la récitation de quelque prière.

Nous avons connu un Lama, qui, au dire de tout le
monde, remplissait, à volonté, un vase d'eau, au moyen
d'une formule de prière. Nous ne pûmes jamais le résoudre
à tenter l'épreuve en notre présence. Il nous disait que,
n'ayant pas les mêmes croyances que lui, ses tentatives
seraient non-seulement infructueuses, mais encore l'expo-
seraient peut-être à de graves dangers. Un jour, il nous
récita la prière de son *sié-fa*, comme il l'appelait. La formule n'était pas longue, mais il nous fut facile d'y reconnaître une invocation directe à l'assistance du démon :
« Je te connais, tu me connais, disait-il. Allons, vieil ami,
» fais ce que je te demande. Apporte de l'eau, et remplis
» ce vase que je te présente. Remplir un vase d'eau, qu'est-

» ce que c'est que cela pour ta grande puissance? Je sais
» que tu fais payer bien cher un vase d'eau ; mais n'im-
» porte ; fais ce que je te demande, et remplis ce vase que
» je te présente. Plus tard, nous compterons ensemble.
» Au jour fixé, tu prendras tout ce qui te revient.» — Il
arrive quelquefois que ces formules demeurent sans effet ;
alors la prière se change en injures et en imprécations
contre celui qu'on invoquait tout à l'heure.

Le fameux *sié-fa* qui attirait un si grand nombre de
pélerins à la lamaserie de *Rache-Tchurin*, nous donna la
pensée de nous y rendre aussi, et de neutraliser par nos
prières les invocations sataniques des Lamas. Qui sait, nous
disions-nous, peut-être que Dieu a des desseins de miséricorde sur les Mongols du pays des Ortous ; peut-être que
la puissance de leurs Lamas, entravée et anéantie par la
présence des prêtres de Jésus-Christ, frappera ces peuples,
et les fera renoncer au culte menteur de Bouddha, pour
embrasser la foi du christianisme. Pour nous encourager
dans notre dessein, nous aimions à nous rappeler l'histoire de Simon le Magicien, arrêté dans son vol par la
prière de saint Pierre, et précipité du haut des airs aux
pieds de ses admirateurs. Sans doute, pauvres Missionnaires que nous sommes, nous n'avions pas la prétention
insensée de nous comparer au prince des apôtres ; mais
nous savions que la protection de Dieu, qui se donne quelquefois en vertu du mérite et de la sainteté de celui qui la
demande, est due souvent aussi à cette toute-puissante
efficacité inhérente à la prière elle-même.

Il fut donc résolu que nous irions à *Rache-Tchurin*, que
nous nous mêlerions à la foule, et qu'au moment où les

invocations diaboliques commenceraient, nous nous placerions sans peur et avec autorité en présence du *Bokte*, et que nous lui interdirions solennellement, au nom de Jésus-Christ, de faire parade de son détestable pouvoir. Nous ne pouvions nous faire illusion sur les suites que pourrait avoir notre démarche; nous savions qu'elle exciterait certainement la fureur et la haine des adorateurs de Bouddha, et que peut-être une mort violente suivrait de près les efforts que nous pourrions faire pour la conversion des Tartares : mais qu'importe, nous disions-nous? faisons courageusement notre devoir de Missionnaires; usons sans peur de la puissance que nous avons reçue d'en haut, et laissons à la Providence tous les soins d'un avenir qui ne nous appartient pas.

Telles étaient nos intentions et nos espérances; mais les vues de Dieu ne sont pas toujours conformes aux desseins des hommes, lors même que ceux-ci paraissent le plus en harmonie avec le plan de sa Providence. Ce jour-là même, il nous arriva un accident, qui, en nous éloignant de Rache-Tchurin, nous jeta dans les plus cruelles perplexités.

Dans la soirée, le vieux Lama qui faisait route avec nous, nous pria de faire accroupir notre chameau, parce qu'il voulait reprendre son petit bagage.—Frère, lui dîmes-nous, est-ce que nous ne cheminerons pas ensemble jusqu'à la lamaserie de Rache-Tchurin?—Non, je dois suivre ce sentier que vous voyez serpenter vers le nord, le long de ces collines. Derrière cette montagne de sable, est un endroit de commerce; aux jours de fête, quelques marchands chinois y colportent leurs marchandises, et y dressent leurs tentes; étant obligé de faire quelques achats, je

ne puis continuer de suivre votre ombre.—Trouverait-on
à acheter des farines au campement chinois?—Petit millet, farine d'avoine et de froment, viande de bœuf et de
mouton, thé en briques, on y trouve tout ce qu'on peut
désirer... N'ayant pu faire des vivres depuis notre départ
de *Tchagan-Kouren*, nous jugeâmes cette occasion favorable pour augmenter un peu nos provisions. Cependant, pour
ne pas fatiguer nos bêtes de charge par de longs circuits à
travers des collines pierreuses, M. Gabet prit les sacs de
farine sur la chamelle qu'il montait, se détacha de la caravane, et se dirigea au galop vers le poste chinois. D'après
les indications du vieux Lama. Nous devions nous réunir
dans une vallée à peu de distance de la lamaserie.

Après avoir voyagé pendant près d'une heure, à travers
un chemin pénible, incessamment coupé de fondrières et
de ravins, le Missionnaire pourvoyeur arriva dans une petite plaine semée d'épaisses bruyères. C'était là que les
commerçants chinois avaient dressé leurs nombreuses
tentes, dont les unes servaient de demeures et les autres
de boutiques. Ce campement présentait l'aspect d'une petite ville pleine d'activité et de commerce, où se rendaient
avec empressement les Lamas de Rache-Tchurin et les
pélerins Mongols. M. Gabet se hâta de faire ses provisions;
après avoir rempli ses sacs de farine, et attaché à une bosse
de la chamelle deux magnifiques foies de mouton, il re-
partit promptement pour le rendez-vous où devait l'attendre la caravane. Il ne fut pas long-temps à y arriver. Mais
il n'y trouva personne, et aucune trace d'un passage récent
n'était imprimée sur le sable. S'imaginant que peut-être
quelque dérangement dans les charges des chameaux avait

retardé la marche, il prit le parti de parcourir le chemin qu'on était convenu de suivre. Il eut beau marcher, galopper dans tous les sens, monter sur le sommet de tous les monticules qui se rencontraient sur son passage, il ne put rien découvrir : les cris qu'il poussait pour appeler la caravane restaient sans réponse; il visita plusieurs endroits où mille routes se croisaient, se confondaient ensemble, où le sol était couvert de pas de bœufs, de chameaux, de moutons et de chevaux pressés, allant dans tous les sens, rentrant les unes dans les autres; de sorte qu'il était impossible de rien conjecturer.

Comme le but de la route était la lamaserie de Rache-Tchurin, il tourna bride, et s'y rendit avec la plus grande célérité. Arrivé à la lamaserie, bâtie en amphithéâtre sur une colline assez élevée, il en parcourut tous les environs sans rien découvrir ; là du moins il ne manquait pas de monde qu'on pût interroger, et la petite caravane était composée de manière à attirer l'attention de ceux qui eussent pu la rencontrer : deux chameaux chargés, un cheval blanc, et surtout un mulet nain, auprès duquel les passants ne manquaient jamais de s'arrêter pour remarquer son extrême petitesse et la belle couleur noire de sa robe. M. Gabet eut beau interroger, personne n'avait aperçu la petite caravane; il monta sur le sommet de la colline, d'où les regards pouvaient se porter au loin, mais il ne découvrit rien.

Le soleil venait de se coucher, et la caravane ne paraissait pas. M. Gabet, commençant à craindre qu'il ne lui fût survenu quelque sérieux accident, prit le parti de se remettre en marche, et d'aller de nouveau à la découverte.

Il eut beau gravir les collines les plus escarpées, et descendre dans de profonds ravins, toutes ses fatigues furent stériles; il ne put rien découvrir, rien apprendre des voyageurs qu'il rencontra sur ses pas.

La nuit devint obscure, et bientôt la lamaserie de *Rache-Tchurin* disparut dans les ombres. M. Gabet se trouva seul au milieu du désert, sans chemin et sans abri, n'osant ni avancer ni reculer, de crainte de se jeter dans quelque précipice. Il fallut donc s'arrêter dans un ravin sablonneux, et se décider à y passer la nuit. Pour ce soir-là, en guise de souper, il fallut se contenter d'une *impression de voyage*. Ce n'était pas que les provisions manquassent, mais où prendre du feu ? où aller puiser de l'eau ? Le sentiment de la faim était d'ailleurs absorbé par les soins et les chagrins, dont son cœur était dévoré au sujet de la caravane. Il se mit donc à genoux sur le sable, fit sa prière du soir, posa sa tête sur un sac de farine, et se coucha à côté du chameau dont il avait attaché le licou à son bras, de peur qu'il ne disparût pendant la nuit. Il est inutile d'ajouter que le sommeil ne fut ni bien profond, ni bien continu ; la terre froide et nue n'est pas un bon lit, surtout pour un homme en proie à de noires préoccupations.

Aussitôt que le jour commença à poindre, M. Gabet remonta sur sa chamelle, et quoique exténué de faim et de soif, il se mit de nouveau à la recherche de ses compagnons de voyage.

La caravane n'était pas perdue, mais elle s'était grandement fourvoyée. Depuis que M. Gabet s'était séparé de nous pour se rendre au poste chinois, nous avions d'abord suivi fidèlement le bon chemin; mais bientôt nous entrâmes

dans des steppes immenses, et la route se perdit insensiblement au milieu de sables d'une finesse extrême, que
le vent faisait ondoyer; il était impossible de reconnaître
les traces des voyageurs qui nous avaient précédés. La
route disparut enfin complètement, et nous nous trouvâmes environnés de collines jaunâtres, où l'on ne pouvait
découvrir le plus petit brin de végétation. M. Huc, qui crai-
gnait de s'égarer dans cette immense sablière, fit arrêter le
chamelier. — Samdadchiemba, lui dit-il, ne marchons pas
à l'aventure; vois-tu là-bas dans ce vallon ce cavalier tartare qui pousse un troupeau de bœufs, va lui demander la
route de *Rache-Tchurin*..... Samdadchiemba leva la tête
et regarda d'un œil le soleil voilé de quelques légers
nuages. — Mon Père spirituel, dit-il, j'ai l'habitude de m'o-
rienter dans le désert : mon opinion est que nous sommes
toujours en bonne route; allons toujours vers l'occident,
et nous ne pourrons pas nous égarer. — Puisque tu connais le désert, allons en avant. — Oui, c'est cela ; allons
toujours en avant. Voyez-vous là-bas sur cette montagne
cette longue traînée blanche... ; c'est la route qui sort des
sables et commence à reparaître.

Sur la foi de Samdadchiemba, nous continuâmes à marcher dans la même direction. Bientôt nous rencontrâmes en
effet une route assez bien tracée; mais elle n'était pas fréquentée, et nous ne pûmes interroger personne pour confirmer ou démentir les assertions de Samdadchiemba, qui
prétendait toujours que nous étions sur le chemin de
Rache-Tchurin. Le soleil se coucha ; et la lumière du cré-
puscule, disparaissant peu à peu, fit place aux ténèbres de
la nuit, sans que nous eussions pu découvrir au loin la lama-

serie. Nous étions surtout surpris de n'avoir pas rencontré M. Gabet. D'après les renseignements que nous avait donnés le vieux Lama, nous aurions dû nous être retrouvés depuis long-temps. Samdadchiemba gardait le silence, car il comprenait enfin que nous étions égarés.

Il était important de camper, avant que le ciel fût tout-à-fait noir. Ayant aperçu un puits au fond d'une gorge, nous allâmes dresser la tente tout auprès. Quand la maison fut dressée et le bagage mis en ordre, il était nuit close, et M. Gabet n'avait pas encore paru. — Monte sur un chameau, dit M. Huc à Samdadchiemba, et parcours les environs... Le Dchiahour ne répondit pas un mot; il était abattu et déconcerté. Après avoir fixé un pieu en terre, il y attacha un chameau, puis monta sur l'autre, et s'en alla tristement à la découverte. A peine Samdadchiemba eut-il disparu, que le chameau consigné à la tente, se voyant seul, se mit à pousser de longs et affreux gémissements. Bientôt il entra en fureur : il tournait autour du pieu qui le tenait captif, se retirait en arrière, allongeait le cou, et faisait des efforts comme pour arracher la cheville de bois qui lui traversait le nez. Ce spectacle était effrayant. Il réussit enfin à rompre la corde dont il était attaché, et s'enfuit en bondissant à travers le désert. Le cheval et le mulet avaient aussi disparu : ils avaient faim et soif, et aux environs de la tente, il n'y avait pas une poignée d'herbe, pas une goutte d'eau. Le puits auprès duquel nous avions campé était entièrement desséché : c'était une vieille citerne, qui, sans doute, avait été creusée depuis plusieurs années.

Ainsi cette petite caravane, qui, durant près de deux mois, avait cheminé sans jamais se séparer dans les vastes

plaines de la Tartarie, était à cette heure complètement
dispersée : hommes et animaux, tout avait disparu. Il ne
restait plus que M. Huc, seul dans sa petite maison de
toile, et dévoré par les plus cuisants soucis. Il y avait une
journée entière qu'il n'avait ni bu ni mangé : mais dans de
pareilles circonstances on n'a ordinairement ni faim ni soif;
l'esprit est trop préoccupé, pour s'arrêter aux besoins du
corps; on se trouve comme environné de mille fantômes,
et on serait au comble de l'infortune, si on n'avait, pour se
consoler, la prière, seul levier capable de soulever un peu
ce poids écrasant, qui pèse sur un cœur en proie à de noires
appréhensions.

Les heures s'écoulaient, et personne ne reparaissait à la
tente. Comme, au milieu de cette nuit profondément obscure, on aurait pu aller et venir, circuler tout près de la
tente, sans pourtant l'apercevoir, M. Huc montait de temps
en temps sur le sommet des collines, sur la pointe de quelque rocher, et appelait à grands cris ses compagnons égarés; mais personne ne répondait; toujours même silence
et même solitude. Il était près de minuit, lorsque enfin les
cris plaintifs d'un chameau, dont on semblait presser la
marche, se firent entendre dans le lointain. Samdadchiemba
était de retour de sa ronde; il avait rencontré plusieurs
cavaliers tartares qui n'avaient pu lui donner des nouvelles
de M. Gabet. Mais en revanche, ils lui avaient dit que nous
nous étions grossièrement fourvoyés; que le sentier dont
nous avions suivi la trace conduisait à un campement mongol, et non pas à la lamaserie de *Rache-Tchurin.*—A l'aube
du jour, dit Samdadchiemba, il faudra lever la tente, et aller reprendre la bonne route : c'est là que nous trouverons

le vieux Père spirituel. —Samdadchiemba, ton avis est une bulle d'eau ; il faut que la tente et les bagages restent ici. Il est impossible de partir ; comment se mettre en route sans animaux ?—Oh ! oh ! fit le Dchiahour ; où est donc le chameau que j'avais attaché à ce pieu ?—Il a rompu son licou et s'est sauvé ; le cheval et le mulet se sont sauvés aussi ; tout a été je ne sais où. — Dans ce cas-là, ce n'est pas une petite affaire. Quand le jour viendra, on verra comment les choses s'arrangeront ;... en attendant faisons tout doucement un peu de thé.—Oui, fais du thé... Notre puits est complétement sec, il n'y a pas une goutte d'eau.—Ces paroles brisèrent le peu de force qui restait encore à Samdadchiemba ; il se laissa tomber sur les bagages, et s'endormit bientôt profondément.

Aussitôt que les premières lueurs du jour commencèrent à paraître, M. Huc gravit la colline voisine, dans l'espoir de découvrir quelque chose. Il aperçut au loin, dans une petite vallée, deux animaux qui paraissaient l'un blanc et l'autre noir ; il y courut, et reconnut bientôt le cheval et le mulet, qui broutaient quelques herbes maigres et poudreuses, à côté d'une citerne d'eau douce ; il les ramena à la tente. Le soleil était sur le point de se lever, et Samdadchiemba dormait encore d'un sommeil profond, toujours dans la même posture qu'il avait prise en se couchant.— Samdadchiemba, lui cria M. Huc, est-ce que tu ne bois pas du thé ce matin ? — A ce mot de thé, notre chamelier se leva promptement, comme s'il eût été poussé par un violent ressort ; il promenait autour de lui des yeux hagards, et encore appesantis par le sommeil. — Est-ce que le Père spirituel n'a pas parlé de thé ? Où est donc ce thé ?

Est-ce que j'aurais rêvé que j'allais boire du thé? — Je ne sais si tu as fait un rêve semblable; mais si tu es désireux de boire du thé, il y a une citerne d'eau douce là-bas dans cette vallée. C'est là que j'ai retrouvé tout à l'heure le cheval et le mulet. Cours vite puiser de l'eau, pendant que j'allumerai le feu. Samdadchiemba adopta spontanément la proposition. Il chargea sur ses épaules les deux seaux de bois, et se rendit en diligence vers l'eau qu'on lui avait indiquée.

Quand le thé eut bouilli, Samdadchiemba fut tout-à-fait à son aise; il ne pensait plus qu'à son thé, et semblait avoir oublié entièrement que la caravane était désorganisée. Il fallut le lui rappeler, et l'envoyer à la recherche du chameau qui s'était échappé.

La moitié de la journée s'était presque écoulée, sans que personne de la caravane eût encore paru. On voyait seulement passer de temps en temps des cavaliers tartares ou des pélerins, qui revenaient de la fête de *Rache-T'churin*. M. Huc leur demandait s'ils n'auraient pas remarqué en route, aux environs de la lamaserie, un Lama revêtu d'une robe jaune et d'un gilet rouge, monté sur une chamelle rousse. Ce lama, ajoutait-il, est d'une taille très-élévée; il a une grande barbe grise, le nez long et pointu, et la figure rouge. A ce signalement, tous faisaient une réponse négative. Si nous avions rencontré un personnage de cette façon, disaient-ils, nous l'aurions certainement remarqué.

M. Gabet apparut enfin sur le penchant d'une colline. Ayant aperçu notre tente bleue dressée dans la gorge, il y courut de toute la vitesse de sa chamelle. Après un instant de conversation vive, animée, et où chacun parlait sans répondre à son interlocuteur, nous finîmes par rire de bon cœur de notre mésaventure. La caravane commençait donc à se réorganiser, et, avant le soleil couché, tout fut au grand complet. Samdadchiemba, après une course longue et pénible, avait trouvé le chameau lié à côté d'une iourte. Un Tartare, l'ayant vu se sauver, l'avait arrêté, présumant que quelqu'un était sur ses traces.

Quoique le jour fût très-avancé, nous nous décidâmes à plier la tente, car l'endroit où nous avions campé était misérable au-delà de toute expression. Pas un brin d'herbe; et l'eau à une distance si éloignée, que, pour en avoir, il fallait se résoudre à entreprendre un véritable voyage. D'ailleurs, disions-nous, quand nous ne ferions, avant la nuit, que nous mettre en vue du véritable chemin, ce sera déjà un grand avantage. Le départ étant ainsi arrêté, nous nous assîmes pour prendre du thé. La conversation ne pouvait naturellement avoir d'autre objet que la triste mésaventure qui nous avait tant accablés de peine et de fatigue. Plus d'une fois, durant notre voyage, le caractère revêche et entêté de Samdadchiemba avait été cause que nous avions perdu la bonne route, et marché souvent au hasard. Comme on l'a déjà dit, monté sur son petit mulet, il allait en tête de la caravane, traînant après lui les bêtes de charge. Sous prétexte qu'il connaissait très-bien les quatre points cardinaux, et qu'il avait beaucoup voyagé dans les déserts de la Mongolie, il ne pouvait jamais se résoudre à demander la route aux personnes qu'il rencontrait, et souvent nous étions victimes de sa présomption. Nous crûmes donc devoir profiter de l'accident qui nous était survenu, et lui donner à ce sujet un avertissement.—

Samdadchiemba, lui dîmes-nous, écoute avec attention, nous avons à te dire une parole importante. Quoique dans ta jeunesse tu aies beaucoup voyagé en Mongolie, il ne s'en-suit pas que tu saches très-bien les routes; tu dois te défier de tes conjectures, et consulter un peu plus les Tartares que nous rencontrons. Si hier, par exemple, tu avais demandé la route, si tu ne t'étais pas obstiné, selon ton habitude, à te guider sur le cours du soleil, nous n'aurions pas en-duré tant de misères. — Samdadchiemba ne répondit pas un mot.

Nous nous levâmes aussitôt pour faire les préparatifs du départ. Quand nous eûmes mis en ordre les objets qui étaient entassés pêle-mêle dans l'intérieur de la tente, nous remarquâmes que le Dchiahour n'était pas occupé, comme à l'ordinaire, du soin de seller les chameaux. Nous allâmes voir ce qu'il faisait, et nous fûmes fort surpris de le voir tranquillement assis sur une grosse pierre, derrière la tente. — Hé bien , lui dîmes-nous, est-ce qu'il n'a pas été réglé que ce soir nous irions camper ailleurs? Que fais-tu là assis sur cette pierre? — Samdadchiemba ne répondit pas; il ne releva pas même ses yeux qu'il tenait constamment fixés en terre. — Samdadchiemba , qu'as-tu donc, que tu ne selles pas les chameaux? — Puisque vous voulez partir, répondit-il sèchement, suivez votre volonté; pour moi, je ne pars pas; je ne puis plus vous accompagner. Je suis un homme mauvais et sans conscience; quel besoin avez-vous de moi?... Nous fûmes bien surpris d'entendre de sembla-bles paroles, de la bouche d'un jeune néophyte qui parais-sait nous être attaché. Nous ne voulûmes pas l'engager à nous accompagner, de peur d'aiguiser la fierté naturelle de son caractère, et de l'avoir dans la suite moins traitable et plus difficile. Nous nous mîmes donc en œuvre, et nous essayâmes de faire à nous deux toute la besogne.

Déjà nous avions plié la tente et chargé un chameau; tout cela s'était fait en silence. Samdadchiemba était toujours assis sur sa pierre, cachant sa figure dans ses mains, ou plutôt regardant peut-être entre ses doigts, comment nous nous tirions du travail qu'il était accoutumé de faire. Quand il vit que les choses allaient leur train ordinaire, il se leva, sans rien dire, chargea l'autre chameau, puis sella son mulet, monta dessus, et se mit en route comme il était habitué à faire tous les jours. Nous nous contentâmes de sourire entre nous; mais nous eûmes bien garde de lui rien dire, de peur d'irriter davantage un caractère qui devait être traité avec prudence et ménagement.

Nous nous arrêtâmes dans un poste voisin de la route; il n'était pas magnifique, mais il valait beaucoup mieux que le ravin de désolation où nous avions éprouvé tant de misères. Au moins nous étions tous réunis: jouissance immense dans un désert, et que nous n'aurions jamais justement appréciée, si nous n'avions pas eu la douleur de nous trouver séparés. Nous célébrâmes cette réunion par un banquet splendide; la farine de froment et les foies de moutons furent mis à contribution. Ce luxe culinaire dérida le front sourcilleux de Samdadchiemba; il se mit en besogne avec enthousiasme, et nous fit un souper à plusieurs services.

Le lendemain, dès que le jour parut, nous nous mîmes en route; et bientôt nous vîmes se dessiner au loin, sur le fond jaunâtre d'une montagne sablonneuse, quelques grands

édifices, entourés d'une multitude infinie de blanches
maisonnettes. C'était la lamaserie de *Rache-Tchurin*. Elle
nous parut belle et bien tenue. Les trois temples bouddhiques, qui s'élèvent au centre de l'établissement, sont
d'une construction élégante et majestueuse. Sur l'avenue
du temple principal, on remarque une tour carrée, de pro-
portions colossales. Aux quatre angles sont quatre dragons monstrueux sculptés en granit. Nous traversâmes la
lamaserie d'un bout à l'autre, en suivant les rues principales. Il y régnait partout un silence religieux et solennel.
On voyait seulement passer, de temps en temps, des Lamas
enveloppés de leur grande écharpe rouge, et qui, après
nous avoir souhaité bon voyage à voix basse, continuaient
gravement leur marche.

Vers l'extrémité occidentale de la lamaserie, le petit
mulet que montait Samdadchiemba se cabra tout à coup,
et prit ensuite le galop, en traînant après lui, dans sa fuite
désordonnée, les deux chameaux qui portaient les bagages. Les animaux que nous montions furent également
effarouchés. Tout ce désordre était occasionné par la présence d'un jeune lama, étendu tout de son long au milieu
de la route. Il observait une pratique très-usitée dans la
religion bouddhique, et qui consiste à faire le tour de la
lamaserie en se prosternant à chaque pas. Quelquefois le
nombre des dévots qui font ce pénible pélerinage est vraiment prodigieux; ils suivent tous, à la file les uns des
autres, un sentier qui englobe dans son enceinte les habitations et les édifices qui appartiennent à la lamaserie. Il
n'est pas permis de s'écarter le moins du monde de la
ligne prescrite, sous peine de nullité, et de perdre tous les

fruits de ce genre de dévotion. Lorsque les lamaseries sont d'une grande étendue, une journée entière suffit à peine pour en faire le tour, en se prosternant à chaque pas comme l'exige la règle. Les pélerins qui ont du goût pour cet exercice, sont obligés de se mettre en route aussitôt que le jour paraît, et souvent ils ne sont de retour qu'à la nuit tombante. On ne peut exécuter ce rude pélerinage à plusieurs reprises; il n'est pas même permis de s'arrêter un instant pour prendre un peu de nourriture. Quand on l'a commencé, si on ne le termine pas du même coup, cela ne compte pas; on n'a acquis aucun mérite, et par conséquent, on n'a à attendre aucun avantage.

Les prostrations doivent être parfaites, de manière que le corps soit étendu tout de son long, et que le front touche la terre. Les bras doivent être allongés en avant, et les mains jointes. Avant de se relever, le pélerin décrit une circonférence avec deux cornes de bouc qu'il tient dans ses mains, et en ramenant les bras le long de son corps. On ne peut s'empêcher d'être touché d'une grande compassion, en voyant ces malheureux, le visage et les habits tout couverts de poussière, et quelquefois de boue. Le temps le plus affreux n'est pas capable d'arrêter leur courageuse dévotion; ils continuent leurs prostrations au milieu de la pluie et de la neige, et par le froid le plus terrible.

Il existe plusieurs manières de faire le pélerinage autour des lamaseries. Il en est qui ne se prosternent pas du tout. Ils s'en vont, le dos chargé d'énormes ballots de livres, qui leur ont été imposés par quelque grand Lama. Quelquefois, on rencontre des vieillards, des femmes ou des enfants, qui peuvent à peine se mouvoir sous leurs charges. Quand ils ont achevé leur tournée, ils sont censés avoir récité toutes les prières dont ils ont été les portefaix. Il en est d'autres qui se contentent de faire une promenade, en déroulant entre leurs doigts les grains de leur long chapelet, ou bien en imprimant un mouvement de rotation à un petit moulinet à prières, fixé dans leur main droite, et qui tourne sans cesse, avec une incroyable rapidité. On nomme ce moulinet *Tchu-Kor*, c'est-à-dire, prière tournante. On rencontre un grand nombre de ces *Tchu-Kor* le long des ruisseaux; ils sont mis en mouvement par le cours de l'eau. Ils prient nuit et jour, au bénéfice de celui qui en a fait la fondation. Les Tartares en suspendent aussi au-dessus de leur foyer; ceux-ci tournent pour la paix et la prospérité de toute la famille, dont le foyer est l'emblème. Ils sont mis en rotation au moyen du courant établi par la succession des couches froides de l'air qui arrive par l'ouverture de la tente.

Les bouddhistes sont encore en possession d'un moyen admirable de simplifier tous leurs pèlerinages et toutes leurs pratiques de dévotion. Dans les grandes lamaseries, on rencontre, de distance en distance, de grands mannequins en forme de tonneau, et mobiles autour d'un axe. La matière de ces mannequins est un carton très-épais, fabriqué avec d'innombrables feuilles de papier collées les unes aux autres, et sur lesquelles sont écrites, en caractères thibétains, des prières choisies et le plus en vogue dans la contrée. Ceux qui n'ont ni le goût, ni le zèle, ni la force de placer sur leur dos une énorme charge de bouquins, de se prosterner à chaque pas dans la boue ou dans la poussière, de courir autour de la lamaserie pendant les froidures de l'hiver ou les chaleurs de l'été, tous ceux-là ont recours au moyen simple et expéditif du tonneau à prières. Ils n'ont qu'à le mettre une fois en mouvement; il tourne ensuite, de lui-même, avec facilité et pendant long-temps. Les dévots peuvent aller boire, manger ou dormir, pendant que la mécanique a l'extrême complaisance de prier pour eux.

Un jour, en passant devant un de ces tonneaux bouddhiques, nous aperçûmes deux Lamas qui se querellaient avec violence, et étaient sur le point d'en venir aux mains, le tout à cause de leur ferveur et de leur zèle pour les prières. L'un d'eux, après avoir fait rouler la machine priante, s'en retournait modestement dans sa cellule. Ayant tourné la tête, sans doute pour jouir du spectacle de tant de belles prières qu'il venait de mettre en mouvement, il remarqua un de ses confrères qui arrêtait sans façon sa dévotion tournante, et faisait rouler le tonneau pour son propre compte. Indigné de cette pieuse tricherie, il revint promptement sur ses pas, et mit au repos les prières de son concurrent. Long-temps, de part et d'autre, ils arrêtèrent et firent rouler le tonneau, sans proférer une seule parole. Mais leur patience étant mise à bout, ils commencèrent par s'injurier; des injures ils en vinrent aux menaces; et ils auraient fini, sans doute, par se battre sérieusement, si un vieux Lama, attiré par les cris, ne fût venu leur porter des paroles de paix, et mettre lui-même en mouvement la mécanique à prières, pour le bénéfice des deux parties.

Outre les pélerins dont la dévotion s'exerce dans l'intérieur ou aux environs des lamaseries, on en rencontre quelquefois qui ont entrepris des voyages d'une longueur effrayante, et qu'ils doivent exécuter en se prosternant à chaque pas. Il est bien triste et bien lamentable, de voir ces malheureuses victimes de l'erreur endurer à pure perte des peines indicibles ; on se sent le cœur navré de douleur, et on ne peut s'empêcher d'appeler de tous ses vœux le moment, où ces pauvres Tartares consacreront au service du vrai Dieu cette énergie religieuse, qu'ils dépensent et gaspillent tous les jours au sein d'une religion vaine et menteuse. Nous avions espéré pouvoir profiter de la solennité de *Rache-Tchurin* pour annoncer la vraie foi au peuple des Ortous ; mais telle n'était pas sans doute la volonté de Dieu, puisqu'il permit que nous nous égarassions le jour même qui paraissait le plus favorable à nos projets. Nous traversâmes donc la lamaserie de *Rache-Tchurin* sans nous y arrêter. Nous avions hâte d'arriver à la source de cette immense superstition, dont nous n'apercevions autour de nous que quelques maigres courants.

A peu de distance de la lamaserie de Rache-Tchurin, nous rencontrâmes une grande route très-bien tracée, et fréquentée par un grand nombre de voyageurs. Ce n'était pas la dévotion qui les mettait en mouvement, comme ceux que nous avions trouvés en deçà de la lamaserie ; ils étaient mus au contraire par l'intérêt, et se dirigeaient vers le *Dabsoun-Noor*, ou lac du sel, saline célèbre dans tout l'occident de la Mongolie, et qui fournit du sel non-seulement aux Tartares voisins, mais encore à plusieurs provinces de l'empire chinois.

Une journée de marche avant d'arriver au *Dabsoun-Noor*, le terrain change par degrés de forme et d'aspect; il perd sa teinte jaunâtre, et devient insensiblement blanc, comme s'il fût tombé sur le sol une légère couche de neige. La terre se boursouffle sur tous les points, et forme d'innombrables petits monticules, semblables à des cônes d'une régularité si parfaite, qu'on les dirait travaillés de main d'homme. Ils se groupent quelquefois par étages les uns au-dessus des autres, et ressemblent à de grosses poires entassées sur un plat; on en voit de toutes les grosseurs; les uns sont jeunes et ne font que de naître, d'autres paraissent vieux, épuisés, et tombent en ruine de toute part. A l'endroit où ces excroissances commencent à se déclarer, on voit sortir de terre des épines rampantes, environnées de longues pointes, mais sans fleurs et sans feuilles; elles se mêlent, s'entrelacent, et vont coiffer les boursoufflures du terrain comme d'un bonnet tricoté. Ces épines ne se rencontrent jamais que sur les monticules dont nous parlons; quelquefois elles paraissent tendues, vigoureuses, et poussent des rejetons assez longs; mais sur les vieux monticules, elles sont desséchées, calcinées par le nitre, cassantes, et s'en allant, pour ainsi dire, en lambeaux.

En voyant à la surface de la terre ces nombreuses boursoufflures chargées d'épaisses efflorescences de nitre, il est facile de deviner qu'au dedans et à peu de profondeur, il se fait de grandes opérations chimiques. Les sources d'eau, si rares dans les Ortous, deviennent ici fréquentes, mais elles sont en général excessivement salées; quelquefois pourtant, tout à côté d'une lagune saumâtre, jaillissent des eaux douces, fraîches et délicieuses: de longues perches, au bout desquelles flottent de petits drapeaux, servent à les indiquer aux voyageurs.

Ce qu'on appelle *Dabsoun-Noor* est moins un lac qu'un vaste réservoir de sel gemme mélangé d'efflorescences nitreuses. Ces dernières sont d'un blanc mat, et friables entre les doigts; on peut les distinguer facilement du sel, qui a une teinte un peu grisâtre, et dont la cassure est luisante et cristalline. Le *Dabsoun-Noor* a près de vingt lis de circonférence; on voit s'élever çà et là, dans ses alentours, des iourtes habitées par les Mongols qui font l'exploitation de cette magnifique saline; on y rencontre toujours aussi quelques Chinois en qualité d'associés; car on dirait que ces hommes doivent se trouver nécessairement mêlés à tout ce qui tient au commerce ou à l'industrie. La manipulation qu'on fait subir à ces matières salines, ne demande ni beaucoup de travail, ni une grande science. On se contente de les ramasser au hasard dans le réservoir, de les entasser, et puis de recouvrir ces grandes piles d'une légère couche de terre glaise. Quand le sel s'est ainsi convenablement purifié de lui-même, les Tartares le transportent sur les marchés chinois les plus voisins, et l'échangent contre du thé, du tabac, de l'eau-de-vie, ou d'autres denrées à leur usage. Sur les lieux mêmes le sel est sans valeur; à chaque pas on en rencontre de gros morceaux d'une pureté remarquable. Nous en remplîmes un sac, soit pour notre usage, soit pour celui des chameaux, qui sont toujours très-friands de cette nourriture.

Nous traversâmes le *Dabsoun-Noor* dans toute sa largeur d'orient en occident, et nous dûmes user de grandes précautions, pour avancer sur ce sol toujours humide et presque mouvant. Les Tartares nous recommandèrent de suivre avec beaucoup de prudence les sentiers tracés, et de nous éloigner des endroits où nous verrions l'eau sourdre et monter. Ils nous assurèrent qu'il existait des gouffres qu'on avait plusieurs fois sondés sans jamais en trouver le fond. Tout cela porterait à croire que le *Noor* ou lac, dont on parle dans le pays, existe réellement, mais qu'il est souterrain. Au-dessus serait alors comme un couvercle, ou une voute solide, formée de matières salines et salpétreuses produites par les évaporations continuelles des eaux souterraines. Des matières étrangères, incessamment charriées par les pluies, et poussées par les vents, auront bien pu ensuite, par le laps du temps, former une croûte assez forte pour porter les caravanes qui traversent sans cesse le *Dabsoun-Noor*.

Cette grande mine de sel paraît étendre son influence sur le pays des Ortous tout entier. Partout les eaux, sont saumâtres; le sol est aride, et saupoudré de matières salines. Cette absence de gras pâturages et de ruisseaux, est très-défavorable à la prospérité des bestiaux; cependant le chameau, dont le tempérament robuste et endurci s'accommode des montagnes les plus stériles, vient dédommager les Tartares des Ortous. Cet animal, véritable trésor du désert, peut rester quinze jours et même un mois sans boire ni manger. Quelque misérable que soit le pays, il trouve toujours de quoi se rassasier, surtout si le sol est imprégné de sel ou de nitre. Les landes les plus stériles peuvent lui suffire; les herbes auxquelles les autres animaux ne touchent pas, des broussailles, du bois sec même, tout peut lui servir de pâture.

Quoiqu'il coûte si peu à nourrir, le chameau est d'une
utilité qu'on ne peut concevoir que dans les pays où la
Providence le fait naître et multiplier. Sa charge ordinaire
va jusqu'à sept ou huit cents livres, et il peut faire ainsi
dix lieues par jour. Ceux qu'on emploie pour porter des
dépêches, doivent en faire quatre-vingts, mais ils ne portent que le cavalier. Dans plusieurs contrées de la Tartarie, ils traînent les voitures des rois et des princes; quelquefois aussi on les attelle aux palanquins, mais ce ne peut
être que dans les pays plats. La nature charnue de leurs
pieds ne leur permettrait pas de grimper des montagnes, en
traînant après eux des voitures ou des litières.

L'éducation du jeune chameau exige beaucoup de soins
et d'attention. Les huit premiers jours, il ne peut se tenir
debout, ni téter, sans le secours d'une main étrangère. Son
long cou est d'une flexibilité et d'une faiblesse si grande,
qu'il risquerait de se disloquer, si on n'était là pour soutenir
sa tête au moment où il cherche les mamelles de la chamelle.

Le chameau, né pour la servitude, semble sentir, dès
son premier jour, la pesanteur du joug sous lequel il doit
passer sa vie tout entière. On ne voit jamais le chamelon
jouer et se divertir, comme font les poulains, les veaux et
les autres petits des animaux. Il est toujours grave, mélancolique, marchant lentement, et ne hâtant le pas que
lorsqu'il est pressé par son maître. Pendant la nuit entière, et souvent pendant le jour, il pousse un cri triste et
plaintif comme le vagissement d'un enfant. Il semble toujours, se dire que rien de ce qui ressent la joie ou le diver-
tissement n'est fait pour lui, que sa carrière est celle des
travaux forcés et des longs jeûnes, jusqu'à la mort.

Le chamelon est long-temps à croître. Il ne peut guère servir, pour porter même un simple cavalier, qu'à sa troisième année. Sa grande vigueur ne lui vient qu'à l'âge de huit ans. Alors, on commence à lui imposer des fardeaux de plus en plus pesants. S'il peut se relever avec sa charge, c'est une preuve qu'il aura la force de la porter pendant la route. Quand les courses doivent être de peu de durée, il arrive quelquefois qu'on le charge outre mesure. On l'aide ensuite à se relever, au moyen de barres et de leviers, et on le voit se mettre en route avec un fardeau bien au-dessus de ses forces. La vigueur du chameau dure très-long-temps. Pourvu qu'à certaines époques de l'année, on lui laisse le loisir de paître, il peut être de bon service pendant au moins cinquante ans.

La nature n'a donné aucune défense au chameau contre les autres animaux, si ce n'est son cri perçant et prolongé, et la masse informe et effrayante de son corps, qui ressemble, dans le lointain, à un monceau de ruines. Il rue rarement ; et quand il s'avise, par extraordinaire, de lancer des coups de pied, c'est presque toujours sans grave inconvénient. La constitution molle et charnue de son pied ne peut ni faire de blessure, ni même occasionner une grande douleur. Il ne peut pas, non plus, mordre son ennemi. Son unique moyen de défense contre les animaux et contre les hommes, est une espèce d'éternuement, au moyen duquel il lâche, par le nez et par la bouche, un tas d'ordures contre celui qu'il veut épouvanter.

Cependant, les chameaux entiers (1) sont terribles pen-

(1) Les Tartares donnent le nom de *bore* au chameau entier. *Temen* est le nom générique du chameau.

dant la douzième lune, à l'époque du rut. Alors, leurs yeux deviennent d'un rouge enflammé, il suinte de leur tête une humeur oléagineuse et fétide, leur bouche écume sans cesse, ils ne mangent ni ne boivent absolument rien. Dans cet état d'effervescence, ils se précipitent sur tout ce qu'ils rencontrent, hommes ou animaux, avec une vitesse qu'il est impossible d'éviter. Aussitôt qu'ils ont atteint l'objet poursuivi, ils l'écrasent et le broyent sous le poids de leur corps. Passé cette époque, le chameau revient à sa douceur ordinaire, et reprend paisiblement le cours de sa laborieuse carrière.

Les femelles ne font de petit, qu'à leur sixième ou septième année ; elles portent pendant quatorze mois. Les Tartares châtrent la plus grande partie de leurs chameaux mâles, qui acquièrent, par cette opération, un plus grand développement de force, de taille et d'embonpoint. Leur voix devient excessivement grèle et douce. Quelques-uns la perdent même presque complètement. Leur poil est ordinairement plus court et moins rude que celui des chameaux entiers.

La mauvaise grâce du chameau, la puanteur extrême de son haleine, la maladresse et la lourdeur de ses mouvements, la saillie de ses lèvres fendues en bec de lapin, les callosités qui garnissent certaines parties de son corps, tout contribue à lui donner un aspect repoussant ; mais son extrême sobriété, la docilité de son caractère, et les services qu'il procure à l'homme, le rendent de la première utilité, et font oublier ses difformités apparentes.

Malgré la mollesse apparente de ses pieds, le chameau peut marcher sur le chemin le plus raboteux, sur des pierres aiguës, des épines, des racines d'arbre, sans se blesser. Cependant, à la longue, quand on lui impose des marches forcées, sans lui donner quelques jours de repos, sa semelle finit par s'user, la chair vive est mise à nu, et le sang coule. Dans cette circonstance fâcheuse, les Tartares lui font des souliers avec des peaux de mouton. Mais si la route doit se prolonger encore long-temps, tout devient inutile, le chameau se couche, et on est obligé de l'abandonner.

Il n'est rien que le chameau redoute comme les terrains humides et marécageux. Quand il pose son pied dans la boue, il glisse; et après avoir chancelé quelque temps comme un homme ivre, il tombe lourdement sur ses flancs.

Pour se reposer, il s'accroupit, replie symétriquement ses quatre jambes sous son corps, et tient le cou allongé en avant à ras de terre. Dans cette posture, on le prendrait volontiers pour un énorme limaçon.

Chaque année, vers la fin du printemps, le chameau se dépouille de son poil. Il le perd complètement et jusqu'au dernier brin, avant que le nouveau renaisse. Pendant une vingtaine de jours, il reste tout-à-fait nu, comme si on l'eût rasé avec soin depuis le sommet de la tête jusqu'à l'extrémité de la queue. Alors, il est très-sensible à la moindre froidure et à la plus petite pluie. On le voit se pelotonner, et grelotter de tous ses membres, comme ferait un homme exposé sans habits à un froid rigoureux. Insensiblement, le poil revient. D'abord, c'est une laine légère, frisée, d'une finesse et d'une beauté extrêmes; enfin, quand la fourrure est devenue longue et épaisse, le chameau peut braver les frimas les plus terribles. Il fait ses délices de marcher contre le vent du nord, ou de se tenir

immobile sur le sommet d'une colline, pour être battu
par la tempête et en respirer le souffle glaçant. Des naturalistes ont dit que les chameaux ne pouvaient pas vivre
dans les pays froids. Nous pensons qu'ils n'avaient pas l'intention de parler des chameaux tartares, que la moindre
chaleur abat, et qui, certainement, ne pourraient supporter le climat de l'Arabie.

Le poil d'un chameau ordinaire peut aller jusqu'à dix
livres. Il obtient quelquefois la finesse de la soie, et toujours il est plus long que la laine de mouton. Celui que
les chameaux entiers ont au-dessous du cou et le long des
jambes, est rude, bouchonné, et de couleur noire. Le poil
de chameau est ordinairement roux, quelquefois grisâtre
ou blanc. Les Tartares le laissent se perdre inutilement.
Dans les endroits où paissent les troupeaux de chameaux,
on en rencontre de grandes plaques semblables à de vieux
haillons; ordinairement le vent les pousse et les amon-
celle dans quelque recoin, au pied des collines. Si on en
ramasse, ce n'est qu'en petite quantité, pour faire des
cordes, et une espèce d'étoffe grossière, assez semblable à
la tiretaine, dont on fait des sacs et des tapis.

Le lait que donnent les chamelles est excellent; on en
fait du beurre et des fromages. La chair de chameau est
coriace, de mauvais goût, et peu estimée des Tartares.
Ils tirent pourtant assez bon parti des bosses, qu'ils coupent par tranche et mêlent à leur thé, en guise de beurre.
On sait qu'Héliogabale faisait servir dans ses festins la
chair de chameau, et qu'il estimait beaucoup leurs pieds.
Nous ne pouvons rien dire de ce dernier mets, que l'empereur romain était glorieux d'avoir inventé; mais nous
pouvons assurer que la chair de chameau est détestable.

CHAPITRE X.

Achat d'un mouton. — Boucher mongol. — Grand festin à la tartare.
— Vétérinaires tartares. — Singulière guérison d'une vache. —
Profondeur des puits des Ortous. — Manière d'abreuver les animaux. — Campement aux cent puits. — Rencontre du roi des
Alechan. — Ambassades annuelles des souverains tartares à Péking.
— Grande cérémonie au temple des ancêtres. — L'Empereur distribue de la fausse monnaie aux rois mongols. — Inspection de
notre carte géographique. — Citerne du diable. — Purification de
l'eau. — Chien boiteux. — Aspect curieux des montagnes. — Passage du fleuve Jaune.

———— • ————

Les environs du *Dabsoun-Noor* abondent en troupeaux
de chèvres et de moutons. Ces animaux broutent volontiers
les bruyères et les arbustes épineux, seule végétation de
ces steppes stériles : ils font surtout leurs délices des efflorescences nitreuses, qui se rencontrent de toute part, et
dont ils peuvent se rassasier à volonté. Il paraît que le
pays, tout misérable qu'il est, ne laisse pas d'être très-
favorable à leur prospérité ; aussi les Tartares en font-ils
une grande consommation, et comme la base de leur alimentation. Achetés sur les lieux mêmes, ils sont d'un prix
extrêmement modique. Ayant calculé qu'une livre de
viande nous coûterait moins cher qu'une livre de farine,
par principe d'économie, nous résolûmes de faire l'emplette d'un mouton. La circonstance n'était pas difficile à
trouver ; mais comme cela devait nous contraindre d'arrêter notre marche, au moins pendant une journée, nous

voulions camper dans un endroit qui ne fût pas tout-à-fait stérile, et où nos animaux eussent un peu de pâturage à brouter.

Deux jours après avoir traversé le *Dabsoun-Noor*, nous entrâmes dans une longue vallée très-resserrée, où stationnaient quelques familles mongoles. La terre était recouverte d'un épais gramen, qui, par sa forme et sa nature aromatique, avait beaucoup de ressemblance avec le thym. Nos animaux, tout en cheminant, en arrachaient furtivement, à droite et à gauche, quelques bouchées, et nous paraissaient très-friands de ce nouveau pâturage. Nous eûmes donc la pensée de nous arrêter là. Non loin d'une tente était un Lama assis sur un tertre, et occupé à faire des cordes avec des poils de chameau. — Frère, lui dîmes-nous, en passant à côté de lui, ce troupeau qui est sur cette colline, est sans doute le tien... Veux-tu nous vendre un mouton ? — Volontiers, nous répondit-il, je vous donnerai un excellent mouton ; quant au prix nous serons toujours d'accord... Nous autres, hommes de prières, nous ne sommes pas comme des marchands. — Il nous assigna un emplacement peu éloigné de sa tente, et nous fîmes accroupir nos animaux. Bientôt tous les gens de la famille du Lama entendant les gémissements des chameaux, coururent en toute hâte vers nous, pour nous aider à camper. Il ne nous fut pas permis de mettre la main à l'œuvre ; car chacun se faisait une fête de se rendre utile, de desseller les animaux, de dresser la tente, et de mettre en ordre dans l'intérieur tout notre petit bagage.

Le jeune Lama qui nous accueillait avec tant d'empressement, après avoir dessellé le cheval et le mulet, s'aper-

çut que ces deux animaux étaient un peu blessés sur le dos.
— Frères, nous dit-il, voilà une mauvaise chose ; vous
faites un long voyage, il faut promptement remédier à cela ;
vous ne pourriez autrement terminer votre route.— En disant ces mots, il saisit promptement le couteau qui pendait à sa ceinture, et l'aiguisa avec rapidité sur le retroussis de ses bottes de cuir, il démonta ensuite nos selles,
examina les aspérités du bois, et se mit à rogner de côté
et d'autre, jusqu'à ce qu'il eût fait disparaître les moindres
inégalités. Après cela, il rajusta avec une merveilleuse
adresse toutes les pièces des selles, et nous les rendit en
disant : Maintenant c'est bien ; vous pourrez voyager en
paix... Cette opération se fit rapidement, et de la meilleure
façon du monde. Le Lama voulait aller aussitôt chercher
le mouton ; mais, comme il était déjà tard, nous l'arrêtâmes
en lui disant que nous camperions pendant une journée
dans sa vallée.

Le lendemain, nous n'étions pas encore levés, que le
Lama entr'ouvrant la porte de notre tente, se mit à rire
avec tant de bruit, qu'il nous éveilla.— Ah ! dit-il, on voit
bien que vous ne voulez pas vous mettre en route aujour-
d'hui. Le soleil est déjà monté bien haut, et vous dormez
encore. — Nous nous levâmes promptement, et aussitôt
que nous fûmes habillés, le Lama nous parla du mouton.—
Venez au troupeau, nous dit-il, vous choisirez à votre fantaisie. — Non, va s-y seul, et amène le mouton que tu
voudras ; actuellement nous avons une occupation. Nous
autres Lamas du ciel d'occident, nous avons pour règle de
vaquer à la prière aussitôt après être levés. — O la belle
chose ! s'écria le Lama. O les saintes règles de l'occident !

Mais son admiration ne fut pas capable de lui faire perdre
de vue son affaire. Il sauta sur son cheval, et courut vers
un troupeau de moutons, qu'on voyait onduler sur le penchant d'une colline.

Nous n'avions pas encore terminé notre prière, que
nous entendîmes le cavalier revenir au grand galop ; il
avait attaché le mouton sur l'arrière de sa selle, en guise
de porte-manteau. A peine arrivé à la porte de notre tente,
il descendit de cheval ; et dans un clin d'œil, il eut mis sur
ses quatre pattes ce pauvre mouton, encore tout étonné
de la cavalcade qu'il venait de faire. — Voilà le mouton,
nous dit le Lama, est-il beau ? vous convient-il ? — A merveille. Combien veux-tu d'argent ? — Une once, est-ce
trop ? — Vu la grosseur de l'animal, le prix nous parut
modéré. Puisque tu demandes une once, voici précisément
un petit lingot qui a le poids requis. Assieds-toi un instant,
nous allons prendre notre petite balance, et tu pourras véri-
fier si réellement ce morceau d'argent pèse une once... A ces
mots, le Lama fit un pas en arrière, et s'écria en étendant ses
deux mains vers nous : En haut, il y a un ciel ; en bas, il
y a une terre, et Bouddha est le maître de toute chose ! Il
veut que tous les hommes se conduisent ensemble comme
des frères ; vous autres, vous êtes de l'occident, moi, je
suis de l'orient. Est-ce une raison pour que notre commerce ne soit pas un commerce de franchise et de loyauté ?
Vous n'avez pas marchandé mon mouton, je prends votre
argent sans le peser. — Excellente manière d'agir, lui
dîmes-nous ; puisque tu ne veux pas peser l'argent, assieds-
toi pourtant un moment, nous boirons une tasse de thé,
et nous délibérerons ensemble sur une petite affaire. —

Je comprends ce que vous voulez dire ; ni vous ni moi ne devons procurer la transmigration de cet être vivant. Il faut trouver un homme noir, qui sache tuer les moutons, n'est-ce pas que c'est cela ?... Et, sans attendre notre réponse, il ajouta promptement : Il y a encore autre chose ; à vous voir, il est facile de conjecturer que vous êtes peu habiles à dépecer les moutons, et à préparer les entrailles. — Tu as parfaitement deviné, lui répondîmes-nous en souriant. — Tenez le mouton bien attaché à côté de votre tente ; pour tout le reste, reposez-vous sur moi, je vais revenir à l'instant. Il monta sur son cheval, le mit au grand galop, et disparut dans un enfoncement de la vallée.

Comme il l'avait annoncé, le Lama ne tarda pas longtemps à reparaître. Il courut droit à sa tente, attacha le cheval à un poteau, le dessella, lui ôta la bride et le licou, et lui donna un rude coup de fouet pour le renvoyer au pâturage. Il entra un instant chez lui, et en ressortit bientôt après avec tous les membres de sa famille, c'est-à-dire sa vieille mère et deux jeunes frères. Ils se dirigèrent à pas lents vers notre demeure, dans un équipement vraiment risible. On eût dit qu'ils opéraient un déménagement de tous leurs meubles. Le Lama portait sur sa tête une marmite, dont il était coiffé comme d'un énorme chapeau. Sa mère avait le dos chargé d'une grande hotte remplie d'argols. Les deux jeunes Mongols suivaient, avec un trépied, une cuillère en fer, et quelques autres petits instruments de cuisine. A ce spectacle, Samdadchiemba trépignait de joie, car il voyait s'ouvrir devant lui toute une journée de poésie.

Aussitôt qu'on eut dressé, en plein air, toute la batterie

de cuisine, le Lama nous invita, par politesse, à aller nous reposer tout doucement dans notre tente. Il jugeait, à notre air, que nous ne pourrions, sans déroger, assister de trop près à cette scène de charcuterie. Cette invitation ne faisait guère notre affaire. Nous demandâmes s'il n'y aurait pas d'inconvénient à nous asseoir sur le gazon, à une distance respectueuse, et avec promesse de ne toucher à rien. Après quelques difficultés, on s'aperçut que nous étions curieux de voir, et on nous fit grâce de l'étiquette.

Le Lama paraissait préoccupé. Ses regards se tournaient avec inquiétude vers le nord de la vallée, comme s'il eût examiné au loin quelque chose. — Ah! bon, dit-il, d'un air satisfait, le voici enfin qui arrive. — Qui arrive? de qui parles-tu? — Holà! j'avais oublié de vous dire que j'avais été là-bas, tout à l'heure, inviter un homme noir très-habile à tuer les moutons; le voici qui arrive. — Nous nous levâmes aussitôt, et nous vîmes, en effet, quelque chose se mouvoir parmi les bruyères du vallon. Nous ne pûmes pas tout d'abord distinguer clairement ce que c'était; car bien qu'il avançât avec assez de rapidité, l'objet ne paraissait guère grandir. Enfin, le personnage le plus singulier que nous ayons vu de notre vie se présenta à notre vue. Nous fûmes obligés de faire de grands efforts pour comprimer les mouvements d'hilarité qui commençaient à s'emparer de nous. Cet homme noir semblait être âgé d'une cinquantaine d'années, mais sa taille ne dépassait pas la hauteur de trois pieds. Sur le sommet de sa tête, terminée en pain de sucre, s'élevait une petite touffe de cheveux mal peignés. Une barbe grise clair-semée descendait en désordre le long de son menton. Enfin, deux proéminences placées, l'une sur le dos, et l'autre devant la poitrine, donnaient à ce petit boucher une ressemblance parfaite avec les portraits d'Esope, qu'on rencontre quelquefois sur certaines éditions des *Fables de la Fontaine*.

La voix forte et sonore de l'homme noir contrastait singulièrement avec l'exiguité de son corps grêle et rabougri. Il ne perdit pas beaucoup de temps à faire des compliments à la compagnie. Après avoir dardé ses petits yeux noirs sur le mouton qui était attaché à un des clous de la tente : —C'est donc cet animal que vous voulez mettre en ordre, dit-il... Et tout en lui palpant la queue, pour juger de son embonpoint, il lui donna un croc-en-jambe, et le renversa avec une remarquable dextérité. Aussitôt il lui lia solidement les quatre pattes ensemble. Pendant qu'il mettait à nu son bras droit, en rejetant en arrière la manche de son habit de peau, il nous demanda s'il fallait faire l'opération dans la tente ou dehors. —Dehors, lui dimesnous. — Dehors, hé bien, dehors.... En disant ces mots, il retira d'un étui de cuir, suspendu à sa ceinture, un couteau à large poignée, mais dont un long usage avait rendu la lame mince et étroite. Après en avoir tâté un instant la pointe avec son pouce, il l'enfonça tout entière dans les flancs du mouton ; il la retira toute rouge ; l'animal était mort, mort du coup, sans faire aucun mouvement ; pas une goutte de sang n'avait jailli de la blessure. Cela nous étonna beaucoup, et nous demandâmes au petit homme noir comment il s'y était pris, pour tuer ce mouton si lestement et si proprement. —Nous autres Tartares, dit-il, nous ne tuons pas de la même façon que les Kitat. Ceux-ci font une entaille au cou ; nous autres, nous allons droit au cœur. Selon notre méthode, l'animal souffre moins, et tout le sang se conserve proprement dans l'intérieur.

Dès que la transmigration eut été opérée, personne n'eut plus de scrupule. Notre Dchiahour et le Lama tartare retroussèrent aussitôt leurs manches, et vinrent en aide au petit boucher. L'animal fut écorché avec une admirable célérité. Pendant ce temps, la vieille tartare avait fait chauffer de l'eau plein les deux marmites. Elle s'empara des entrailles, les lava à peu près, et puis, avec le sang qu'elle puisait dans l'intérieur du mouton au moyen d'une grande cuillère de bois, elle confectionna des boudins, dont la base était l'inévitable farine d'avoine. — Seigneurs Lamas, nous dit le petit homme noir, faut-il désosser le mouton ? — Sur notre réponse affirmative, il le fit accrocher à une des colonnes de la tente, car il n'était pas de taille à faire lui seul cette opération ; il se dressa ensuite sur une grosse pierre, et promenant rapidement son couteau autour des ossements, il détacha, d'une seule pièce, toutes les chairs, de manière à ne laisser suspendu à la colonne qu'un squelette bien décharné et bien poli.

Pendant que le petit homme noir avait, suivant son expression, mis en ordre la viande de mouton, le reste de la troupe nous avait préparé un gala à la façon tartare. Le jeune Lama était l'ordonnateur de la fête. — Voyons, s'écria-t-il, que tout le monde se place en rond, on va vider la grande marmite. —Aussitôt chacun s'assit sur le gazon. La vieille mongole plongea ses deux mains dans la marmite, qui bouillait tout à côté, et en retira tous les intestins, le foie, le cœur, les poumons, la rate et les entrailles

farcies de sang et de farine d'avoine. Ce qu'il y avait de
plus remarquable dans cet appareil gastronomique, c'est
que tous les intestins avaient été conservés dans toute leur
intégrité, et disposés comme on les voit dans le ventre de
l'animal. La vieille servit, ou plutôt jeta ce mets grandiose
au milieu de nous, sur la pelouse, qui nous servait tout
à la fois de siège, de table, de plat, et au besoin même de
serviette. Il est inutile d'ajouter que nos doigts seuls nous
servaient de fourchette. Chacun saisissait de sa main un
lambeau d'entrailles, les arrachait de la masse en les tor-
dant, et les dévorait ainsi sans assaisonnement et sans sel.

Les deux Missionnaires français ne purent, selon leur
bonne volonté, faire honneur à ce ragoût tartare. D'abord
nous nous brûlâmes les doigts, en voulant toucher à ces
entrailles toutes chaudes et toutes fumantes. Les convives
eurent beau nous dire qu'il ne fallait pas les laisser refroi-
dir, nous attendîmes un instant, de peur de brûler aussi
nos lèvres. Enfin nous goûtâmes ces boudins fabriqués
avec du sang de mouton et de la farine d'avoine; mais
après quelques bouchées, nous eûmes le malheur de nous
trouver rassasiés. Jamais, peut-être, nous n'avions rien
mangé d'aussi fade et d'aussi insipide. Samdadchiemba,
ayant prévu le coup, avait soustrait du plat commun le
foie et les poumons. Il nous les servit avec quelques grains
de sel qu'il avait eu soin d'écraser entre deux pierres. De
cette manière, nous pûmes tenir tête à la compagnie, qui
engloutissait, avec un appétit dévorant, tout ce vaste
système d'entrailles.

Quand on eut fait table rase, la vieille apporta le second
service; elle plaça au milieu de nous la grande marmite

où on avait fait cuire les boudins. Aussitôt tous les membres
du banquet s'invitèrent mutuellement, et chacun tirant de
son sein son écuelle de bois, on se mit à puiser à la ronde
des rasades d'un liquide fumant et sale, auquel on donnait
le nom pompeux de sauce. Pour ne pas paraître excentri-
ques, et avoir l'air de mépriser la cuisine tartare, nous fîmes comme tout le monde. Nous plongeâmes notre écuelle
dans le récipient ; mais ce ne fut que par de généreux efforts que nous pûmes avaler cette sauce verdâtre, et qui
sentait l'herbe à moitié ruminée. Les Tartares, au contraire, trouvaient tout cela délicieux, et vinrent facilement
à bout de cet épouvantable gala ; ils ne s'arrêtèrent que
lorsqu'il ne resta plus rien, pas une goutte de sauce, pas
un pouce de boudin.

La fête étant terminée, le petit homme noir nous salua
et prit pour son salaire les quatre pieds du mouton. Outre cet
honoraire, fixé par les usages antiques des Mongols, nous
y joignîmes, en supplément, une poignée de feuilles de
thé ; car nous voulions qu'il pût se souvenir long-temps et
parler à ses compatriotes de la générosité des Lamas du
ciel d'occident.

Tout le monde étant bien régalé, nos voisins prirent
leur batterie de cuisine, et s'en retournèrent chez eux;
mais le jeune Lama ne voulut pas nous laisser seuls. Après
avoir beaucoup parlé et de l'occident et de l'orient, il dé-
crocha le squelette qui était encore suspendu à l'entrée de
la tente, et s'amusa à nous réciter, en chantant, la nomenclature de tous les ossements, grands et petits, qui composent la charpente du mouton. Il s'aperçut que notre science
sur ce point était très-bornée, et il en parut extrêmement sur-

pris. Nous eûmes toutes les peines du monde à lui faire comprendre que, dans notre pays, les études ecclésiastiques avaient pour objet des choses plus sérieuses et plus importantes, que les noms et le nombre des ossements d'un mouton.

Tous les Mongols connaissent le nombre, le nom et la place des os qui entrent dans la charpente des animaux ; aussi, quand ils ont à dépecer un bœuf ou un mouton, ils ne fracturent jamais les ossements. Avec la pointe de leur grand couteau, ils vont droit et du premier coup à leur jointure et les séparent avec une adresse et une célérité vraiment étonnantes. Ces fréquentes dissections, et surtout l'habitude de vivre journellement au milieu des troupeaux, ont rendu les Tartares très-habiles dans la connaissance des maladies des animaux, et dans l'art de les guérir. Les remèdes qu'ils emploient à l'intérieur, sont toujours des simples qu'ils recueillent dans les prairies, et dont ils font boire la décoction aux animaux malades. Pour cela, ils se servent d'une grande corne de bœuf; quand ils sont parvenus à insérer le petit bout dans la bouche de l'animal, ils versent la médecine par l'autre extrémité qui s'évase en forme d'entonnoir. Si la bête s'obstine à ne pas ouvrir la bouche, on lui fait avaler le liquide par les naseaux. Quelquefois les Tartares emploient aussi le lavement pour le traitement des maladies des bestiaux; mais leurs instruments sont encore dans toute leur simplicité primitive. Une corne de bœuf tient lieu de canule, et le corps de pompe est une grande vessie qu'on fait fonctionner en la pressant.

Les remèdes pris à l'intérieur sont très-peu en usage ;

les Tartares emploient plus fréquemment la ponction et les incisions sur diverses parties du corps. Quelquefois ils font ces opérations d'une manière vraiment risible. Un jour que nous avions dressé notre tente à côté d'une habitation mongole, un Tartare conduisit au chef de cette famille une vache, qui ne mangeait plus, disait-il, et qui allait tous les jours dépérissant. Le chef de famille examina l'animal ; il lui entr'ouvrit la bouche, et puis lui gratta les dents de devant avec son ongle. — Ignorant, dit-il à celui qui était venu le consulter, pourquoi as-tu attendu si long-temps à venir ? ta vache est sur le point de mourir ; elle a, tout au plus, une journée à vivre. Pourtant il reste encore un moyen, je vais l'essayer. Si ta vache meurt, tu diras que c'est ta faute ; si elle guérit, tu diras que c'est un grand bienfait d'Hormousdha et de mon savoir faire.... Il appela ensuite quelques-uns de ses esclaves, et leur commanda de tenir fortement la bête, pendant qu'il lui ferait l'opération. Pour lui, il rentra dans sa tente, et revint bientôt après, armé d'un clou en fer et d'un gros marteau. Nous atten- dions avec impatience cette singulière opération chirur- gicale, qui allait se faire avec un clou et un marteau. Pen- dant que plusieurs mongols tenaient fortement la vache pour l'empêcher de s'échapper, l'opérateur lui plaça le clou sous le ventre, puis d'un rude coup de marteau, il l'en- fonça jusqu'à la tête. Après cela, il saisit de ses deux mains la queue de la vache et ordonna à ceux qui la tenaient de lâcher prise. Aussitôt la bête qui venait d'être si bizarre- ment opérée, se mit à courir, traînant après elle le vétéri- naire tartare toujours cramponné à sa queue. Ils parcou- rurent de la sorte, à peu près un li de chemin. Le Tartare

abandonna enfin sa victime, et revint tranquillement vers
nous, qui étions tout ébahis de cette nouvelle méthode de
procéder à la guérison des vaches. Il nous annonça qu'il
n'y avait plus aucun danger pour la bête; il avait connu,
disait-il, à la raideur de la queue, le bon effet de la médecine ferrugineuse qu'il venait de lui administrer.

Les vétérinaires tartares font quelquefois leurs opérations au ventre, comme on vient de le voir; mais le plus
souvent, c'est à la tête, aux oreilles, aux tempes, à la lèvre
supérieure et autour des yeux. Cette dernière opération a
lieu principalement dans la maladie que les Tartares nomment *fiente de poule*, et à laquelle les mulets sont très-
sujets. Quand le mal se déclare, ces animaux cessent de
manger, deviennent d'une faiblesse extrême, et peuvent à
peine se soutenir; il leur vient aux coins des yeux des excroissances charnues, assez semblables à de la fiente de
poule, et cachées par les paupières. Si on a soin d'arracher
à temps ces excroissances, les mulets sont sauvés, et reprennent peu à peu leur première vigueur; sinon, ils lan-
guissent encore quelques jours et périssent infailliblement.

Quoique la ponction et la saignée soient pour beaucoup
dans l'art vétérinaire des Tartares, il ne faudrait pas croire
qu'ils ont entre leurs mains de belles et riches collections
d'instruments, comme celles qui sont à la disposition des
opérateurs européens : le plus souvent, ils n'ont que leur
couteau ordinaire, ou une petite alène en fer, toujours suspendue à leur ceinture, et dont ils se servent journellement
pour désobstruer leurs pipes, raccommoder leur selles et
leurs bottes de cuir.

Le jeune Lama qui nous avait vendu le mouton, passa

une grande partie de la journée à nous raconter des anecdotes, plus ou moins piquantes et curieuses, au sujet de la
science vétérinaire dans laquelle il paraissait assez habile.
Il nous donna aussi, sur le chemin que nous avions à suivre, les renseignements les plus importants ; il nous fixa les
étapes que nous devions faire, les lieux où nous devions
nous arrêter pour ne pas mourir de soif. Nous avions encore à faire dans le pays des Ortous une quinzaine de jours
de marche ; pendant ce temps nous ne devions plus rencontrer ni ruisseau, ni fontaine, ni citerne ; mais seulement de loin en loin des puits d'une profondeur extraordinaire, quelquefois distants les uns des autres de deux
journées de chemin ; nous devions donc être dans la nécessité de transporter en route notre provision d'eau.

Le lendemain, après avoir fait nos adieux à cette famille
tartare qui nous avait témoigné tant d'empressement, nous
nous mîmes en route. Sur le soir, vers l'heure de dresser la
tente, nous aperçûmes dans le lointain un grand rassem-
blement de troupeaux de toute espèce. Pensant que le
puits qu'on nous avait annoncé se trouvait de ce côté-là,
nous y dirigeâmes notre marche. Bientôt nous reconnûmes en effet que nous étions arrivés à l'eau ; déjà les bestiaux s'étaient rendus de toute part, et attendaient qu'on
vînt les abreuver. Nous nous arrêtâmes donc, et nous or-
ganisâmes notre campement. En voyant ces troupeaux
réunis, et ce puits dont l'ouverture était recouverte par une
large pierre, nous nous rappelâmes avec plaisir le passage
de la Genèse qui raconte le voyage de Jacob en Mésopotamie vers Laban, fils de Bathuel le Syrien :

« Jacob étant parti, vint à la terre d'orient.

« Et il vit un puits dans un champ, et auprès trois trou-
» peaux de brebis couchés ; car c'est à ce puits que les
» troupeaux s'abreuvaient, et le puits était fermé avec une
» grosse pierre.

» Or c'était la coutume, lorsque tous les troupeaux
» étaient assemblés, de rouler la pierre, et les troupeaux
» s'abreuvaient, et on la remettait sur le puits (1). »

Les auges en bois qui entouraient le puits, nous rappelaient aussi cet autre passage où il est parlé de la rencontre de Rebecca et du serviteur d'Abraham.

» Lorsque le serviteur eut bu, elle ajouta : Je puiserai
» encore de l'eau pour vos chameaux, jusqu'à ce que tous
» aient bu.

» Et, répandant son vase dans les canaux, elle courut au
» puits pour puiser de l'eau, et la présenta à tous les cha-
» meaux (2). »

On ne peut voyager en Mongolie, au milieu d'un peuple pasteur et nomade, sans que l'esprit ne se reporte in-
volontairement au temps des premiers patriarches, dont la
vie pastorale avait tant de rapports avec les mœurs et les
habitudes qu'on remarque encore aujourd'hui parmi les
tribus mongoles. Mais combien ces rapprochements deviennent tristes et pénibles, quand on songe ensuite que
ces peuples infortunés ne connaissent pas encore le Dieu
d'Abraham, d'Isaac et de Jacob !

A peine eûmes-nous dressé la tente et disposé notre modeste cuisine, que nous aperçûmes des cavaliers tartares
s'avancer vers nous au grand galop ; ils venaient puiser de
l'eau, et abreuver les nombreux troupeaux qui attendaient

(1) Genèse, xxix, 1, 2, 3. — (2) Ibid. xxiv, 19, 20.

depuis long-temps. Les bestiaux qui se tenaient à l'écart,
voyant venir leurs pasteurs, accoururent à la hâte, et bientôt tous se groupèrent à l'entour du puits, dans l'attente
de se désaltérer. Cette grande réunion d'animaux si nombreux, et de caractères si différents, produisait une agitation,
un tumulte auxquels nous étions peu accoutumés au milieu des solitudes silencieuses du désert ; et c'est peut-être
à cause de son étrangeté, que cette activité désordonnée
était pour nous pleine de charmes. Nous aimions à voir
ces chevaux indomptés, se pousser, se ruer, pour arriver
les premiers à l'abreuvoir ; puis, au lieu de boire en paix,
se mordre, se quereller, abandonner enfin l'eau pour aller
se poursuivre dans la plaine. La scène était surtout amu-
sante et pittoresque, lorsqu'un énorme chameau venait
jeter l'épouvante autour du puits, et éloigner le vulgaire
par sa présence despotique.

Les pasteurs Mongols étaient au nombre de quatre ;
pendant que deux d'entr'eux, armés d'une longue perche,
couraient çà et là, pour essayer de mettre un peu d'ordre
parmi les troupeaux ; les deux autres puisaient l'eau d'une
manière qui excita grandement notre surprise. D'abord
l'instrument dont on se servait en guise de seau, nous parut passablement remarquable : c'était une peau de bouc
tout entière, solidement nouée aux quatre pattes et n'ayant
d'ouverture qu'au cou. Un gros cercle tenait l'orifice éva-
sé ; une longue et forte corde en poil de chameau était
attachée à un morceau de bois qui coupait le cercle dia-
métralement ; la corde tenait par un bout à la selle d'un
cheval que montait un Tartare ; et lorsqu'on était parvenu à remplir cette monstrueuse outre, le cavalier pous-

sait son cheval en avant, et hissait l'outre jusqu'au bord du puits; un autre homme recevait l'eau, et la vidait à mesure dans les auges.

Le puits était d'une profondeur effrayante; la corde dont on se servait pour faire monter l'outre, nous parut avoir plus de deux cents pieds de longueur. Au lieu de couler sur une poulie, elle était tout bonnement appuyée sur une grosse pierre, où le frottement avait fini par creuser une large rainure. Quoique le puisage se fît avec une grande activité, il était presque nuit lorsque tous les troupeaux furent suffisamment abreuvés; alors nous allâmes chercher nos cinq animaux pour leur donner part au banquet commun. Les Tartares eurent la complaisance de nous puiser de l'eau; il est probable que, sans leur secours, nous n'aurions jamais pu y parvenir, et que nous aurions été obligés d'endurer la soif à côté d'un puits très-abondant.

Ces Tartares ne nous parurent pas contents, comme ceux que nous avions rencontrés dans les autres parties de la Mongolie; on voyait qu'ils souffraient beaucoup d'être obligés de passer leur vie dans un pays si ingrat, où les pâturages étaient si rares et l'eau encore davantage; ils nous parlaient des royaumes mongols que nous avions déjà parcourus, et où il était si facile, même si agréable de nourrir des animaux. — O que les habitants de ces contrées sont heureux! disaient-ils; combien notre bonheur serait grand, si nous pouvions aller passer nos jours au milieu de ces gras pâturages!

Avant de s'en retourner vers leur habitation, qui était située derrière une haute montagne, ces Tartares nous dirent que le lendemain il nous faudrait partir avant le jour:

ils nous avertirent que nous ne trouverions de l'eau qu'à
l'endroit des *Cent-Puits* dont nous étions éloignés de cent
cinquante lis (quinze lieues).

L'aube n'avait pas encore paru lorsque nous nous mîmes
en route ; le pays fut toujours, comme à l'ordinaire, sablonneux, stérile et triste à voir. Vers midi nous nous arrêtâmes pour prendre un peu de nourriture, et faire du thé
avec l'eau que nous portions sur un de nos chameaux. La
nuit commençait à se faire, et nous n'étions pas encore arrivés aux Cent-Puits ; nos pauvres animaux n'en pouvaient
plus de soif et de fatigue : cependant il fallait, coûte que
coûte, arriver au campement ; rester en arrière eût été la
source de grandes misères. Enfin nous rencontrâmes nos
puits ; et sans nous inquiéter s'il y en avait cent, comme
semblait l'annoncer le nom tartare de cet endroit, nous
nous hâtâmes de dresser la tente ; heureusement le puits
n'était pas profond comme celui que nous avions vu la
veille. Notre premier soin fut de puiser de l'eau pour abreuver le cheval et le mulet ; mais quand nous allâmes pour
les conduire à l'abreuvoir, nous ne les trouvâmes plus auprès de la tente, où ils attendaient ordinairement qu'on
vînt les desseller. Cet accident nous causa une grande peine,
qui nous fit subitement oublier toutes les fatigues de la
journée. Nous n'avions, il est vrai, aucune peur des voleurs, car, sous ce rapport, il n'est peut-être pas de pays
plus sûr que celui des Ortous ; mais nous pensions que nos
animaux, altérés comme ils l'étaient, s'étaient enfuis pour
chercher de l'eau quelque part. Ils marcheront, disions-
nous, jusqu'à ce qu'ils aient rencontré de quoi se désaltérer : ils iront probablement, sans s'arrêter, jusqu'aux fron-

tières des Ortous, sur les bords mêmes du fleuve Jaune.
La nuit était d'une obscurité profonde : toutefois nous
jugeâmes à propos d'aller promptement à la recherche de
nos chevaux, pendant que Samdadchiemba nous préparait
le souper. Nous errâmes long-temps, et dans toutes les directions, sans rien rencontrer ; souvent nous nous arrêtions,
pour écouter si nous n'entendrions pas le bruit des grelots
qui étaient suspendus au cou du cheval ; mais nous avions
beau prêter l'oreille, rien ne venait jamais interrompre le
silence profond du désert. Cependant nous allions toujours
sans nous décourager, toujours dans l'espoir de retrouver
ces animaux, qui nous étaient si nécessaires, et dont la
perte nous eût jetés dans un grand embarras. Quelquefois
il nous semblait vaguement entendre dans le lointain le tintement des grelots : alors nous nous couchions à plat-ventre,
et nous appliquions l'oreille contre terre, pour saisir plus
facilement le moindre bruit qui pourrait se faire; mais tout
était inutile, toutes nos recherches étaient infructueuses.
    La crainte de nous égarer nous-mêmes, pendant une
nuit obscure, dans un pays dont nous n'avions pu examiner
de jour la position, nous fit naître la pensée de rebrousser
chemin. Mais quelle ne fut pas notre consternation, lorsqu'en nous retournant nous aperçûmes au loin, vers l'endroit où nous avions dressé la tente, s'élever une grande
flamme mêlée d'épais tourbillons de fumée. Nous ne dou-
tâmes pas un seul instant, que Samdadchiemba s'était mis
aussi de son côté à la recherche des chevaux, et que, pendant son absence, le feu avait pris à la tente. O que ce
moment fut triste et décourageant pour nous ! Au milieu
du désert, à deux mille lis de distance de nos chrétientés,

nous regardions, sans espoir, se consumer dans les flammes
cette pauvre tente, notre seul abri contre les intempéries
de l'air! Hélas, nous disions-nous, la tente est certainement perdue! et sans doute, tous les objets qu'elle renfer-
mait sont aussi devenus la proie de l'incendie.

Nous nous dirigeâmes donc tristement vers le lieu où
nous avions campé. Il nous tardait de voir de près ce grand
désastre; et cependant nous avancions avec lenteur, car
nous redoutions aussi d'approcher de cet affreux spectacle,
qui allait arrêter nos plans et nous plonger dans des misères de tout genre. A mesure que nous avancions, nous
entendions de grands cris; enfin nous distinguâmes la voix
de Samdadchiemba qui semblait appeler au secours. Pensant alors que nous pourrions peut-être sauver quelque
chose de l'incendie, nous accourûmes en poussant aussi de
grands cris, pour avertir le Dchiahour que nous allions à
son aide. Enfin nous arrivâmes au campement, et nous demeurâmes un instant pleins de stupéfaction, en voyant
Samdadchiemba tranquillement assis à coté d'un immense
brasier, et buvant avec calme de grandes rasades de thé.
La tente était intacte, et tous nos animaux étaient couchés
aux environs; il n'y avait pas eu d'incendie. Le Dchiahour,
après avoir retrouvé le cheval et le mulet, s'était imaginé
qu'ayant été sans doute fort loin, il nous serait difficile de
retrouver le campement. A cause de cela, il avait donc allumé un grand feu pour diriger notre marche, et poussé
des cris pour nous inviter à revenir. Nous avions tellement cru à la réalité de notre malheur, qu'en revoyant notre
tente, il nous sembla passer subitement de la misère la plus
extrême au comble de la félicité.

La nuit était déjà bien avancée; nous mangeâmes à la hâte et d'excellent appétit la bouillie que Samdadchiemba nous avait préparée; puis nous nous jetâmes sur nos peaux de bouc, où nous dormîmes d'un paisible et profond sommeil jusqu'au jour.

A notre réveil, nous n'eûmes pas plus tôt jeté un coup-d'œil sur les alentours du campement, que nous sentîmes un frisson d'épouvante courir par tous nos membres; car nous nous vîmes environnés de toute part de puits nombreux et profonds. On nous avait bien dit que nous ne trouverions de l'eau qu'à l'endroit appelé les *Cent-Puits;* mais nous n'avions jamais pensé que cette dénomination de *Cent-Puits* dût être prise à la lettre. La veille, comme nous avions dressé notre tente pendant la nuit, nous n'avions pu remarquer autour de nous la présence de ces nombreux précipices; aussi nous n'avions pris aucune précaution. Pour aller à la recherche de nos animaux égarés, nous avions fait, sans le savoir, mille tours et détours parmi ces abîmes profonds; et si nous avons pu aller et venir ainsi, pendant une nuit obscure, sans nous y précipiter, nous devons l'attribuer à une protection spéciale de la Providence. Avant de partir, nous plantâmes une petite croix de bois sur le bord d'un de ces puits, en témoignage de notre reconnaissance envers la bonté de Dieu.

Après avoir fait notre déjeuner accoutumé, nous nous mîmes en route. Vers l'heure de midi nous aperçûmes devant nous une grande multitude, qui débouchait d'une étroite gorge formée par deux montagnes escarpées. Nous nous perdîmes long-temps en conjectures, pour tâcher de deviner ce que pouvait être cette nombreuse et imposante caravane. Des chameaux innombrables chargés de bagages s'avançaient à la file les uns des autres, et une foule de cavaliers, qui, de loin, paraissaient richement vêtus, marchaient sur deux lignes, comme pour escorter les bêtes de charge. Nous ralentîmes notre marche, dans le dessein d'examiner de près cette caravane qui nous paraissait si étrange.

Nous étions encore à une assez grande distance, lorsque quatre cavaliers, qui formaient comme une espèce d'avant-garde à cette grande troupe, coururent vers nous avec rapidité. C'étaient quatre Mandarins. Le globule bleu qui surmontait leur bonnet de cérémonie, était le signe de leur dignité. — Seigneurs Lamas, nous dirent-ils, que la paix soit avec vous! Vers quel point de la terre dirigez-vous vos pas? —Nous sommes du ciel d'occident, et c'est vers l'occident que nous allons.... Et vous autres, frères de la Mongolie, où allez-vous en si grande troupe et en si magnifique équipage? — Nous sommes du royaume d'*Alechan*; notre roi fait un voyage à Péking, pour se prosterner aux pieds de celui qui siége au-dessous du ciel. — Après ces quelques mots, les quatre cavaliers se soulevèrent un peu sur leur cheval, nous saluèrent, et allèrent reprendre leur position à la tête de la caravane.

Nous nous trouvions juste à point sur le passage du roi des Alechan, se rendant à Péking avec son pompeux cortége, pour se trouver à la grande réunion des princes tributaires, qui, le premier jour de la première lune, doivent aller souhaiter la bonne année à l'Empereur. Après l'avant-garde, venait un palanquin porté par deux magnifiques mulets attelés, l'un devant, l'autre derrière, à des brancards dorés. Le palanquin était carré, peu riche et peu élégant; le dôme était orné de quelques franges de soie, et aux quatre faces on voyait quelques peintures de dragons, d'oiseaux et de bouquets de fleurs. Le monarque tartare était assis, non pas sur un siége, mais les jambes croisées, à la façon orientale; il nous parut âgé d'une cinquantaine d'années; un bel embonpoint donnait à sa physionomie un air remarquable de bonté. Quand nous passâmes à côté de lui, nous lui criâmes : — Roi des Alechan, que la paix et le bonheur accompagnent tes pas! — Hommes de prières, nous répondit-il, soyez toujours en paix.... et il accompagna ses paroles d'un geste plein d'aménité. Un vieux Lama à barbe blanche, monté sur un magnifique cheval, conduisait par un licou le premier mulet du palanquin; il était considéré comme le garde de toute la caravane. Ordinairement les grandes marches des Tartares sont sous la conduite du plus vénérable d'entre les Lamas du pays; parce que ces peuples sont persuadés qu'ils n'ont rien à redouter en route, tant qu'ils ont à leur tête un représentant de la divinité, ou plutôt la divinité elle-même incarnée dans la personne du Lama.

Un grand nombre de cavaliers entouraient par honneur le palanquin royal; ils faisaient sans cesse caracoler leurs chevaux, allant et venant par mille détours, passant tantôt d'un côté, tantôt d'un autre, sans jamais s'arrêter dans leurs mouvements rapides. Immédiatement après l'équipage du roi, venait un chameau d'une beauté et d'une grandeur extraordinaire; il était de couleur blanche. Un jeune Tartare marchant à pied, le conduisait par un cordon de soie. Ce chameau n'était pas chargé. Au bout de ses oreilles et au-dessus de ses deux bosses, qui se tenaient dressées comme deux petites pyramides, on voyait flotter quelques lambeaux de taffetas jaune. Il n'était pas douteux que ce magnifique animal ne fût un cadeau destiné à l'Empereur chinois. Le reste de la troupe se composait des nombreux chameaux qui portaient les bagages : les caisses, les tentes, les marmites, et les mille et un ustensiles dont on doit être toujours accompagné dans un pays où on ne trouve jamais d'auberge.

Il y avait déjà long-temps que la caravane était passée, lorsque la rencontre d'un puits nous décida à dresser la tente. Pendant que nous étions occupés à faire bouillir notre thé, trois Tartares, dont l'un était décoré du globule rouge et les deux autres du globule bleu, mirent pied à terre à l'entrée de notre demeure. Ils nous demandèrent des nouvelles de la caravane du roi des Alechan. Nous leur répondîmes que nous l'avions rencontrée depuis long-temps, qu'elle devait être déjà loin, et que, sans doute, avant la nuit, elle arriverait au campement des *Cent-Puits*.

— Puisqu'il en est ainsi, dirent-ils, nous allons rester ici ; cela vaut mieux que d'arriver de nuit aux *Cent-Puits*, au risque de nous jeter dans quelque abîme. Demain, en partant un peu avant le jour, nous rattraperons la caravane.

Cette détermination étant prise d'une manière irrévocable, les Tartares desscllèrent promptement leurs chevaux, les envoyèrent chercher fortune dans le désert, puis vinrent, sans façon, prendre place à côté de notre foyer. Ces personnages étaient tous *Taitsi* du royaume des *Alechan*. L'un d'eux, celui qui avait le bonnet surmonté d'un globule rouge, était ministre du roi ; ils faisaient tous trois

partie de la grande caravane qui se rendait à Péking; la
veille, ils s'étaient arrêtés chez un de leurs amis, prince
des Ortous, et avaient été ainsi laissés en arrière par le
gros de la troupe.

Le ministre du roi des *Alechan* avait le caractère ouvert
et l'esprit assez pénétrant; il joignait à la bonhomie mongole des manières vives et élégantes, qu'il avait sans doute
acquises dans ses fréquents voyages à Péking. Il nous
questionna beaucoup sur le pays que les Tartares nomment ciel d'occident; il nous apprit que tous les trois ans
un grand nombre de nos compatriotes, venus des divers
royaumes occidentaux, allaient rendre leurs hommages à
l'empereur de Péking.

Il est inutile de dire, qu'en général, les Tartares ne poussent pas fort loin leurs études géographiques. L'occident
est tout simplement, pour eux, le Thibet, et quelques pays
environnants dont ils ont entendu parler par les Lamas
qui avaient fait le pélerinage de Lha-Ssa. Ils croient fer-
mement, qu'après le Thibet, il n'y a plus rien : c'est là
que finit le monde, disent-ils; plus loin, il n'y a qu'une
mer sans rivages.

Quand nous eûmes satisfait à toutes les questions du
globule rouge, nous lui en adressâmes quelques-unes sur
le pays des Alechan et sur leur voyage à Péking. — Il est
d'usage, nous dit-il, que tous les souverains du monde se
rendent à Péking pour les fêtes du nouvel an. Les plus
rapprochés sont tenus d'y aller tous les ans; les autres,
ceux qui occupent les extrémités de la terre, y vont chaque deux ou chaque trois ans, suivant la longueur de la
route qu'ils ont à faire. — Quel est votre but, en vous ren-

dant annuellement à Péking? — Nous autres, nous sommes pour faire cortége à notre roi ; les rois seuls ont le bonheur de se prosterner en présence du *vieux Bouddha* (l'Empereur).... Il entra ensuite dans de longs détails sur la cérémonie du premier de l'an, et sur les relations de l'empereur chinois avec les rois tributaires.

Les souverains étrangers placés sous l'influence dominatrice de l'empire chinois, se rendent à Péking, d'abord pour faire acte d'obéissance et de soumission; et en second lieu, pour payer certaines redevances à l'Empereur, dont ils se regardent comme les vassaux. Ces redevances, qui sont décorées du beau nom d'offrandes, sont, au fond, de véritables impôts, qu'aucun roi tartare n'oserait se dispenser de payer. Ces redevances consistent en chameaux, en chevaux remarquables par leur beauté, et que l'Empereur envoie grossir ses immenses troupeaux du *Tchakar*. Chaque prince tartare est, en outre, obligé d'apporter quelque chose des rares produits de son pays : de la viande de cerf, d'ours et de chevreuil, des plantes aromatiques, des faisans, des champignons, des poissons, etc. Comme on se rend à Péking au temps des grands froids, tous ces comestibles sont gelés; ils peuvent ainsi subir, sans danger, les épreuves d'un long voyage, et se conserver long-temps encore après être arrivés à leur destination.

Une des bannières du *Tchakar* est spécialement chargée d'envoyer tous les ans à Péking une immense provision d'œufs de faisans. Nous demandâmes au ministre du roi des Alechan si ces œufs de faisan avaient un goût spécial, pour qu'ils fussent si fort estimés à la cour. — Ils ne sont pas destinés à être mangés, nous répondit-il : le vieux

Bouddha s'en sert pour autre chose. — Puisqu'on ne les mange pas, quel est donc leur usage?... Le Tartare parut embarrassé, il rougit un peu avant de répondre; puis enfin il nous dit que ces œufs de faisan servaient à faire un vernis pour enduire la chevelure des femmes qui emplissent le sérail de l'empereur. On prétend qu'ils donnent aux cheveux un lustre et un brillant magnifiques. Il pourrait se faire que des Européens trouvassent bien sale et bien dégoûtante cette pommade d'œufs de faisan, si fort prisée à la cour chinoise; mais chacun sait que beauté et laideur, propreté et saleté, tout cela est fort relatif. Il s'en faut bien que, parmi les divers peuples qui habitent la terre, les idées soient très-uniformes sur ces points.

Ces visites annuelles à l'empereur de la Chine, sont très-coûteuses et très-pénibles pour les Tartares de la classe plébéienne. Ils sont accablés de corvées, au gré de leurs maîtres, et doivent fournir un certain nombre de chameaux et de chevaux, pour porter les bagages du roi et de la noblesse. Comme ces voyages se font dans le temps le plus rigoureux de l'hiver, les animaux trouvent peu à manger, surtout lorsque, ayant quitté la Terre des herbes, on entre dans les pays cultivés par les Chinois. Aussi, en meurt-il en route un grand nombre. Quand la caravane s'en retourne, il s'en faut bien qu'elle soit en aussi bon ordre et en aussi bon état qu'en allant. On ne voit, en quelque sorte, que des squelettes d'animaux. Ceux auxquels il reste encore un peu de force, portent les quelques bagages nécessaires pour le retour; quant aux autres, ils se font traîner par le licou, et peuvent à peine mettre leurs jambes les unes devant les autres. C'est une chose triste et étrange tout à la fois, que de voir des Mongols allant à pied, et conduisant après eux des chevaux qu'ils n'osent monter, de peur de les écraser.

Aussitôt que les rois tributaires sont arrivés à Péking, ils se rendent dans l'intérieur de la ville, et habitent un quartier qui leur est spécialement destiné; ils sont ordinairement réunis au nombre de deux cents. Chacun a son palais ou hôtellerie, qu'il occupe avec les gens de sa suite. Un Mandarin, grand dignitaire de l'empire, gouverne ce quartier, et doit veiller avec soin à ce que la paix et la concorde règnent toujours parmi ces illustres visiteurs. Les tributs sont remis entre les mains d'un Mandarin spécial, qu'on pourrait considérer comme un intendant de la liste civile.

Pendant leur séjour à Péking, ces monarques n'ont aucun rapport avec l'Empereur, aucune audience solennelle. Quelques-uns pourtant peuvent avoir accès auprès du trône; mais ce doit être toujours pour traiter des affaires de haute importance, et au-dessus de la juridiction des ministres ordinaires.

Le premier jour de l'an, il y a une cérémonie solennelle, dans laquelle ces deux cents monarques ont une espèce de contact avec leur suzerain et maître, avec celui, comme on dit, qui, siégeant au-dessous du ciel, gouverne les quatre mers et les dix mille peuples par un seul acte de sa volonté. D'après le rituel qui règle les grandes démarches de l'empereur de Chine, celui-ci doit, tous les ans, au premier jour de la première lune, aller visiter le temple de ses ancêtres et se prosterner devant la tablette de ses aïeux. Avant la porte d'entrée de ce temple, il y a une grande avenue, et c'est là que se rendent les princes tributaires qui se trouvent à Péking pour rendre hommage à l'Empereur. Ils se rangent à droite et à gauche du péristyle, sur trois lignes de part et d'autre, chacun occupant la place qui convient à sa dignité. Ils se tiennent debout, gravement, et en silence. On prétend que c'est un beau et imposant spectacle, que de voir tous ces monarques lointains, revêtus de leurs habits de soie, brodés d'or et d'argent, et désignant, par la variété de leurs costumes, les divers pays qu'ils habitent et les degrés de leur dignité.

Cependant l'Empereur sort en grande pompe de sa Ville-Jaune. Il traverse les rues désertes et silencieuses de Péking; car, lorsque le tyran de l'Asie paraît, toutes les portes doivent se fermer, et les habitants de la ville doivent, sous peine de mort, se tenir enfermés et muets au fond de leurs maisons. Aussitôt que l'Empereur est parvenu au temple des ancêtres, au moment même où il pose le pied sur le premier des degrés qui conduisent à la galerie des rois tributaires, les hérauts qui précèdent s'écrient : « Que tout se prosterne ; voici le maître de la terre. » Aussitôt, les deux cents rois tributaires répondent d'une voix unanime : « Dix mille félicités ! » Et après avoir ainsi souhaité la bonne année à l'Empereur, ils se prosternent tous la face contre terre. Alors passe, au milieu de leurs rangs, le fils du ciel, qui entre dans le temple des ancêtres, et se prosterne, à son tour, trois fois devant la tablette des aïeux. Pendant que l'Empereur fait ses adorations aux esprits de la famille, les deux cents monarques continuent de demeurer toujours étendus à terre. Ils ne se relèvent, que lorsque l'Empereur est passé de nouveau au milieu de leurs rangs. Alors ils montent chacun dans leur litière et s'en retournent dans leur palais respectif.

C'est à cela qu'aboutissent les longues attentes de ces potentats, qui ont quitté leurs pays lointains, et ont enduré des fatigues de tout genre, parmi les dangers d'une longue route, à travers les déserts. Ils ont eu le bonheur de se prosterner au passage de l'Empereur! Sans doute, un pareil spectacle serait pour nous un objet de pitié et de dégoût. Nous ne comprenons pas qu'il puisse y avoir d'un côté tant de bassesse, et de l'autre tant d'orgueil. Cependant, parmi les peuples asiatiques, c'est la chose la plus simple du monde. L'Empereur prend au sérieux sa toute-puissance, et les rois tartares se tiennent heureux et honorés de lui rendre hommage.

Le premier ministre du roi des Alechan nous dit qu'il était très-difficile de voir l'Empereur. Une année que son maître était malade, il fut obligé de le remplacer à Péking, pour la cérémonie du temple des ancêtres. Il espérait donc pouvoir contempler le vieux Bouddha quand il traverserait le péristyle. Mais il fut bien trompé dans son attente. Comme ministre et simple représentant de son monarque, il fut placé sur le troisième rang, de sorte que, lors du passage de l'Empereur, il ne vit absolument rien.

— Ceux qui sont sur la première ligne, dit-il, peuvent, en usant de beaucoup de prudence et d'adresse, entrevoir la robe jaune du fils du ciel. Mais ils doivent se bien garder de lever la tête pour faire les curieux; cette audace serait regardée comme un grand crime, et punie très-sévèrement.

Tous les princes tartares sont pensionnés par l'Empereur ; la somme qu'on leur alloue est peu de chose ; toutefois cette mesure ne laisse pas d'avoir un bon résultat politique. Les princes tartares, en recevant leur solde, se considèrent comme les esclaves, ou du moins comme les serviteurs de celui qui les paie ; l'Empereur, par conséquent, a droit d'exiger d'eux soumission et obéissance. C'est vers l'époque du premier jour de l'an, que les souverains tributaires touchent à Péking la pension qui leur est allouée. Quelques grands Mandarins sont chargés de ces distributions ; les mauvaises langues de l'empire prétendent qu'ils spéculent sur cette fonction lucrative, et qu'ils ne manquent jamais de faire d'énormes profits aux dépens des pauvres Tartares.

Le ministre du roi des Alechan nous raconta, pour notre édification, qu'une certaine année, tous les princes tributaires avaient reçu leur pension en lingots de cuivre argenté. Tout le monde s'en était aperçu, mais chacun avait gardé le silence ; chacun avait craint de donner de la publicité à une affaire, qui pouvait devenir une grande catastrophe, capable de compromettre les plus grands dignitaires de l'empire, et même les rois tartares. Comme en effet ces derniers étaient censés recevoir leurs rétributions des mains mêmes de l'Empereur, s'ils s'étaient plaints, c'eût été en quelque manière accuser le vieux Bouddha, le fils du ciel, d être un faux monnayeur. Ils reçurent donc leurs lingots de cuivre en se prosternant ; et ce ne fut que de retour dans leurs pays qu'ils dirent ouvertement, non pas qu'on les avait trompés, mais que les Mandarins chargés de leur distribuer l'argent, avaient été dupes des banquiers de Péking. Le Mandarin tartare qui nous raconta cette aventure, donnait toujours à entendre que ni l'Empereur, ni les gens de la cour, ni les Mandarins n'étaient pour rien dans cette affaire. Nous nous gardâmes bien de lui ôter cette touchante crédulité; pour nous, qui n'avions pas grande foi à la probité du gouvernement de Péking, nous demeurâmes convaincus que tout bonnement l'Empereur avait filouté les rois tartares. Cela nous parut d'autant plus certain, que l'époque de cette aventure coïncidait avec la guerre des Anglais; nous savions que l'empereur était aux abois, et qu'il ne savait où prendre l'argent nécessaire pour empêcher de mourir de faim une poignée de soldats, qui étaient chargés de veiller à l'intégrité du territoire chinois.

La visite des trois Mandarins des Alechan nous fut non-seulement agréable, à cause des détails qu'ils nous donnèrent sur les rapports des rois tartares avec l'Empereur, mais elle eut encore pour nous une véritable utilité. Quand ils surent que nous dirigions notre marche vers l'occident, ils nous demandèrent si nous avions dessein de passer par le pays des Alechan. Sur notre réponse affirmative, ils nous détournèrent de ce projet; ils nous dirent que nos animaux y périraient, parce qu'on n'y rencontrait pas un seul pâturage. Nous savions déjà que les Alechan sont un pays encore plus stérile que l'Ortous. Ce sont en effet des chaînes de hautes montagnes sablonneuses, où l'on voyage quelquefois pendant des journées entières, sans rencontrer un seul brin de végétation; certains vallons rares et étroits, offrent seulement aux troupeaux quelques plantes maigres et épineuses. A cause de cela le royaume des Alechan est très-peu peuplé, même en comparaison des autres pays de la Mongolie.

Les Mandarins nous dirent, que cette année la sécheresse, qui avait été générale dans toute la Tartarie, avait rendu le pays des Alechan presque inhabitable; ils nous assurèrent qu'un tiers au moins des troupeaux avait péri de faim et de soif, et que le reste était dans un état misérable... Pour faire le voyage de Péking, on avait choisi ce qu'il y avait de mieux dans le pays; et nous avions pu remarquer, que les animaux de la caravane étaient bien loin de ressembler à ceux que nous avions vus dans le Tchakar. La sécheresse, le manque d'eau et de pâturages, la décimation des troupeaux, tout cela avait donné naissance à une grande misère, d'où étaient sortis de nombreux brigands, qui désolaient le pays et détroussaient les voyageurs. On nous assura qu'étant en si petit nombre, il ne serait pas prudent de nous engager dans les montagnes des Alechan, surtout pendant l'absence des principales autorités.

D'après tous ces renseignements, nous prîmes la résolution, non pas de rebrousser chemin, car nous étions déjà engagés trop avant, mais de changer un peu notre plan de route. La nuit était très-avancée quand nous songeâmes à prendre un peu de repos; à peine eûmes-nous dormi quelques instants, que le jour parut. Les Tartares sellèrent promptement leurs chevaux, et après nous avoir souhaité la paix et le bonheur, ils partirent ventre à terre, et volèrent sur les pas de la grande caravane qui les avait précédés.

Pour nous, avant de nous mettre en route, nous déroulâmes l'excellente carte de l'empire chinois, publiée par

M. Andriveau-Goujon, et nous cherchâmes sur quel point nous devions nous diriger, pour éviter ce misérable pays des Alechan, sans pourtant trop nous écarter du but vers lequel nous marchions. D'après l'inspection de la carte, nous ne vîmes d'autre moyen que de traverser de nouveau le fleuve Jaune, de rentrer en dedans de la grande muraille chinoise, et de voyager en Chine à travers la province du *Kan-Sou* jusque chez les Tartares du *Koukou-Noor*.

Autrefois cette détermination nous eût fait frémir ; habitués comme nous l'étions à vivre en cachette au milieu de nos chrétientés chinoises, il nous eût paru impossible de nous engager dans l'empire chinois, seuls et sans le patronage d'un catéchiste : alors il eût été pour nous clair comme le jour, que notre étranglement, et la persécution de toutes les Missions chinoises, eussent été la suite inévitable de notre téméraire dessein. Telles eussent été nos craintes d'autrefois ; mais le temps de la peur était passé. Aguerris par deux mois de route, nous avions fini par nous persuader que nous pouvions voyager dans l'empire chinois, avec autant de sécurité que dans la Tartarie. Le séjour que nous avions déjà fait dans plusieurs grandes villes de commerce, obligés de traiter par nous-mêmes nos affaires, nous avait quelque peu stylés et rendus moins étrangers aux mœurs et aux habitudes chinoises. Le langage ne nous offrait plus aucun embarras : outre que nous pouvions parler l'idiome tartare, nous nous étions familiarisés avec les locutions populaires des Chinois, chose très-difficile en résidant toujours dans les Missions, parce que les chrétiens s'étudient, par flatterie, à n'employer, devant les Missionnaires, que la courte nomenclature des mots qu'ils ont étudiés dans les livres. En dehors de ces avantages purement moraux et intellectuels, notre long voyage nous avait fait beaucoup de bien sous le rapport physique. La pluie, le vent et le soleil, qui avaient impunément sévi, deux mois durant, contre notre teint européen, avaient fini par rembrunir et tanner notre visage, au point de lui donner un air passablement sauvage. La crainte d'être reconnus par les Chinois ne pouvait donc faire sur nous la plus légère impression.

Nous dîmes à Samdadchiemba, que nous cesserions, après quelques jours, de voyager dans la Terre des herbes, et que nous continuerions notre route par l'empire chinois. — Voyager chez les Chinois, dit le Dchiahour, c'est très-bien : il y a de bonnes auberges, on y boit de bon thé. Quand il pleut, on peut se mettre à l'abri ; la nuit, on n'est pas éveillé par la froidure du vent du nord... Mais en Chine il y a dix mille routes ; laquelle prendrons-nous ? Savons-nous quelle est la bonne ? — Nous lui fîmes voir la carte, en lui indiquant tous les endroits par lesquels nous passerions avant d'arriver dans le *Koukou-Noor ;* nous lui réduisîmes même en *lis* toutes les distances d'une ville à l'autre. Samdadchiemba regardait notre petite carte géographique avec un véritable enthousiasme. — Oh ! dit-il, c'est à cette heure que j'ai sincèrement regret de n'avoir pas étudié pendant que j'étais dans ma lamaserie; si j'avais écouté mon maître, si je m'étais bien appliqué, je pourrais peut-être aujourd'hui comprendre cette description du monde que voilà peinte sur ce morceau de papier. N'est-ce pas qu'avec cela on peut aller partout, sans demander la route ?

— Oui, partout, lui répondîmes-nous, même dans ta famille. — Comment? est-ce que mon pays serait aussi écrit
là-dessus?.... Et en disant ces mots il se courba avec vivacité sur la carte, de manière à la couvrir tout entière de
sa large figure. — Range-toi, qu'on te montre ton pays...
tiens, vois-tu ce petit espace à côté de cette ligne verte?
C'est le pays des Dchiahours; c'est ce que les Chinois nomment les *Trois-Vallons* (San-Tchouen); ton village doit
être ici; nous passerons tout au plus à deux journées de
ta maison. — Est-il possible? reprit-il, en se frappant le
front, nous passerons à deux journées de ma maison,
dites-vous? Comment? pas plus loin que deux journées?
Dans ce cas-là, quand nous serons tout près, je demande-
rai à mes Pères spirituels la permission d'aller revoir mon
pays. — Quelle affaire peux-tu avoir encore dans les Trois-
Vallons? — J'irai voir ce qui s'y passe... Voilà dix-huit ans
que j'en suis parti; j'irai voir si ma vieille mère y est encore; si elle n'est pas morte, je la ferai entrer dans la sainte
Église. Pour mes deux frères, je n'en réponds pas : qui
peut savoir s'ils auront assez de bon sens pour ne plus
croire aux transmigrations de Bouddha?.... Ah! voilà qui
est bien, ajouta-t-il, après une courte pause; je vais faire
encore un peu de thé, et tout en buvant nous parlerons
tout doucement de cela.

Samdadchiemba n'y était plus; ses pensées s'étaient
toutes envolées au pays natal. Nous dûmes le rappeler à la
réalité de sa position. — Samdadchiemba, pas besoin de
faire du thé; maintenant, au lieu de causer, il faut plier la
tente, charger les chameaux et nous mettre promptement
en route. Vois, le soleil est déjà assez haut; si nous ne

marchons pas vite, nous n'arriverons jamais dans le pays des Trois-Vallons. — Parole pleine de vérité! s'écria-t-il; et se levant brusquement, il se mit à faire avec ardeur les préparatifs du départ.

En nous remettant en route, nous abandonnâmes la direction vers l'occident, que nous avions rigoureusement suivie durant notre voyage; nous descendîmes un peu vers le midi. Après avoir marché pendant la moitié de la journée, nous nous reposâmes un instant à l'abri d'une roche, pour prendre notre repas. Comme à l'ordinaire, nous dînâmes au pain et à l'eau; et encore quel pain et quelle eau! de la pâte à moitié cuite, de l'eau saumâtre que nous avions été obligés de puiser à la sueur de notre front, et de transporter pendant la route.

Sur la fin de notre repas, pendant que nous puisions dans nos petites fioles un peu de poussière de tabac en guise de dessert, nous aperçûmes venir à nous un Tartare monté sur un chameau : il s'assit à côté de nous; après nous être souhaité mutuellement la paix, nous lui donnâmes à flairer nos tabatières, puis nous lui offrîmes un petit pain cuit sous la cendre. Dans un instant, il eut croqué le pain et aspiré coup sur coup trois prises de tabac. Nous le questionnâmes sur la route; il nous dit qu'en suivant toujours la même direction, nous arriverions dans deux jours sur les bords du fleuve Jaune, qu'au-delà nous entrerions sur le territoire chinois. Ces renseignements nous furent très-agréables, car ils s'accordaient parfaitement avec les indications de la carte. Nous lui demandâmes encore si l'eau était loin. — Oui, les puits sont très-loin, nous répondit-il. Si vous voulez vous arrêter aujourd'hui, vous trouverez sur la route une citerne, mais l'eau est peu abondante et très-mauvaise ; autrefois c'était un puits excellent, aujourd'hui il a été abandonné, parce qu'un *tchutgour* (diable) en a corrompu les eaux...

Sur ces informations, nous levâmes la séance ; nous n'avions pas de temps à perdre, si nous voulions arriver avant la nuit. Le Mongol monta sur son chameau, qui s'en alla par bonds à travers le désert, tandis que la petite caravane continuait à pas lents sa marche uniforme et monotone.

Avant le soleil couché nous arrivâmes à la citerne qui nous avait été indiquée. Comme nous ne pouvions espérer de trouver plus loin une eau meilleure, nous dressâmes la tente ; nous pensions d'ailleurs que la citerne n'était pas peut-être si diabolique que l'avait prétendu le Tartare.

Pendant que nous allumions le feu, le Dchiahour alla puiser de l'eau ; il revint à l'instant, en disant qu'elle était impotable, que c'était du véritable poison. Il en rapportait une écuellée, afin que nous pussions constater par nous-mêmes la vérité de ce qu'il disait. La puanteur de cette eau sale et bourbeuse était en effet intolérable : au-dessus de ce liquide nauséabond, on voyait flotter comme des gouttelettes d'huile, dont la vue augmentait encore notre dégoût. Nous n'eûmes pas le courage d'y porter nos lèvres pour la goûter ; il nous suffisait de la voir, et surtout de la sentir.

Et cependant il fallait boire, ou se laisser mourir de soif. Nous essayâmes donc de tirer le meilleur parti possible de cette citerne du Diable, comme l'appellent les Tartares. Nous allâmes ramasser des racines qui croissaient en abondance aux environs, et qui étaient à moitié enterrées dans

le sable : il ne fallut qu'un instant pour en avoir une grande
provision. Nous fîmes d'abord du charbon que nous écra-
sâmes grossièrement ; puis nous remplîmes notre grande
marmite de cette eau puante et bourbeuse, et nous la plaçâmes sur le feu. Quand l'eau fut chaude, nous y infusâmes
une grande quantité de charbon pulvérisé.

Pendant que nous étions occupés de cette opération
chimique, Samdadchiemba, accroupi à côté de la marmite,
nous demandait à chaque instant quel genre de souper
nous prétendions faire avec tous ces détestables ingré-
dients. Nous lui fîmes une dissertation complète sur les
propriétés décolorantes et désinfectantes du carbone. Il
écouta notre exposé scientifique avec patience, mais il ne
parut pas convaincu. Ses deux yeux étaient continuellement braqués sur la marmite ; et il était facile de voir, à
l'expression sceptique de sa figure, qu'il ne comptait guère
que l'eau épaisse qui était dans la marmite pût tourner en
eau claire et limpide.

Enfin, après avoir décanté notre liquide, nous le fil-
trâmes dans un sac de toile. L'eau que nous obtînmes
n'était pas, il est vrai, délicieuse, mais elle était potable ;
elle avait déposé sa saleté et toute sa mauvaise odeur.
Nous en avions déjà bu plus d'une fois, dans notre voyage,
qui ne la valait certainement pas.

Samdadchiemba était ivre d'enthousiasme. S'il n'eût pas
été chrétien, certainement il nous eût pris pour des
Bouddha-vivants. Les Lamas, disait-il, prétendent qu'il y
a tout dans leurs livres de prières ; cependant, je suis sûr
qu'ils mourraient tous de soif ou empoisonnés, s'ils n'avaient
pour faire leur thé que cette citerne. Ils ne sauraient ja-

mais trouver le secret de rendre cette eau bonne... Sam-dadchiemba nous accabla de bizarres questions sur les choses de la nature. A propos de la purification d'eau que nous venions de faire, il nous demanda si en se frottant bien la figure avec du charbon il parviendrait à la rendre aussi blanche que la nôtre; puis se prenant à regarder ses mains encore toutes noires, à cause du charbon qu'il avait pulvérisé tout à l'heure, il se mit à rire aux éclats.

Il était déjà nuit quand nous achevâmes la distillation de notre eau. Nous fîmes du thé en abondance, et la soirée se passa à boire. Nous nous contentâmes de délayer quelques pincées de farine d'avoine dans notre boisson ; car la soif ardente dont nous étions dévorés avait absorbé le désir de manger. Après avoir bien noyé nos entrailles, désséchées par une longue journée de marche, nous songeâmes à prendre un peu de repos.

A peine fûmes-nous couchés, qu'un bruit inattendu et extraordinaire vint tout à coup nous jeter dans la stupeur. C'était un cri lugubre, sourd et prolongé, qui semblait se rapprocher insensiblement de notre tente. Nous avions entendu les hurlements des loups, les rugissements des tigres et des ours ; mais ce qui frappait nos oreilles, en ce moment, n'était comparable à rien de tout cela. C'était comme le mugissement d'un taureau, mêlé d'un accent si étrange et si inusité, que nous en avions le cœur plein d'épouvante. Nous étions d'autant plus surpris de cette rencontre, que tout le monde s'accordait à dire qu'il n'existait pas une seule bête féroce dans tout le pays des Or-tous.

Notre embarras devenait sérieux ; nous commencions à craindre pour nos animaux, qui étaient attachés à l'entour de la tente, et un peu aussi pour nous-mêmes. Comme le bruit ne discontinuait pas, et paraissait, au contraire, se rapprocher sans cesse, nous nous levâmes, non pas pour aller examiner de près cette bête malencontreuse qui troublait notre repos, mais pour tâcher de lui donner l'épouvante. Tous trois à la fois, nous nous mîmes à pousser de grands cris, de toute la puissance de nos poumons. Après un instant de silence, les mugissements se firent de nouveau entendre, mais à une distance très-éloignée. Nous conjecturâmes qu'à notre tour, nous avions fait peur à l'animal, et cela diminua un peu notre crainte.

Ces cris effrayants venant à se rapprocher encore, nous allumâmes, à quelques pas de notre tente, un grand entassement de broussailles. Ce grand feu, au lieu d'éloigner cet animal problématique, parut au contraire l'inviter à venir vers nous. Une flamme immense s'échappait du sein des broussailles embrasées. A la faveur de son lointain reflet, nous distinguâmes enfin comme la forme d'un grand quadrupède de couleur rousse. Il ne paraissait pas avoir l'air aussi féroce, que ses cris semblaient l'annoncer. Nous nous hasardâmes à aller vers lui, mais il s'éloignait à mesure que nous avancions. Samdadchiemba, dont les yeux étaient très-perçants, et accoutumés, comme il le disait, à regarder dans le désert, nous assura que c'était un chien ou un veau égaré.

Nos animaux paraissaient, pour le moins, aussi préoccupés que nous. Le cheval et le mulet dressaient leurs oreilles en avant, et creusaient la terre de leur pied, tandis que les chameaux, le cou tendu, et les yeux effarés, ne perdaient pas un instant de vue l'endroit d'où partaient ces cris sauvages.

Pour tâcher de savoir au juste avec qui nous avions affaire, nous délayâmes une poignée de farine d'avoine dans une des pièces de notre vaisselle de bois; nous la plaçâmes à l'entrée de la tente, et nous rentrâmes. Bientôt nous vîmes l'animal s'avancer à pas lents, s'arrêter, puis avancer encore. Enfin il aborda franchement le plat et lapa avec vitesse le souper que nous lui avions préparé. Il nous fut alors facile de reconnaître un chien. Il était d'une grosseur prodigieuse. Après avoir bien nettoyé et récuré de sa langue son assiette de bois, il se coucha sans façon à l'entrée de la tente; nous suivîmes son exemple, et nous nous endormîmes avec calme, contents d'avoir rencontré un protecteur au lieu d'un ennemi.

Le matin, à notre réveil, nous pûmes considérer au grand jour et à loisir ce chien qui, après nous avoir tant effrayés, s'était livré à nous avec un entier abandon. Il était de couleur rousse, et d'une taille extraordinairement grande; l'état de maigreur dans lequel il se trouvait témoignait qu'il s'était égaré déjà depuis long-temps. Une jambe disloquée, et qu'il traînait en marchant, donnait à son allure un certain balancement qui avait quelque chose de formidable. Mais il était surtout effrayant, quand il faisait résonner le timbre de sa voix caverneuse et sauvage. Nous ne pouvions l'entendre, sans nous demander si l'être que nous avions sous les yeux appartenait bien réellement à la race canine.

Nous nous mîmes en route, et le nouvel Arsalan nous ac-

compagna avec fidélité. Le plus souvent, il précédait de
quelques pas la caravane, comme pour nous indiquer la
route, qui, du reste, paraissait lui être assez familière.

Après deux journées de marche, nous arrivâmes au
pied d'une chaîne de montagnes dont les cimes allaient se
perdre dans les nues. Nous les gravîmes avec courage,
espérant qu'au-delà nous rencontrerions le fleuve Jaune.
Cette journée de marche fut très-pénible, surtout pour les
chameaux, qui devaient sans cesse marcher sur des rochers
durs et aigus. Aussi, après quelques instants, leurs pieds
charnus étaient-ils tout ensanglantés. Quant à nous, nous
fûmes peu sensibles à la peine que nous éprouvions. Nous
étions trop occupés à considérer l'aspect étrange et bizarre des montagnes que nous parcourions.

Dans les gorges, et au fond des précipices formés par ces
hautes montagnes, on n'aperçoit que de grands entasse-
ments de mica et de pierres lamellées, cassées, broyées, et
souvent comme pulvérisées. Tous ces débris d'ardoises et
de schistes, paraissent avoir été charriés dans ces gouffres
par de grandes eaux; car ils n'appartiennent nullement à
ces montagnes, qui sont de nature granitique. A mesure
qu'on avance vers la cime, ces monts affectent des formes
de plus en plus bizarres. On voit de grands quartiers de rochers roulés et entassés les uns sur les autres, et comme
étroitement cimentés ensemble. Ces rochers sont presque
partout incrustés de coquillages, et de débris de plantes
semblables à des algues marines; mais ce qu'il y a de plus
remarquable, c'est que ces masses granitiques sont dé-
coupées, rongées et usées dans tous les sens. De tout côté,
on ne voit que des cavités, des trous qui serpentent par

mille détours; on dirait que tout le haut de la montagne a
été soumis à l'action lente et dévastatrice de vers immenses. Quelquefois le granit offre des empreintes profondément creusées, comme si elles eussent servi de moules à
des monstres, dont les formes sont encore très-bien con-
servées.

A la vue de tous ces phénomènes, il nous semblait souvent que nous marchions dans le lit d'une mer desséchée.
Tout porterait à croire que ces montagnes ont été, en
effet, lentement travaillées par la mer. Impossible d'attribuer tout ce qu'on y voit aux eaux de la pluie, et encore
moins aux inondations du fleuve Jaune, qui, si prodigieuses qu'on les suppose, n'arriveraient jamais à une si
grande élévation. Les géologues qui prétendent que le dé-
luge a eu lieu par affaissement, et non par une dépolarisa-
tion de la terre, trouveraient peut-être, sur ces montagnes, des preuves assez fortes pour étayer leur système.

Quand nous fûmes arrivés sur la crête de ces hautes
montagnes, nous aperçûmes à nos pieds le fleuve Jaune,
qui roulait majestueusement ses ondes du midi au nord;
il était à peu près midi, et nous espérâmes que le soir même
nous pourrions passer l'eau, et aller coucher dans une des
auberges de la petite ville de *Ché-Tsui-Dze*, que nous dé-
couvrions déjà sur le penchant d'une colline, de l'autre côté
du fleuve.

Nous mîmes toute la soirée à descendre cette montagne
escarpée, choisissant à droite et à gauche les endroits les
moins scabreux. Enfin nous arrivâmes avant la nuit sur
les bords du fleuve Jaune. Notre passage eut un succès
inespéré. D'abord, les Tartares mongols qui étaient en

possession du bac, pressurèrent moins notre bourse que ne l'avaient fait les bateliers chinois. En second lieu, les animaux montèrent sur la barque, sans la moindre difficulté. Nous fûmes seulement forcés d'abandonner sur le rivage notre chien boiteux. Les Mongols ne voulurent à aucun prix lui donner place sur la barque, ils prétendaient que la règle voulait que les chiens passassent l'eau à la nage, et non pas sur les barques uniquement destinées pour les hommes et pour les animaux qui ne savent pas nager. Nous dûmes céder à l'inflexibilité de leur préjugé.

De l'autre côté du fleuve nous fûmes en Chine. Nous dîmes donc adieu pour quelque temps à la Tartarie, au désert et à la vie nomade.

CHAPITRE XI.

Coup-d'œil sur les peuples tartares.

———⚬———

Les Tartares, descendant des anciens Scythes, ont conservé jusqu'à ce jour l'habileté de leurs ancêtres pour tirer de l'arc et monter à cheval. Les commencements de leur histoire sont mêlés d'incertitude. Ils ont entouré de merveilles et de prodiges les exploits de leur premier conquérant, Okhous-Han, qui paraît être le Madyès d'Hérodote. Ce fameux chef des hordes Scythes porta ses armes jusqu'en Syrie, et approcha même des confins de l'Egypte.

Les annales chinoises parlent beaucoup de certaines hordes nomades, qu'elles nomment *Hioung-Nou*, et qui ne sont autre chose que les Huns. Ces tribus errantes et guerrières s'étendirent peu à peu, et finirent par couvrir les vastes déserts de la Tartarie d'orient en occident. Dès lors elles ne cessèrent de harceler leurs voisins, et plusieurs fois elles firent des incursions sur les frontières de l'empire. Ce fut à cette occasion, que *Thsin-Chi-Hoang-Ti* fit construire la grande muraille, l'an 213 avant Jésus-Christ.

Environ 134 ans avant Jésus-Christ, les Huns, sous la conduite de *Lao-Chan* leur empereur, se ruèrent contre les Tartares *Youeï-Tchi* (les Gètes), qui habitaient sur les confins de la province du Chen-Si. Après de longs et affreux combats, Lao-Chan les défit, tua leur chef, et fit de sa tête un vase à boire qu'il portait suspendu à sa ceinture. La nation des Gètes ne voulut pas se soumettre aux vainqueurs, et préféra aller chercher ailleurs une autre patrie. Elle se divisa en deux grandes bandes ; l'une monta vers le nord-ouest, et alla s'emparer des plaines situées sur les bords du fleuve *Ili* par delà les glaciers des monts *Moussour :* c'est cette partie de la Tartarie qu'on nomme aujourd'hui le *Tourgout.* L'autre bande descendit vers le midi, entraîna dans sa fuite plusieurs autres tribus, et parvint jusque dans les contrées arrosées par l'*Indus.* Là elle dévasta le royaume fondé par les successeurs d'Alexandre, lutta long-temps contre les Parthes, et finit par s'établir dans la Bactriane. Les Grecs nommèrent ces tribus Tartares *Indo-Scythes.*

Cependant la division se mit parmi les Huns ; et les Chinois, toujours politiques et rusés, en profitèrent pour les affaiblir. Vers l'an 48 de notre ère, l'empire tartare se divisa en septentrional et méridional. Sous la dynastie des *Han,* les Huns septentrionaux furent complètement défaits par les armées chinoises. Ils furent contraints d'abandonner les contrées dans lesquelles ils s'étaient établis, et se portèrent par grandes troupes vers l'occident, jusque sur les bords de la mer Caspienne. Ils se répandirent dans les pays arrosés par le fleuve *Volga,* et aux environs des Palus-Méotides.

Ils commencèrent en 376 leurs épouvantables excursions dans l'empire romain. Ils débutèrent par envahir le pays des Alains, peuples pasteurs et nomades comme eux. Ceux-ci se réfugièrent en partie dans les montagnes de la Circassie ; d'autres se portèrent plus à l'ouest, et s'établirent enfin sur le Danube. Plus tard, ils poussèrent devant eux les Suèves, les Goths, les Gépides et les Vandales, et vinrent tous ensemble ravager la Germanie, au commencement du cinquième siècle. Ces grandes hordes de barbares, semblables à des flots poussés les uns par les autres, formèrent ainsi, dans leurs courses dévastatrices, un affreux torrent qui finit par inonder l'Europe.

Les Huns méridionaux, qui étaient demeurés en Tartarie, furent long-temps affaiblis par la dispersion des septentrionaux; mais ils se relevèrent insensiblement, et devinrent de nouveau redoutables aux Chinois. Ils n'acquirent une véritable importance politique et historique, que sous le fameux *Tchinggiskhan*, vers la fin du douzième siècle.

La puissance des Tartares, long-temps comprimée dans les steppes de la Mongolie, rompit enfin ses digues, et l'on vit des armées innombrables, descendues des hauts plateaux de l'Asie centrale, se précipiter avec fureur sur les nations épouvantées. *Tchinggiskhan* porta la destruction et la mort jusqu'aux contrées les plus reculées. La Chine, la Tartarie, l'Inde, la Perse, la Syrie, la Moscovie, la Pologne, la Hongrie, l'Autriche, toutes ces nations ressentirent tour à tour les coups terribles du conquérant Tartare. La France, l'Italie, et les autres pays plus reculés vers l'occident, en furent quittes pour la peur.

L'an 1260 de notre ère, le Khan *Khoubilaï*, petit-fils de *Tchinggis* qui avait commencé la conquête de la Chine, acheva de soumettre ce vaste empire. Ce fut la première fois qu'il passa sous le joug des étrangers. *Khoubilaï* mourut à Péking l'an 1294, à l'âge de quatre-vingts ans. Son empire fut, sans contredit, le plus vaste qui ait jamais existé. Les géographes chinois disent que, sous la dynastie mongole des Youen, l'empire dépassa au nord les monts *In-chan;* à l'ouest il s'étendit au-dela des *Gobi* ou déserts sablonneux ; à l'est il se termina aux pays situés à gauche du fleuve Siao, et au sud il atteignit les bords de la mer *Youé.* On sent que cette description ne comprend nullement les pays tributaires de l'empire. Le Thibet, le Turkestan, la Moscovie, Siam, la Cochinchine, le Tonking, et la Corée reconnaissaient la suzeraineté du grand *Khan* des Tartares, et lui payaient fidèlement le tribut. Les nations européennes furent même, à plusieurs reprises, insolemment sommées de reconnaître la domination mongole. Des lettres orgueilleuses et menaçantes furent envoyées au Pape, au Roi de France, à l'Empereur, pour leur enjoindre d'apporter en tribut les revenus de leurs États jusqu'au fond de la Tartarie. Les princes issus de la famille de Tchinggiskhan, qui règnaient en Moscovie, en Perse, dans la Bactriane et dans la Sogdiane, recevaient l'investiture de l'empereur de Péking, et n'entreprenaient rien d'important, sans lui en avoir donné avis par avance. Les pièces diplomatiques que le roi de Perse envoyait, au treizième siècle, à Philippe-le-Bel, sont une preuve de cette subordination. Sur ces monuments précieux, qui se sont conservés jusqu'à nos jours aux Archives de France, on voit des sceaux en caractères chinois, et qui constatent la suprématie du grand *Khan* de Péking sur les souverains de la Perse.

Les conquêtes de Tchinggiskhan et de ses successeurs, plus tard celles de Tamerlan ou Timour, qui transporta le siège de l'empire mongol à Samarcande, contribuèrent, autant et peut-être plus que les croisades, à renouer les relations de l'Europe avec les États les plus reculés de l'orient, et favorisèrent les découvertes qui ont été si utiles au progrès des arts, des sciences et de la navigation.

A ce sujet, nous citerons ici un passage plein d'intérêt, extrait des Mémoires que M. Abel Rémusat fit paraître en 1824, sur les relations politiques des princes chrétiens, et particulièrement des rois de France avec les empereurs mongols.

« ..... Les lieutenants de Tchinggiskhan, et de ses pre-
» miers successeurs, en arrivant dans l'Asie occidentale,
» ne cherchèrent d'abord à y contracter aucune alliance.
» Les princes dans les États desquels ils entraient se
» laissèrent imposer un tribut ; les autres reçurent ordre
» de se soumettre. Les Géorgiens et les Arméniens furent
» du nombre des premiers. Les Francs de Syrie, les rois
» de Hongrie, l'Empereur lui-même, eurent à repousser
» d'insolentes sommations ; le Pape n'en fut pas garanti par
» la suprématie qu'on lui reconnaissait à l'égard des autres
» souverains chrétiens, ni le roi de France par la haute
» renommée dont il jouissait dans tout l'orient. La terreur
» qu'inspiraient les Tartares ne permit pas de faire à leurs
» provocations la réponse qu'elles méritaient. On essaya
» de les fléchir, on brigua leur alliance, on s'efforça de les
» exciter contre les Musulmans. On eût difficilement pu
» y réussir, si les Chrétiens orientaux qui, en se faisant
» leurs vassaux, avaient obtenu du crédit à la cour de leurs
» généraux et de leurs princes, ne s'y fussent employés
» avec ardeur. Les Mongols se laissèrent engager à faire la
» guerre au sultan d'Egypte. Tel fut l'état des rapports
» qu'on eut avec eux pendant la première période, qui a
» duré depuis 1224 jusqu'en 1262.

» Dans la seconde période, le khalifat fut détruit ; une
» principauté mongole se trouva fondée dans la Perse; elle
» confinait aux États du sultan d'Égypte. Une rivalité san-
» glante s'éleva entre les deux pays : les Chrétiens orien-
» taux s'attachèrent à l'aigrir. L'empire des Mongols était
» divisé ; ceux de Perse eurent besoin d'auxiliaires, leurs
» vassaux d'Arménie leur en procurèrent; ces auxiliaires
» furent les Francs. Leur puissance déclinait alors de plus en
» plus; elle ne tarda pas à être détruite. De nouvelles croisades
» pouvaient la relever. Les Mongols sollicitèrent en occi-
» dent ; ils joignirent leurs exhortations à celles des Géor-
» giens, des Arméniens, des débris des croisés réfugiés en
» Chypre, et à celles des souverains pontifes. Les premiers
» Tartares avaient débuté par des menaces et des injures ;
» les derniers en vinrent aux offres, et descendirent jus-
» qu'aux prières. Vingt ambassadeurs furent envoyés par
» eux en Italie, en Espagne, en France, en Angleterre; et
» il ne tint pas à eux, que le feu des guerres saintes ne se
» rallumât et ne s'étendît encore sur l'Europe et sur l'Asie.
» Ces tentatives diplomatiques dont le récit forme, pour
» ainsi dire, un épilogue des expéditions d'outre-mer, à
» peine aperçues par ceux qui en ont tracé l'histoire, ignorées
» même de la plupart d'entre eux, méritaient peut-être de
» fixer notre attention. Il fallait rassembler les faits, résou-
» dre les difficultés, mettre en lumière le système politique
» auquel se lient les négociations avec les Tartares. Les
» particularités de ce genre ne pouvaient être appréciées,
» tant qu'on les considérait isolément, et sans les examiner
» dans leur ensemble. On pouvait mettre en doute, comme
» Voltaire et De Guignes, qu'un roi des Tartares eût pro-

» venu Saint-Louis par des offres de service. Ce fait ne pa-
» raissait tenir à rien, et le récit en devait sembler para-
» doxal. Le même scepticisme serait déraisonnable , quand
» on voit que les Mongols n'ont fait autre chose pendant
» cinquante années, et quand on est assuré, par la lecture
» des écrits des contemporains, et par l'inspection des monu-
» ments originaux, que cette conduite était naturelle de
» leur part, qu'elle entrait dans leurs vues, qu'elle était
» conforme à leurs intérêts, et qu'elle s'explique enfin par
» les règles communes de la raison et de la politique....

» La série des événements qui se rattachent à ces négo-
» ciations sert à compléter l'histoire des croisades ; mais
» la part qu'elles ont pu avoir dans la grande révolution
» morale qui ne tarda pas à s'opérer, les rapports qu'elles
» firent naître entre des peuples jusqu'alors inconnus les
» uns aux autres, sont des faits d'une importance plus gé-
» nérale et plus digne encore de fixer notre attention. Deux
» systèmes de civilisation s'étaient établis, étendus, perfec-
» tionnés, aux deux extrémités de l'ancien continent, par
» l'effet de causes indépendantes , sans communication ,
» par conséquent sans influence mutuelle. Tout à coup les
» événements de la guerre et les combinaisons de la poli-
» tique, mettent en contact ces deux grands corps, si long-
» temps étrangers l'un à l'autre. Les entrevues solennelles
« des ambassadeurs ne sont pas les seules occasions où il y
» eut entr'eux des rapprochements; d'autres plus obscures,
» mais encore plus efficaces, s'établirent par des ramifica-
» tions inaperçues, mais innombrables , par les voyages
» d'une foule de particuliers, entraînés aux deux bouts du
» monde, dans des vues commerciales, à la suite des en-

» voyés ou des armées. L'irruption des Mongols, en boule-
» versant tout, franchit toutes les distances, combla tous
» les intervalles, et rapprocha tous les peuples ; les événe-
» ments de la guerre transportèrent des milliers d'individus
» à d'immenses distances des lieux où ils étaient nés. L'his-
» toire a conservé le souvenir des voyages des rois, des
» ambassadeurs, de quelques missionnaires. Sempad l'Or-
» bélien, Hayton roi d'Arménie, les deux David rois de
» Géorgie, et plusieurs autres, furent conduits par des mo-
» tifs politiques dans le fond de l'Asie. Yeroslaf, grand-
» duc de Sousdal et vassal des Mongols, comme les autres
» princes russes, vint à Kara-Koroum, où il mourut em-
» poisonné, dit-on, par la main même de l'impératrice,
» mère de l'empereur Gayouk. Beaucoup de religieux ita-
» liens, français, flamands, furent chargés de missions di-
» plomatiques auprès du Grand-Khan. Des Mongols de dis-
» tinction vinrent à Rome, à Barcelone, à Valence, à Lyon,
» à Paris, à Londres, à Northampton; et un Franciscain du
» royaume de Naples fut archevêque de Péking. Son suc-
» cesseur fut un professeur de théologie de la Faculté de
» Paris. Mais combien d'autres personnages moins connus
» furent entraînés à la suite de ceux-là, ou comme es-
» claves, ou attirés par l'appât du gain, ou guidés par la
» curiosité, dans des contrées jusqu'alors inconnues! Le ha-
» sard a conservé le nom de quelques-uns. Le premier en-
» voyé qui vint trouver le roi de Hongrie de la part des
» Tartares, était un Anglais banni de son pays pour cer-
» tains crimes, et qui, après avoir erré dans toute l'Asie,
» avait fini par prendre du service chez les Mongols. Un
» Cordelier flamand rencontra dans le fond de la Tartarie

» une femme de Metz, nommée *Paquette*, qui avait été en-
» levée en Hongrie, un orfèvre parisien, dont le frère était
» établi à Paris sur le grand Pont, et un jeune homme des
» environs de Rouen, qui s'était trouvé à la prise de Bel-
» grade; il y vit aussi des Russes, des Hongrois et des Fla-
» mands. Un chantre, nommé *Robert*, après avoir parcouru
» l'Asie orientale, revint mourir dans la cathédrale de
» Chartres; un Tartare était fournisseur de casques dans
» les armées de Philippe-le-Bel; Jean de Plan-Carpin
» trouva, près de Gayouk, un gentilhomme russe, qu'il
» nomme *Temer*, qui servait d'interprète; plusieurs mar-
» chands de Breslaw, de Pologne, d'Autriche, l'accompa-
» gnèrent dans son voyage en Tartarie; d'autres revinrent
» avec lui par la Russie; c'étaient des Génois, des Pisans,
» des Vénitiens. Deux marchands de Venise, que le hasard
» avait conduits à Bokhara. Ils se laissèrent aller à suivre
» un ambassadeur mongol que Houlagou envoyait à Khou-
» bilai; ils séjournèrent plusieurs années tant en Chine qu'en
» Tartarie, revinrent avec des lettres du Grand-Khan pour le
» Pape, retournèrent auprès du Grand-Khan, emmenant
» avec eux le fils de l'un d'eux, le célèbre Marc-Pol, et
» quittèrent encore une fois la cour de Khoubilai pour s'en
» revenir à Venise. Des voyages de ce genre ne furent pas
» moins fréquents dans le siècle suivant. De ce nombre
» sont ceux de Jean de Mandeville, médecin anglais, d'O-
» deric de Frioul, de Pegoletti, de Guillaume de Boulde-
» selle et de plusieurs autres. On peut bien croire que ceux
» dont la mémoire s'est conservée, ne sont que la moindre
» partie de ceux qui furent entrepris, et qu'il y eut, dans ce
» temps, plus de gens en état d'exécuter des courses loin-

» taines que d'en écrire la relation. Beaucoup de ces aven-
» turiers durent se fixer et mourir dans les contrées qu'ils
» étaient allé visiter. D'autres revinrent dans leur patrie,
» aussi obscurs qu'auparavant; mais l'imagination remplie
» de ce qu'ils avaient vu, le racontant à leur famille, l'exagé-
» rant sans doute, mais laissant autour d'eux, au milieu de
» fables ridicules, des souvenirs utiles et des traditions ca-
» pables de fructifier. Ainsi furent déposées en Allemagne,
» en Italie, en France, dans les monastères, chez les sei-
» gneurs, et jusque dans les derniers rangs de la société,
» des semences précieuses destinées à germer un peu plus
» tard. Tous ces voyageurs ignorés, portant les arts de leur
» patrie dans les contrées lointaines, en rapportaient d'au-
» tres connaissances non moins précieuses, et faisaient, sans
» s'en apercevoir, des échanges plus avantageux que tous
» ceux du commerce. Par là, non-seulement le trafic des
» soieries, des porcelaines, des denrées de l'Hindoustan,
» s'étendait et devenait plus praticable ; il s'ouvrait de nou-
» velles routes à l'industrie et à l'activité commerciale ;
» mais, ce qui valait mieux encore, des mœurs étrangères,
» des nations inconnues, des productions extraordinaires,
« venaient s'offrir en foule à l'esprit des Européens resserrés,
» depuis la chute de l'empire romain, dans un cercle trop
» étroit. On commença à compter pour quelque chose la
» plus belle, la plus peuplée et la plus anciennement civi-
» lisée des quatre parties du monde. On songea à étudier
» les arts, les croyances, les idiomes des peuples qui l'ha-
» bitaient ; et il fut même question d'établir une chaire de
» langue tartare dans l'Université de Paris. Des relations
» romanesques, bientôt discutées et approfondies, répandi-

» rent de toute part des notions plus justes et plus variées ;
» le monde sembla s'ouvrir du côté de l'Orient; la géogra-
» phie fit un pas immense ; l'ardeur pour les découvertes
» devint la forme nouvelle que revêtit l'esprit aventureux
» des Européens. L'idée d'un autre hémisphère cessa ,
» quand le nôtre fut mieux connu, de se présenter à l'es-
» prit comme un paradoxe dépourvu de toute vraisem-
» blance; et ce fut en allant à la recherche du *Zipangri*
» de Marc-Pol, que Christophe Colomb découvrit le nou-
» veau Monde.

» Je m'écarterais trop de mon sujet, en recherchant quels
» furent, dans l'Orient, les effets de l'irruption des Mongols.
» La destruction du Khalifat, l'extermination des Bulgares,
» des Komans, et d'autres peuples septentrionaux. L'épui-
» sement de la population de la haute Asie, si favorable à
» la réaction par laquelle les Russes, jadis vassaux des Tar-
» tares, ont à leur tour subjugué tous les nomades du Nord ;
» la soumission de la Chine à une domination étrangère,
» l'établissement définitif de la religion indienne au Thibet
» et dans la Tartarie : tous ces événements seraient dignes
» d'être étudiés en détail. Je ne m'arrêterai pas même à
» examiner quels peuvent avoir été, pour les nations de l'A-
» sie orientale, les résultats des communications qu'elles
» eurent avec l'Occident. L'introduction des chiffres in-
» diens à la Chine, la connaissance des méthodes astrono-
» miques des Musulmans, la traduction du nouveau Testa-
» ment et des Psaumes en langue mongole, faite par l'Ar-
» chevêque latin de Khan-Balik (Péking) , la fondation de
» la hiérarchie lamaïque, formée à l'imitation de la cour
» pontificale, et produite par la fusion qui s'opéra entre les

» débris du nestorianisme établi dans la Tartarie et les
» dogmes des Bouddhistes : voilà toutes les innovations
» dont il a pu rester quelques traces dans l'Asie orientale ;
» et, comme on voit, le commerce des Francs n'y entre
» que pour peu de chose. Les Asiatiques sont toujours pu-
» nis du dédain qu'ils ont pour les connaissances des Euro-
» péens, par le peu de fruit que ce dédain même leur per-
» met d'en tirer. Pour me borner donc à ce qui concerne
» les occidentaux, et pour achever de justifier ce que j'ai
» dit en commençant ces Mémoires, que les effets des rap-
» ports qu'ils avaient eus dans le treizième siècle avec les peu-
» ples de la haute Asie, avaient contribué indirectement
» aux progrès de la civilisation européenne, je terminerai
» par une réflexion que je présenterai avec d'autant plus
» de confiance, qu'elle n'est pas entièrement nouvelle, et
» que cependant les faits que nous venons d'étudier sem-
» blent propres à lui prêter un appui qu'elle n'avait pas au-
» paravant.

» Avant l'établissement des rapports que les croisades
» d'abord, et plus encore l'irruption des Mongols, firent
» naître entre les nations de l'Orient et de l'Occident, la
» plupart de ces inventions qui ont signalé la fin du moyen
» âge, étaient depuis des siècles connues des Asiatiques.
» La polarité de l'aimant avait été observée et mise en
» œuvre à la Chine, dès les époques les plus reculées. Les
» poudres explosives ont été de tout temps connues des
» Hindous et des Chinois. Ces derniers avaient, au dixième
» siècle, des *chars à foudre* qui paraissent avoir été des ca-
» nons. Il est difficile de voir autre chose dans les *pierriers*
» *à feu,* dont il est si souvent parlé dans l'histoire des Mon-

» gols. Houlagou, partant pour la Perse, avait dans son ar-
» mée un corps d'artilleurs chinois. D'un autre côté, l'édi-
» tion *princeps* des livres classiques, gravée en planches de
» bois, est de l'an 952. L'établissement du papier-monnaie
» et des comptoirs pour le change, eut lieu chez les *Jou-*
» *Tchen* l'an 1154 ; l'usage de la monnaie de papier fut
» adopté par les Mongols établis à la Chine ; elle a été con-
» nue des Persans sous le nom même que les Chinois lui
» donnent, et Josaphat Barbaro apprit en 1450 d'un Tar-
» tare intelligent, qu'il rencontra à Asof et qui avait été en
» ambassade à la Chine ; que cette sorte de monnaie y était
» *imprimée* chaque année *con nuova stampa ;* et l'expres-
» sion est assez remarquable pour l'époque où Barbaro fit
» cette observation. Enfin les cartes à jouer, dont tant de
» savants ne se seraient pas occupés de rechercher l'ori-
» gine, si elle ne marquait l'une des premières applications
» de l'art de graver en bois, furent imaginées à la Chine
» l'an 1120.

» Il y a d'ailleurs, dans les commencements de chacune
» de ces inventions, des traits particuliers qui semblent pro-
» pres à en faire découvrir l'origine. Je ne parlerai point de
» la boussole, dont Hager me paraît avoir soutenu victo-
» rieusement l'antiquité à la Chine, mais qui a dû passer en
» Europe par l'effet des croisades, antérieurement à l'ir-
» ruption des Mongols, comme le prouvent le fameux pas-
» sage de Jacques de Vitry et quelques autres. Mais les
» plus anciennes cartes à jouer, celles du jeu de tarots, ont
» une analogie marquée par leur forme, les dessins qu'elles
» offrent, leur grandeur, leur nombre, avec les cartes dont
» se servent les Chinois. Les canons furent les premières

» armes à feu dont on fit usage en Europe ; ce sont aussi,
» à ce qu'il paraît, les seules que les Chinois connussent à
» cette époque. La question relative au papier-monnaie, pa-
» raît avoir été envisagée sous son véritable jour par M. Lan-
» glés, et après lui par Hager. Les premières planches dont
» on s'est servi pour imprimer étaient de bois et stéréotypées,
» comme celles des Chinois ; et rien n'est plus naturel que
» de supposer que quelque livre venu de la Chine a pu en don-
» ner l'idée : cela ne serait pas plus étonnant que le fragment
» de Bible en lettres gothiques, que le P. Martini trouva
» chez un Chinois de Tchang-Tcheou-Fou. Nous avons
» l'exemple d'un autre usage; qui a manifestement suivi la
» même route ; c'est celui du *Souan-Pan* ou de la machine
» arithmétique des Chinois, qui a été sans aucun doute ap-
» portée en Europe par les Tartares de l'armée de Batou,
» et qui s'est tellement répandue en Russie et en Pologne,
» que les femmes du peuple qui ne savent pas lire, ne se
» servent pas d'autre chose pour les comptes de leur ménage
» et les opérations du petit commerce. La conjecture qui
» donne une origine chinoise à l'idée primitive de la typo-
» graphie européenne, est si naturelle, qu'elle a été propo-
» sée avant même qu'on eût pu recueillir toutes les circon-
» stances qui la rendent si probable : c'est l'idée de Paul
» Jove et de Mendoça, qui pensent qu'un livre chinois put
» être apporté, avant l'arrivée des Portugais aux Indes, par
» l'entremise des Scythes et des Moscovites. Elle a été dé-
» veloppée par un Anglais anonyme ; et si l'on a soin de
» mettre de côté l'impression en caractères mobiles, qui est
» bien certainement une invention particulière aux Euro-
» péens, on ne voit pas ce qu'on pourrait opposer à une

» hypothèse qui offre une si grande vraisemblance.

» Mais cette supposition acquiert un bien plus haut de-
» gré de probabilité, si on l'applique à l'ensemble des dé-
» couvertes dont il est question. Toutes avaient été faites
» dans l'Asie orientale, toutes étaient ignorées dans l'occi-
» dent. La communication a lieu ; elle se prolonge pendant
» un siècle et demi ; et un autre siècle à peine écoulé,
» toutes se trouvent connues en Europe. Leur source est
» enveloppée de nuages ; le pays où elles se montrent, les
» hommes qui les ont produites, sont également un sujet de
» doute ; ce ne sont pas les contrées éclairées qui en sont
» le théâtre ; ce ne sont point des savants qui en sont les
» auteurs : des gens du peuple, des artisans obscurs font
» coup sur coup briller ces lumières inattendues. Rien ne
» semble mieux montrer les effets d'une communication ;
» rien n'est mieux d'accord avec ce que nous avons dit
» plus haut, de ces canaux invisibles, de ces ramifications
» inaperçues, par où les connaissances des peuples orien-
» taux avaient pu pénétrer dans notre Europe. La plupart
» de ces inventions se présentent d'abord dans l'état d'en-
» fance où les ont laissées les Asiatiques, et cette circon-
» stance nous permet à peine de conserver quelques doutes
» sur leur origine. Les unes sont immédiatement mises en
» pratique ; d'autres demeurent quelque temps enveloppées
» dans une obscurité qui nous dérobe leur marche, et sont
» prises, à leur apparition, pour des découvertes nouvelles ;
» toutes bientôt perfectionnées, et comme fécondées par le
» génie des Européens, agissent ensemble, et communi-
» quent à l'intelligence humaine le plus grand mouvement
» dont on ait conservé le souvenir. Ainsi, par ce choc des

» peuples, se dissipèrent les ténèbres du moyen âge. Des
» catastrophes, dont l'espèce humaine semblait n'avoir
» qu'à s'affliger, servirent à la réveiller de la léthargie où
» elle était depuis des siècles; et la destruction de vingt em-
» pires fut le prix auquel la Providence accorda à l'Europe
» les lumières de la civilisation actuelle. »

La dynastie mongole des *Youen* occupa l'empire pendant
un siècle. Après avoir brillé d'une splendeur dont les re-
flets se répandirent sur les contrées les plus éloignées, elle
s'éteignit avec *Chun-Ti*, prince faible, et plus soucieux de
frivoles amusements, que du grand héritage que lui avaient
légué ses ancêtres. Les Chinois reconquirent leur indépendance ; et *Tchou-Youen-Tchang*, fils d'un laboureur et
long-temps domestique dans un couvent de bonzes, fut le
fondateur de la célèbre dynastie des *Ming*. Il monta sur le
trône impérial en 1368, et régna sous le nom de *Houng-
Wou*.

Les Tartares furent massacrés en grand nombre dans
l'intérieur de la Chine, et les autres furent refoulés dans
leur ancien pays. L'empereur *Young-Lo* les poursuivit et
alla les chercher jusqu'à trois fois au-delà du désert, à plus
de deux cents lieues au nord de la grande muraille, pour
achever de les exterminer. Il ne put pourtant en venir à
bout, et étant mort au retour de sa troisième expédition,
ses successeurs laissèrent les Tartares en repos au-delà
du désert, d'où ils se répandirent de côté et d'autre. Les
principaux princes du sang de Tchinggiskhan occupèrent
chacun avec leurs gens un pays particulier, et donnèrent
naissance à diverses tribus, qui toutes formèrent autant de
petites souverainetés.

Ces princes déchus, toujours tourmentés par le souvenir de leur ancienne domination, reparurent plusieurs fois aux frontières de l'empire, et ne cessèrent jamais de donner de l'inquiétude aux souverains chinois, sans pourtant venir à bout de leurs tentatives d'invasion.

Vers le commencement du dix-septième siècle, les Tartares Mantchous s'étant emparés de la Chine, les Mongols leur firent petit à petit leur soumission, et se placèrent sous leur suzeraineté. Les Oelets, tribu mongole qui tire son nom d'Oloutai, célèbre guerrier dans le quinzième siècle, faisaient des invasions fréquentes dans le pays des Khalkhas ; il s'éleva une guerre acharnée entre ces deux peuples. L'empereur Khang-Hi, sous prétexte de les réconcilier, prit part à leur querelle ; il termina la guerre en soumettant les deux partis, et étendit sa domination dans la Tartarie jusqu'aux frontières de la Russie. Les trois Khans des Khalkhas vinrent faire leur soumission à l'empereur mantchou, qui convoqua une grande réunion aux environs de *Tolon-Noor*. Chaque Khan lui fit présent de huit chevaux blancs et d'un chameau blanc ; de là ce tribut fut nommé en langue mongole *Yousoun-Dchayan* (les neufs blancs); il fut convenu que tous les ans ils en apporteraient un semblable.

Aujourd'hui les peuples tartares, plus ou moins soumis à la domination des empereurs mantchous, ne sont plus ce qu'ils étaient au temps de Tchinggiskhan et de Timour. Depuis cette époque, la Tartarie a été bouleversée par tant de révolutions, elle a subi des changements politiques et géographiques si notables, que ce qu'en ont dit les voyageurs et les écrivains d'autrefois, ne saurait plus lui convenir.

Pendant long-temps les géographes ont divisé la Tartarie en trois grandes parties : 1° la Tartarie russe, s'étendant de l'est à l'ouest depuis la mer de Kamtchatka jusqu'à la mer Noire, et du nord au sud depuis les pays habités par les peuplades Tongouses et Samoiédes jusqu'aux lacs Baikal et Aral. 2° La Tartarie chinoise, bornée à l'est par la mer du Japon, au midi par la grande muraille de la Chine, à l'ouest par le *Gobi* ou grand désert sablonneux, et au nord par le lac Baikal. 3° Enfin la Tartarie indépendante, s'étendant jusqu'à la mer Caspienne, et englobant dans ses limites tout le Thibet. Une division semblable est tout-à-fait chimérique, et ne peut reposer sur aucun fondement. Tous ces vastes pays, à la vérité, ont fait partie autrefois des grands empires de Tchinggiskhan et de Timour ; les hordes tartares s'en faisaient à volonté des campements, pendant leurs courses guerrières et vagabondes. Mais aujourd'hui tout cela a changé ; et pour se former une idée exacte de la Tartarie moderne, il est nécessaire de modifier beaucoup les notions qui nous ont été transmises par les auteurs du moyen âge, et qui, faute de nouveaux et meilleurs renseignements, ont été adoptés par tous les géographes jusqu'à Malte-Brun inclusivement.

Pour bien fixer ses idées sur la Tartarie, nous pensons que la règle la plus claire, la plus certaine, et par conséquent la plus raisonnable, est d'adopter les opinions des Tartares eux-mêmes et des Chinois, bien plus compétents en cette matière que les Européens, qui, n'ayant aucune relation avec cette partie de l'Asie, sont obligés de s'abandonner à des conjectures souvent peu conformes à la vérité.

Suivant un usage universel, et qu'il nous a été facile de

constater pendant nos voyages, nous diviserons les peuples Tartares en orientaux (Toung-Ta-Dze) ou Mantchous, et occidentaux (Si-Ta-Dze) ou Mongols. Les limites de la Mantchourie sont très-claires, comme nous l'avons déjà dit : elle est bornée au nord par les monts Kinggan qui la séparent de la Sibérie; au midi par le golfe Phou-Hai et la Corée; à l'orient par la mer du Japon, et à l'occident par la barrière de pieux, et un embranchement du *Sakhalien-Oula*. Il serait difficile de fixer les bornes de la Mongolie d'une manière aussi précise; cependant, sans beaucoup s'écarter de la vérité, on peut les comprendre entre le soixante-quinzième et le cent dix-huitième degré de longitude de Paris, et entre le trente-cinquième et le cinquantième dégré de latitude septentrionale. La grande et la petite Boukarie, la Kalmoukie, le grand et le petit Thibet, toutes ces dénominations nous paraissent purement imaginaires. Nous entrerons là-dessus dans quelques détails, dans la seconde partie de notre voyage, lorsque nous aurons à parler du Thibet et des peuples qui l'avoisinent.

Les peuples qui se trouvent compris dans la grande division de la Mongolie, que nous venons de donner, ne doivent pas tous indistinctement être considérés comme Mongols. Il en est plusieurs auxquels on ne peut attribuer cette dénomination, qu'avec certaines restrictions. Vers le nord-ouest, par exemple, les Mongols se confondent souvent avec les Musulmans, et vers le sud avec les *Si-Fans* ou Thibétains orientaux. La meilleure méthode pour distinguer sûrement ces peuples, c'est de faire attention à leur langage, à leurs mœurs, à leur religion, à leur costume, et surtout au nom qu'ils se donnent eux-mêmes.

Les Mongols-Khalkhas sont les plus nombreux, les plus riches et les plus célèbres dans l'histoire; ils occupent tout le nord de la Mongolie. Leur pays est immense; il comprend près de deux cents lieues du nord au sud, et environ cinq cents de l'est à l'ouest. Nous ne répéterons pas ici tout ce que nous avons déjà dit du pays des Khalkhas; nous ajouterons seulement qu'il se divise en quatre grandes provinces, soumises à quatre souverains spéciaux; ces provinces se subdivisent elles-mêmes en quatre-vingt-quatre bannières, en chinois *Ky*, et en Mongol *Bochkhon;* des princes de divers degrés sont placés à la tête de chaque bannière. Malgré l'autorité de ces princes séculiers, on peut dire que les Khalkhas dépendent tous du Guison-Tamba, grand Lama, Bouddha-vivant de tous les Mongols-Khalkhas, qui se font un honneur de se nommer *Disciples du saint du Kouren,* (Kouré bokte ain chabi.)

Les Mongols du sud n'ont pas de dénomination particulière. Ils prennent simplement le nom de la principauté à laquelle ils appartiennent. Ainsi on dit : Mongol du Souniout, Mongol de Géchekten etc. La Mongolie méridionale comprend vingt-cinq principautés, qui, comme celles des Khalkhas, se divisent ensuite en plusieurs *Bochkhon.* Les principales sont : l'Ortous, les deux Toumet, les deux Souniout, le Tchakar, Karatsin, Oungniot, Géchekten, Barin, Nayman, et le pays des Elents.

Les Mongols méridionaux, voisins de la grande muraille, ont un peu modifié leurs mœurs, par les rapports fréquents qu'ils ont avec les Chinois. On remarque quelquefois dans leur costume une certaine recherche, et dans leur caractère des prétentions aux raffinements de la politesse chinoise. En se dépouillant de ce sans-façon et de cette bonhomie qu'on trouve chez les Mongols du Nord, ils ont emprunté à leurs voisins quelque chose de leur astuce et de leur fatuité.

En allant vers le sud-ouest, on rencontre les Mongols du *Koukou-Noor*, ou lac Bleu (en chinois, *Tsing-Haï*, mer Bleue). Il s'en faut bien que ce pays ait toute l'étendue qu'on lui assigne généralement dans les cartes géographiques. Les Mongols du Koukou-Noor n'occupent que les environs du lac qui leur a donné son nom. Encore sont-ils mélangés de beaucoup de Si-Fans, qui ne peuvent demeurer avec sécurité dans leur propre pays, à cause de certaines hordes de brigands qui ne cessent de le désoler.

A l'ouest du Koukou-Noor, est la rivière *Tsaidam*, où campent de nombreuses peuplades qu'on nomme Mongols-*Tsaidam*, et qu'on ne doit pas confondre avec les Mongols du Koukou-Noor. Plus loin encore, et au cœur même du Thibet, on rencontre d'autres tribus mongoles. Nous n'en disons rien ici, parce que nous aurons occasion d'en parler dans le cours de notre voyage. Nous reviendrons aussi, avec quelques détails, sur les Mongols du Koukou-Noor et de Tsaidam.

Les Tartares Torgots, qui habitaient autrefois non loin de Kara-Koroum, capitale des Mongols du temps de Tchinggiskhan, se trouvent actuellement au nord-ouest de la Mongolie. En 1672, la tribu tout entière, après avoir plié ses tentes et rassemblé ses nombreux troupeaux, abandonna les lieux qui lui avaient servi de berceau. Elle s'avança vers la partie occidentale de l'Asie, et alla s'établir dans les steppes qui sont entre le Don et le Volga.

Les princes Torgots reconnurent la domination des empereurs moscovites, et se déclarèrent leurs vassaux. Cependant ces hordes vagabondes et passionnées à l'excès pour l'indépendance de leur vie nomade, ne purent s'accommoder long‑temps des nouveaux maîtres qu'elles s'étaient choisis. Bientôt elles prirent en aversion les lois et les institutions régulières, qui commençaient à s'établir dans l'empire russe. En 1770, la tribu des Torgots opéra de nouveau une migration générale. Guidée par son chef, Oboucha, elle disparut subitement, dépassa les frontières russes, et s'arrêta sur les bords de la rivière d'*Ili*. Cette fuite avait été concertée avec le gouvernement de Péking. L'Empereur de Chine, qui avait été prévenu de l'époque de son départ, la prit sous sa protection, et lui assigna des cantonnements sur les bords de la rivière d'*Ili*.

La principauté d'Ili est actuellement comme le Botany-Bay de la Chine. C'est là que sont déportés les criminels chinois, condamnés à l'exil par les lois de l'Empire. Avant d'arriver dans ces lointains pays, ils sont obligés de traverser des déserts affreux, et de franchir les monts *Moussour* (glaciers). Ces montagnes gigantesques sont uniquement formées de glaçons entassés les uns sur les autres, de manière que les voyageurs ne peuvent avancer qu'à la condition de tailler des escaliers au milieu de ces glaces éternelles. De l'autre côté des monts *Moussour*, le pays est, dit-on, magnifique, le climat assez tempéré, et la terre propre à toute espèce de culture. Les exilés y ont transporté un grand nombre de productions de la Chine; mais les Mongols continuent toujours d'y mener leur vie nomade et de faire paître leurs troupeaux.

Nous avons eu occasion de voyager long-temps avec des Lamas du Torgot; il en est même qui sont arrivés avec nous jusqu'à Lha-Ssa. Nous n'avons remarqué, ni dans leur langage, ni dans leurs mœurs, ni dans leur costume, rien qui pût les distinguer des autres Mongols. Ils nous parlaient beaucoup des *Oros* (Russes); mais toujours de manière à nous faire comprendre qu'ils étaient peu désireux de passer de nouveau sous leur domination. Les chameaux du Torgot sont d'une beauté remarquable; ils sont, en général, plus grands et plus forts que ceux des autres parties de la Mongolie.

Il serait bien à désirer qu'on pût envoyer des Missionnaires jusqu'à *Ili*. Nous pensons qu'ils y trouveraient déjà toute formée une chrétienté nombreuse et fervente. On sait que c'est dans ce pays qu'on exile depuis long-temps, de toutes les provinces de la Chine, les Chrétiens qui ne veulent pas apostasier. Le Missionnaire qui obtiendrait la faveur d'aller exercer son zèle dans le Torgot, aurait sans doute à endurer d'épouvantables misères pendant son voyage; mais quelle consolation pour lui, d'apporter les secours de la religion à tous ces généreux confesseurs de la foi, que la tyrannie du gouvernement chinois envoie mourir dans ces contrées éloignées!

Au sud-ouest du Torgot est la province de Khachghar. Aujourd'hui ce pays ne peut nullement être considéré comme Mongol. Ses habitants n'ont ni le langage, ni la physionomie, ni le costume, ni la religion, ni les mœurs des Mongols; ce sont des Musulmans. Les Chinois, aussi bien que les Tartares, les appellent *Hoeï-Hoeï*, nom par lequel on désigne les Musulmans qui habitent dans l'intérieur de l'empire chinois. Ce que nous disons des *Khachghar*, peut aussi s'appliquer aux peuples qui sont au sud des montagnes célestes, en chinois : *Tien-Chan*, et en Mongol : *Bokte oola* (Montagnes saintes.)

Dans ces derniers temps, le gouvernement chinois a eu à soutenir une terrible guerre contre le Khachghar. Les détails que nous allons donner, nous les tenons de la bouche de plusieurs Mandarins militaires qui ont été de cette fameuse et lointaine expédition.

La cour de Péking tenait dans le Khachghar deux grands Mandarins, avec le titre de délégués extraordinaires (Kin-tchaï); ils étaient chargés de surveiller les frontières, et d'avoir l'œil ouvert sur les mouvements des peuples voisins. Ces officiers chinois, loin de toute surveillance, exerçaient leur pouvoir avec une tyrannie si affreuse et si révoltante, qu'ils finirent par pousser à bout la patience des peuples du Khachghar. Ils se levèrent en masse, et massacrèrent tous les Chinois qui habitaient leur pays. La nouvelle parvint à Péking. L'Empereur, qui n'était pas instruit de la conduite révoltante de ses envoyés, leva promptement des troupes, et les fit marcher contre les Musulmans. La guerre fut longue et sanglante. Le gouvernement chinois dut, à plusieurs reprises, envoyer des renforts. Les *Hoeï-Hoeï* avaient à leur tête un brave nommé *Tchankoeul*. Sa taille, nous a-t-on dit, était prodigieuse, et il n'avait pour toute arme qu'une énorme massue. Il défit souvent l'armée chinoise, et causa la ruine de plusieurs grands Mandarins militaires. Enfin l'Empereur envoya le fameux *Yang*, qui termina cette guerre. Le vainqueur du Khachghar est un Mandarin militaire de la province du *Chang-*

Tong, remarquable par sa haute taille, et surtout par la prodigieuse longueur de sa barbe. D'après ce qu'on nous en a
dit, sa manière de combattre était assez singulière; aussitôt que l'action s'engageait, il faisait deux grands nœuds
à sa barbe pour n'en être pas embarrassé, puis il se portait sur l'arrière de ses troupes. Là, armé d'un long sabre,
il poussait ses soldats au combat, et massacrait impitoya-
blement ceux qui avaient la lâcheté de reculer. Cette façon
de commander une armée paraîtra bien bizarre; mais ceux
qui ont vécu parmi les Chinois y verront que le génie militaire de *Yang* était basé sur la connaissance de ses soldats.

Les Musulmans furent défaits, et on s'empara par trahi-
son de *Tchankoeul*. Il fut envoyé à Péking, où il eut à
endurer les traitements les plus barbares et les plus humiliants, jusqu'à être donné en spectacle au public, enfermé
dans une cage en fer, comme une bête fauve. L'Empereur
Tao-Kouang voulut voir ce guerrier dont la renommée
était si grande, et ordonna qu'on le lui amenât. Les
Mandarins prirent aussitôt l'alarme; ils craignirent que le
prisonnier ne révélât à l'Empereur les causes qui avaient
suscité la révolte du Khachghar, et les affreux massacres
qui en avaient été la suite. Les grands dignitaires compri-
rent que ces révélations pourraient leur être funestes, et
les rendre coupables de négligence aux yeux de l'Empereur, pour n'avoir pas surveillé les Mandarins envoyés
dans les pays étrangers. Pour obvier à ce danger, ils firent
avaler à l'infortuné Tchankoeul un breuvage qui lui ôta la
parole, et le fit tomber dans une stupidité dégoûtante.
Quand il parut devant l'Empereur, sa bouche, dit-on,

était écumante, et sa figure hideuse ; il ne put répondre à aucune des questions qui lui furent adressées..... Tchankoeul fut condamné à être coupé en morceaux, et à servir de pâture aux chiens.

Le Mandarin *Yang* fut comblé des faveurs de l'Empereur, pour avoir si heureusement terminé la guerre du Khachghar. Il obtint la dignité de *Batourou*, mot tartare qui signifie valeureux. Ce titre est le plus honorifique que puisse obtenir un mandarin militaire.

Le Batourou Yang fut envoyé contre les Anglais lors de leur dernière guerre avec les Chinois ; il paraît que sa tactique ne lui a pas réussi. Pendant notre voyage en Chine, nous avons demandé à plusieurs Mandarins pourquoi le Batourou Yang n'avait pas exterminé les Anglais ; tous nous ont répondu qu'il en avait eu compassion.

Les nombreuses principautés qui composent la Mongolie sont toutes, plus ou moins, dépendantes de l'empereur Mantchou, suivant qu'elles montrent plus ou moins de faiblesse dans les relations qu'elles ont avec la cour de Péking. On peut les considérer comme autant de royaumes feudataires, qui n'ont d'obéissance pour leur suzerain, que d'après la mesure de leur crainte ou de leur intérêt. Ce que la dynastie mantchoue redoute par-dessus tout, c'est le voisinage de ces tribus tartares. Elle comprend que, poussées par un chef entreprenant et audacieux, elles pourraient renouveler les terribles guerres d'autrefois, et s'emparer encore de l'empire. Aussi use-t-elle de tous les moyens qui sont en son pouvoir, pour conserver l'amitié des princes mongols, et affaiblir la puissance de ces redoutables nomades. C'est dans ce but, comme nous l'avons déjà remarqué ailleurs, qu'elle favorise le lamanisme, en dotant richement les lamaseries, et en accordant de nombreux priviléges aux Lamas. Tant qu'elle saura maintenir son influence sur la tribu sacerdotale, elle peut être assurée que ni les peuples ni les princes ne sortiront de leur repos.

Les alliances sont un second moyen par lequel la dynastie régnante cherche à consolider sa domination en Mongolie. Les filles et les plus proches parentes de l'Empereur, passant dans les familles princières de la Tartarie, contribuent à entretenir entre les deux peuples des relations pacifiques et bienveillantes. Cependant ces princesses conservent toujours une grande prédilection pour la pompe et l'éclat de la cour impériale. A la longue, la vie triste et monotone du désert les fatigue, et bientôt elles ne soupirent plus qu'après les brillantes fêtes de Péking. Pour obvier aux inconvénients que pourraient entraîner leurs fréquents voyages à la capitale, on a fait un règlement très-sévère, pour modérer l'humeur coureuse de ces princesses. D'abord, pendant les dix premières années qui suivent leur mariage, il leur est interdit de venir à Péking, sous peine de retranchement de la pension annuelle que l'Empereur alloue à leurs maris. Ce premier temps étant écoulé, on leur accorde la permission de faire quelques voyages ; mais jamais elles ne peuvent suivre en cela leur caprice. Un tribunal est chargé d'examiner leurs raisons de quitter momentanément leur famille. Si on les juge valables, on leur accorde un certain nombre de jours, après lesquels il leur est enjoint de s'en retourner dans la Tartarie. Pendant leur séjour à Péking, elles sont entrete-

nues aux dépens de l'Empereur, conformément à leur
dignité.

Les plus élevés dans la hiérarchie des princes Mongols,
sont les *Thsin-Wang* et les *Kiun-Wang*. Leur titre équi-
vaut à celui de roi. Au-dessous d'eux viennent les *Peilé*,
les *Beïssé*, les *Koung* de première et de seconde classe, et
les *Dchassak*. Ils pourraient être comparés à nos anciens
ducs, comtes, barons, etc. Nous avons déjà dit que les
princes mongols sont tenus à certaines redevances envers
l'Empereur; mais la valeur en est si minime, que la dynastie mantchoue ne peut y tenir qu'à cause de l'effet moral
qui peut en résulter. A considérer la chose matérielle-
ment, il serait plus vrai de dire que les Mantchous sont
tributaires des Mongols; car pour un petit nombre de bestiaux qu'ils en reçoivent, ils leur donnent annuellement
d'assez fortes valeurs en argent, en étoffes de soie, en ha-
billements confectionnés, et en divers objets de luxe et
de décoration, tels que globules, peaux de zibeline, plumes
de paon, etc. Chaque *Wang* de premier degré reçoit annuellement 2,500 onces d'argent — environ 20,000 fr., —
et quarante pièces d'étoffes de soie. Tous les autres
princes sont rétribués suivant le titre qu'ils tiennent de
l'Empereur. Les *Dchassak* reçoivent tous les ans 100 onces
d'argent et quatre pièces de soie.

Il existe certaines lamaseries dites impériales, où chaque
Lama, en obtenant le grade de *Kelon*, doit offrir à l'empereur un lingot d'argent de la valeur de cinquante onces;
son nom est ensuite inscrit à Péking sur le registre du
clergé impérial, et il a droit à la pension qu'on distribue
annuellement aux Lamas de l'Empereur. On comprend que

toutes ces mesures, très-propres à flatter l'amour-propre et la cupidité des Tartares, ne doivent pas peu contribuer à entretenir leurs sentiments de respect et de soumission envers un gouvernement qui met tant de soin à les caresser.

Cependant les Mongols du pays des Khalkhas ne paraissent pas être fort touchés de toutes ces démonstrations ; ils ne voient dans les Mantchous qu'une race rivale, en possession d'une proie qu'eux-mêmes n'ont jamais cessé de convoiter. Souvent nous avons entendu des Mongols Khalkhas, tenir sur le compte de l'empereur mantchou les propos les plus inconvenants et les plus séditieux. — Ils dépendent, disent-ils, du seul Guison-Tamba, du saint par excellence, et non pas de *l'homme noir* qui siége sur le trône de Péking. —Ces redoutables enfants de Tchinggiskhan paraissent couver encore au fond de leurs cœurs des projets de conquête et d'envahissement : ils n'attendent, dirait-on, que le signal de leur grand Lama, pour marcher droit sur Péking, et reconquérir un empire qu'ils croient leur appartenir, par la seule raison qu'ils en ont été autrefois les maîtres.

Les princes mongols exigent de leurs sujets ou esclaves, certaines redevances qui consistent en moutons. Voici la règle absurde et injuste d'après laquelle ces redevances doivent se payer.

Le propriétaire de cinq bœufs, et au-delà, doit donner un mouton ; le propriétaire de vingt moutons doit en donner un ; s'il en possède quarante, il en donne deux ; mais on ne peut rien exiger de plus, quelque nombreux que soient les troupeaux. Comme on voit, ce tribut ne pèse réellement que sur les pauvres ; les riches peuvent posséder un très-grand nombre de bestiaux, sans être obligés de donner jamais plus de deux moutons en redevance.

Outre ces tributs réguliers, il en est d'autres que les princes ont coutume de prélever sur leurs esclaves, dans certaines circonstances extraordinaires : par exemple, pour des noces, des enterrements, et des voyages lointains. Dans ces occasions, chaque décurie ou réunion de dix tentes, est obligée de fournir un cheval et un chameau. Tout Mongol qui possède trois vaches doit donner un seau de lait ; s'il en possède cinq, un pot de *koumis* ou vin de lait fermenté. Le possesseur d'un troupeau de cent moutons, fournit un tapis de feutre ou une couverture de ïourte ; celui qui nourrit au moins trois chameaux, doit fournir un paquet de longues cordes pour attacher les bagages. Du reste, dans un pays où tout est soumis à l'arbitraire du chef, ces règles, comme on peut bien penser, ne sont jamais strictement observées : quelquefois les sujets en sont dispensés, et quelquefois aussi on exige d'eux bien au-delà de ce que la loi leur demande.

Le vol et le meurtre sont très-sévèrement punis chez les Mongols ; mais les individus lésés, ou leurs parents, sont obligés de poursuivre eux-mêmes le coupable devant la justice. L'attentat le plus grand demeure impuni, si personne ne se porte comme accusateur. Dans les idées des peuples à moitié civilisés, celui qui porte atteinte à la fortune ou à la vie d'un homme, est censé avoir commis seulement une offense privée, dont la réparation doit être poursuivie, non par la société, mais par la personne lésée ou par sa famille. Ces notions grossières du droit, sont les mêmes en Chine et dans le Thibet. On sait que Rome non plus

n'en avait pas d'autres, avant l'établissement du christianisme, qui a fait prévaloir le droit de la communauté sur
celui de l'individu.

La Mongolie est d'un aspect généralement triste et sauvage; jamais l'œil n'est récréé par le charme et la variété
des paysages. La monotonie des steppes n'est entrecoupée
que par des ravins, de grandes déchirures de terrain, ou des
collines pierreuses et stériles. Vers le nord, dans le pays des
Khalkhas, la nature paraît plus vivante; des forêts de haute
futaie décorent la cime des montagnes, et de nombreuses
rivières arrosent les riches pâturages des plaines; mais durant la longue saison de l'hiver, la terre demeure enseve-
lie sous une épaisse couche de neige. Du côté de la grande
muraille, l'industrie chinoise se glisse comme un serpent
dans le désert. Des villes commencent à s'élever de toute
part; la *Terre des herbes* se couronne de moissons, et les
pasteurs mongols se voient peu à peu refoulés vers le nord,
par les empiétements de l'agriculture.

Les plaines sablonneuses occupent peut-être la majeure
partie de la Mongolie; on n'y rencontre jamais un seul
arbre; quelques herbes courtes, cassantes, et qui semblent
sortir avec peine de ce sol infécond; des épines rampantes,
quelques maigres bouquets de bruyères, voilà l'unique végétation, les seuls pâturages du *Gobi*. Les eaux y sont
d'une rareté extrême. De loin en loin on rencontre quelques puits profonds, creusés pour la commodité des caravanes qui sont obligées de traverser ce malheureux pays.

En Mongolie, on ne remarque jamais que deux saisons
dans l'année : neuf mois sont pour l'hiver, et trois pour
l'été. Quelquefois les chaleurs sont étouffantes, surtout

parmi les steppes sablonneuses ; mais elles ne durent que quelques journées. Les nuits pourtant sont presque toujours froides. Dans les pays mongols cultivés par les Chinois, en dehors de la grande muraille, tous les travaux de l'agriculture doivent être bâclés dans l'espace de trois mois. Quand la terre est suffisamment dégelée, on laboure à la hâte peu profondément, ou plutôt on ne fait qu'écorcher avec la charrue la superficie du terrain ; puis on sème aussitôt le grain : la moisson croît avec une rapidité étonnante ; en attendant qu'elle soit parvenue à une maturité convenable, les agriculteurs sont incessamment occupés à arracher les mauvaises herbes qui encombrent les champs. A peine a-t-on coupé la récolte, que l'hiver arrive avec son froid terrible ; c'est pendant cette saison qu'on bat la moisson. Comme la froidure fait de larges crevasses au terrain, on répand de l'eau sur la surface de l'aire : elle gèle aussitôt, et procure aux travailleurs un emplacement toujours uni et d'une admirable propreté.

Le froid excessif qui règne en Mongolie, peut être attribué à trois causes, savoir : la grande élévation du sol, les substances nitreuses dont il est fortement imprégné, et le défaut presque général de culture. Dans les endroits que les Chinois ont défrichés, la température s'est élevée d'une manière remarquable : la chaleur va toujours croissant, pour ainsi dire d'année en année, à mesure que la culture avance; certaines céréales, qui, au commencement, ne pouvaient pas prospérer à cause du froid, mûrissent maintenant avec un merveilleux succès.

La Mongolie, à cause de ses vastes solitudes, est devenue le séjour d'un grand nombre d'animaux sauvages. On y rencontre presque à chaque pas des lièvres, des faisans, des aigles, des chèvres jaunes, des écureuils gris, des renards et des loups. Il est à remarquer que les loups de la Mongolie attaquent plus volontiers les hommes que les animaux : on les voit quelquefois traverser au galop d'innombrables troupeaux de moutons, sans leur faire le moindre mal, pour aller se précipiter sur le berger. Aux environs de la grande muraille, ils se rendent fréquemment dans les villages tartaro-chinois, entrent dans les fermes, dédaignent les animaux domestiques qu'ils rencontrent dans les cours, et vont jusque dans l'intérieur des maisons choisir leurs victimes ; presque toujours ils les saisissent au cou, et les étranglent sans pitié. Il n'est presque pas de village en Tartarie, où chaque année on n'ait à déplorer des malheurs de ce genre ; on dirait que les loups de ces contrées cherchent à se venger spécialement contre les hommes, de la guerre acharnée que leur font les Tartares.

Le cerf, le bouquetin, le cheval l'hémione, le chameau sauvage, l'yak, l'ours brun et noir, le lynx, l'once et le tigre fréquentent les déserts de la Mongolie. Les Tartares ne se mettent jamais en route, que bien armés d'arcs, de fusils et de lances.

Quand on songe à cet affreux climat de la Tartarie, à cette nature toujours sombre et glacée, on serait tenté de croire que les habitants de ces contrées sauvages sont doués d'un naturel extrêmement dur et féroce ; leur physionomie, leur allure, le costume dont ils sont revêtus, tout semblerait d'ailleurs venir à l'appui de cette opinion. Le Mongol a le visage aplati, les pommettes des joues saillantes, le menton court et retiré, le front fuyant en arrière, les yeux petits, obliques, d'une teinte jaunâtre et comme tachés de bile, les cheveux noirs et rudes, la barbe peu fournie, la peau d'un brun très-foncé et d'une grossièreté extrême. Le Mongol est d'une taille médiocre ; mais ses grandes bottes en cuir, et sa large robe en peau de mouton, semblent lui racourcir le corps, et le font paraître petit et trapu. Pour compléter ce portrait, il faut ajouter une démarche lourde et pesante, et un langage dur, criard, et tout hérissé d'affreuses aspirations. Malgré ces dehors âpres et sauvages, le Mongol a le caractère plein de douceur et de bonhomie ; il passe subitement de la gaîté la plus folle et la plus extravagante à un état de mélancolie qui n'a rien de rebutant. Timide à l'excès dans ses habitudes ordinaires, lorsque le fanatisme ou le désir de la vengeance viennent à l'exciter, il déploie dans son courage une impétuosité que rien n'est capable d'arrêter ; il est naïf et crédule comme un enfant : aussi aime-t-il avec passion les anecdotes et les récits merveilleux. La rencontre d'un Lama voyageur, est toujours pour lui une bonne fortune.

L'aversion du travail et de la vie sédentaire, l'amour du pillage et de la rapine, la cruauté, les débauches contre nature, tels sont les vices qu'on s'est plu généralement à attribuer aux Tartares-Mongols. Nous sommes très-portés à croire que le portrait qu'en ont fait les anciens écrivains n'a pas été exagéré ; car on vit toujours ces hordes terribles, au temps de leurs gigantesques conquêtes, traînant à leur suite le meurtre, le pillage, l'incendie et toute espèce de fléaux. Cependant les Mongols sont-ils encore aujourd'hui tels qu'ils étaient autrefois ? Nous croyons pou-

voir affirmer le contraire, du moins en grande partie.
Partout où nous les avons vus, nous les avons toujours
trouvés généreux, francs, hospitaliers, inclinés, il est vrai,
comme des enfants mal élévés, à dérober des petits objets
de curiosité, mais nullement habitués à ce qu'on appelle
le pillage et le brigandage. Pour ce qui est de leur aversion
pour le travail et la vie sédentaire, ils en sont toujours au
même point; il faut aussi convenir que leurs mœurs sont
très-libres, mais il y a dans leur conduite plus de laisser-
aller que de corruption; on trouve rarement chez eux ces
débauches effrénées et brutales, auxquelles sont si violemment adonnés les Chinois.

Les Mongols sont étrangers à toute espèce d'industrie;
des tapis de feutre, des peaux grossièrement tannées, quelques ouvrages de couture et de broderie ne valent pas la
peine d'être mentionnés. En revanche, ils possèdent en
perfection les qualités des peuples pasteurs et nomades;
ils ont les sens de la vue, de l'ouie et de l'odorat prodi-
gieusement développés. Le Mongol est capable d'entendre
à une distance très-éloignée le trot d'un cheval, de distinguer la forme des objets, et de sentir l'odeur des troupeaux
et la fumée d'un campement.

Bien des tentatives ont déjà été faites pour propager le
christianisme chez les peuples tartares, et on peut dire
qu'elles n'ont pas été toujours infructueuses. Sur la fin du
huitième siècle et au commencement du neuvième, Ti-
mothée, patriarche des Nestoriens, envoya des moines
prêcher l'Evangile chez les Tartares *Hioung-Nou*, qui s'é-
taient réfugiés sur les bords de la mer Caspienne. Plus
tard ils pénétrèrent dans l'Asie centrale, et jusqu'en Chine.

Du temps de Tchinggiskhan et de ses successeurs, des Missionnaires Franciscains et Dominicains furent envoyés en Tartarie. Les conversions furent nombreuses; des princes mêmes, dit-on, et des empereurs se firent baptiser. Mais on ne peut entièrement ajouter foi aux ambassades tartares, qui, pour attirer plus facilement les princes chrétiens de l'Europe dans une ligue contre les Musulmans, ne manquaient jamais de dire que leurs maîtres avaient été baptisés, et faisaient profession du christianisme. Ce qu'il y a de certain, c'est qu'au commencement du quatorzième siècle, le pape Clément V érigea à Péking un archevêché en faveur de Jean de Montcorvin, Missionnaire Franciscain, qui évangélisa les Tartares pendant quarante-deux ans. Il traduisit en langue mongole le nouveau Testament et les Psaumes de David, et laissa en mourant une chrétienté très-florissante. On trouve à ce sujet des détails très-curieux, dans *Le livre de l'estat du Grant Caan* (1), extraits d'un manuscrit de la Bibliothèque *nationale*, et publiés dans le *Nouveau Journal Asiatique* (2), par M. Jacquet, savant orientaliste. Nous pensons qu'on nous saura gré d'en reproduire ici quelques fragments.

DES FRERES MENEURS
QUI DEMEURENT EN CE PAYS DE CATHAY (Chine).

« En la ditte cite de Cambalech (3) fu uns archeuesques,
» qui auoit nom Frere Iehan du Mont Curuin de lOrdre des

---

(1) Cette compilation date du quatorzième siècle, et a été faite par ordre du pape Jean XXII.

(2) *Nouveau Journal Asiatique*, tom. VI, pag. 68, 69, 70, 71.

(3) *Cambalech*, mot mongol qui signifie palais de l'empereur. C'est le nom qu'on donnait à Péking, sous la dynastie mongole des *Yuen*.

» Freres Meneurs, et y estoit legas enuoiez du pappe Cle-
» ment (1). Cilz archeuesques fist en celle cite dessus ditte
» trois lieux de Freres Meneurs, et sont bien deux lieues
» loings ly uns de l'autre. Il en fist aussy deux autres en la
» cite de Racon qui est bien loings de Cambalech, le voiaige
» de trois mois, et est dencoste la mer. Esquelz deux lieux
» furent deux Freres Meneurs euesques. Ly uns eut nom
» Frere Andrieu de Paris, et ly autres ot nom Frere Pierre
» de Florense. Cilz freres Iehans larceuesque conuerty la
» moult de gens a la foy Ihesucrist. Il est homs de tres
» honneste vie et agreable a Dieu et au monde et très bien
» auoit la grâce de lempereur. Ly empereres lui faisoit tous-
» iours et a toute sa gent aministrer toutes leurs necessi-
» tez, et moult le amoient tous crestiens et paiens. Et certes
» il eust tout ce pays conuerty a la foi crestienne et catho-
» lique, se ly Nestorin faulx crestiens et mecreans ne le
» eussent empechiet et nuist. Ly dis arceuesques ot grant
» paine pour ces Nestorins ramener à la obedience de nos-
» tre mere sainte Eglise de Romme. Sans laquelle obedience
» il disoit que ilz ne pouuoient estre sauue : et pout ceste
» cause ces Nestorin scismat auoient grant enuie sur lui.
» Cilz arceuesques comme il plot a Dieu est nouuellement
» trespassez de ce siècle. A son obseque et a son sepulture
» vinrent tres grant multitude de gens crestiens et de
» paiens, et desciroient ces paiens leurs robes de deuil,
» ainsi que leur guise est. Et ces gens crestiens et paiens
» pristrent en grant devocion des draps de larceuesque et
» le tinrent a grant reuerence et pour relique. La fu il en-
» seuelis moult hounourablement a la guise des fiables (2)

_____

(1) Clément V. — (2) *Fiables*, fidèles.

» crestiens. Encore uisete on le lieu de sa sepulture a moult
» grant deuocion.

DES NESTORINS CRESTIENS SCISMAS QUI LA DEMEURENT.

«En la ditte cite de Cambalech a une maniere de cres-
» tiens scismas que on dit Nestorins. Ilz tiennent la maniere
» et la guise des Grieux (1) et point ne sont obeissant a la
» sainte Eglise de Romme. Mais ilz sont de une autre secte,
» et trop grant enuie ont sur tous les crestiens catholiques
» qui la sont obeissant loyaument a la sainte Eglise dessus
» ditte : et quant cilz arceuesque dont par cy-deuant auons
» parle ediffia ces abbaies de Freres Meneurs dessus dittes,
» cil Nestorin de nuit le destruisoient, et y faisoient tout le
» mal que ilz pouoient. Car ilz ne osoient audit arceuesque
» ne a ses Freres ne aux autres fiables crestiens mal faire
» en publique ne en appert, pour ce que ly empereres les
» amoit et leur monstroit signe damour. Ces Nestorins
» sont plus de trente mille demourans au dit empire de
» Cathay, et sont tres-riche gent. Mais moult doubtent (2)
» et crieinent les crestiens. Ilz ont eglises tres-belles et tres-
» devotes auec croix et ymaiges en lonneur de Dieu et des
» Sains. Ilz ont du dit empereur pluseurs offices. Et de
» lui ont ilz grandes procuracions (3), dont on croit que se
» ilz se voulsissent accorder et estre tout a un auec ces
» Freres Meneurs, et auec ces autres bons crestiens qui la
» demeurent en ce pays , ils conuertiroient tout ce pays et
ces empereres a la uraie foy.

(1) *Grieux,* Grecs. — (2) *Doubtent,* redoutent. — (3) *Procurations,*
privileges.

DE LA GRANT FAUEUR
QUE LE GRANT KAAN A A CES CRESTIENS DESSUS DIS.

«Le Grant Kaan soustient les crestiens qui en ce dit
» royaume sont obeissant a la sainte Eglise de Romme, et
» leur fait pouruoir toutes leurs necessitez; car il a a eulx
» tres-grant deuocion, et leur montre tres-grant amour.
» Et quant ils lui requierent ou demandent aucune chose
» pour leurs églises, leurs croix ou leurs saintuaires rappa-
» reiller a lonneur de Ihesucrist, moult uoulontiers leur
» ottroie. Mais quil prient a Dieu pour lui et pour sa sante,
» et especialement en leurs sermons. Et moult uoulen-
» tiers ot et veult que tous prient pour lui. Et tres-uoulen-
» tiers sueffre et soustient que les Freres preschent la foy de
» Dieu es eglises des paiens lesquelles ils appellent *vri-*
» *tanes.* Et aussi uoulentiers seuffre que les paiens uoisent
» oir le preschement des Freres. Sy que cil paien y uont
» moult uoulentiers, et souuent a grand devocion, et don-
» nent aux Freres moult de aumosnes, et aussy cilz empe-
» reres preste et enuoye moult uoulentiers ses gens en se-
» cours et en suscide des crestiens quant ilz en ont affaire
» et quant ilz le reqerent a lempereur.»

Tant que les Tartares demeurèrent maîtres de la Chine,
le christianisme ne cessa pas de faire des progrès dans
l'empire. Aujourd'hui, il faut le dire avec douleur, on
ne retrouve pas en Mongolie le moindre vestige de tout ce
qui a été fait dans les siècles passés, en faveur de ces peuples nomades. Cependant, nous en avons la confiance, la
lumière de l'Evangile ne tardera point à luire de nouveau à

leurs yeux. Le zèle des Européens pour la propagation de la foi hâtera l'accomplissement de la prophétie de Noé. Des Missionnaires, enfants de Japhet, dilateront leur courage et leur dévouement ; ils voleront au secours des enfants de Sem, et s'estimeront heureux de pouvoir passer leurs jours sous la tente mongole... *Dilatet Deus Japheth, et habitet in tabernaculis Sem.* — GENES. cap. 9, ✝. 27.

FIN DU TOME PREMIER.

TABLE DES MATIÈRES

CONTENUES DANS LE TOME PREMIER.

—— o ——

TARTARIE.

CHAPITRE PREMIER.

CHAPITRE II.

CHAPITRE III.

CHAPITRE IV.

CHAPITRE V.

CHAPITRE VI.

CHAPITRE VII.

CHAPITRE VIII.

CHAPITRE IX.

CHAPITRE X.

CHAPITRE XI.